国家安全法治保障述论

Discussions on Legal Guarantee of National Security

杨宗科 著

知识产权出版社
全国百佳图书出版单位
—北京—

图书在版编目（CIP）数据

国家安全法治保障述论/杨宗科著.—北京：知识产权出版社，2019.11
ISBN 978-7-5130-6562-7

Ⅰ.①国…　Ⅱ.①杨…　Ⅲ.①国家安全法—中国—文集　Ⅳ.①D922.144-53

中国版本图书馆CIP数据核字（2019）第236686号

责任编辑：庞从容　唐仲江　薛迎春　　　责任校对：潘凤越
封面设计：乔智炜　　　　　　　　　　　　责任印制：刘译文

国家安全法治保障述论

杨宗科　著

出版发行：知识产权出版社有限责任公司	网　　址：http://www.ipph.cn
社　　址：北京市海淀区气象路50号院	邮　　编：100081
责编电话：010-82000860 转 8726	责编邮箱：pangcongrong@163.com
发行电话：010-82000860 转 8101/8102	发行传真：010-82000893/82005070/82000270
印　　刷：三河市国英印务有限公司	经　　销：各大网上书店、新华书店及相关专业书店
开　　本：710mm×1000mm　1/16	印　　张：23.25
版　　次：2019年11月第1版	印　　次：2019年11月第1次印刷
字　　数：345千字	定　　价：68.00元
ISBN 978-7-5130-6562-7	

出版权专有　侵权必究
如有印装质量问题，本社负责调换。

PREFACE

前　言

2014年，是中国国家安全法治建设进入新时代具有里程碑意义的一年。

2014年4月15日，中央国家安全委员会成立并召开第一次会议，习近平总书记发表重要讲话，首次明确提出"总体国家安全观"，强调坚持国家利益至上，以人民安全为宗旨，以政治安全为根本，统筹外部安全和内部安全、国土安全和国民安全、传统安全和非传统安全、自身安全和共同安全，完善国家安全制度体系，加强国家安全能力建设。中央国家安全委员会的成立和总体国家安全观的提出，是我国国家安全领域具有历史意义的重大制度创新和理论创新，由此推动国家安全治理体系和治理能力建设进入新时代。

2014年10月20日召开的中共十八届四中全会也是一个具有里程碑意义的会议，会议专题研究依法治国问题。会议审议通过的《中共中央关于全面推进依法治国若干重大问题的决定》，是中国共产党人全面依法治国的法治宣言书，是建设法治中国的顶层设计书，是习近平总书记全面依法治国新理念新思想新战略的理论教科书。这次会议全面推进中国的法治建设进入新时代。

在这样一个具有特殊历史意义的年份，2014年5月，我从西北政法大学来到陕西警官职业学院（陕西省政法管理干部学院）工作。在当时的背景下，学习贯彻总体国家安全观和十八届四中全会精神，是一项重要的政治任务。而在我看来，警察院校的学科建设、教学科研工作的性质任务与学习贯彻总体国家安全观、全面依法治国战略决策高度契合。从一定意义上来说，学习宣传研究总体国家安全观和中共十八届四中全会精神，既是科研工作也是政治工作。以科学理性的态度深入探讨国家安全与法治建设的相关理论与实践问题，能够更好地谋划和推动管理工作，提升工作水平。此后3年多的时间里，我在学习研究公安学理论和公安改革有关文件的基础上，结合法治建设，在全国性学术会议上多次呼吁要高度重视"公安法学"和"国家安全法治理论"研究，提议成立"公安法学研究会""公共安全法学研究会"等科研平台，发起举办"公安法学理论研讨会""警察与法治论坛"，设立"宪法文化周""国家安全法治宣传周"等特色教学活动形式，组织出版《公安法学论丛》《现代警务人才培养的理论与实践》文集。2017年7月我回到西北政法大学工作后，积极支持"总体国家安全法治论坛"，推动设立"国家安全学院"，全面加强"服务西北地区稳定发展与国家安全法学博士人才项目"管理，创设"国家安全法治理论"博士研究生培养方向，新开"国家安全法治理论研究"课程。在从事这些工作的过程中，我对于国家安全法治建设的一些理论问题、制度问题、实践问题和学术问题，进行了多学科的思考和学术研究，发表了学术论文、研究报告、理论文章、政策建议等共计40多篇，产生了一定的学术影响和社会意义。

今年上半年，在我指导博士研究生整理专业文献资料的过程中，他们把我5年多来的成果收集起来，建议我能够结集出版。经过反复思考权衡后，我采纳了他们的建议。现在，呈现在大家面前的《国家安全法治保障述论》，就是选取部分有代表性的论文和文章汇集起来的一部文集，主要反映了我运用法理学、立法学等学科的理论和方法，对于国家安全法治保障体系建设的若干问题的思考轨迹。

本书的结构包括"总论"和"分论"两个板块。第一部分"国家安全需要法治保障"，可以视为"总论"，是关于国家安全法治发展的历史回顾和指导思想的研究；后面四个部分"构建保障国家安全的良法体系""推进公共安全法治化""人民警察的法治警察属性""国家安全法治人才的培养"属于"分论"。书中分别从立法、执法、队伍建设和人才培养等几个方面，探讨了事关国家安全法治保障制度体系和能力建设的相关理论和实践问题。

第一部分"国家安全需要法治保障"由2篇论文构成，主要研究的是中国特色国家安全法治保障基本理论问题。众所周知，安全是一种没有威胁的状态和维持这种状态的能力。国家的安全状态和保障能力与人民群众的安全需求能否得到有效满足，是国家安全领域的基本矛盾。安全与不安全、安全保障能力强与弱总是处于矛盾与变化之中。"走出一条中国特色国家安全道路"是维护国家主权、安全、发展利益的必然要求。而探索中国特色国家安全法治道路问题是中国特色国家安全道路的题中应有之义，是国家安全法治建设"举旗定向"的根本性问题，中国特色国家安全法治道路探索也是在国家安全的基本矛盾运动发展变化中逐步走向成熟。历史发展表明，国际形势、国内主要矛盾、国家安全观、维护国家安全的职责机关、国家安全法律规则体系等要素不同程度地影响着中国特色国家安全法治道路的方向和进程。国际形势与国家安全——决定了国家安全的外部威胁；国内主要矛盾与国家安全——决定了国家安全的内部威胁；国家安全客观形势与国家安全观——决定了国家安全战略和价值选择；国家安全内容范围与维护国家安全的机构体系——决定了国家安全治理能力；国家安全法律规则与其他规则——决定了国家安全保障的方式与效果。通过对五个方面矛盾关系的分析，我们可以发现，新中国成立以来，中国特色国家安全法治道路的探索，经过了三个时期：以国防建设和政权安全为出发点的国家安全法制初创与曲折发展时期（1949—1978年）；以传统国家安全观法律化为重点的国家安全法制形成和完善时期（1978—2012年）；以总体国家安全观为指导加快国家安全法治建设时期（2012年以来）。

中国特色国家安全法治道路70年的探索轨迹主要表现在：从国家安全法制建设到国家安全法治建设；从国家安全的法律之治到国家安全的良法善治；从隐学为主到显学为主；从传统国家安全观到总体国家安全观；从以政权安全为中心到以人民安全为宗旨；从注重保护国家安全到保障国家安全并且尊重和保障人权；从反间谍工作到维护总体国家安全；从国家安全机关活动法到国家安全基本法；从维护本国国家安全到构建人类命运共同体；从构建国家安全法律制度体系到加强国家安全法治保障。中国特色国家安全法治道路70年探索的基本经验是：必须坚持中国共产党的集中统一领导；必须坚持全面依法治国和国家安全法治建设共同推进；必须坚持国家安全和国家发展"双轮驱动"理念；必须坚持统筹和辩证的国家安全战略思维；必须坚持不断丰富和拓展国家安全内涵；必须坚持不断加强中国特色国家安全法治保障体系和保障能力建设；必须坚持不断完善中国特色国家安全法治体系；必须坚持致力于中国国家安全与全球安全。进入新时代，人民群众不断向往和追求美好生活，不仅对于物质文化生活有了更高的要求，而且对于民主、法治、公平、正义、安全、环境的需求日益迫切，加之国际形势正在发生百年未有之大变局，新时代国家安全的基本矛盾的发展变化，客观上呼唤"法治保障"以人民安全为宗旨，以政治安全为根本，构建集政治安全、国土安全、军事安全、经济安全、文化安全、社会安全、科技安全、信息安全、生态安全、资源安全、核安全等于一体的"总体国家安全观"的提出，中央国家安全委员会的成立，以及以党中央集中统一领导、相关国家机关作为维护国家安全的职权职责主体，社会组织和公民作为参与主体的新的保障国家安全的主体体系得以建立，意味着中国特色国家安全法治道路已经进入加快国家安全法治体系建设、加强国家安全法治保障能力、有效维护国家安全的新境界。

加强国家安全法治保障体系和保障能力建设，必须深刻理解和准确把握总体国家安全观的法治意义和价值。总体国家安全观体现了"法随时移"的历史进步价值。总体国家安全观体现了以人民为中心的社会主义核心价值观，体现了社会主义法治人民性的本质特征。总体国家安全观具有重要的法治实践价值，是国家安全立法、执法、司法、法治监督、法治队伍建设的指导思想和行动指南。总体国家安全观体现了习近平总书记良法善治的现代法治观。

第二部分"构建保障国家安全的良法体系"由4篇论文和文章构成，主要分析研究了加快构建国家安全良法体系的战略部署、《国家安全法》的基本法律属性、《反恐怖主义法》的合理性、加强国防立法的重点和原则等问题。"法律乃治国之重器，良法乃善治之前提"。从依法管理国家安全事务到实现保障国家安全的良法善治，是中国特色社会主义法治体系建设和国家安全体系建设的重要任务。如何构建保障国家安全的良法体系，本书从提出加快构建国家安全良法体系的依据、时代背景、立法规划和部门法走向，以及域外国家构建国家安全法律制度体系的概况等方面进行了分析，论证了加快构建国家安全良法体系的必要性、必然性、合理性、可行性和战略性。本部分的重点问题是对 2015 年制定的《国家安全法》具有"基本法律"的若干重要属性问题进行了法理分析。从立法的指导思想、调整对象范围、对于国家机构职权权限和公民基本权利与义务的规定、立法表达技术、作用和地位等方面看，《国家安全法》具有作为基本法律的形式和内容条件。由于国家安全领域立法需求急迫，立法条件及其供给能力有限，由全国人民代表大会常务委员会通过《国家安全法》有其合理性，同时也有其局限性。因为《国家安全法》存在与《宪法》和若干基本法律文件的协调性问题，存在这部法律立法效果的有效实现问题，存在法律解释上的困境，因而需要在构建保障国家安全的良法体系过程中予以完善。

第三部分"推进公共安全法治化"由 8 篇论文和文章构成，主要围绕加快公安工作法治化进程、完善公安法律体系、公安法与警察法的相互关系、公安法的立法完善、公安法治体系的构建、法治公安与公安法学的创建等问题进行论述。在我国，社会公共安全是与每一个公民的人身财产安全等切身利益具有直接关系的国家安全领域，具有较强的社会影响力和较高的社会关注度。人民群众的安全感、获得感很大程度上来源于社会公共安全的状态。但是，我们也必须承认，我国公共安全法治化程度还不能满足人民群众的需要，不完全适应公安改革和法治建设的需要，不能适应法治社会、法治政府、法治国家建设的需要。本书这一部分的重点是探讨公共安全法治化的基本理论问题，特别是公安法治与法治公安的关系问题。我国的历史和国情决定了我们国家具有其他国家没有的"公安"文化，包括公安机关、公安警察、公安工作、公安制度、公安理念。在我国高等学校的学位授予和人才培养学科目录中，2011 年增设了"公安学"一级学科。我国也有调整社会公共安全和公安工作的一系列法律法规，但是，"公安法"和"公安法学"还没有获得应有的地位。本书的研究认为，无论从建设中国特色社会主义法治体系的角度，还是从全面深化公安改革建设"法治公安"的角度，抑或从公安学研究的公安机关公安工作法治化的角度，都需要认真地看待"公安法"这一概念，重视"公安法"的立法完善，加快公共安全法治化步伐。

第四部分"人民警察的法治警察属性"由2篇论文构成，主要是根据中共十八届四中全会关于人民警察是法治工作队伍组成部分的新理念新思想，分析论证了人民警察是我国警察制度的本质属性，法治警察是新时代人民警察的时代特征，并且分析论证了"法治警察"的学理内涵，并建议《人民警察法》的修改应该体现"法治警察"新理念新思想。

第五部分"国家安全法治人才的培养"由3篇论文构成，主要是结合工作实际，对于培养服务西北地区国家安全法治人才和公安人才的若干理论与实践问题进行了探讨。培养国家安全法治人才，要坚持立德树人，德法兼修，创新人才培养机制。国务院学位委员会批准西北政法大学实施"西北地区稳定发展与国家安全高级法律人才培养项目"，这是全国唯一的服务国家特殊需求法学博士人才培养项目。西北政法大学经过6年多的实施，在培养服务西北地区国家安全高层次法治人才方面进行了积极探索，取得了良好的成效。与此同时，公安人才也是国家安全法治人才的组成部分，面对国家治理体系和治理能力现代化的要求，公安人才培养应当遵循高等教育的基本规律、公安工作的基本规律和办学治校的基本规律，应当适应改革需要，培养"警法结合"的现代警务人才。

关于国家安全法治保障，除了立法保障、执法保障、人才和队伍保障之外，还应该有司法保障、宗法保障等环节。对于这些问题的研究，只能寄希望于未来了。

国家安全的法治保障问题是一个重大的理论和实践问题，而国家安全学、国家安全法治学是一个正在形成中的新兴交叉学科，对这一问题需要进行多学科、多角度、多层次的长期研究。本书呈现给大家的仅仅是本人5年多来对于相关问题的一些初步思考和探索，希望对有志于国家安全法治建设问题的研究者具有参考价值，也诚恳地欢迎大家批评指正。

目 录

前 言 ... 001

第一部分 国家安全需要法治保障

中国特色国家安全法治道路的探索 ... 003
总体国家安全观的法治价值 ... 042

第二部分 构建保障国家安全的良法体系

加快构建国家安全良法体系 ... 055
《国家安全法》的基本法律属性 ... 066
关于《反恐怖主义法》合理性的几点认识 ... 094
加强国防立法的重点和原则 ... 100

第三部分 推进公共安全法治化

关于加快公安工作法治化进程的建议 ... 111
完善公安法律体系的几点思考 ... 117
宪法关于公安制度的原则性规定 ... 121
公安制度的法文化考察 ... 130
公安法与警察法相互关系初探 ... 144
公安法的立法完善 ... 158
公安法治体系的构建 ... 180
法治公安呼唤公安法学 ... 226

第四部分　人民警察的法治警察属性

人民警察是法治工作队伍的组成部分　　261

《人民警察法》的修改应该体现"法治警察"新理念　　286

第五部分　国家安全法治人才的培养

培养服务西北地区国家安全法治人才　　315

公安人才培养应当遵循三个方面基本规律　　326

适应公安改革需要　培养现代警务人才　　341

后　记　　359

第一部分
国家安全需要法治保障

中国特色国家安全法治道路的探索
总体国家安全观的法治价值

中国特色国家安全法治道路的探索

一、问题的提出

国家安全是安邦定国的重要基石。[①]党的十八大以来，以习近平同志为核心的党中央十分重视中国特色国家安全法治保障体系和保障能力建设。2013年1月，刚刚担任中共中央总书记两个月的习近平就对做好新形势下的政法工作作出重要指示，强调顺应人民群众对于公共安全、司法公正、权益保障的新期待，全力推进平安中国、法治中国建设。2013年11月12日，中国共产党十八届三中全会决定：设立国家安全委员会，完善国家安全领导体制和国家安全战略，确保国家安全。[②] 2014年1月24日，中共中央政治局召开会议，研究决定中央国家安全委员会设置，习近平任中央国家安全委员会主席。[③] 2014年4月15日，习近平主持召开中央国家安全委员会第一次会议，标志着新时代国家安全领导体制正式开始运转。习近平强调，坚持总体国家安全观，走出一条中国特色国家安

本文发表于《现代法学》2019年第3期，收入本书时有所修改。

① 《习近平新时代中国特色社会主义思想三十讲》，学习出版社2018年版，第252页。

② 《中共中央关于全面深化改革若干重大问题的决定》，《人民日报》2013年11月16日。

③ 《中央政治局研究决定中央国家安全委员会设置　习近平任国家安全委员会主席》，《烟台晚报》2014年1月25日。

全道路。① 2014年10月23日，中国共产党十八届四中全会决定加快国家安全法治建设。② 2017年10月18日，习近平在党的十九大报告中强调，健全国家安全体系，加强国家安全法治保障，提高防范和抵御安全风险能力。③ 2018年4月17日，习近平在十九届中央国家安全委员会第一次会议上强调，国家安全工作要适应新时代新要求，切实做好健全国家安全制度体系，加强法治保障等工作。④ 从党的十八大以来党中央关于维护国家安全的一系列重大部署，以及习近平总书记关于总体国家安全观的一系列重要论述，我们可以清楚地看出，坚持总体国家安全观、走出一条中国特色国家安全道路是习近平新时代中国特色社会主义思想的重要内容。而贯彻落实总体国家安全观，加强国家安全法治保障体系和保障能力建设，是中国特色国家安全法治发展必须坚持的道路和方向。

法治优于人治。法治注重规律之治、规则之治、程序之治、民主之治、公正之治、自由之治。在全面依法治国时代背景下，法治是国家权力运行的根本遵循。加强国家安全法治保障体系和保障能力建设，不仅符合建设中国特色社会主义法治体系、建设社会主义法治国家、建设法治中国的战略要求，满足人民群众在新时代对于民主、法治、公平、正义、安全、环境的新要求，也是中国共产党探索和发展中国特色国家安全道路的必然选择。

张文显教授在《中国法治40年：历程、轨迹和经验》一文中系统梳理了中国法治理论的形成过程。肖君拥、张志朋合作撰写的《中国国家安全法治研究四十年：回眸与展望》一文研究了过去40年中国国家安全法治的研究情况。受此启发，值此新中国成立70周年之际，我们认为对于中国特色国家安全法治发展道路进行回顾，具有重要的现实意义和历史意义。本文将着重探讨中国特色国家安全法治道路的探索历程与经验，

---

① 《中央国家安全委员会第一次会议召开 习近平发表重要讲话》，http：//www.gov.cn/xinwen/2014-04/15/content_ 2659641.htm，访问日期：2019年3月7日。
② 《中共中央关于全面推进依法治国若干重大问题的决定》，《人民日报》2014年10月29日。
③ 《党的十九大报告学习辅导百问》，党建读物出版社2017年版，第39页。
④ 《习近平主持召开十九届中央国家安全委员会第一次会议并发表重要讲话》，http：//www.gov.cn/xinwen/2018-04/17/content_ 5283445.htm，访问日期：2019年3月7日。

分析和总结中国特色国家安全法治道路的核心要义，以明确中国特色国家安全法治道路的前进方向。

历史发展表明，国际形势、国内主要矛盾、国家安全观、维护国家安全主体机关、国家安全法律规则体系等五个要素不同程度地影响着中国特色国家安全法治道路的方向和进程。因此，本文的研究着眼于中国特色国家安全法治道路探索历程，以相关政治文献为主要参考，以国际形势、国内主要矛盾、国家安全观、维护国家安全主体机关、国家安全法律规则体系等五要素作为分析工具，对中国特色国家安全法治发展道路进行宏观分析，以期探明中国特色国家安全法治道路之核心要义。

二、中国特色国家安全法治道路 70 年探索历程

国家安全法治建设历程反映了中国特色国家安全法治道路的形成过程。结合上述五个要素发展和变化的特点，可以看出新中国成立 70 年来中国国家安全法治建设经历了三个时期。在国家安全法治建设历史进程中，国家安全法制建设是国家安全法治道路形成的基础。在不同时期，国家安全有着不同的内涵与外延，国家安全法治建设也呈现不同的重点与特点。但是，各阶段之间的联系是紧密的，后一阶段的发展离不开前一阶段的经验积累。

（一）以国防建设和政权安全为出发点的国家安全法制初创与曲折发展时期（1949—1978 年）

这一时期，影响国家安全法制建设的五要素呈现以下特点：

第一，国际形势方面。第二次世界大战结束后，随着欧洲世界中心地位的丧失、美国的崛起和苏联国际地位的提高，全球形成了以美苏为中心的资本主义阵营和社会主义阵营的对立格局[1]，我国加入了以苏联为首的社会主义阵营。后来，中苏交恶成为毛泽东提出三个世界理论的背

---

[1] 王玉红：《战后世界两极格局的形成与对峙》，《赤峰学院学报（汉文哲学社会科学版）》2008 年第 5 期，第 36 页。

景。冷战的国际形势在整个国家安全法制建设探索时期基本没有改变。这一时期，中国国家安全的外部威胁主要来自国际政治斗争。

第二，国内主要矛盾方面。中共八大和九大分别对这一时期国内主要矛盾作出了判断，中共八大《关于政治报告的决议》指出，在我国社会主义制度已经建立的情况下，先进的社会主义制度同落后的社会生产力之间的矛盾是国内的主要矛盾。① 中共九大则认为阶级矛盾仍然存在，无产阶级还必须继续革命②，并提出"以阶级斗争为纲"的方针。中共九大对国内主要矛盾的错误估计，与"文化大革命"的爆发有直接关系，历史证明其是错误的。③

第三，国家安全观方面。毛泽东关于国家安全的思想对这一时期维护国家安全实践具有重要指导意义。战争与革命的时代主题是毛泽东国家安全思想形成的历史背景，也是毛泽东分析、研究和制定国家安全战略的客观依据。自毛泽东同志提出"枪杆子里面出政权"理论以来，中国共产党就十分重视军队和国防力量建设。毛泽东在《论联合政府》中强调："没有工业，便没有巩固的国防，便没有人民的福利，便没有国家的富强。"④ 国防巩固直接关乎人民福祉和国家富强。在《论人民民主专政》中，他指出："我们现在的任务是要强化人民的国家机器，这主要地是指人民的军队、人民的警察和人民的法庭，借以巩固国防和保护人民利益。"⑤ 由此可见国防安全在国家安全中的重要地位。此外，毛泽东在新中国成立不久前召开的中国共产党七届二中全会上还指出："由于革命

---

① 《中共党史文献选编（社会主义革命和建设时期）》，中共中央党校出版社1992年版，第144页。
② 中共九大报告中强调："社会主义改造基本完成以后，还存在阶级和阶级斗争，无产阶级还必须继续革命。中共九大报告反复强调，无产阶级和资产阶级的矛盾是国内的主要矛盾。"参见中共中央党史研究室：《中国共产党历次代表大会（社会主义时期）》，中共中央党校出版社1985年版，第77—78页。
③ 1981年6月27日，中国共产党第十一届中央委员会第六次全体会议一致通过《关于建国以来党的若干历史问题的决议》，其中指出："文化大革命"否定了建国以来十七年大量的正确方针政策和成就，这实际上也就在很大程度上否定了包括毛泽东同志自己在内的党中央和人民政府的工作，否定了全国各族人民建设社会主义的艰苦卓绝的奋斗。参见中共中央文献研究室：《关于建国以来党的若干历史问题的决议注释本》，人民出版社1986年版，第28—29页。
④ 《毛泽东选集》（第三卷），人民出版社1991年版，第1080页。
⑤ 《毛泽东选集》（第四卷），人民出版社1991年版，第1476页。

胜利后在国内外还存在着两种基本的矛盾，因此，在政治上必须强化工人阶级领导的政权。"新中国成立后，保卫新生政权的安全显得尤为迫切。毛泽东在中国共产党七届三中全会上指出了当时国家安全所面临的形势[①]，分析了政权安全面临的威胁，旨在强调政权安全的重要性。所以，加强国防建设和维护政权安全是新中国成立前后国家安全工作面临的首要任务，也是毛泽东国家安全思想形成的基础。当然，这也是毛泽东同志基于对当时国际国内形势判断的基础上作出的，为维护新中国的国家安全作出了重要贡献。从中共八大政治报告关于国家政治生活、国际关系等论述中可以较为系统地总结出当时中国共产党对于维护国家安全的一般认识：首先，镇压和肃清反革命分子，巩固社会秩序，目的就是维护政权安全。[②] 其次，加强国防力量建设，提高军队战斗力，保卫我国领土完整。再次，在国际关系中坚持和平共处五项原则，积极同邻国及其他国家建立正常外交关系。

第四，维护国家安全主体机关方面。巩固国防和镇压反革命不仅关乎国家安全、政权安全，而且是新中国成立之初亟须解决的问题。所以，新中国成立初期，巩固国防和镇压反革命分别确定为中国人民解放军和人民公安机关的主要职责。中国人民解放军和人民公安机关成为维护国家安全最重要的两支力量。人们对于中国人民解放军的历史相对熟悉。[③]中国人民解放军来源于中国工农红军、新四军、八路军，为打败日本侵略者、推翻国民党政权、建立人民民主专政的中华人民共和国作出了巨大贡献。人民公安机关的前身是1931年11月中华苏维埃共和国中央临时政府在江西瑞金成立的国家政治保卫局，1949年8月9日，中共中央和中央军委面临全国即将解放的新形势，决定取消中央社会部，成立军委

[①] 《毛泽东文集》（第六卷），人民出版社1999年版，第66页。
[②] 宋庆龄在中共八大致词时讲道："我们的社会主义建设事业，获得了世界上广大人民的热情的支持；同时也受到反革命分子的仇视和阻挠。现在在国内还有盘踞台湾的蒋介石集团；在国外还有以好战集团为首的帝国主义侵略势力。对这些反革命分子应当提高警惕，加强我们的专政，粉碎他们的阴谋。"这充分说明了我国在新中国成立初期维护国家安全方面所面临的首要挑战中有很大一部分是来自反革命势力和反革命分子的威胁。
[③] 中国人民解放军诞生于1927年8月1日的南昌起义，历经土地革命战争、抗日战争和解放战争，1949年在合并八路军、新四军、东北民主联军等部队基础上改称和整编而来。

公安部和军委情报部，以建设新中国的保卫和情报工作。军委公安部为第一届中国人民政治协商会议的胜利召开发挥了重要保障作用。1949年10月19日，中央人民政府委员会决定任命罗瑞卿为中央人民政府公安部部长，命令发布后，中央军委公安部即行撤销，改名为中央人民政府公安部，同年11月1日，中央人民政府公安部宣告正式成立。"和平时期，国家安危，公安系于一半"，这是周恩来对公安机关维护国家安全方面重要地位的经典总结。[1] 毛泽东同志在中国共产党七届三中全会上肯定了人民解放军和人民公安机关在维护国家安全方面作出的贡献。[2]

第五，国家安全法律规则体系方面。面对反革命势力和反革命分子对社会主义政权的威胁，中共八大不仅明确了依法制裁反革命行为的基本原则，而且明确了对反革命分子进一步实行宽大政策的具体要求。中共八大要求公检法机关严格遵守法制，依法同反革命分子进行坚决的斗争。[3] 由于后来运动式的国家治理方式，使得这一时期并没有形成系统的维护国家安全的法律规则体系。虽然这一时期颁布的三部宪法之中的"七五宪法"和"七八宪法"都存在着明显不足，但依然是维护国家安全的重要法律渊源。作为维护国家安全主体力量的中国人民解放军和公安机关都有相应的制度约束，既有较为规范的《中国人民解放军政治工作条例》，也有"恶法"——《关于无产阶级文化大革命中加强公安工作的若干规定》（简称"公安六条"），它们可以被视为当时国家安全制度体系的组成部分。因此，这一时期维护国家安全法律规则体系以刑事政策、军事工作制度、公安工作制度为主构成。

---

[1] 程琳主编：《公安学通论》，中国人民公安大学出版社2014年版，第112—113页。
[2] 毛泽东同志在中国共产党七届三中全会上强调："人民解放军自从一九四八年冬季取得辽沈、淮海、平津三大战役的决定性胜利以后，从一九四九年四月二十一日开始渡江作战起至现在为止的十三个半月内，占领了除西藏、台湾及若干其他海岛以外的一切国土，消灭了一百八十三万国民党反动派的军队和九十八万土匪游击队，人民公安机关则破获了大批的反动特务组织和特务分子。"参见《毛泽东文集》（第六卷），人民出版社1999年版，第66页。
[3] 中共八大报告和《中共八大关于政治报告的决议》明确指出："对于反革命分子应当进一步实行宽大政策。除极少数罪大恶极、引起人民公愤的罪犯不能不处死刑以外，其余罪犯应当一律免处死刑，并且给以人道的待遇，尽可能把他们教育成为善良的劳动者。需要处死刑的案件，应当一律由最高人民法院判决或者核准。"参见《中共党史文献选编（社会主义革命和建设时期）》，中共中央党校出版社1992年版，第154页。

第一部分　国家安全需要法治保障

是否运用法治作为治国之方式，党中央先取后舍，而人治是这一时期主要的治国特点。"取"与"舍"同样可以形象地概括这一时期国家安全法制建设探索的特点。虽然国家安全法制建设"胎死腹中"，但这一时期的探索仍有积极意义，它为国家安全法制的形成和发展积累了经验。1954 年第一部《中华人民共和国宪法》的制定，以国家最高立法形式确定了维护国家安全的责任主体和主要任务。[①] 宪法作为国家安全法制建设的重要法律渊源，从其规定的保卫对象来看，既反映了当时国家安全的形势，也反映了国家安全的主要外延——国防稳固和政权安全。可见，彼时国家安全的核心就是人民民主制度安全，人民革命和国家建设的成果安全，国家的主权、领土完整和安全。这也是毛泽东国家安全思想的主要内容。1956 年，中共八大胜利召开，成为社会主义法制建设过程的标志性事件。[②] 刘少奇所做的政治报告反映了中国共产党开始认识到健全法制对于治国的重要意义。中共八大还讨论了健全社会主义法制的必要性，并把健全法制作为国家政治生活中的一项重要任务明确提出。董必武提出了"有法可依、有法必依"的思想，为社会主义法制建设指明了方向。《中共八大关于政治报告的决议》进一步明确了加强法制建设的意义。[③] 对维护国家安全而言，中共八大的召开，标志着新中国国家安全法制建设探索开始萌芽。遗憾的是，随后的十年中，受"左"倾错误影响，国家在法制建设方面乏善可陈，国家安全法制建设基本处于停滞状态。加上后来爆发的"文化大革命"，公检法被砸烂，彻底破坏了法治，国家

---

① 1954 年《宪法》分别于第十九条和第二十条规定：中华人民共和国保卫人民民主制度，镇压一切叛国的和反革命的活动，惩办一切卖国贼和反革命分子。中华人民共和国的武装力量属于人民，它的任务是保卫人民革命和国家建设的成果，保卫国家的主权、领土完整和安全。

② 刘少奇在中共八大政治报告中强调："为了巩固我们的人民民主专政，为了保卫社会主义建设的秩序和保障人民的民主权利，为了惩治反革命分子和其他犯罪分子，我们目前在国家工作中的迫切任务之一，是着手系统地制定比较完备的法律，健全我们国家的法制。"参见《刘少奇选集》（下卷），人民出版社 1985 年版，第 253 页。

③ 《中共八大关于政治报告的决议》强调："由于社会主义革命已经基本上完成，国家的主要任务已经由解放生产力变为保护和发展生产力，我们必须进一步加强人民民主的法制，巩固社会主义建设的秩序。国家必须根据需要，逐步地系统地制定完备的法律。一切国家机关和国家工作人员必须严格遵守国家的法律，使人民的民主权利充分地受到国家的保护。"参见《中共党史文献选编（社会主义革命和建设时期）》，中共中央党校出版社 1992 年版，第 154 页。

安全法制建设进程受到了阻断。但即便如此,以国防建设和政权安全为出发点的国家安全问题一直被高度重视,国家安全法制建设仍处于初创与曲折发展状态中。①

(二) 以传统国家安全观法律化为重点的国家安全法制形成和完善时期(1978—2012年)

根据这一时期国家安全形势、国家安全观念和国家安全法制建设实践的特点,国家安全法制的发展可以划分为两个阶段,即国家安全法制形成阶段(1978—1993年)和国家安全法制完善阶段(1993—2012年)。其中,国家安全法制建设突出的特点是将传统国家安全观逐步法律化。国家安全法制建设的成果主要体现在两大方面:一是逐渐形成了运用法律手段依法维护国家安全的治国方略;二是初步形成了有中国特色的社会主义国家安全法制。需要说明的是,本文所指的国家安全法制不同于国家安全法治,国家安全法制建设是国家安全法治化的基础前提,之所以区分"法制""法治"的使用,是为了更好地揭示中国特色国家安全法治道路的历史法制与形成过程。

1. 国家安全法制形成阶段(1978—1993年)

从"人治"向"法治"转变是这一时期国家治理方式的最大变化。1977年8月,华国锋在中共十一大政治报告中指出,"形势大好,人心思治"是当时国内的主要形势。"人心思治"既形象地反映了"文化大革命"结束后全国人民对国家治理方式重新选择的期待,也生动地反映了党中央当时在选择国家治理方式过程中的焦虑。围绕"治"的方式,从《中国共产党第十一届中央委员会第三次全体会议公报》来看,党中央在总结过去治国经验教训基础上重新提出了法制概念,中共十一届三中全会对民主和法制问题进行了认真的讨论。会议认为,为了保障人民民主,全国人民代表大会及其常务委员会必须将立法工作作为重要议程,加强

---

① 大体继承了1954年《宪法》第二十条规定的1975年《宪法》第十五条第四款有关维护国家安全之规定就是很好的例证。

社会主义法制，使民主制度化、法律化。① 中国共产党十一届三中全会的召开对中国法制建设具有划时代的重要意义。这次会议提出了"有法可依、有法必依、执法必严、违法必究"的社会主义法制建设基本方针，促使我国民主法制建设进入了一个新的历史时期。中共十一届三中全会确立了解放思想、实事求是的思想路线，打开了"两个凡是"的思想禁锢，决定将国家建设的发展重心转移到经济建设上来，确定了改革开放政策。

伴随着改革开放，维护国家安全工作面临新形势。首先，在国际形势方面，美国和苏联为争夺世界霸权展开的对峙是世界不得安宁的最主要根源。邓小平同志认为，和平问题与南北问题（也叫发展问题）是国际上两大突出问题。② 同时，邓小平同志还敏锐地观察到，虽然战争危险仍然存在，但第三次世界大战短时期内不会打，把第三世界发展起来，可以避免世界大战。③ 其次，关于国内主要矛盾的认识。党中央纠正了"文化大革命"期间关于阶级斗争是社会主要矛盾的错误认识，1982年召开的党的十二大所通过的《中国共产党章程》中明确指出，虽然阶级斗争还在一定范围内长期存在，但我国社会主要矛盾是人民日益增长的物质文化需要同落后的社会生产之间的矛盾，其他矛盾应当在解决这个主要矛盾的同时加以解决。④ 这意味着国内安全形势随着社会主要矛盾的变化也发生了变化。

国际形势和国内社会主要矛盾的变化决定了党和国家领导人国家安全观的变化。换句话说，党和国家领导人对国家安全问题的认识决定了国家安全观内容。邓小平关于国家安全的新认识形成于20世纪80年代，他继承和发展了毛泽东的国家安全思想，是当时的国家安全指导理论。1978年3月18日，邓小平在全国科学大会开幕式上的讲话中就已经蕴含了经济建设和国家安全的关系问题，即经济基础决定上层建筑，经济建

---

① 《中共党史文献选编（社会主义革命和建设时期）》，中共中央党校出版社1992年版，第439页。
② 《邓小平文选》（第三卷），人民出版社2008年版，第96页。
③ 《邓小平文选》（第三卷），人民出版社2008年版，第249页。
④ 《新时期党的建设文献选编》，人民出版社1991年版，第200页。

设问题直接关系到国家的综合实力和人民的物质文化生活水平，如果经济建设不能加强，社会主义政治制度、经济制度及国家安全就缺乏可靠的保障。而且从邓小平这次讲话中，还可以看出他对当时国家安全的认识，即国家安全就是能够有效地巩固社会主义制度和对付外国侵略者的侵略和颠覆。① 邓小平于1980年1月16日在中共中央召开的干部会议上发表的《目前的形势和任务》讲话中指出，反对霸权主义、维护世界和平，台湾归回祖国、实现祖国统一，加紧经济建设是80年代要做的三件大事。围绕这三件大事，邓小平在对国际国内形势作出准确判断的基础上完善了其国家安全理论。邓小平国家安全理论是邓小平理论的重要组成部分，是建立在其对国家安全新形势认识基础上的，主要包括加强国际安全和国内安全两个方面的内容。其中，在国际安全方面，反对霸权主义，妥善处理与其他国家之间的安全关系，以和平共处五项原则为准则建立国际秩序；在国内安全方面，把国家的主权和安全始终放在第一位，② 重视意识形态安全，反对颠覆和"和平演变"，主张稳定压倒一切，主张中国永远不允许别国干涉内政③，提出"一国两制"推进祖国和平统一，加强国防和军队现代化建设。邓小平关于国家安全的认识体现了国家安全的综合性特点，这种综合性更多的是将国家面临的各种传统安全

---

① 1978年3月18日，邓小平在全国科学大会开幕式上的讲话中指出："四人帮"的所作所为，从反面使我们更加深刻地认识到，在无产阶级专政的条件下，不搞现代化、科学技术水平不提高，社会生产力不发达，国家的实力得不到加强，人民的物质文化生活得不到改善，那末，我们的社会主义政治制度和经济制度就不能充分巩固，我们国家的安全就没有可靠的保障。我们的农业、工业、国防和科学技术越是现代化，我们同破坏社会主义的势力作斗争就越加有力量，我们的社会主义制度就愈加得到人民的拥护。把我们的国家建设成为社会主义的现代化强国，才能更有效地巩固社会主义制度，对付外国侵略者的侵略和颠覆，也才能比较有保证地逐步创造物质条件，向共产主义的伟大理想前进。参见《邓小平文选》（第二卷），人民出版社2008年版，第86页。

② 1989年12月1日，邓小平同志会见樱内义雄为团长的日本国际贸易促进协会访华团主要成员时谈话的要点。邓小平在谈话中还强调，今后如有需要，动乱因素一出现，我们就采取严厉手段尽快加以消除，以保证我国不受任何外来干涉，维护国家的主权。参见《邓小平文选》（第三卷），人民出版社2008年版，第348—349页。

③ 1990年7月11日，邓小平同志在会见加拿大前总理特鲁多的谈话中强调：中国永远不允许别国干涉内政。……如果西方发达国家坚持干涉别国内政，干涉别国的社会制度，那就会形成国际动乱，特别是第三世界不发达国家的动乱。参见《邓小平文选》（第三卷），人民出版社2008年版，第360页。

问题统筹考虑,本质上是对传统安全的新思考。

随着改革开放不断深入,对外交往不断扩大,少数间谍特务利用中外联系增多的时机,加紧对我国的各种破坏活动。[①] 面临这样的新形势,要求国家尽快应对。在加强社会主义法制的背景下如何有效维护国家安全,成为改革开放初期的重大理论问题和现实问题。

维护国家安全工作面临的新形势推动了国家安全部的成立[②],国家安全机关成为新的维护国家安全的重要主体力量。成立国家安全部对于有效开展反奸防特工作、推进国家安全法制建设和维护国家安全具有积极作用。国家安全部诞生后,破获了一批危害我国国家安全的案件,有效化解了我国国家安全面临的严峻形势,标志着我国维护国家安全工作进入专门化专业化职业化新阶段;另一方面,中共十一届三中全会对探索国家安全法制建设而言,意义重大,它同样开启了国家安全法制建设的新篇章,越来越多的专家和学者开始思考如何运用法制工具开展国家安全工作,客观上促进了中国国家安全法制建设进度。基于形势,有学者指出,针对隐蔽战线的严重敌情,我国迫切需要制定一部符合国情的国家安全法,尽快将国家安全工作纳入法制轨道,并且将反革命罪改为危害国家安全罪,以进一步加强反间防特工作。[③]

从20世纪80年代开始,在邓小平国家安全理论的指导下,党和国家以政治安全、军事安全和经济安全为核心,重视国家安全法制建设,加快了国家安全立法工作速度,初步形成了以《宪法》为核心的国家安全法律制度体系。具体而言,之所以把中国特色国家安全法治建设进程第二阶段时间起点确定于1978年,是因为从这一年开始,我国的改革开放正式启动,同时,社会主义法制建设也开始全面恢复和加强。1978年《宪法》的颁布就是证明。当然,这并非是说1978年《宪法》制定的出

---

① 夏明:《反特影片与国家安全》,《电影艺术》1985年第3期,第19页。

② 1983年7月,中华人民共和国国家安全部由原中共中央调查部整体、公安部政治保卫局以及中央统战部部分单位、国防科工委部分单位合并而成。国家安全部是中华人民共和国国务院的组成部门,是中国政府的反间谍机关和政治保卫机关,可以行使宪法和法律规定的公安机关的侦查拘留、预审和执行逮捕的职权。

③ 徐忠建:《应当制定国家安全法》,《现代法学》1986年第4期,第62—63页。

发点就是为了健全国家安全法制。受当时历史条件的限制，这部宪法存在明显的缺陷，但值得肯定的是，1978年《宪法》在维护以国防安全和政权安全为核心的国家安全认识上继承了1954年《宪法》第19条和20条的相关规定。[①] 同时，1978年《宪法》为社会主义现代化建设确定法律秩序奠定了基础，为1982年《宪法》的制定提供了继承对象。因此，正确界定国家安全法制建设形成期的起点，必须要关注1978年《宪法》的相关规定。在1978年《宪法》的基础上，1979年7月1日，第五届全国人民代表大会第二次会议通过的《刑法》《刑事诉讼法》等七部基本法律，推动我国正式迈入国家安全法制建设的进程，其中的主要标志就是在刑法分则中规定了反革命罪。反革命罪是刑法中危害性质最严重的一类犯罪，危害对象是人民民主专政的政权和社会主义制度，客观方面主要表现为实施危害中华人民共和国的行为。对反革命行为以刑罚惩罚的目的是巩固国家政权和社会主义制度。运用刑法保障国家安全是国家安全法制建设非常重要的一步，在总体方向上也符合中共十一届三中全会健全法制的要求，而且体现了治国理念从人治向法治的转变。1982年《宪法》的颁布，确定了宪法在中国特色社会主义法律体系中的核心地位，也为国家安全法制建设提供了根本遵循。1993年《国家安全法》以及一系列与国家安全相关的法律法规的颁布，标志着有中国特色的国家

---

① 我们认为1978年《宪法》的制定包含但不限于以下目的：第一，适应社会实际，回归1954年《宪法》制定时运用法律工具治理国家之计划和设想，维护社会安定团结；第二，清理"文化大革命"期间"左"的思想影响，消除不正确的政治理论观念；第三，为发扬社会主义民主，实现社会主义现代化提供法律保障；第四，继续探索以《宪法》为核心的社会主义法制建设进程。1978年《宪法》在序言中对"文化大革命"采取了肯定态度，并且在指导思想上坚持了以"阶级斗争为纲"的错误方针。具体是这样表述的：第一次无产阶级文化大革命的胜利结束，使我国社会主义革命和社会主义建设进入了新的发展时期。根据中国共产党在整个社会主义历史阶段的基本路线，全国人民在新时期的总任务是：坚持无产阶级专政下的继续革命，开展阶级斗争、生产斗争和科学实验三大革命运动，在本世纪内把我国建设成为农业、工业、国防和科学技术现代化的伟大的社会主义强国。1978年《宪法》第18条第1款规定：国家保卫社会主义制度，镇压一切叛国的和反革命的活动，惩办一切卖国贼和反革命分子，惩办新生资产阶级分子和其他坏分子。第19条第3款规定：中华人民共和国武装力量的根本任务是：保卫社会主义革命和社会主义建设，保卫国家的主权、领土完整和安全，防御社会帝国主义、帝国主义及其走狗的颠覆和侵略。这两款法律规定在继承1954年《宪法》基础上，结合当时社会实际进行了修改，但核心内容变化不大。

安全法律制度体系的初步形成。至1993年，我国形成了以《宪法》为统率，以《国家安全法》为核心，以《兵役法》《国防法》《军事设施保护法》《保守国家秘密法》等法律为基础，以《刑法》《刑事诉讼法》为保障的国家安全法律制度体系。其中，对于1993年《国家安全法》，我们不应当用当前的眼光审视这部法律存在的不足，在当时而言，制定这部法律既总结了20世纪80年代以来国家安全机关维护国家安全工作的经验，也开创了依法开展国家安全工作的先河，在不断加强国家安全法治的过程中留下了浓墨重彩的一笔。在《国家安全法》与相关法律之间关系的问题上，过去的学者们主要认为它对其他法律具有补充意义。[①] 本文认为这是不准确的，因为当年的补充论观点具有明显的时代局限性。该类观点并未从根本上认识到未来国家安全可能具有之外延。当然，我们不能用今时今日之眼光去苛责过去之观点，因为这并没有可比性。相反，我们对当时学者们提出的观点也应当尊重。

建立健全国家安全法制的目的是能够更好地解决当时社会中存在的不安定因素，从而更好地维护和保障国家安全。这段时期国家安全法制建设的探索，体现了中国共产党领导下对依法治国道路选择的自觉。运用法律手段维护国家安全是有效维护国家安全的必然选择，它是中国共产党治国理政经验积累的成果，也是新中国依法治国道路选择的应有之义。这一时期国家安全法制建设的经验为今后丰富国家安全法治理论、完善国家安全立法奠定了很好的根基。

2. 国家安全法制完善阶段（1993—2012年）

20世纪90年代开始，国际社会形成了"一超多强"的世界格局，国际局势风云变幻，世界格局朝着多极化方向发展。与此同时，我国面临着严峻的主权和安全挑战。1993年的"银河号事件"，1996年的台海危

[①] 比如，军事科学院的姜秀元认为，《国防法》的效力等级比《国家安全法》要高，但《国防法》和《国家安全法》在立法宗旨、立法依据和立法目的上密切联系、相互衔接、互为补充。（参见姜秀元：《试析〈国防法〉与〈国家安全法〉的关系》，《国防》1995年第3期，第20—22页。）西北政法学院的刘中发、吴俊认为，《国家安全法》对《刑法》的总则、分则和相关法律条文具有修改补充的意义。（参见刘中发、吴俊：《〈析国家安全法〉对〈刑法〉的修改补充》，《甘肃政法学院学报》1994年第1期，第39页。）

机和1999年中国驻南斯拉夫大使馆被轰炸等一系列事件为我们的国家安全问题敲响了警钟。在此期间，西方敌对势力抓住中国"战略机遇期"与"矛盾凸显期"重合的现实条件，加紧了对中国的渗透和颠覆活动。[①]进入到21世纪初，恐怖主义威胁全球发展，美国"9·11"事件、新疆"七五"事件等暴恐事件的发生，再度加剧了国际国内安全形势。祖国和平统一问题尚未彻底得到解决，信息传播全球化促使经济全球化，经济全球化既给中国发展带来了新机遇，也使中国家安全面临新挑战。

伴随着国内外安全形势的改变，我国国家安全观也在不断地发展和完善。我国提出了新安全观。新安全观是江泽民同志在邓小平同志国家安全战略基础上提出的，超越了冷战思维，在反对霸权主义、奉行独立自主的和平外交政策、坚持和平共处五项原则的基础上[②]，特别强调建立公正合理的国际政治经济新秩序[③]，积极为我国现代化建设争取有利的国际环境。自中共十四大召开以来，江泽民同志在多种场合主张新安全观以促进中国的对外交往，并在"建立和平、稳定、公正、合理的国际新秩序"的基础上丰富和完善了新安全观的内容——树立互信、互利、平等和协作的新安全观。因为，没有世界安全就没有我国的繁荣和稳定。江泽民同志的新安全观正是在传统国家安全观的基础上，在面对安全因素多样化、安全利益多元化、安全关系多边化、安全问题国际化的国内外安全形势下提出的[④]，旨在通过促进国际安全保障国家安全。因此，新安全观也是一种国际安全观。江泽民同志在中共十六大报告中论述国际形势和对外工作时再次强调："各国在安全上应相互信任，共同维护，树

---

① 作出这一判断的主要依据是结合江泽民同志在中共十六大上的报告内容。江泽民同志指出，加强国家安全工作，警惕国际国内敌对势力的渗透、颠覆和分裂活动。这从侧面反映了当前国家安全工作的重点任务。

② 江泽民同志在中共十五大报告中强调，冷战思维依然存在，霸权主义和强权政治仍然是威胁世界和平与稳定的主要根源。同时主张：我国始终不渝地奉行独立自主的和平外交政策；反对霸权主义，维护世界和平；推动建立公正合理的国际政治经济新秩序；坚持睦邻友好；在和平共处五项原则的基础上，继续改善和发展同发达国家的关系；进一步加强同第三世界国家的团结与合作；改善和发展同发达国家的关系；中国发达起来了，也永远不称霸。参见《江泽民文选》（第二卷），人民出版社2006年版，第39—41页。

③ 《江泽民文选》（第二卷），人民出版社2006年版，第280页。

④ 李瑛：《论江泽民的国家安全观》，《党政干部学刊》2003年第3期，第16页。

立互信、互利、平等和协作的新安全观,通过对话和合作解决争端,而不应诉诸武力或以武力相威胁。"① 值得一提的是,江泽民同志关注到了更多的非传统安全因素对中国国家安全的威胁,因此,他强调传统安全威胁和非传统安全威胁的因素相互交织成为一种新的国家安全形势。② 后来胡锦涛同志延续了新安全观的内容,继续强调国际安全对促进本国繁荣与稳定的积极作用。2011 年 9 月 6 日,国务院新闻办发布了《中国的和平发展》白皮书,肯定了"中国倡导互信、互利、平等、协作的新安全观"③,这一趋势一直持续到了中共十八大召开以后。④

中国共产党总结历史经验,在中共十五大上提出了依法治国的理论和方法,并且强调:"依法治国,是党领导人民治理国家的基本方略,是发展社会主义市场经济的客观需要,是社会文明进步的重要标志,是国家长治久安的重要保障。"⑤ 依法治国的提出为国家安全法制建设指明了方向和目标。国家安全除了外部安全之外还包括内部安全,国内安全是国家安全的根本,国际安全和国内安全共同构成了国家安全。面对国内不断发生的各种社会问题对国家安全的严重威胁,党和政府深刻地认识到维护国内安全必须在依法治国的基础上进行。只有实施依法治国,才能确保国家长治久安。通过依法治国维护国内安全是中国共产党顺应历史发展的选择。以依法治国为理论指导,我国继续加强和完善国家安全法制建设,为推进和实现国家安全法治奠定了基础。具体体现在以下几个方面:第一,从 1993 年《国家安全法》颁布以来,国家安全法制建设不断完善的同时,中国运用法律武器维护国家安全的能力也在不断增强。第二,国家安全法制建设和国家安全法治化之间互相联系、互为补充。依法治国理论的提出,为加强国家安全提供了新思路,并且促进了维护国家安全的体制机制从国家安全法制建设向加强国家安全法治的转向。

---

① 《江泽民文选》(第二卷),人民出版社 2006 年版,第 280 页。
② 《江泽民文选》(第三卷),人民出版社 2006 年版,第 566 页。
③ 《国务院新闻办发表〈中国的和平发展〉白皮书》,http://www.gov.cn/jrzg/2011-09/06/content_1941204.htm,访问日期:2019 年 2 月 26 日。
④ 2014 年之所以是一个分水岭,后文将论述其原因。
⑤ 《江泽民文选》(第二卷),人民出版社 2006 年版,第 29 页。

第三，胡锦涛同志在中共十七大上宣布，中国特色社会主义法律体系基本形成，依法治国基本方略切实贯彻。① 《兵役法》《保守国家秘密法》《反分裂国家法》等法律的修改和制定，标志着中国特色社会主义国家安全法律体系的形成。

1993年至2012年的近20年间，无论国际局势如何变化，时代主题始终围绕着"和平与发展"而展开。这20年间，虽然我国一直坚持以经济建设为中心，但国家安全形势有了明显的变化，这决定了党和国家必须要继续探索和完善维护国家安全的道路和方法。总体而言，这段时期是国家安全法制建设的完善阶段，也是向加强国家安全法治转向的过渡阶段。

（三）以总体国家安全观为指导加快国家安全法治建设时期（2012年以来）

安全是一种不受威胁的状态和维护这种状态的能力，是新时代人民群众对于美好生活的新需求，也是法治中国建设应有的价值追求。中国特色社会主义进入新时代，党中央敏锐地发现民主、法治、公平、正义、安全、环境已经成为人民对于美好生活的重大需求。正如习近平同志在中共十九大报告中强调："中国特色社会主义进入新时代，我国社会主要矛盾已经转化为人民日益增长的美好生活需要和不平衡不充分的发展之间的矛盾。我国稳定解决了十几亿人的温饱问题，总体上实现小康，不久将全面建成小康社会，人民美好生活需要日益广泛，不仅对物质文化生活提出了更高要求，而且在民主、法治、公平、正义、安全、环境等方面的要求日益增长。"② 安全是发展的前提，国家安全既是国家的根本利益，也是人民的根本利益。

经过21世纪以来头十年的发展，随着我国国家实力持续增强和改革开放继续深化，威胁国家安全的非传统安全因素不断增多，传统安全与非传统安全互相交织的国家安全形势日趋复杂。2011年12月6日发布的

---

① 《胡锦涛文选》（第二卷），人民出版社2016年版，第614页。
② 《党的十九大报告学习辅导百问》，党建读物出版社2017年版，第9页。

《中国的和平发展》白皮书也指出："中国面临复杂多样的传统和非传统安全挑战，受到分裂势力和恐怖主义等威胁。"[①] 与涉及一国领土和主权完整问题的传统安全相比，非传统安全是除政治、军事和外交冲突以外的对国家或人类的生存和发展构成威胁的因素，并且涉及政治安全和军事安全以外的文化安全、经济安全、信息安全、网络安全、生态安全、环境安全、科技安全等多个安全领域。也正是因为非传统安全问题的出现才导致国内外社会面临着更多的安全压力，所以国家安全的内涵和外延亟须进一步拓展。

新形势需要新的国家安全指导理论。自 2012 年中共十八大召开以来，习近平同志高度重视国家安全问题，多次强调我国正面临着严峻的国家安全威胁和挑战。以习近平同志为核心的党中央在认真分析新时代国家发展过程中面临的新形势新任务新要求基础上，成立了作为中共中央关于国家安全工作的决策和议事协调机构的中央国家安全委员会，加强了对国家安全工作的集中统一领导。2014 年 4 月 15 日，习近平同志在主持召开中央国家安全委员会第一次会议时提出了总体国家安全观，他强调："国家安全工作应坚持总体国家安全观，以人民安全为宗旨，以政治安全为根本，以经济安全为基础，以军事、文化、社会安全为保障，以促进国际安全为依托，维护各领域国家安全，构建国家安全体系，走中国特色国家安全道路。贯彻落实总体国家安全观，必须既重视外部安全，又重视内部安全，对内求发展、求变革、求稳定、建设平安中国，对外求和平、求合作、求共赢、建设和谐世界；既重视国土安全，又重视国民安全，坚持以民为本、以人为本，坚持国家安全一切为了人民、一切依靠人民，真正夯实国家安全的群众基础；既重视传统安全，又重视非传统安全，构建集政治安全、国土安全、军事安全、经济安全、文化安全、社会安全、科技安全、信息安全、生态安全、资源安全、核安全等于一体的国家安全体系；既重视发展问题，又重视安全问题，发展是安全的基础，安全是发展的条件，富国才能强兵，强兵才能卫国；既重视自身

---

① 《国务院新闻办发表〈中国的和平发展〉白皮书》，http://www.gov.cn/jrzg/2011-09/06/content_1941204.htm，访问日期：2019 年 2 月 26 日。

安全，又重视共同安全，打造命运共同体，推动各方朝着互利互惠、共同安全的目标相向而行。习近平同志强调要统筹好以下五对关系：一是既重视外部安全，又重视内部安全；二是既重视国土安全，又重视国民安全；三是既重视传统安全，又重视非传统安全；四是既重视发展问题，又重视安全问题；五是既重视自身安全，又重视共同安全，打造命运共同体，推动各方朝着互利互惠、共同安全的目标相向而行。① 可以看出，总体国家安全观的提出是以习近平同志为核心的党中央对如何应对新时代国家安全形势的系统性科学性思考。总体国家安全观既顺应了当前国家安全形势的时代需求，也体现了中国共产党人维护国家安全理念的新认识与新发展，还标志着中国共产党对国家安全观和国家安全指导理论的探索进入到了新阶段。

党的十八届三中全会确定，全面深化改革的总目标是完善和发展中国特色社会主义制度，推进国家治理体系和治理能力现代化。法治是现代国家治理体系的基础，全面深化改革要求全面依法治国，重视运用法治思维和法治方式解决包括国家安全在内的各项问题。正如2014年2月28日，习近平同志在中央全面深化改革领导小组第二次会议上讲话时强调："凡属重大改革都要于法有据。在整个改革过程中，都要高度重视运用法治思维和法治方式，发挥法治的引领和推动作用，加强对相关立法工作的协调，确保在法治轨道上推进改革。"②

加快国家安全法治建设是全面依法治国的重要组成部分，总体国家安全观的提出为国家安全法治建设提供了新的理论根据。总体国家安全观是实现全面依法治国和加快国家安全法治建设的现实要求，是构筑中国特色国家安全法治格局的理论基础和指导思想，也是新时代维护我国国家安全的历史性选择。因此，总体国家安全观既是新时期国家安全工作的根本遵循和行动指南③，也是加强国家安全法治的指导思想。中共十

---

① 中共中央党史和文献研究院：《习近平关于总体国家安全观论述摘编》，中央文献出版社2018年版，第4—5页。
② 《把抓落实作为推进改革工作的重点 真抓实干蹄疾步稳务求实效》，《人民日报》2014年3月1日。
③ 李志鹏：《总体国家安全观法治化刍议》，《江南社会科学》2016年第1期，第6页。

八届四中全会通过的《中共中央关于全面推进依法治国若干重大问题的决定》要求：贯彻落实总体国家安全观，加快国家安全法治建设，抓紧出台反恐怖等一批急需法律，推进公共安全法治化，构建国家安全法律制度体系。① 这一决定明确地指出了总体国家安全观在加快国家安全法治建设和构建国家安全法律制度体系中的重要地位。

加快国家安全法治建设是推进全面依法治国的直接要求。全面依法治国的总目标是建设中国特色社会主义法治体系，建设社会主义法治国家。法治体系是一个包括立法与规范体系、法治实施体系、法治监督体系、法治保障体系以及党内法规体系的综合体系。从治理领域上，包括国家生活法治体系、经济社会生活法治体系、国家安全法治体系等各个方面。总体国家安全观对加强国家安全法治和全面依法治国具有重要意义。具体表现为：第一，总体国家安全观提出的十一个安全领域正是威胁当前国家安全的主要因素，在总体国家安全观的理论指导下，在今后一段历史时期，加强国家安全法治有了更为清晰和明确的方向——实现各安全领域的法治化。第二，在总体国家安全观的理论指导下，国家安全法律体系不断完善。2018年3月11日，张德江同志作《全国人民代表大会常务委员会工作报告》时指出，十二届全国人大及其常委会相继出台《国家安全法》《反间谍法》《反恐怖主义法》《境外非政府组织境内活动管理法》《网络安全法》《国家情报法》《国防交通法》《军事设施保护法》《核安全法》等一批重要法律，加快了国家安全法治建设的速度，为维护国家安全、核心利益和重大利益提供了有力的法治保障。第三，维护国家安全的职责主体范围进一步扩大至党、政、军、民、社会的共同参与。2015年《国家安全法》第七十五条、第七十七条和第七十八条的规定充分说明了这一点。

三、中国特色国家安全法治道路 70 年探索的轨迹

中国的国家安全法治建设，在 70 年的发展历程中，走过了不断探

---

① 《中共中央关于全面推进依法治国若干重大问题的决定》，《人民日报》2014 年 10 月 29 日。

索、不断完善、不断创新的发展道路，展现了中国特色社会主义国家安全法治建设的鲜明特点和发展轨迹。

（一）从国家安全法制建设到国家安全法治建设

依法治国是在健全社会主义法制的基础上提出的。从中共十一届三中全会提出"健全社会主义法制"到中国共产党十五大报告提出"建设社会主义法治国家"，再到1999年将"依法治国"和"建设社会主义法治国家"写入宪法，体现了党和国家对法的价值认识的发展和深化，体现了运用法律治理国家能力的提升。"法制"和"法治"读音相同，虽然一字之差但二者却蕴含了不同的意义。① 法制是法律制度的简称。而法治则是一个与人治、礼治相对的概念，指的是一种治国的理论和方法。法治注重规律之治、规则之治、程序之治、民主之治、公正之治、自由之治。国家安全法治建设进程与依法治国进程大致同步。

国家安全法治建设经历了从"制"到"治"的发展，后者以前者为基础。如前所述，国家安全法制建设初创较早②，发展过程较为曲折，1993年《国家安全法》的出台标志着国家安全法制建设迈出了重要一步，在维护国家安全领域实现了有法可依。依法治国的提出促使了国家安全法治建设理念的形成，全面依法治国和总体国家安全观更是推动着国家安全法治建设进入新阶段。

加快国家安全法治建设，注重运用法治手段维护国家安全，体现了国家治理能力日趋现代化。国家治理能力现代化是在中国共产党十八届三中全会上提出的，这一概念揭示了现代化和国家治理之间的关系，本质是国家治理形式的选择和转变。③ 坚持走中国特色社会主义法治道路、建设中国特色社会主义法治体系是中共十八届四中全会提出的目标任务，法治体系包括国家安全法治建设。加强国家安全法治建设是运用法治方

---

① 张文显：《中国法治40年：历程、轨迹和经验》，《吉林大学社会科学学报》2018年第5期，第12页。

② 在1954年制定的《宪法》中就可以找到运用法律手段维护国家安全的规定，但国家安全法制建设正式开始时间则要推迟到1983年国家安全部成立后着手《国家安全法》起草工作时。

③ 戴长征、程盈琪：《国家治理现代化的理论定位和实现路径——以国家与社会关系为中心》，《吉林大学社会科学学报》2018年第4期，第116页。

式维护国家安全的具体经验，也是形成于新中国成立以来国家治理实践的过程中，国家安全法治建设效果直接反映了国家治理能力的现代化水平。

(二) 从国家安全的法律之治到国家安全的良法善治

"法制"和"法治"追求的目标不同。"法制"的目标是发挥法律的权威和作用，核心是"有法可依、有法必依、执法必严、违法必究"，[①]"有法可依"是法制建设的前提，"有法必依"是法制建设的中心环节。新时代的"法治"则包含着"科学立法、严格执法、公正司法、全民守法"等环节，追求良法善治[②]，目标是推进国家治理体系和治理能力现代化。[③] 法治是治国理政的良方，构建法治中国必须以良法为依据，以善治为基础。[④] 国家安全法治建设亦当如此。

国家安全法制建设和国家安全法治建设有着不同的价值追求。在20世纪80年代和90年代，我国各领域法制建设都处在刚刚恢复的发展阶段，无法可依是许多领域存在的共同现象，国家安全领域有许多立法空白需要填补，如何运用法律手段维护国家安全是摆在当时世人面前的一个新命题。法制建设经过多年发展，直至2011年中国特色社会主义法律体系形成，才标志着国家安全法制建设伴随着中国法制建设一起基本形成了国家安全法律体系。所以，国家安全法制建设主要解决的是国家安全相关立法的有无问题。随着"依法治国"基本方略的推进，更多的非传统国家安全威胁促进了国家安全法治的生成，并迫切需要进一步提高国家安全立法质量以加强国家安全法治建设——提升国家安全法治建设

---

① 陈佑武、李步云：《中国法治理论四十年：发展、创新及前景》，《政治与法律》2018年第12期，第65页。

② 党的十八届四中全会审议通过的《中共中央关于全面推进依法治国若干重大问题的决定》指出，法律是治国之重器，良法是善治之前提。参见《中共中央关于全面推进依法治国若干重大问题的决定》，《人民日报》2014年10月29日。

③ 2013年11月，党的十八届三中全会提出："全面深化改革的总目标是完善和发展中国特色社会主义制度，推进国家治理体系和治理能力现代化。"全面依法治国是全面深化改革的保障，所以，全面深化改革的总目标也应当成为全面依法治国的总目标。参见《中共中央关于全面深化改革若干重大问题的决定》，《人民日报》2013年11月16日。

④ 资金星、张恒业：《良法善治：法治中国的价值追求》，《湖南行政学院学报》2018年第6期，第58页。

能力，更好地运用法治方式维护国家安全。国家安全的立法有无和立法质量成为两个完全不同的问题，二者是国家安全相关法律在不同发展阶段中需要解决的问题。建设中国特色社会主义国家安全法治体系，立法先行具有重要引领和推动作用，关键是要提高国家安全立法质量。

从国家安全法制建设到国家安全法治建设发展来看，"法制"和"法治"的目标追求同样适用于二者。良法善治就是要协调好科学立法、民主立法、加强重点领域立法、提高立法质量各方面的关系以推进国家治理现代化。① 中国70年的法治实践表明，良法善治是国家法治建设的实质内容，也是衡量国家安全法治建设效果的重要标准。

（三）从隐学为主到显学为主

以社会公众和学者们对一门学问或学科的关注或研究是否存在明显的限制性条件为标准，可以将不同学问或不同学科区分为显学或隐学。具体而言，与社会联系密切、开展研究没有限制性条件且受关注度较高的学问与学科可称为显学；相反，那些受到关注程度较低并且开展研究有限制性条件的学问与学科可称为隐学。其中，开展相关研究是否受到各种条件限制是区分显学或隐学的关键因素。结合国家安全外延的变化、国家安全工作和国家安全学学科的发展来看，国家安全学逐渐成为一门以显学为主的学问。之所以把国家安全学定性为以显学为主的学问而非纯显学的学问，主要取决于部分国家安全工作的秘密性特点。比如国家安全情报工作的开展，我们不可能期待它能够被任何势力或人群知悉或了解。

国家安全学的产生与国家安全工作关系密切，早期国家安全工作的秘密性特点决定了国家安全工作理论以隐学为主的特点。国家安全工作从共产党建立政权一直到新中国成立以后很长一段时间都是以反间谍、收集情报活动为主的秘密工作。有学者将早期国家安全研究相关的理论主张总结为以政治侦察工作、政治侦察学、反革命犯罪侦察学、政治侦

---

① 公丕祥：《习近平立法思想论要》，《法律科学》2017年第6期，第9—10页。

察保卫学、政治保卫学、国内安全保卫学等不同观点①，而这些认识都是从国内安全保卫隐蔽战线斗争角度入手的。社会公众只能通过一些政策或者反特的宣传、小说、故事、影视作品等途径获取部分信息。1993 年《国家安全法》的颁布对国家安全学的形成具有重要意义，但由于对国家安全内涵和外延认识的局限，法律的公开性并不能改变当时背景下国家安全工作的秘密性特点，国家安全学一时也无法成为一门显学。

时代的发展让人们逐渐认识到国家安全应具有更加广泛的外延，维护国家安全的理论逐渐被总结为国家安全学，成为一门以显学为主的学问，并且为更多人广泛知悉。国家安全学以国家安全状态及其规律为研究对象，国家安全工作以有效应对各种安全威胁为重心，国家安全工作重心的变化影响着国家安全学的发展方向。国家安全学在我国是一门新兴学科，如果将论述国家安全学著作的出现作为其产生标志的话，我们可以把 2004 年确定为国家安全学的产生时间，此前零散论述只是为其产生所做的铺垫。标志性事件是 2004 年 5 月，中国政法大学出版社出版了刘跃进主编的《国家安全学》一书，这是国家安全学研究领域的第一本专门著作，也是一本具有代表性的国家安全学著作。紧接着 2004 年 8 月群众出版社出版了但彦铮的《国家安全学》一书，进一步丰富了国家安全学领域的研究。与此同时，国内一些高校比如国际关系学院、中国人民公安大学、西南政法大学、西北政法大学等高校陆续开设国家安全学相关课程或专业，专门培养相关专业人才以服务国家安全需求。总体国家安全观的提出，进一步扩展了国家安全领域，这既为丰富国家安全学

---

① 政治侦察工作就是防范、发现和制止间谍、特务和反革命分子的犯罪活动。政治侦察学研究间谍特务和反革命分子的活动规律特点，以及发现与证实、预防与打击其犯罪活动的基础理论和侦破对策。反革命犯罪侦察学研究反革命犯罪活动的规律和侦察机关发现、证实、揭露、防范反革命犯罪，保障国家安全工作的规律和对策。政治侦察保卫学研究国内外各种敌对势力和敌对分子的活动特点和规律，研究如何发挥侦察、情报和政治保卫的职能作用，以保护人民、打击敌人、惩罚和预防反革命犯罪，维护社会安定，保卫国家安全和四化建设。政治保卫学研究政治保卫活动规律与方法。关于国内安全保卫学又有三种不同的观点：一是研究国内安全保卫活动规律与对策的科学；二是研究隐蔽战线斗争规律与对策的科学；三是研究维护社会政治稳定和国家安全、维护国家统一和民族团结、维护宪法确立的基本政治原则的侦察、情报、保卫工作的规律与对策的科学。参见但彦铮：《国家安全学》，群众出版社 2004 年版，第 18—20 页。

理论研究奠定了基础,又为其提供了理论指导。2018年4月,教育部印发《关于加强大中小学国家安全教育的实施意见》,提出设立国家安全学一级学科,促进国家安全学发生了向显学为主的转变,相信有更多的国家安全知识在不久的将来能够为全民所了解。

(四)从传统国家安全观到总体国家安全观

国家安全观是一个国家的执政党或者领导人对于国家安全形势、维护国家安全的目标及其策略的认识和判断,它对国家安全法治建设具有指导作用。新中国成立以来,我国历经传统国家安全观、新国家安全观到总体国家安全观,不同时期的国家安全观有着各自的侧重点,它们指引着相应时期国家安全法治建设和国家安全工作的具体方向,为维护我国国家安全发挥了重要作用。从传统安全观到新安全观再到总体国家安全观的发展,在反映国家安全形势变化的同时,也反映了威胁国家安全因素和国家安全法治建设指导思想的变化。

传统国家安全观以政治安全和国防安全为主要内容,保卫国家领土完整、政权安全和不受侵犯是最主要目标。在国际交往中,传统国家安全观主张维护世界和平,发展对外友好关系;在国家安全工作中,防止敌对势力和间谍的渗透、破坏和颠覆是主要任务。因此,1993年的《国家安全法》在第一条明确指出该法的立法目的是"保卫中华人民共和国人民民主专政的政权和社会主义制度",在第四条将危害国家安全的行为界定为间谍、泄密、破坏、分裂、颠覆等行为。

进入新世纪,随着恐怖主义、科技安全、网络安全等各种非传统安全威胁的增多,党和国家领导人审时度势,在以构建国际政治经济新秩序的新安全观的基础上提出了总体国家安全观。总体国家安全观视野更加开阔,它以一种宏观统筹的思维将各领域各类型的安全一体化分析,顺应了当前国家面临的安全形势,切实指导着今后的国家安全法治建设的方向。对于国家安全法治建设而言,党的十八届四中全会决定中强调了贯彻落实总体国家安全观、建立国家安全法律制度体系的重要性。并且,2015年新制定的《国家安全法》贯彻了总体国家安全观对国家安全工作的指导作用,第二章的具体规定更是为今后落实总体国家安全观、完善以《国家安全法》为核心的国家安全法律体系奠定了基础。

（五）从以政权安全为中心到以人民安全为宗旨

政治与法治关系密切，二者互相影响、互相制约。政治观念的转变同样作用于国家安全法治观念的转变。从政治实践角度看，中国共产党十六届三中全会提出了科学发展观，阐述了人与社会发展之间的关系，进而将"以人为本"作为科学发展观的核心，改变了过去一味为了发展而发展的状况，标志着发展观的重大转变。以习近平同志为核心的党中央在治国理政实践中继承"以人为本"理念并继续丰富其内涵，形成了"以人民为中心"的发展思想,[1] 引领国家发展方向。与坚持传统安全观的国家安全法制建设目标相比，2015年的《国家安全法》在第一条中将"人民的根本利益"作为主要立法目的，并于第三条明确中国特色的国家安全道路是"以人民安全为宗旨"的道路，很好地将国家安全法治观念与治国理政新理念对接起来。从新中国成立70年来的国家安全法治道路发展来看，国家安全法治建设的价值目标经历了从以政权安全为中心到以人民安全为宗旨的转变。人民逐渐成为国家安全法治关注的焦点，代替了以往以政权安全为中心的国家安全法治观念。

（六）从注重保护国家安全到保障国家安全并且尊重和保障人权

人权既是政治概念，也是法律概念。我国2004年《宪法》将"国家尊重和保障人权"写入其中。人权概念入宪是中国法治建设内外力量共同作用的结果。从外部来看，中国越来越多地进行各种国际交往，要求人权保障法治化，以对接国际法治[2]；从内部来看，人权保障法治化也是中国民主政治发展的需求。而人权保障与法益保护之间天生存在着一定的矛盾，过多强调其中任何一方，都会打破二者之间的平衡。为了更好地保护法益，能否放弃对人权的保障呢？举例来说，国家安全是国家根本利益，也是国家生存和发展的前提，危害国家安全的行为比一般违法

---

[1] 齐卫平：《习近平以人民为中心思想的五个话语创新》，《理论探讨》2019年第1期，第115页。

[2] 何苗：《中国人权进程四十年的创新及其启示》，《理论月刊》2018年第12期，第20页。

行为社会危害性更大，为了国家安全，是否可以不加限制地适用刑讯逼供呢？现代法治以人本主义作为其理论根基，认为人是目的而不是手段①，法律也通过其人权保障功能、通过对司法机关权力的限制来保护公民免受法律"暴政"的侵害，即使是犯罪人，也享有相应的法定权利，也只能接受法律的审判而不得法外定罪、法外用刑，因此，在现代社会当中，就不能因为某项危害行为危害程度大、危险程度高而剥夺行为人的法定权利。②应当肯定，人权保障也是国家安全法治建设必须重视的重要价值。1993年《国家安全法》为强势保护国家安全而对维护国家安全手段未作严格限制，仅强调任何危害国家安全的行为都必须受到法律追究。2015年《国家安全法》的一个重大进步就是其在第7条规定中明确将"尊重和保障人权，依法保护公民的权利和自由"作为维护国家安全的一项基本原则，这意味着即便面对危害国家安全行为也必须恪守相应的法律限制，这是中国特色国家安全法治建设文明进步的体现。

（七）从反间谍工作到维护总体国家安全

改革开放的深化促使我国对外交流更加频繁，与之同时，出现了大量来自西方敌对势力的间谍、渗透和颠覆等活动，对我国社会主义制度安全造成了威胁。1993年《国家安全法》正是基于这样的背景而出台。但是，正如有学者指出，由于这部法律的制定以反间谍为主要任务，所以法律条款主要是针对反间谍工作需要所设计，而危害国家安全行为外延广泛，不只是反间谍活动这一项，因此它是一部名不副实的《国家安全法》。③

进入新世纪以后，随着经济全球化，我国面临的安全威胁尤其是非传统安全威胁越来越多，这就要求国家必须尽早借助新国家安全理论制定一部能够满足当前维护国家安全需要的《国家安全法》，2015年《国家安全法》应运而生。

新制定的《国家安全法》跳出了旧《国家安全法》立法模式限制，

---

① ［德］康德：《实践理性批判》，韩水法译，商务印书馆1999年版，第95页。
② 贾宇主编：《中国反恐怖主义法律问题研究》，中国政法大学出版社2018年版，第195页。
③ 刘跃进：《国家安全法的名与实——关于修订我国〈国家安全法〉的一点建议》，《苏州市职业大学学报》2006年第3期，第20页。

它以总体国家安全观为指导，为维护国家总体安全和未来完善国家安全法律体系奠定了基础。从此前国家安全立法情况来看，我国国家安全立法重视的国家安全领域集中在传统的政治安全、国土安全、军事安全、经济安全等领域，而在一些非传统安全领域以及国民安全领域，存在着较大的立法空缺。[1] 然而，面临众多领域包括传统和非传统的安全问题不可能寄希望于通过一部法律便能够调整所有安全关系，进而有效维护国家各方面的安全。因此，新《国家安全法》专门设立"维护国家安全的任务"一章，对需要加强或维护的国家安全问题进行了明确规定，依次包括了政治安全、人民安全、国防安全、经济安全、金融安全、资源能源安全、粮食安全、文化安全、科技安全、网络与信息安全、民族区域自治、公民宗教信仰自由、生态安全、核安全、外层空间安全、海外利益安全等内容，如此规定为将来继续完善国家安全法律体系和细化规定确立了法律依据。[2] 新《国家安全法》既体现了立法技术的进步与娴熟，也体现了国家安全立法的前瞻性——在以总体国家安全观为指导的立法过程中为将来加强国家安全法治建设、完善国家安全法律体系进行了充分的思考。

（八）从国家安全机关活动法到国家安全基本法

国家安全法治建设凸显了《国家安全法》的重要性。《国家安全法》是国家安全法律体系的核心，对国家安全法治建设具有基础性、全局性和统领作用。对比前后两部《国家安全法》的立法目的和具体内容，调整对象范围不同是二者之间最大的区别。此外，二者在国家安全法治建设中具有不同地位。相比来说，新《国家安全法》贯彻总体国家安全观，以一种最为广阔的视野展现了其丰富内涵。而由于旧《国家安全法》调整国家安全关系的局限性，目前已经被修改为《反间谍法》，成为以总体

---

[1] 魏胜强：《论"总体国家安全观"视域下的国家安全法治建设》，《上海政法学院学报》2018年第4期，第55页。
[2] 比如，2015年《国家安全法》第20条规定：国家健全金融宏观审慎管理和金融风险防范、处置机制，加强金融基础设施和基础能力建设，防范和化解系统性、区域性金融风险，防范和抵御外部金融风险的冲击。至于如何健全金融宏观审慎管理和金融风险防范、处置机制和加强金融基础设施和基础能力建设，《国家安全法》并不提供具体规则，而在当前的法律体系中也没有专门的法律规定。因此，健全和加强的方法只能有待制定新的法律或者法规予以解决。

国家安全观为指导的国家安全法律体系的重要组成部分，可将其定位为国家安全法律体系中的国家安全机关活动法。如果以法律规定具体内容的重要性程度作为法律分类标准的话，新《国家安全法》由于规定的内容范围广泛且原则性强，体现了对国家安全领域立法的总体指导和构建国家安全法律体系的总体关切，因此应将其定位为国家安全基本法；旧《国家安全法》修改为《反间谍法》使之名实相符，将其定位为国家安全机构法是比较合适的。[①] 新《国家安全法》的制定不仅体现了国家安全法治指导理论的转变，而且体现了我国国家安全法治建设能力的提升。

（九）从维护本国国家安全到构建人类命运共同体

如何处理国际关系是加强国家安全法治建设、维护我国国家安全的重要议题。应当看到，国际关系是国家安全的外部表现。所以，国家安全法治建设与如何处理国际关系有着密切联系。在以"和平与发展"为时代主题的背景下，中国积极主张并参与维护世界和平事业，既为世界和平事业作出了积极贡献，也为国内社会赢得了安全保障。

新《国家安全法》的制定是国家安全法治建设的重要实践。结合新旧两部《国家安全法》的立法目的和我国领导人在国际关系中的主张来看，我国国家安全法治实践经历了从维护国家政权安全到构建人类命运共同体的跨越。回顾新中国成立以来国家最高领导人在历次全国人民代表大会上的报告可以看出，报告无一例外地强调了我国对外交往所坚持的基本态度。在不断总结历史经验的基础上，相互尊重领土完整和主权、互不侵犯、互不干涉内政、平等互利和和平共处五项基本原则的确定既是我国处理国际关系时的根本遵循，也是我国对外交往过程所坚持的底线。不可忽视，坚持和平共处五项原则提出的初衷在于维护我国人民民主专政的政权和社会主义制度的安全。随着国际形势的发展和变化，党和国家领导人不断拓展其应用范围，由此催生了江泽民同志的新安全观

[①] 此处借鉴了基本法与普通法的分类。二者区分的最主要标准是根据制定机关的不同来区分的。按照我国《宪法》和《立法法》规定，基本法由全国人民代表大会制定。全国人大常委会有权制定基本法以外的普通法律。所以，基本法的法律效力一般要高于普通法的法律效力，而且是制定一般法律的依据。

和习近平同志构建人类命运共同体思想。自党的十八大以来，习近平同志多次论述和强调构建人类命运共同体的重要性。正如习近平同志在党的十九大报告中强调："坚持推动构建人类命运共同体。中国人民的梦想同各国人民的梦想息息相通，实现中国梦离不开和平的国际环境和稳定的国际秩序。"[1] 当然，将"人类命运共同体"作为国家安全法治建设和参与国际关系的理念，一方面有着重要的政治宣示意义[2]，另一方面对我国发展国际关系也有着现实指导意义。新《国家安全法》更是将有关人类共同福祉的核安全、生态安全、外层空间安全等问题写入法律，彰显了我国参与构建人类命运共同体的决心。

（十）从构建国家安全法律制度体系到加强国家安全法治保障

党的十八大以来，以国家治理现代化和全面依法治国为基础，在习近平总书记提出"总体国家安全观"以后，党的十八届四中全会通过的《中共中央关于全面推进依法治国若干重大问题的决定》明确要求，"贯彻落实总体国家安全观，加快国家安全法治建设，抓紧出台反恐怖等一批急需法律，推进公共安全法治化，构建国家安全法律制度体系"。十二届全国人大及其常委会坚持科学立法、民主立法、依法立法、高效立法，相继出台《国家安全法》《反间谍法》《反恐怖主义法》《境外非政府组织境内活动管理法》《网络安全法》《国家情报法》《国防交通法》《军事设施保护法》《核安全法》等一批重要法律，基本实现了构建国家安全法律体系的目标。党的十八届四中全会确定全面依法治国的总目标是建设中国特色社会主义法治体系、建设社会主义法治国家。基于此，我们认为国家安全法治建设的目标任务也应当以建设中国特色社会主义国家安全法治体系为阶段性目标，这其中也应当包括国家安全法律规范体系、国家安全法治实施体系、国家安全法治监督体系、国家安全法治保障体系以及完善的党内法规体系。从广泛意义上讲，这五个方面都是国家安

---

[1] 中共中央党史和文献研究院：《习近平关于总体国家安全观论述摘编》，中央文献出版社2018年版，第270页。

[2] 郇庆治：《人类命运共同体视野下的全球资源环境安全文化构建》，《太平洋学报》2019年第2期，第2页。

全的法治保障体系。中共十九大从决胜全面建成小康社会、开启全面建设社会主义现代化国家新征程的战略需要出发，提出了坚持总体国家安全观，进一步加强国家安全法治建设的战略部署，要求"有效维护国家安全"，"健全国家安全体系，加强国家安全法治保障，提高防范和抵御安全风险能力。严密防范和坚决打击各种渗透颠覆破坏活动、暴力恐怖活动、民族分裂活动、宗教极端活动。加强国家安全教育，增强全党全国人民国家安全意识，推动全社会形成维护国家安全的强大合力。"由此可见，从中共十八届四中全会提出加快国家安全法治建设，抓紧出台反恐怖主义法等一批急需法律，推进公共安全法治化，构建国家安全法律制度体系，到中共十九大提出"有效维护国家安全""健全国家安全体系，加强国家安全法治保障"，我国加快国家安全法治建设的阶段性目标任务，已经从构建国家安全法律制度体系提升到加强国家安全法治保障，从制度体系建设到能力体系和效果体系建设。如何有效提高国家安全法治保障能力，将是现在和未来相当长的一个时期我国国家安全法治建设的重点。

四、中国特色国家安全法治道路 70 年探索的基本经验

70 年中国特色国家安全法治道路的探索，不仅为实现全面依法治国、建设社会主义现代化强国奠定了牢固基础，而且积累了一套维护国家安全的中国经验，走出了一条中国特色国家安全法治发展的道路，其基本原则表现在以下几个方面。

（一）坚持中国共产党的领导

没有中国共产党，就没有社会主义制度。中国共产党成为执政党是历史的选择，是人民的选择。中国共产党是代表最广大人民利益的党，离开党的领导，人民意志无法上升为国家意志。坚持中国共产党的领导是中国特色社会主义最本质的特征，是建设中国特色社会主义法治体系、社会主义法治国家的根本保证。法治是中国共产党治国理政经验的总结和选择，是治国理政的基本方式。因此，中国共产党对法治中国建设的领导地位是不可动摇的。

中国共产党在法治中国建设中的领导地位决定了国家安全法治建设必须坚持党的领导。坚持党的领导就是中国特色国家安全法治道路探索的重要经验。党对国家安全工作的领导包括对国家安全法治建设的领导，这也是社会主义制度的必然要求，是维护国家安全和政权安定的根本保证。国家安全法治建设关乎一国的根本利益，这就决定了党对国家安全法治建设的领导必须是全方位的领导，要体现在国家安全立法、执法、司法、法治监督的各个方面。中央国家安全委员会的成立加强了党对国家安全工作的集中统一领导。2018年4月17日，习近平同志在十九届中央国家安全委员会第一次会议上论述了加强党对国家安全工作集中统一领导的意义，并系统地总结了在中国共产党的领导下，中央国家安全委员会在维护国家安全工作方面所取得的成绩，进一步明确了今后党对国家安全工作的领导方向。[①] 加强党的领导不仅有利于国家安全工作得到强有力的统领和协调，确保各方面工作统筹推进和贯彻落实，而且有利于从根本上维护国家安全，为实现"两个一百年"奋斗目标、实现中华民族伟大复兴的中国梦提供牢靠的安全保障。

（二）坚持全面依法治国和国家安全法治建设共同推进

坚持全面依法治国是中国共产党对新中国成立以来治国理政经验和教训进行深刻总结之结果，是确保国家长治久安的重要保障。新中国成立以来，法治在国家治理中的地位和作用是发展变化着的。中共十五大报告中首次明确提出依法治国基本方略并被写入宪法，开创了法治建设的新时期。中共十八届四中全会通过的《中共中央关于全面推进依法治国若干重大问题的决定》，确定了"建设中国特色社会主义法治体系、建设社会主义法治国家"的总目标，推动我国的法治建设进入新时代。社会主义法律是人民意志的体现，维护和保障人民利益也是全面依法治国的出发点和落脚点，是建立健全社会主义法治的最终目的。[②] 保障国家安全直接关乎人民根本

[①] 《习近平主持召开十九届中央国家安全委员会第一次会议并发表重要讲话》，http://www.gov.cn/xinwen/2018-04/17/content_5283445.htm，访问日期：2019年3月4日。

[②] 熊辉、谭诗杰：《党的领导与依法治国内在统一关系的逻辑生成》，《当代世界与社会主义》2017年第6期，第103页。

利益，国家安全法治也是中国特色社会主义法治体系的重要组成部分。伴随着全面依法治国深入推进，国家各地区、各领域、各行业进入规范化发展新阶段，国家安全法治建设同样需要与时俱进、不断创新。

中国特色国家安全法治道路探索的一条重要经验就是坚持全面依法治国和国家安全法治建设共同推进。全面依法治国是一个系统性工程，其"全面性"要求必须加强国家安全法治建设。而且，国家安全是国家发展的前提，法治中国建设需要运用法治思维和法治方式解决国家安全领域存在的问题。正如有学者所强调的，"法治中国的历史演进具有回应性的特征，优先解决显露在国家现代化建设征程中的突出问题"①。如果把法治在中国的发展历程和国家安全法治建设过程放在一起比较，可以发现，国家安全法治建设各阶段都包含于法治建设的各个阶段中。而且，从国家安全法治建设取得的成果来看，各阶段的成果也是推进依法治国的结果。

（三）坚持国家安全和国家发展"双轮驱动"的理念

国家安全与国家发展之间相互依存、相互制约。历史证明，落后就要挨打。其中，落后指的是国家发展问题，挨打指的是国家安全问题。国家安全直接关系国家的生死存亡和兴衰荣辱。习近平同志多次强调安全与发展的关系问题②，并形象地指出：安全和发展是一体之两翼、驱动

---

① 叶海波：《法治中国的历史演进——兼论依规治党的历史方位》，《法学论坛》2018年第4期，第28页。

② 2014年4月15日，习近平同志在中央国家安全委员会第一次会议上的讲话中强调：增强忧患意识，做到居安思危，是我们党治国必须始终坚持的一个重大原则。（参见中共中央党史和文献研究院：《习近平关于总体国家安全观论述摘编》，中央文献出版社2018年版，第4页。）2015年12月16日，习近平同志在第二届世界互联网大会开幕式上的讲话中强调：安全和发展是一体之两翼、驱动之双轮。安全是发展的保障，发展是安全的目的。（参见《习近平在第二届世界互联网大会开幕式上的讲话》，《人民日报》2015年12月17日。）2013年11月9日，习近平作《关于〈中共中央关于全面深化改革若干重大问题的决定〉的说明》指出：国家安全和社会稳定是改革发展的前提，只有国家安全和社会稳定，改革发展才能不断推进。[参见《十八大以来重要文献选编》（上），中央文献出版社2014年版，第506页。] 2017年9月19日，习近平在会见全国社会治安综合治理表彰大会代表时的讲话中强调：发展是硬道理，稳定也是硬道理，抓发展、抓稳定两手都要硬。（参见《坚持走中国特色社会主义社会治理之路 确保人民安居乐业社会安定有序》，《人民日报》2017年9月20日。）2016年1月18日，习近平在省部级主要领导干部学习贯彻党的十八届五中全会精神专题研讨班上的讲话中强调：发展是硬道理，稳定也是硬道理，抓发展、抓稳定两手都要硬。（参见《聚焦发力贯彻五中全会精神 确保如期全面建成小康社会》，《人民日报》2016年1月19日。）

之双轮,安全是发展的保障,发展是安全的目的。从一定意义上说,新中国成立以来,中国共产党人不断探索出改革开放、健全社会主义法制、依法治国和全面依法治国等发展道路的实质就是解决如何更好地保障国家安全与促进国家发展的关系问题。

回顾中国国家安全法治建设历程,其始终以维护国家安全为己任,紧紧围绕服务国家与社会发展之大局,坚持安全与发展"双轮驱动"理念,为保障国家安全和促进国家发展发挥了重要作用。正如习近平同志所说:"改革开放以来,我们党始终高度重视正确处理改革发展稳定关系,始终把维护国家安全和社会安定作为党和国家的一项基础性工作。"[①] 具体到国家安全法治建设中,无论是以传统安全观为指导的国家安全法制建设时期,还是以总体国家安全观为指导的国家安全法治建设时期,依法维护国家安全是基本原则。虽然1993年《国家安全法》已经修改为《反间谍法》,但必须肯定,该部法律在反间谍活动中为维护我国政治安全和促进经济社会发展发挥了重要作用。习近平同志强调,"增强忧患意识,做到居安思危"是中国共产党维护国家安全坚持的一个重大原则。[②] 当然,该原则也是国家安全法治建设应坚持的基本原则。新《国家安全法》贯彻和落实了总体国家安全观,为维护各领域国家安全提供了法律依据,为完善新时代国家安全法律体系奠定了基础,体现了安而不忘危的现代安全思维,彰显了国家安全法治建设的雄心壮志,展示了依法维护国家安全的坚定决心。

(四)坚持统筹和辩证的国家安全战略思维

统筹是一种立足全局思考问题的执政智慧,没有全局观就不可能有统筹。[③] 辩证法是马克思主义的认识论与方法论。国家安全观反映了党和国家对国家安全形势的认识和判断,而国家安全受到威胁的因素具有多

[①] 《切实维护国家安全和社会安定 为实现奋斗目标营造良好社会环境》,《人民日报》2014年4月27日。

[②] 《坚持总体国家安全观 走中国特色国家安全道路》,《人民日报》2014年4月16日。

[③] 李德顺:《学会十个指头弹钢琴——深入学习贯彻习近平同志关于统筹的战略思想》,《人民日报》2016年7月29日。

样性的特点,决定了科学完整的国家安全观必须包含所有国家安全威胁因素。如果不运用统筹和辩证的思维,就无法把握国家安全全局。总体国家安全观相比传统安全观和新安全观而言,跳出了后两者思维的局限,兼顾了多层面、多类型、多领域的安全威胁,五个"既重视……又重视……"的统筹思维涵盖了当前国家安全面临的所有威胁,统筹性体现得更加彻底。坚持统筹和辩证的国家安全战略思维是习近平同志总体国家安全观的一大特点。当然,在国家安全法治建设过程中,坚持统筹和辩证的国家安全战略思维,不仅有利于国家安全法治建设需要,而且能满足维护国家安全形势的需要。

(五)不断加强中国特色国家安全法治保障体系和保障能力建设

我国的发展与世界其他国家的联系在历史上从未像今天一样密切,这既为我国全面发展带来了机遇,同时也带来了诸多挑战与考验,要求我国必须结合实际走一条适合中国国情的维护国家安全的道路。以总体国家安全观为指导的中国特色国家安全道路契合了中国需要,中国特色国家安全道路的提出正是以习近平同志为核心的党中央基于对当前国家安全形势的判断和思考。中国特色国家安全道路有着丰富内涵,它以统筹性战略思维科学界定了人民安全、政治安全、经济安全、军事安全、文化安全、社会安全、国际安全等安全类型在国家安全工作中的定位,为国家安全法治建设提供了理论指导。也就是说,加强国家安全法治建设要以坚持和维护中国特色国家安全道路为重要使命。

坚持中国特色国家安全法治道路,必须不断加强中国特色国家安全法治建设,并且要符合以下要求:第一,维护人民安全是国家安全法治建设的宗旨。人民是历史发展的参与者和推动者,依法维护国家安全根本目的是维护人民安全。第二,维护政治安全是国家安全法治建设的根本。中国是发展中国家,人民民主专政的社会主义政权是在长期历史斗争中形成的,该制度也是由国家根本法《宪法》所确立的。在大国竞争、大国博弈异常激烈的当前时代,没有政治安全,人民安全、人民幸福就无从谈起。第三,维护经济安全是国家安全法治建设的基础。经济发展是国家安全的基础,依法维护国家经济安全实现经济可持续发展,能够有效夯实国家安全之根基。第四，国家安全法治建设以军事、文化、社会安全为保障。不同安全类型同时存在并互相交织是国家安全面临的新形势，国家安全法治建设必须通盘考虑不同安全要素，切实运用法治思维和方法筑牢军事、文化和社会安全的保障性地位。第五，中国特色国家安全道路要求国家安全法治建设必须统筹国际安全以改善外部环境。

（六）不断丰富和拓展国家安全内涵

国家安全社会关系是国家安全法治的调整对象。70年来，国家安全社会关系的外延随着时代的发展而不断扩大，与之对应的国家安全法律体系的核心法律——《国家安全法》必须及时完善其调整对象，以保证适应时代要求。在我国国家安全法治建设过程中，国家安全的内涵和外延并非一成不变，不同时代背景下，国家安全的内涵和外延也不尽相同。总体来看，国家安全的内涵和外延随着时代的发展和变化一直处于丰富和拓展之中。中国特色国家安全法治道路探索中以下两个方面的内容能够清晰地印证这一判断。

一是国家安全观的变化体现了国家安全内涵和外延的丰富与拓展。传统国家安全观以政权安全和社会主义制度安全为核心；新安全观看到了国家在发展过程面临的诸多非传统安全威胁，强调通过促进国际安全保障国内安全；总体国家安全观创新了国家安全战略思想，准确把握了新形势下国家安全规律，统筹传统安全与非传统安全，以人民安全为根本追求，要求重视所有领域国家安全问题，目标是构建完整的国家安全体系。[①] 从传统国家安全观到总体国家安全观，表明了国家在不同时期面临的安全威胁不同，国家安全观的含义也会有所区别。但是，各时期国家安全观都以国家领土、主权、政权的完整和安全为出发点。

二是国家安全法律体系中的核心法律——《国家安全法》对国家安全概念的界定体现了国家安全的内涵和外延。1993年《国家安全法》没有赋予国家安全以确切概念，仅仅以列举方式禁止行为人实施所列举的危害国家安全的行为，这也符合当时维护国家安全的现实需要。所以，

---

① 赵红艳：《总体国家安全观与恐怖主义的遏制》，人民出版社2018年版，第27页。

不能就此认为1993年《国家安全法》未界定国家安全概念的做法是不合理的。毕竟，国家安全威胁因素决定了国家安全的性质和概念，而国家安全面临的威胁又不可能一成不变。2015年《国家安全法》第二条规定："国家安全是指国家政权、主权、统一和领土完整、人民福祉、经济社会可持续发展和国家其他重大利益相对处于没有危险和不受内外威胁的状态，以及保障持续安全状态的能力。"该规定相对明确地界定了国家安全的概念，但"其他重大利益"应当采取什么标准来认定，则为将来拓展国家安全的内涵与外延预留了解释空间。所以，国家安全的外延也可以根据实际需要加以调整。[①] 相对来说，采用如此界定方式具有一定的合理性。

因此，加强国家安全法治建设、发展中国特色国家安全法治道路需要不断丰富和拓展国家安全的内涵。

（七）不断完善中国特色国家安全法治体系

推进国家安全法治建设是党的十八届三中全会提出的中国国家安全顶层设计思路的重要组成。[②] 国家安全法治化就是要将国家安全相关的事务都纳入法治轨道和框架中[③]，意义重大。国家安全法治化有利于保障人民利益、维护社会稳定与国家安全，有利于推动实现中华民族的伟大复兴。党的十八届四中全会为全面依法治国确定了总目标，也为国家安全法治建设确立了总目标——建设中国特色社会主义国家安全法治体系。

在全面依法治国时代背景下，不断完善国家安全法律体系和国家安全法治体系是国家安全法治化的必然要求。健全国家安全法律体系的目标是形成完善的制度体系。建立和完善国家安全法治体系则是旨在形成一个包含立法、执法、司法、守法、法律监督等内容在内的法治系统。在国家安全法治体系尚未完全建立之前，总体国家安全观为科学布局国

---

① 聂明岩：《"总体国家安全观"指导下外空安全国际法治研究》，法律出版社2018年版，第12页。

② 刘文学：《国家安全法治建设又获重要进展》，《中国人大》2016年第3期，第31页。

③ 康均心：《全球反恐背景下国家安全法治体系构建》，《山东大学学报》（哲学社会科学版）2017年第2期，第10页。

家安全法治建设格局提供了理论指导。为贯彻落实总体国家安全观，建立和完善国家安全法律制度体系，我国先后修改和制定了一批相关法律，初步形成了以《国家安全法》为基础和核心的国家安全法律体系框架，为国家安全法治体系的建立打下了基础。

（八）致力于中国安全与全球安全

在世界多极化、经济全球化、文化多样化和社会信息化的新时代，全球性问题随之而来，全球治理成为维护世界稳定发展的重要手段。[①] 同时，我国和世界的关系发生了深刻变化，我国的国家安全与全球安全之间互相影响。一方面，和平安全的国际环境会使我国发展面临较少的外部威胁；另一方面，在全球化背景之下，类似恐怖主义、金融危机、环境安全等各类非传统安全威胁迅速增加，增加了国家安全问题的复杂性，使得我国维护国家安全离不开世界上其他国家的支持与合作。总体国家安全观为我国参与全球治理提供了中国智慧，为我国正确处理国内安全与国际安全的关系问题提供了理论指导。

全球安全关乎各国发展利益，关乎全世界各国人民的共同命运，加强国家之间的安全合作是各国人民的正确选择。正如习近平在博鳌亚洲论坛2015年年会上所强调的："当今世界，没有一个国家能实现脱离世界安全的自身安全，也没有建立在其他国家不安全基础上的安全。我们要摒弃冷战思维，创新安全理念，努力走出一条共建、共享、共赢的亚洲安全之路。"[②] 总体国家安全观正是一个系统的、开放的、面向世界的安全观，它为全世界各国创新安全理念、参与国际安全合作提供了重要借鉴。总体国家安全观统筹国内安全与国际安全，重视全球安全，坚持实现共同、综合、合作、可持续的安全。[③] 总体国家安全观不追求自身的绝对安全，不谋求霸权安全，而是追求共享安全，强调包容与共赢，主

[①] 南丽军、王可亦：《全球治理的中国智慧——构建人类命运共同体》，《理论探讨》2019年第1期，第25页。

[②] 《习近平：迈向命运共同体 开创亚洲新未来》，http://cpc.people.com.cn/n/2015/0329/c64094-26765899.html，访问日期：2019年3月4日。

[③] 王明进：《总体国家安全观的哲学境界与世界价值》，《人民论坛》2017年第10期，第34页。

张用共同、综合、合作、可持续的安全来构建人类安全共同体[①]，既维护国家安全，又维护世界和平，以构建人类命运共同体为使命。

总体国家安全观表明，我国国家安全法治建设致力于运用法治思维和方式维护中国安全与全球安全。以总体国家安全观为指导的国家安全法治建设既丰富了国家安全法治理论，也为我国参与全球安全治理贡献了中国智慧。以2015年《国家安全法》为基础和核心的国家安全法律体系的完善必然能够为今后中国参与国际安全合作提供制度支撑，为中国参与国际安全合作提供重要法律依据。

五、结 语

新中国成立以来的70年，中国共产党带领全国各族人民经历了社会主义革命和建设时期、改革开放时期的发展，开启了实现中华民族伟大复兴中国梦的新时代新征程，取得了一系列伟大历史成就，而走出了一条中国特色国家安全法治发展道路就是一系列伟大历史成就之一。中国特色国家安全法治发展道路是对70多年来国家安全治理经验的总结，对照国家安全法治的发展历程，我们可以看到：（1）坚持中国共产党的领导是中国特色国家安全道路、国家安全法治体系形成的根本保证；（2）不同历史时期的国家安全虽然有着不同的内涵和外延，但都十分重视国家领土、主权、政权的完整和安全；（3）国家安全观随着时代的变化而变化，后一阶段的安全观继承前一阶段的安全观；（4）运用法治思维和方式维护国家安全是中国共产党在总结历史经验基础上做出的明智之举和正确选择；（5）国家安全法治的核心要义就是不断思考和探讨如何运用法治的思维和方式解决国家发展过程所面临的安全威胁；（6）国家安全法律体系的形成和完善是加强国家安全法治的前提和基础；（7）总体国家安全观顺应我国国家安全形势变化，是加快国家安全法治建设、加强国家安全法治保障的指导理论；（8）国家安全法治建设能力提升，不

---

① 王明进：《总体国家安全观的哲学境界与世界价值》，《人民论坛》2017年第10期，第34页。

仅有助于维护国家安全，还有助于构建人类命运共同体；（9）国家安全法治体系的形成是国家安全法治建设能力提升的追求目标；（10）中国特色国家安全道路是以人民安全为宗旨的道路。

回顾 70 年来中国特色国家安全法治建设道路的探索历史，我们有充分的理由认为，坚持中国共产党的领导、贯彻总体国家安全观、建设中国特色国家安全法治体系和加强中国特色国家安全法治保障是中国特色国家安全法治道路的核心要义。

总体国家安全观的法治价值

维护和保障国家安全是建设社会主义现代化强国、实现中华民族伟大复兴的前提和基础，是全国各族人民根本利益所在。2014年4月15日，习近平总书记主持召开中央国家安全委员会第一次会议时，审时度势，提出了总体国家安全观，党的十九大报告明确将坚持总体国家安全观确定为习近平新时代中国特色社会主义思想的重要组成部分，确定为新时代发展中国特色社会主义的基本方略。与以往国家安全观相比，总体国家安全观具有综合性、基础性、开放性、辩证性等特点，体现了习近平总书记关于国家安全问题的战略思维、历史思维、辩证思维、创新思维、法治思维和底线思维，既具有独特的理论特色，又具有鲜明的时代特征。同时，总体国家安全观反映了以习近平同志为核心的党中央对国家安全形势变化新特点新趋势的准确把握，既是有中国特色的国家安全观，也是全新的国家安全法治观。总体国家安全观是中国特色国家安全道路的理论基础和指导思想，是我国在新的历史条件下维护社会稳定、国家安全、构建人类命运共同体的行动指南，也是加快国家安全法治建设和实现全面依法治国的根本遵循。

一、传统的国家安全观

从新中国成立以来到总体国家安全观提出以前，几代领导集体和领导

本文收录于宋觉主编：《西北高教评论》（第六卷），中国社会科学出版社2019年版。

核心往往会根据国家安全的主要矛盾和问题，继承和发展前人的国家安全观。如果我们以安全观形成时间和主要内容作为区分标准，可以把以往的安全观概括为传统安全观和新安全观。当然，与总体国家安全相比，它们都属于传统的国家安全观。

传统安全观是新中国成立之初治国的经验总结。中国近代史是一部百年屈辱史，也是一部中国人民救亡图存道路的探索史。中国共产党带领人民取得了新民主主义革命的胜利，推翻了压在人民头上的帝国主义、封建主义和官僚资本主义这三座大山。新中国的成立向世人昭告一个道理：如果不能确保领土完整、政治稳定和国家统一，国家各项重大利益难免不受侵犯。毛泽东同志是中国共产党的重要创始人之一，中共七大将毛泽东思想确定为中国共产党的指导思想，他的国家安全观念指导着新中国维护国家安全的实践。当然，毛泽东同志对维护国家安全的认识正是其国家安全观的形成基础。传统安全观是站在当前时代对毛泽东等老一辈中国共产党领导人国家安全观念的总结。传统安全观以维护政权安全和国防安全为出发点，因为，保持领土完整、政治稳定和国家统一是维护国家安全的基础。传统安全观认为，国家安全以政治安全为根本，以国家利益至上为准则。政治安全核心是政权安全和制度安全，国家利益最重要的是领土完整、主权独立、生存权等核心利益。[1] 国防安全是保障国家安全的主要方面，也是政权安全的重要保障。因此，新中国成立后国家安全的主要任务就是防止敌对势力颠覆政权和外部强国的控制和入侵，基本目标是确保国家主权和生存。正如刘少奇同志在中共八大的政治报告中强调："反革命分子是要破坏我们的国家、破坏我们的建设、危害人民的安全，因此，我们的国家机关必须镇压和肃清反革命分子。"面临外部威胁，毛泽东同志在国际上申明和平共处五项原则的中国立场。在维护国内安全方面，毛泽东同志强调建设强大的国防军和人民公安机关，将保卫新生政权、维护领土完整和国家主权作为其使命。事实上，中国共产党领导、广泛依靠群众开展的 1950 年镇压反革命斗争和 1955 年清查暗藏反革命分子

---

[1] 钟开斌：《中国国家安全体系的演进与发展：基于层次结构的分析》，《中国行政管理》2018 年第 5 期，第 103 页。

行动，很好地巩固了社会治安秩序，有效地加强了国家安全。

时代主题的变化对传统安全观指出了新的发展方向。20世纪80年代以来，尤其是冷战结束后，和平与发展成为世界主题。随着改革开放的不断发展和深化，加强经济建设成为中国共产党的中心工作。在这种时代背景下，中国共产党必须立足于维护国家安全使命，围绕着以经济建设为中心，拓宽国家安全的外延，发展和完善契合时代需要的国家安全观念。以邓小平同志为核心的第二代中央领导集体从国家战略利益角度出发，将经济安全纳入国家安全范畴，继承和发展了毛泽东同志国家安全的思想认识。邓小平同志的国家安全观主要包含以下几个方面的内容：第一，维护国家利益和国家主权，必须确保党的领导核心；第二，建设强大的现代化人民解放军是维护国家安全的关键和保障；第三，稳定压倒一切，社会稳定是实现社会主义现代化的前提；第四，发展才是硬道理，经济建设是社会主义制度优越性和人民民主专政的基础；第五，国际层面，关注国际和平环境对国家安全的影响，反对霸权主义，加强与发展中国家之间的合作，坚持和平共处五项基本原则和独立自主和平外交政策等处理国际关系之准则，并强调运用和平方式解决国际争端。邓小平同志的国家安全观与毛泽东的国家安全观，既有联系和共同点，也有时代性差异。邓小平同志的国家安全观是对毛泽东同志的国家安全观的新发展，邓小平同志更加强调发展和安全的关系，但仍然是传统安全观。

新安全观是对传统安全观的继承与发展。新安全观是以江泽民同志为核心的党中央对维护国家安全的新认识，继承和发展了传统安全观。主要体现在两个方面：一方面，江泽民同志十分重视传统国家安全及其维护问题，并在中共十四大报告中着重强调了解放军、武警、公安、安全部门等在维护国家安全时的分工。[①] 另外，这一时期制定的《国家安全

[①] 江泽民强调："中国人民解放军是人民民主专政的坚强柱石，是捍卫社会主义祖国的钢铁长城，是建设有中国特色社会主义的重要力量。在当前和今后相当长的时期内，我国社会主义现代化建设仍将在复杂多变的国际环境中进行。必须始终不渝地坚持党对军队的绝对领导，必须按照邓小平同志关于新时期军队建设的思想，走有中国特色的精兵之路，把人民解放军建设成为强大的现代化正规化革命军队，不断增强我国国防实力，为改革开放和经济建设提供坚强有力的安全保证。……中国人民武装警察部队是保卫社会主义现代化建设的一支重要力量。要继续加强人民武装警察部队和公安、安全等部门的建设，更加有力地维护国家安全和社会稳定。"参见《江泽民文选》（第一卷），人民出版社2006年版，第240—241页。

法》（1993 年）以反间谍为立法目的和主要内容，强调对国家安全尤其是政治安全的维护也可以说明这一点。另一方面，世纪之交的国际形势发生了深刻变化，冷战思维难以适应冷战后维护国家安全和世界和平的需要。因此，2002 年江泽民同志在中共十六大报告中明确提出新安全观，旨在建立公正合理的国际政治经济新秩序。[①] 这反映出，江泽民同志与时俱进，抛弃冷战思维，从维护国际政治秩序的角度，继承和发展了邓小平同志的国家安全观。新安全观确立和开辟了互信、互利、平等和协作的安全合作途径。之所以称其为新安全观，主要原因在于其在丰富和发展传统安全理论的同时，对新型安全问题提出了解决思路。此外，江泽民强调，（1）政治安全是国家安全的根本，加强国家安全工作，警惕国际国内敌对势力的渗透、颠覆和分裂活动；（2）经济安全是国家安全的基础，在扩大对外开放中，要十分注意维护国家经济安全；（3）建立巩固的国防是我国现代化建设的战略任务，是维护国家安全统一和全面建设小康社会的重要保障；（4）科技安全、信息安全和网络安全具有重要意义。江泽民同志全面衡量各种安全要素在国家安全系统中的不同地位和作用，构建了以经济安全为基础、政治安全为根本、军事安全为保证、科技安全为关键、文化安全为灵魂、信息安全为重心、生态安全为保障的完整的安全观系统，促成了国家安全理论的系统化。[②] 与传统国家安全观相比，新安全观站在国际交往层面更加强调国际安全问题。胡锦涛同志继承了江泽民同志的新安全观。中国自进入 21 世纪以来，随着综合国力的不断提高，中国威胁论、中国崩溃论不绝于耳，国际国内形势复杂多变，胡锦涛同志看到了传统安全威胁和非传统安全威胁相互交织的现状。在此基础上，他一方面坚持和平发展道路，提出了科学发展观，另一方面强调

---

① 江泽民在中共十六大报告中指出："我们主张建立公正合理的国际政治经济新秩序。各国政治上应相互尊重，共同协商，而不应把自己的意志强加于人；经济上应相互促进，共同发展，而不应造成贫富悬殊；文化上应相互借鉴，共同繁荣，而不应排斥其他民族的文化；安全上应相互信任，共同维护，树立互信、互利、平等和协作的新安全观，通过对话和合作解决争端，而不应诉诸武力或以武力相威胁。反对各种形式的霸权主义和强权政治。中国永远不称霸，永远不搞扩张。"参见《江泽民文选》（第三卷），人民出版社 2006 年版，第 566—567 页。

② 四川省邓小平理论研究中心课题组：《论江泽民的国家安全观》，《社会科学研究》2003 年第 2 期，第 13 页。

继续坚持互信、互利、平等、协作的新安全观，积极参加国际维和行动，提供对外援助，发展新型国家间关系，致力于和谐世界建设，为中国塑造了良好的对外形象，也为中国的发展谋取了和平的国际环境。

二、总体国家安全观的提出

在中国共产党的领导下，我国自改革开放以来取得了举世瞩目的历史性伟大成就。1978年至2017年的40年，我国GDP从1495亿美元增加到12.3万亿美元，按不变价计算，增长了33.5倍，年均增长9.5%，我国经济总量从占全球1.8%提高到15.3%，稳居世界第二位。我国人均GDP从156美元增加到8827美元，按不变价计算，增长了22.8倍，年均增长8.5%。在改革开放的推动下，我们国家的整体经济实力、综合国力进入世界前列，国际地位实现了前所未有的提升。改革开放是在中国共产党领导下进行的伟大变革，其广度深度难度之大、持续时间之长、影响之深远，正如习近平总书记所强调的，"这样的发展、这样的巨变，在人类发展史上都是罕见的"。事实表明，中华民族伟大复兴迎来了光明前景。

当前，我国的发展形势总体良好，但我们也必须清醒地认识到，我们的发展还面临着不少机遇和挑战，尤其是在国家安全领域。2012年以来，国际关系学院刘跃进教授等人每年利用网络投票方式评选出中国十大国家安全事件。从公布情况来看，当前国家安全事件表现出一些明显的特点：第一，一些持续性国家安全问题继续受到广泛关注。第二，人民安全受到普遍关注。第三，传统安全问题与非传统安全问题相互交织，是当前国家安全的重要特征。第四，周边与边境安全问题突出。第五，民生问题逐渐进入视野。除此之外，我国还面临着其他的安全问题挑战。国内一些深层次矛盾特别是经济的结构性矛盾仍然突出，中国的和平发展要赢得国际社会的真正认同尚需时日。而且，随着世界多极化、经济全球化、社会信息化、文化多样化的深入发展，当前国际形势的变化呈现出一些突出特点，国际形势变幻无常，充满了机遇和挑战。自第二次世界大战以后,和平与发展一直是当今世界的时代主题。"和平与发展是世界各国人民的共同心声,冷战思维、零和博弈愈发陈旧落伍,妄自尊大或独善其身只能四处碰壁。只有坚持和平发展、携手合作,才能真正实现共赢、多赢。"习近平总书记在博鳌亚洲论坛2018年年会开幕式上再次强调当今时代主题是和平与发展,深刻阐明世界和平与发展的紧密关系,只有顺应历史的潮流才能赢得发展机遇的青睐。但是,在和平与发展的时代主题下世界形势依然存在一些变数。比如,美国"一超"地位遭遇下降,单边主义挑战世界政治经济发展秩序;经济全球化只有进行时没有完成时,经济全球化的深入发展导致世界各国相互依存加深;传统安全与非传统安全问题交织,全球热点问题此起彼伏、持续不断,气候变化、网络安全、难民危机等非传统安全威胁持续蔓延;互联网与信息技术迅猛发展,人类社会与经济生活由现实世界转入现实与虚拟两个世界,两个世界既迥然不同,又紧密相关;网络空间的军事化、政治化趋势明显,国际博弈加剧;文化多样化持续推进,并导致价值观念与发展道路的交锋交流同步上升;社会信息化加速发展,并深刻影响人类社会发展进程;等等。需要我们特别注意的是,从20世纪末开始,美国等西方国家的学者相继提出"历史终结论"和"文明冲突论"等理论,旨在为国际冲突和世界安全提供西方理论和战略方案。

随着中国改革开放以来经济的快速发展和世界进入大发展大变革大调整时期,中国的内外形势发生了极为广泛而深刻的变化,我国的发展仍然处于重要战略机遇期,前景十分光明,挑战也十分严峻。国家安全面临一系列前所未有的新特点、新问题、新挑战,形势严峻。党的十八大以来,中共中央高度重视国家安全问题。2013年11月9日,习近平总书记在党的十八届三中全会所作的《关于〈中共中央关于全面深化改革若干重大问题的决定〉的说明》中指出,国家安全和社会稳定是改革发展的前提。只有国家安全和社会稳定,改革发展才能不断推进。当前,我国面临对外维护国家主权、安全、发展利益,对内维护政治安全和社会稳定的双重压力,各种可以预见和难以预见的风险因素明显增多。而我们的安全工作体制机制还不能适应维护国家安全的需要,需要搭建一个强有力的平台统筹国家安全工作。设立国家安全委员会，加强对国家安全工作的集中统一领导，已是当务之急。根据党的十八届三中全会的决定，党中央决定设立中央国家安全委员会。

2014年4月15日，中共中央总书记、国家主席、中央军委主席、中央国家安全委员会主席习近平主持召开中央国家安全委员会第一次会议并发表重要讲话。习近平同志强调，要准确把握国家安全形势变化的新特点新趋势，坚持总体国家安全观，走出一条中国特色国家安全道路。习近平同志指出，增强忧患意识，做到居安思危，是我们治党治国必须始终坚持的一项重大原则。我们党要巩固执政地位，要团结带领人民坚持和发展中国特色社会主义，保证国家安全是头等大事。习近平同志指出，当前我国国家安全的内涵和外延比历史上任何时候都要丰富，时空领域比历史上任何时候都要宽广，内外因素比历史上任何时候都要复杂，必须坚持总体国家安全观，以人民安全为宗旨，以政治安全为根本，以经济安全为基础，以军事、文化、社会安全为保障，以促进国际安全为依托，走出一条中国特色国家安全道路。他认为，贯彻落实总体国家安全观，必须既重视外部安全，又重视内部安全，对内求发展、求变革、求稳定、建设平安中国，对外求和平、求合作、求共赢、建设和谐世界；既重视国土安全，又重视国民安全，坚持以民为本、以人为本，坚持国家安全一切为了人民、一切依靠人民，真正夯实国家安全的群众基础；既重视传统安全，又重视非传统安全，构建集政治安全、国土安全、军事安全、经济安全、文化安全、社会安全、科技安全、信息安全、生态安全、资源安全、核安全等于一体的国家安全体系；既重视发展问题，又重视安全问题，发展是安全的基础，安全是发展的条件，富国才能强兵，强兵才能卫国；既重视自身安全，又重视共同安全，打造命运共同体，推动各方朝着互利互惠、共同安全的目标相向而行。习近平指出，国家安全委员会要遵循集中统一、科学谋划、统分结合、协调行动、精干高效的原则，聚焦重点，抓纲带目，紧紧围绕国家安全工作的统一部署狠抓落实。中央国家安全委员会的成立，习近平总体国家安全观的提出，标志着我国的国家安全领导体制和治理机制进入了新时代。

三、总体国家安全观的法治价值

总体国家安全观是在国家安全领域总结以往历史经验、适应当前形势任务的重要战略思想,是维护国家安全必须遵循的重要指导。作为习近平新时代中国特色社会主义思想的重要组成部分,具有重要的法治理论价值和实践价值。

总体国家安全观体现了"法随时移"的法治进步历史价值。总体国家安全观是在中国特色社会主义进入新时代、国家安全形势发生重大变化、出现百年未有之大变局的背景下,对传统国家安全理论的重大创新,是对中国特色社会主义理论体系的丰富和发展,是全党智慧的结晶,是中国共产党团结带领全国人民进行具有许多新的历史特点的伟大斗争的强大思想武器。总体国家安全观全面系统地阐述了中国特色国家安全观,明确了当代中国国家安全的内涵、外延、宗旨、目标、手段、路径等,阐明了各重点国家安全领域以及各领域之间的关系。同时也强调把发展和安全作为国家战略的两个轮子,科学辩证地阐述二者之间的关系。发展是安全的基础,安全是发展的条件,两者必须兼顾起来。总体国家安全观强调坚持底线思维,强调增强忧患意识,勇于应对所面临的诸多挑战与风险,居安思危,始终绷紧国家安全这根弦,把保证国家安全作为头等大事。总体国家安全观突破了传统国家安全观的局限,摒弃零和思维,强调共同安全,打造国际安全和地区安全的命运共同体。根据总体国家安全观的思想指导,时代的变化,社会主要矛盾的变化,必然导致国家安全的领导体制工作机制的变化,所谓"法随时移则治",国家安全的体制机制如果落后于时代发展的要求,"落后就要挨打"。因此,必须以科学的顶层设计构建维护国家安全的制度体系,健全国家安全领导体制,完善国家安全工作机制,推进国家安全法治建设,整合国家安全资源,加强国家安全能力建设。

总体国家安全观体现了以人民为中心的社会主义法治核心价值观,体现了社会主义法治人民性的本质特征。坚持总体国家安全观,必须坚持以人民安全为宗旨,以政治安全为根本,以经济安全为基础,以军事、文化、社会安全为保障,以促进国际安全为依托,走出一条中国特色国家安全道路。可以说,总体国家安全观指明了中国特色安全道路的前进方向。坚持"以人民安全为宗旨"的中国特色国家安全道路不是一句口号,必须要落实到实际,必须落实到国家安全的法律制度之中。坚持"以人民安全为宗旨"的总体国家安全观是中央国家安全委员会制定实施国家安全战略、推进国家安全法治建设、制定国家安全方针政策和研究解决国家安全重大问题时的根本遵循,同时也是制定调整国家安全关系的法律法规的根本价值原则。党的十八届四中全会通过的《中共中央关于全面推进依法治国若干重大问题的决定》(以下简称《决定》),以"坚持走中国特色社会主义法治道路、建设中国特色社会主义法治体系"为统领,部署了推进全面依法治国的目标任务和改革举措。《决定》要求,"要恪守以民为本、立法为民理念,贯彻社会主义核心价值观,使每一项立法都符合宪法精神、反映人民意志、得到人民拥护"。国家安全的法律制度体系,必须坚持以人民为中心的法律价值标准。

  总体国家安全观具有重要的法治实践价值。以习近平同志为核心的党中央高度重视国家安全法治建设问题。2014年10月,党的十八届四中全会提出全面推进依法治国的总目标,决定加快国家安全法治建设[①],《决定》在部署"完善以宪法为核心的中国特色社会主义法律体系,加强宪法实施"的任务时,提出"加强重点领域立法",明确要求"贯彻落实总体国家安全观,加快国家安全法治建设,抓紧出台反恐怖等一批急需法律,推进公共安全法治化,构建国家安全法律制度体系"。根据这一重大部署,我国的国家安全立法工作快速推进,制定了《国家安全法》《反恐怖主义法》等一系列法律法规。2017年10月18日,习近平在党的十九大报告中强调,健全国家安全体系,加强国家安全法治保障,提高防范和抵御安全风险能力。[②] 2018年4月17日,习近平在十九届中央国家安全委员会第一次会议上强调,国家安全工作要适应新时代新要求,切

[①] 《中共中央关于全面推进依法治国若干重大问题的决定》,《人民日报》2014年10月29日。
[②] 《党的十九大报告学习辅导百问》,党建读物出版社2017年版,第39页。

实做好健全国家安全制度体系，加强法治保障等工作。① 贯彻总体国家安全观是国家安全法治建设的指导思想和行动指南。建立健全国家安全法治保障体系，通过国家安全法治保障能力，是总体国家安全观的基本要求。2018年3月11日，张德江同志作《全国人民代表大会常务委员会工作报告》时指出，"十二五"期间，全国人大及其常委会已相继出台国家安全法、反间谍法、反恐怖主义法、境外非政府组织境内活动管理法、网络安全法、国家情报法以及国防交通法、军事设施保护法、核安全法等一批重要法律，加快了国家安全法治建设的速度，为维护国家安全、核心利益和重大利益提供了有力法治保障。②

总体国家安全观体现了习近平总书记良法善治的法治观。党的十八届四中全会通过的《决定》，首次提出"坚持走中国特色社会主义法治道路，建设中国特色社会主义法治体系"，强调"法律是治国之重器，良法是善治之前提"。"良法善治"的法治观是习近平总书记全面依法治国的新理念新思想新战略的核心内容。从这些年媒体曝出的系列贪腐案件不难看出长久以来我国国内政治生态存在的问题，这些问题不仅对国家政治安全造成了危害，而且显示出维护国家安全的手段尚需加强。③ 良法善治是新时代中国特色社会主义法治发展的新境界。在全面依法治国的时代背景下，总体国家安全观与法治建设融为一体，开辟了国家安全法治建设的新局面。④ 有效维护国家安全离不开完善的国家安全法律体系，法律体系是法治体系存在和运行的基础。⑤ 习近平总书记曾引用古人语说："立善法于天下，则天下治；立善法于一国，则一国治。"坚持总体国家安全观，是推进国家安全法治建设和研究解决国家安全重大问题的指导

---

① 《习近平主持召开十九届中央国家安全委员会第一次会议并发表重要讲话》，http://www.gov.cn/xinwen/2018-04/17/content_5283445.htm，访问日期：2019年3月7日。

② 《全国人民代表大会常务委员会工作报告》，http://www.npc.gov.cn/npc/dbdhhy/13_1/2018-03/26/content_2052600.htm，访问日期：2019年2月1日。

③ 刘跃进：《为国家安全立学：关于国家安全学科的探索历程及若干问题的研究》，吉林大学出版社2014年版，第251页。

④ 魏胜强：《论"总体国家安全观"视域下的国家安全法治建设》，《上海政法学院学报》2018年第4期，第53页。

⑤ 俞可平：《国家底线：公平正义与依法治国》，中央编译出版社2014年版，第250页。

理论。完善国家安全治理体系和提升国家治理能力现代化，必须加快国家安全法治保障体系和能力建设，形成完备的国家安全法律规范体系、高效的国家安全法治实施体系、严密的国家安全法治监督体系、有力的国家安全法治保障体系，形成完善的维护国家安全的党内法规体系。2015年施行的《国家安全法》为适应全面维护各领域国家安全的需要，以总体国家安全观为指导，统筹国家安全各领域，为健全国家安全法律体系的方向确立了法律依据。《国家安全法》第六十九条规定"国家健全国家安全保障体系，增强维护国家安全的能力"，第七十条规定"国家健全国家安全法律制度体系，推动国家安全法治建设"。

习近平总书记在2019年4月17日主持召开十九届中央国家安全委员会第一次会议时强调，国家安全工作要适应新时代新要求，一手抓当前、一手谋长远，切实做好维护政治安全、健全国家安全制度体系、完善国家安全战略和政策、强化国家安全能力建设、防控重大风险、加强法治保障、增强国家安全意识等方面工作。[①] 加强国家安全法治建设既是贯彻总体国家安全观的要求，也是维护国家安全和提升国家治理能力现代化的现实需要。从当前国家安全法治建设实践看，总体国家安全观是习近平国家安全法治观念的集中体现，指引着国家安全法治建设的方向。更重要的是，国家安全法治建设贯彻落实总体国家安全观既是对当前国家安全形势的正确把握，也是努力开创新时代国家安全工作新局面、实现"两个一百年"奋斗目标、实现中华民族伟大复兴的中国梦的有力保障。

---

① 《习近平主持召开十九届中央国家安全委员会第一次会议并发表重要讲话》，http：//www.gov.cn/xinwen/2018-04-17/content_5283445.htm，访问日期：2019年2月1日。

第二部分
构建保障国家安全的良法体系

加快构建国家安全良法体系

《国家安全法》的基本法律属性

关于《反恐怖主义法》合理性的几点认识

加强国防立法的重点和原则

加快构建国家安全良法体系

2014年10月召开的党的十八届四中全会，是一个具有里程碑意义的会议。它是中国共产党成立以来，特别是中华人民共和国成立以来，党中央第一次以法治建设为主题召开的中央全会。会议通过的《中共中央关于全面推进依法治国若干重大问题的决定》（以下简称《决定》）是中国共产党第一份全面系统的关于建设法治中国的决定和顶层设计。同时，会议提出了加快国家安全法治建设的一系列重大方略，吹响了加快国家安全法治建设进程的"冲锋号"。

一、提出"加快构建国家安全良法体系"的依据

中共十八届四中全会站在协调推进"四个全面"战略布局特别是全面推进依法治国，为建设法治中国而努力奋斗的战略高度，明确提出了加快构建国家安全良法体系的战略任务。

《决定》以"坚持走中国特色社会主义法治道路、建设中国特色社会主义法治体系"为统领，部署了推进全面依法治国的目标任务和改革举措。在部署"完善以宪法为核心的中国特色社会主义法律体系，加强宪法实施"的任务时，首先强调"法律是治国之重器，良法是善治之前提。

本文系作者2016年4月15日参加陕西省人大常委会组织的"贯彻实施《国家安全法》座谈会"的发言，收录于杨宗科主编：《公安法论丛》（第1册），法律出版社2017年版。收入本书时有所修改。

建设中国特色社会主义法治体系,必须坚持立法先行,发挥立法的引领和推动作用,抓住提高立法质量这个关键"。《决定》要求,"要恪守以民为本、立法为民理念,贯彻社会主义核心价值观,使每一项立法都符合宪法精神、反映人民意志、得到人民拥护。要把公平、公正、公开原则贯穿立法全过程,完善立法体制机制,坚持立改废释并举,增强法律法规的及时性、系统性、针对性、有效性"。《决定》的这些要求,体现了"良法完善治理"的新理念,特别是针对良法的标准,提出了明确要求,对于包括国家安全法律制度体系建设在内的一切立法具有普遍指导意义。

《决定》在部署"健全宪法实施和监督制度""完善立法体制""深入推进科学立法、民主立法"等重大任务的基础上,提出"加强重点领域立法",明确要求"贯彻落实总体国家安全观,加快国家安全法治建设,抓紧出台反恐怖等一批急需法律,推进公共安全法治化,构建国家安全法律制度体系"。《决定》要求以"贯彻落实总体国家安全观"为统领,"加快国家安全法治建设",加快的主要举措是:抓紧出台反恐怖等一批急需法律,推进公共安全法治化,构建国家安全法律制度体系。因此,结合《决定》的内容精神,我们可以清楚地看到,《决定》要求加快国家安全法治建设,加快构建符合良法善治要求的国家安全法律制度体系,我们可以简称为"加快构建国家安全良法体系"的方略。

二、提出"加快构建国家安全良法体系"的时代背景

尽管我们在2011年就宣布中国特色社会主义法律体系已经形成[①],但是,人类法治文明史告诉我们,在立法与国家和社会的关系中客观存在着一种"需求—供给"的立法机制。[②] 立法就是为了满足国家或者社会对于法律制度的需求,由具有相关职权或者权限的立法主体,经过立法准备,依照立法程序,通过立法决策,提供法律制度"产品"的活动。

---

① 吴邦国:《中国特色社会主义法律体系已经形成》,《人民日报》2011年3月10日。
② 杨宗科:《法律机制论——法哲学与法社会学研究》,西北大学出版社2000年版,第246页。

从立法社会学角度看，立法活动的效果存在三种可能性：供求基本平衡、供给大于需求、供给小于需求。当法律需求大于法律供给的时候，社会秩序和利益就会出现混乱和矛盾。显然，现有的已经形成的法律体系中，国家安全法律制度的"供给"无法满足国家、社会的需求，即供给小于需求。这说明国家安全法律制度体系与新时代人民群众对于民主、法治、公平、正义，特别是安全的需要，与总体国家安全观的要求相比较，与现实的国家安全形势需要相比较，与全面改革国家安全治理体系现代化要求相比较，存在不完备、不健全、不适应之处。

2014年4月15日，中共中央总书记、国家主席、中央军委主席、中国共产党中央国家安全委员会主席习近平主持召开中央国家安全委员会第一次会议并发表重要讲话。习近平强调，要准确把握国家安全形势变化的新特点新趋势，坚持总体国家安全观，走出一条中国特色国家安全道路。"总体国家安全观"是习近平新时代中国特色社会主义思想的重要组成部分，既是新时期国家安全立法的立法指导思想，也是构建国家安全制度体系的立法政策依据。

习近平同志指出，增强忧患意识，做到居安思危，是我们治党治国必须始终坚持的一个重大原则。我们党要巩固执政地位，要团结带领人民坚持和发展中国特色社会主义，保证国家安全是头等大事。当前，我国国家安全的内涵和外延比历史上任何时候都要丰富，时空领域比历史上任何时候都要宽广，内外因素比历史上任何时候都要复杂，必须坚持总体国家安全观。

习近平指出，贯彻落实总体国家安全观，必须既重视外部安全，又重视内部安全，对内求发展、求变革、求稳定、建设平安中国，对外求和平、求合作、求共赢、建设和谐世界；既重视国土安全，又重视国民安全，坚持以民为本、以人为本，坚持国家安全一切为了人民、一切依靠人民，真正夯实国家安全的群众基础；既重视传统安全，又重视非传统安全，构建集政治安全、国土安全、军事安全、经济安全、文化安全、社会安全、科技安全、信息安全、生态安全、资源安全、核安全等于一体的国家安全体系；既重视发展问题，又重视安全问题，发展是安全的基础，安全是发展的条件，富国才能强兵，强兵才能卫国；既重视自身安全，又重视共同安全，打造命运共同体，推动各方朝着互利互惠、共同安全的目标相向而行。

保证国家安全，是完善和发展中国特色社会主义制度，推进国家治理体系和治理能力现代化的有机组成部分。国家安全，必须在国家治理的大背景下来思考和筹划，必须以安全治理作为基本路径来维护和保障。坚持总体国家安全观，体现在治理实践上，就是推进国家安全总体治理。走出一条中国特色国家安全道路，就是安全各领域、各要素、各层面统筹治理，创建当代中国国家安全治理系统格局。

国家治理，既可以从社会结构上推进，也可以从社会功能上推进。安全治理就是一种功能治理，是以安全为目的的治理活动。维护安全是国家的主要职能。围绕着安全治理，不同的社会制度、不同的安全形势，有着不同的治理方式。我国国家安全治理，是新形势下的安全治理的深化。

中国特色社会主义进入新时代，我国国家安全的内涵和外延比历史上任何时候都要丰富，由此决定了新形势下国家安全治理不同于计划经济时期，不同于改革开放初期，而是必须准备进行具有许多新的历史特点的安全治理。我国国家安全治理，是坚持中国特色国家安全道路的安全治理实践。以人民安全为宗旨，以政治安全为根本，以经济安全为基础，以军事、文化、社会安全为保障，以促进国际安全为依托，构成了总体国家安全观指引的安全治理方略。我国国家安全治理，是全面系统的安全治理体系。将既重视外部安全又重视内部安全，既重视国土安全又重视国民安全，既重视传统安全又重视非传统安全，既重视发展问题又重视安全问题，既重视自身安全又重视安全治理纳入国家治理体系之中。安全治理能力依托国家治理能力；国家治理的效能依赖安全治理的效能，安全治理造就的良好环境提供国家治理顺利展开的条件。

新时代，必须坚持国家安全制度体系与安全治理体系相互强化。国家安全制度体系是国家安全治理体系的制度基础，国家安全治理体系是国家安全制度体系的实践运行。安全制度体系为本，安全治理体系为用。

完善安全制度体系就是建设安全治理体系，发展安全治理体系也能促进安全制度体系。

可以说，党的十八大以来，以国家治理现代化和全面依法治国为基础的"总体国家安全观"，不仅为构建国家安全体系和国家安全治理体系提出了世界观和方法论的指导，也为构建国家安全法律制度体系提供了理论基础。因此，《决定》明确要求"贯彻落实总体国家安全观，加快国家安全法治建设，抓紧出台反恐怖等一批急需法律，推进公共安全法治化，构建国家安全法律制度体系"。

当然，从国际关系层面来看，世界正在发生百年未有之大变局，国际关系和秩序面临重大调整，影响国家安全的国际形势发生重大变化，中华民族伟大复兴和中国的和平崛起安全受到影响，必须在总体国家安全观的指导下，加强国家安全国际法律制度体系建设。

三、域外国家构建国家安全法律制度体系的概况

国家安全是一个国家的国民生存和发展的最基本最重要的前提，维护国家安全是国家的头等大事，也是现代法律制度的基本任务和基本价值。构建国家安全法律体系是世界各国维护国家安全的通行做法。[①]

根据有关专家学者的研究，美国是较早开始国家安全专门立法的国家。随着第二次世界大战后国际形势的变化，美国开始对其情报机构进行调整。为了整合其多头分散的情报安全力量，1947年7月26日，美国通过了《国家安全法》，主要规范美国国家安全机构的组织体制和职权范围。此后，许多国家纷纷从本国国情出发，制定了各自的国家安全法律法规，推进国家安全活动法律化。

欧洲国家中，苏联于1984年颁布了《关于禁止向外国提供情报的法令》，这是一部旨在制止苏联公民向外国人出卖情报，而不是针对传统的间谍行为的法令。同年还颁布了《关于修改追究国事罪刑事责任的法

[①] 参见李竹：《国家安全立法研究》，北京大学出版社2006年版。

令》，对煽动破坏和推翻苏维埃国家制度、挑动民族仇视、制造恐怖或破坏行动者追究刑事责任。1987年，苏联制定了《国家安全法》和《国家安全委员会条例》。1991年，颁布了《苏联国家安全机关法》，将苏联国家安全机关的组成、职权及其工作人员的法律地位、社会保障、对国家安全机关活动的监督等问题予以法律化。苏联解体后，俄罗斯接管了苏联的国家安全机关，仅1992年一年，就颁布了4部有关国家安全的法律，即3月5日的《俄罗斯联邦国家安全法》，3月13日的《俄罗斯联邦侦缉行动法》，7月8日的《俄罗斯联邦国家安全机关法》和《俄罗斯联邦对外情报机关法》，并于1995年和1996年分别对前4部法律中的两部进行了修改，1996年颁布了《俄罗斯联邦国外情报法》，并制定了多个有关国家安全机构组织的条例，如1994年《反间谍局条例》等。英国于1985年7月25日通过《通讯监听法》，1989年公布了新的《官方保密法》，突出了保守国家核心机密的重点内容。同年，还颁布《国家安全机构法》，首次将其情报机构的活动纳入法制范围。两德合并前，联邦德国于1986年颁布了7项国家安全法规，包括《情报合作法》《联邦宪法保卫局法》《联邦军事反间谍局法》等。1989年又颁布了几项关于国内安全的法令，如《关于游行和恐怖分子法》，禁止蒙面人参加游行；《邮政改革法》，规定将电话监听的范围扩大到私人电话和图像电话等。罗马尼亚于1991年颁布了《国家安全法》，明确规定了国家情报安全机构的组织和职责以及国家机关、公共或私人组织在维护国家安全方面的义务等内容；1993年颁布了《罗马尼亚情报组织法》。南斯拉夫于1984年颁布了《南斯拉夫国家安全制度基本法》，亦即《国家安全法》。除此以外，阿尔巴尼亚颁布了《国家情报局组织法》，意大利颁布了《安全情报机关组织条例和关于国家机密的规定》等。

在亚洲国家中，韩国有关国家安全方面的法律、法规较为完备，除有《刑法》《军事刑法》《军事机密保护法》《国家保安法》等法律对危害国家安全的行为进行打击和制裁外，还于1961年以美国中央情报局为蓝本组建了中央情报部，制定了《中央情报部法》。1980年，将中央情报部更名为国家安全企划部，修改后的《中央情报部法》也改称为《国家安全企划部法》。1981年再次对《国家安全企划部法》进行修改。修改后的《国家安全企划部法》条文简约，内容全面，主要规定了韩国国家安全企划部的组织、职权以及有效进行国家安全工作的必要保障。印度于1984年对《国家安全法》进行了修正。该法是一个主要对印度国内反社会、反国家分子，极端主义分子和恐怖分子（包括外国人）的预防性拘留条例。除此以外，印度有关国家安全的法律规范还在其《刑法》《刑事诉讼法》《印度防务法》《维持国内安全法》等法律法规中有所体现。蒙古国于1992年颁布了《国家安全法》，明确了保障国家安全的基本原则，规定了国家安全机关的职权和公民应尽的义务。泰国于1974年制定了《国家安全条例》，后来还制定了《国家安全法》。

美洲国家中，巴西在1953年，阿根廷在1992年，拟订并实施了各自的《国家安全法》。此外，巴西还在1964年、1988年分别公布了《巴西国家情报法》和《巴西国家情报局条例》。[①]

四、加快构建国家安全良法体系的立法规划

2014年10月，中共十八届四中全会《决定》提出加快构建国家安全良法体系的方略以及目标任务确定后，第十二届全国人大常委会及时调整完善了全国人大常委会立法规划。原来的立法规划中提出条件比较成熟、任期内拟提请审议的"一类立法项目"有47件，调整后增加至76件；需要抓紧工作、条件成熟时提请审议的"二类立法项目"21件，调整后增加至26件。增加项目中一个重要方面就是"构建国家安全法律制度体系。制定国家安全法、反间谍法、反恐怖主义法、境外非政府组织管理法、网络安全法、陆地国界法、能源法、原子能法、航空法，修改测绘法"。

2014年11月1日，第十二届全国人大常委会第十一次会议将1993年通过的《国家安全法》进行全面修订并且更名为《反间谍法》。《反间谍法》对现行国家安全法从名称到内容进行了全面修订，突出了反间谍工作

[①] 参见李竹：《国家安全立法研究》，北京大学出版社2006年版。

的特点,将间谍组织招募人员等6类行为确定为间谍行为,首次对具体间谍行为进行法律认定。《反间谍法》作为我国反间谍工作领域的一部重要法律,对防范、制止和惩治间谍行为,维护国家安全,进一步规范和加强反间谍工作,将起到基础性法律保障作用。《反间谍法》自2014年11月1日公布之日起施行。1993年2月22日通过的《国家安全法》同时废止。

2015年7月1日,第十二届全国人大常委会第十五次会议制定了新的《国家安全法》。新的《国家安全法》第一条规定:"为了维护国家安全,保卫人民民主专政的政权和中国特色社会主义制度,保护人民的根本利益,保障改革开放和社会主义现代化建设的顺利进行,实现中华民族伟大复兴,根据宪法,制定本法。"第二条对于国家安全的内涵作出明确解释:"国家安全是指国家政权、主权、统一和领土完整、人民福祉、经济社会可持续发展和国家其他重大利益相对处于没有危险和不受内外威胁的状态,以及保障持续安全状态的能力。"第四条规定:"坚持中国共产党对国家安全工作的领导,建立集中统一、高效权威的国家安全领导体制。"新的《国家安全法》对于构建国家安全法律制度体系具有基础性、主导性、宏观性、框架性的重要作用。

2015年12月27日,第十二届全国人大常委会第十八次会议通过《中华人民共和国反恐怖主义法》。自2016年1月1日起施行。2016年4月28日,第十二届全国人大常委会第二十次会议通过《境外非政府组织境内活动管理法》。自2017年1月1日起施行。该法所称境外非政府组织,是指在境外合法成立的基金会、社会团体、智库机构等非营利、非政府的社会组织。境外非政府组织依法可以在经济、教育、科技、文化、卫生、体育、环保等领域和济困、救灾等方面开展有利于公益事业发展的活动。但是,境外非政府组织在中国境内开展活动应当遵守中国法律,不得危害中国的国家统一、安全和民族团结,不得损害中国国家利益、社会公共利益和公民、法人以及其他组织的合法权益。境外非政府组织在中国境内不得从事或者资助营利性活动、政治活动,不得非法从事或者资助宗教活动。该法律明确规定,国务院公安部门和省级人民政府公安机关,是境外非政府组织在中国境内开展活动的登记管理机关。国务院有关部门和单位、省级人民政府有关部门和单位,是境外非政府组织在中国境内开展活动的相应业务主管单位。

2015年6月,第十二届全国人大常委会第十五次会议初次审议了《中华人民共和国网络安全法(草案)》。2016年6月,第十二届全国人大常委会第二十一次会议对《网络安全法(草案)》二次审议稿进行了分组审议。另外,其他相关法律制定修改工作积极推进。

五、加快构建国家安全良法体系的部门法走向

构建国家安全法律体系是世界各国维护国家安全的通行做法,但是,具体的体系结构、调整范围、制度之间的逻辑关系等,取决于各个国家的国情。

我国国家安全法律制度体系的建立过程,在立法策略上经过了两个阶段,形成了两种模式。第一阶段是从中华人民共和国成立以后的"零售立法"模式。我们先后在宪法、刑法、刑事诉讼法或者其他单项立法中,关联性地规定有关国家安全的法律制度内容。比如,我国《宪法》第二十八条规定:"国家维护社会秩序,镇压叛国和其他危害国家安全的犯罪活动,制裁危害社会治安、破坏社会主义经济和其他犯罪的活动,惩办和改造犯罪分子。"我国《刑法》第二条规定:"中华人民共和国刑法的任务,是用刑罚同一切犯罪行为作斗争,以保卫国家安全,保卫人民民主专政的政权和社会主义制度,保护国有财产和劳动群众集体所有的财产,保护公民私人所有的财产,保护公民的人身权利、民主权利和其他权利,维护社会秩序、经济秩序,保障社会主义建设事业的顺利进行。"我国《刑法》分则第一章章名是"危害国家安全犯罪"。以上规定都属于"零售立法"模式。1993年,第七届全国人大常委会第三十次会议通过的《国家安全法》,实际是国家安全机关的"反间谍法",仍然属于"零售立法"模式。第二阶段是党的十八大以来的"批发立法"模式,系统化、体系化地制定调整国家安全关系的立法。2014年11月1日,第十二届全国人大常委会第十一次会议将1993年《国家安全法》进行全面

修订并且更名为《反间谍法》。第十二届全国人大常委会第十五次会议于 2015 年 7 月 1 日制定了新的《国家安全法》，该法是基础性、全局性作用的基本法。《国家安全法》的修正，主要原因是在全球化信息化背景下国家安全形势发生了重大变化，党中央提出了适应国家安全新形势、符合国家根本利益的"总体国家安全观"，提出了构建国家安全法律制度体系的战略部署。新的《国家安全法》第三条规定："国家安全工作应当坚持总体国家安全观，以人民安全为宗旨，以政治安全为根本，以经济安全为基础，以军事、文化、社会安全为保障，以促进国际安全为依托，维护各领域国家安全，构建国家安全体系，走中国特色国家安全道路。"按照总体国家安全观所确立的国家安全范围，调整这些关系的法律法规已经或者正在形成一个新的法律制度体系。

在正在构建的国家安全法律制度体系之中，新的《国家安全法》是基础性、全局性作用的基本法。《反间谍法》《反恐怖主义法》《境外非政府组织境内活动管理法》《网络安全法》和正在起草的陆地国界法、能源法、原子能法、航空法、测绘法，以及已经制定出来与国家安全密切关系的《反分裂国家法》、《保守国家秘密法》、《安全生产法》（2002 年，2014 年修订）、《矿山安全法》（1992 年）、《食品安全法》（2009）、《道路交通安全法》（2003 年制定，2011 年修改）、《戒严法》、《集会游行示威法》、《香港特别行政区驻军法》、《澳门特别行政区驻军法》、《国防法》、《国防动员法》、《防空法》、《军事设施保护法》、《国防教育法》、《预备役军官法》、《现役军官法》、《突发事件应对法》、《消防法》、《护照法》、《武装警察法》、《人民警察法》、《治安管理处罚法》等，正在构成一个具有相同的调整对象、相同的调整方法、共同的法律原则的法律规范体系，正在走向生成一个新兴的部门法。

这个新兴的法律部门，与宪法调整的国家的政治组织关系密切相关。从维护国家安全的主要职能部门来看，国家安全机关、公安机关等既是执行《国家安全法》、履行维护国家安全职能的主要政府部门，又是重要的行政执法机关。因此，国家安全法与行政法的关系也非常密切。如果从刑法与其他部门法的关系来看，刑法与宪法和其他部门法之间有一个行为模式与法律后果之间的逻辑关系。刑法分则第一章是"危害国家安全罪",《国家安全法》全面规定了维护国家安全的任务、全国人大及其常委会等国家机关维护国家安全的职责,规定了国家安全的基本制度以及情报信息、风险预防、评估和预警,审查监管,危机管控等安全警务机制,还规定了国家安全保障和公民、组织的义务和权利。这是关于国家安全的基本法律行为模式的规定,而刑法分则中的"危害国家安全罪"是对于严重违反《国家安全法》《反间谍法》等国家安全法律体系构成犯罪的规定。因此,这个新兴部门法与正在完善的中国特色社会主义法律体系之中的其他部门法,具有相互依存的内在的逻辑关系。

从历史上看,古代社会对于社会控制和秩序的需要,产生了行政管理法和刑法,随着商品经济的发展产生了民法,市场经济的发展产生了商法,民主政治的发展产生了宪法,国际交往中的战争与和平产生了国际法,宏观调控产生了经济法。当今世界,国家安全问题越来越突出,安全法律制度不断完善,从国家安全问题发展局势来说,运用法治思维和法治方式解决国家安全问题,加强国家安全法治建设,完全有可能形成一个以调整国家安全关系为对象、以维护总体国家安全为目的的新的部门法——"国家安全法"或者"安全法"部门法。而新的《国家安全法》的制定,可以视为为构建国家安全法律部门提供了一个全局性、基础性的基本法依据。国家安全法部门法的调整对象是国家安全关系,国家安全关系具有广泛性、全局性、政治性和复杂性。国家安全法部门法的调整方式主要有预防性方式、管理型方式和惩罚性方式。但是,武装力量作为安全法的执法主体,使用武器作为安全法的执法手段,是国家安全法律制度体系的重要特征。

加快构建国家安全良法体系是一个具有重大战略意义和现实意义的创新性的"系统工程",良法体系建设的核心问题是关于国家安全法律制度合理性、正当性的法哲学基础的建立和法律价值体系的共识的形成。是坚持国家安全绝对优位,还是坚持人权绝对优位,抑或坚持平衡主义,或者坚持国家安全相对优位和人权相对优位等问题,都需要科学理性地探索和实践,需要长期的实践检验。

《国家安全法》的基本法律属性

一、问题的提出

1993年2月22日,第七届全国人大常委会第三十次会议通过了《中华人民共和国国家安全法》。20年以后,中共十八届三中全会决定将设立国家安全委员会。2014年4月15日,习近平主持召开中央安全委员会第一次会议,提出了总体国家安全观。2014年10月,中共十八届四中全会通过了《中共中央关于全面推进依法治国若干重大问题的决定》,提出了"完善以宪法为核心的中国特色社会主义法律体系"的任务,其中关于"加强重点领域立法"的任务安排中,明确要求"贯彻落实总体国家安全观,加快国家安全法治建设,抓紧出台反恐怖等一批急需法律,推进公共安全法治化,构建国家安全法律制度体系"。2014年11月1日,第十二届全国人大常委会第十一次会议将1993年《中华人民共和国国家安全法》全面修订并且更名为《反间谍法》。2015年7月1日,第十二届全国人大常委会第十五次会议制定了新的《中华人民共和国国家安全法》。(以下简称《国家安全法》)此后,《中华人民共和国反恐怖主义法》等法律相继出台,陆地国界法、能源法、航空法、测绘法等法律正在制定或者修改之中。

本文发表于《比较法研究》2019年第4期,收入本书时有所修改。

按照中共十八届四中全会提出的关于"构建国家安全法律制度体系"的要求，五年多来，以习近平新时代中国特色社会主义思想特别是总体国家安全观为指导，调整国家安全社会关系的一个法律领域甚至一个新兴法律部门——"国家安全法"正在构建之中。从法律体系的逻辑关系上看，宪法应该是也必然是国家安全法部门的最高法律依据，同时，在该部门法中，应该有一部或者多部由全国人大制定的基本法律作为基础性、主干性、统领性的法律，作为该部门的基本法。从内容和功能来看，2015年制定的新《国家安全法》，具有国家安全法律部门基本法的地位和功能，具有基本法律属性。但是，从立法体制和程序上，该规范性法律文件缺乏被列入基本法律范围的体制条件。这就形成了内容功能与法律位阶性质的矛盾。那么，《国家安全法》应当是基本法律性质的规范性文件还是其他法律性质的规范性文件？笔者认为，《国家安全法》具有基本法律属性。

二、规范性法律文件的性质问题：基本法律与其他法律性质差异的立法法学依据

1982年12月4日，第五届全国人民代表大会第五次会议通过的《中华人民共和国宪法》（以下简称《宪法》）将"基本法律"正式写入其中，使其成为一个宪法概念和我国的一种主要法律形式，这意味着"基本法律"概念在我国法律体系中的定型和宪法化。[1] 根据《宪法》《中华人民共和国立法法》（以下简称《立法法》）规定，由全国人大制定和修改刑事、民事、国家机构的和其他的基本法律。《宪法》《立法法》的规定表明，全国人大与其常委会之间在立法权限上有了一个相对明确的划分，即"基本法律"只能由全国人大制定，而全国人大常委会制定的是

---

[1] 李克杰：《中国"基本法律"概念的流变及其规范化》，《甘肃政法学院学报》2014年第3期，第6页。

基本法律"以外的其他法律"或者"非基本法律"。①《法学大词典》认为基本法律是一个国家重要的法律。但是，对重要与否的认定并没有具有可操作性的详细标准。对于基本法律的内涵和性质，我们必须借助专门研究立法问题的学科——立法学的理论。

目前，中国立法学的研究主要有三种理论形态：以立法的价值问题为重心的立法哲学，以立法制度为重心的立法法学，以立法的社会效果为重心的立法社会学。立法哲学是立法的"形而上学"，关注的是"立法应该是怎么样的"的问题，立法价值研究立法活动是否满足了人类的需要。在一个利益需求多样化的社会中，立法价值所包含的内容是广泛的，比如公平、正义、秩序、效率、稳定、自由、人权、安全等，都是它的价值追求。以立法价值为重心的立法哲学研究对于拓展立法学研究方向、推动立法学的研究转向和丰富立法学的学科体系都具有重要意义。② 以立法制度为重心的是立法法学。立法制度包括立法的实体制度、程序制度、技术制度等，其中，实体制度包括立法权的分配、立法权主体、行使立法权的活动和立法监督等问题。③ 鉴于对立法制度的研究，主要方法是对于立法法律规范的解释，所以，可以将研究立法制度这部分内容在知识体系上界定为立法法学，它是立法学学科体系的主体内容。将以立法效果研究为重心的在知识体系上界定为立法社会学。从法社会学的角度看，立法是一种"创造"法律规范的活动，是产生普遍性规范和普遍约束力的法律后果的行为，是一个从认识和经验的积累到创制行为规则的复杂的创新过程，它以人与人之间在社会生活中的交互关系为基础，是法律规范从社会中形成的过程，是一定社会经济结构所内蕴的社会关系的应有模式和主体权利要求转化为国家意志的过程。④ 当然，立法所创制的法

---

① 韩大元、刘松山：《宪法文本中"基本法律"的实证分析》，《法学》2003年第4期，第4页。
② 李店标：《立法哲学刍论》，《三峡大学学报（人文社会科学版）》2013年第1期，第105页。
③ 参见徐向华主编：《立法学教程》（第二版），北京大学出版社2017年版。
④ 刘旺洪：《立法社会学的几个理论问题论要》，《南京师大学报（社会科学版）》1996年第4期，第40页。

律规范有可能存在不能符合或实现社会期待效果的结果。所以，立法行为及其绩效就成为立法社会学的研究重心，和绩效本身含义一样，它更加强调立法行为能够带来的有效输出量，它关注立法供给满足立法需求的结果、效果和效益。相对来说，以立法行为绩效和立法效果为重心的立法社会学研究更加关注影响其绩效的各类因素。比如，立法者的立法态度和能力、立法工作的过程和目标、立法的外部环境和体制机制等因素。

什么是基本法律？基本法律的内涵是什么？我们可以从立法学的三个理论形态上进行全面解释分析，可以从价值、制度、实效等方面对于基本法律的内涵进行界定，以形成关于基本法律的全面认识。在这些理论认识中，从制度层面的分析具有基础性，换言之，从立法法学上探索关于基本法律的内涵和性质，是各种关于基本法律的理论的基础理论。

通过对于相关法律规范的分析，我们可以看出，虽然"基本法律"一词率先由《宪法》所确定，但《宪法》并没有明确基本法律概念的内涵和外延。《立法法》颁布后，行使国家立法权的机关在制定或修改法律的过程中都会有意识地对该部法律规定内容的性质进行描述性界定，通常将全国人大及其常委会制定的法律性质分别描述为基本法律、重要法律。比如全国人大常委会法制工作委员会所作的《十届全国人大及其常务委员会五年立法工作简述》中就明确了对基本法律和重要法律的区分，指出在十届全国人大五次会议审议并通过的物权法是我国民商事方面的一部基本法律；劳动合同法是规范劳动关系的一部重要法律，涉及广大劳动者的切身利益。在广泛征求社会各方面意见特别是基层单位和群众意见的基础上，全国人大常委会经过四次审议，对劳动合同法草案作了较大修改。[1] 新《国家安全法》草案在全国人大常委会审议过程中，第一次审议时组成人员就普遍认为国家安全法是一部综合性、全局性、基础性的重要法律。[2] 从制度意义上来说，区分基本法律和基本法律以外的其

---

[1] 全国人大常委会法制工作委员会：《十届全国人大及其常委会五年立法工作简述》，http://www.npc.gov.cn/npc/xinwen/syxw/2008-03/09/content_1410805.htm，访问日期：2018年3月6日。

[2] 彭东昱：《国家安全法旨在保护人民根本利益》，《中国人大》2015年第1期，第29页。

他法律的标准,并不取决于立法机关制定的法律内容是什么,也不考虑法律所规定内容对所有公民日常生活影响的重要性与否,往往仅以制定机关作为根本的判断标准,认为只要是全国人大制定的规范性法律文件便是基本法律,由全国人大常委会制定的法律文件就是其他法律。制定机关不同,代表性和权威性不同,法律的地位和性质自然不同。当然,从立法法学理论出发,我们认为全国人大制定的宪法以外的规范性文件具有基本法律的性质,并不能因此得出结论,认为全国人大只能制定和修改基本法律,这种观点不当地限制了全国人大的立法权限,忽视了它作为最高国家立法机关的性质和职权。从《宪法》确定的立法制度的基本精神看,全国人大具有"必须由全国人大制定法律"的"无限权力",凡是需要通过立法予以规范的事项,全国人大作为国家最高国家权力机关和立法机关都有权制定相应的法律。

在学术界,学者对于如何认定基本法律、是否有必要区分基本法律与其他法律有不同认识。比如,有学者认为,认定"基本法律",一靠立法主体的认识和重视程度,二靠立法主体的自觉自律程度。[1] 有学者强调,如果由全国人大来制定和修改不是那么"基本"的法律,那么现行宪法赋予全国人大常委会国家立法权以弥补全国人大行使的国家立法权不足的目标便没有意义。[2] 甚至有学者主张,在全国人大和全国人大常委会共同行使国家立法权这一前提下,取消"基本法律"和"其他法律"的划分,明确界定全国人大和全国人大常委会各自的立法权限。[3] 有学者认为,一件法律是否属于"基本法律"从形式上取决于它的制定主体,但从内容上则取决于它所规范的社会关系的重要性和全局性。[4] 笔者较为认同最后一种观点,即认定一部法律的性质必须结合立法主体和法律内

---

[1] 李克杰:《中国"基本法律"概念的流变及其规范化》,《甘肃政法学院学报》2014年第3期,第7页。

[2] 沈寿文:《"基本法律"与"基本法律以外的其他法律"划分之反思》,《北方法学》2013年第3期,第140页。

[3] 易有禄:《全国人大常委会基本法律修改权行使的实证分析》,《清华法学》2014年第5期,第125页。

[4] 韩大元、刘松山:《宪法文本中"基本法律"的实证分析》,《法学》2003年第4期,第14页。

容综合判断，必要时还可以参考这部法律的功能和实际作用。

由第十二届全国人大法律委员会主任委员乔晓阳担任主编，参与《立法法》修改工作的若干同志编写的《〈中华人民共和国立法法〉导读与释义》中，关于"基本法律"的解释是："基本法律通常是对于某一类社会关系进行调整和规范，涉及的事项有的是公民的基本权利与义务关系，有的是国家经济和社会生活中某一方面的基本社会关系，有的是国家政治生活方面的基本制度，有的事关国家主权等，这些法律在国家和社会生活中具有全局的、长远的、普遍的和根本的规范意义。"① 从范围上看，基本法律包括刑事的基本法律、民事的基本法律、国家机构的基本法律以及其他的基本法律，其他的基本法律应当包括重点领域立法中的基本法律。实践中，从1978年五届全国人大一次会议到2015年十二届全国人大三次议，全国人大审议通过的立法44个，包括宪法和宪法修正案、法律问题的决定和法律解释。其中，除了刑事的、民事的和国家机构组织法等基本法律外，还有某些领域中的基本法律，比如《中华人民共和国教育法》《中华人民共和国工会法》《中华人民共和国慈善法》《中华人民共和国兵役法》《中华人民共和国外商投资法》等。可以说，从立法制度的规定和实践出发，我们可以根据基本法律的内涵和性质，从制定机关的性质、法律调整的社会关系的性质特征、法律设定的国家机关职权权限以及公民权利与义务的性质、法律制度在国家和社会生活中具有全局的、长远的、普遍的和根本的规范意义和作用等方面，形成关于基本法律的立法法学理论依据。由最高国家权力机关制定，调整某一领域或者方面的基本社会关系或者社会关系的基本问题，规定主要国家机关职权权限或者公民的基本权利与义务，在本部门或者本领域的法律制度体系中居于基础性、根本性地位，发挥全局的、长远的、普遍的和根本的规范意义与作用的规范性法律文件，属于基本法律范畴，不符合这些基本要素的规范性法律文件，属于"其他法律"。

---

① 乔晓阳主编：《〈中华人民共和国立法法〉导读与释义》，中国民主法制出版社2015年版，第69页。

三、《国家安全法》具有基本法律属性的主要表现

（一）《国家安全法》的立法指导思想：从传统安全观到总体国家安全观

法律是人类理性的产物，是人们意志的体现，是被奉为法律的政治理论、国家意志和社会意识形态。法律的意志性，首先基于立法的指导思想和理论基础。不同的思想理论，体现人们对于调整社会关系的不同认识，产生不同的立法内容和原则。一般来说，每一个立法活动和产生的规范性法律文件，都有指导思想和理论基础，但是，对于调整某一领域社会关系具有基础性、全局性、根本性的法律，其指导思想往往是全局性和系统性的。

中华人民共和国成立以来特别是改革开放以后，我国指导国家安全立法的直接的理论基础经历了从狭义的国家安全理论到广义的国家安全理论的重大变化，立法的指导思想——国家安全观，经历了从传统安全观到新安全观，再到总体国家安全观的创新发展。

国家安全是指国家重大利益没有受到内外威胁的客观状态。基于安全利益的内容对象的不同，有狭义的国家安全和广义的国家安全。前者主要是指政治安全特别是政权安全，后者是指包括政治安全、国土安全、经济安全等在内的广泛的安全体系。中华人民共和国成立之初，在把中央军委公安部改名为中央人民政府公安部的时候，周恩来总理就说过："军队与保卫部门是政权的两个主要支柱。你们是国家安危，系于一半。"这时候的国家安全就是狭义的，当时的关于国家安全的理论基础属于传统安全观，认为国家安全主要是政权安全，维护政权、保护国家主权和保持领土完整就必须增强以军事实力为核心的武装力量，国家作为安全的主体和中心，只要武装力量足够强大就可以保证本国的绝对安全，并且同时可以保障国家在军事、政治、经济、文化、个人及其他领域的安全。1993年制定的《国家安全法》将维护国家安全、保卫中华人民共和国人民民主专政的政权和社会主义制度、保障改革开放和社会主义现代

化建设的顺利进行作为立法目的和指导思想，并于第四条规定了危害国家安全的行为范围，即危害国家安全行为是指境外机构、组织、个人实施或者指使、资助他人实施的，或者境内组织、个人与境外机构、组织、个人相勾结实施的行为。总结1993年《国家安全法》对危害国家安全行为相关规定的特点，可以说该法律将国家安全的主要范围界定为政治安全和军事安全，这符合对传统安全的认识。因此，传统国家安全观是1993年《国家安全法》的立法理论依据。

随着国际关系的发展变化，全球化的兴起与跨国性问题不断增多，促使我国从传统安全观向新安全观开始转变。胡锦涛同志于2009年9月23日在联合国发表讲话时强调，我国坚持互信、互利、平等、协作的新安全观，既维护本国安全，又尊重别国安全关切，促进人类共同安全。所以在新安全观看来，安全的主体包括国家、世界和人类的安全，安全的目标也有着比政治和军事安全更加丰富的内容，因此合作是安全目标实现的基本手段。

中共十八大以后，基于我国社会主要矛盾正在发生历史性变化的新时代的现实需要，以及实现构建人类命运共同体的美好目标，2014年4月15日，中共中央总书记、国家主席、中央军委主席、中央国家安全委员会主席习近平主持召开中央国家安全委员会第一次会议并发表重要讲话。习近平同志强调，"要准确把握国家安全形势变化新特点新趋势，坚持总体国家安全观，走出一条中国特色国家安全道路"。习近平同志指出，当前我国国家安全内涵和外延比历史上任何时候都要丰富，时空领域比历史上任何时候都要宽广，内外因素比历史上任何时候都要复杂，必须坚持总体国家安全观。必须既重视外部安全，又重视内部安全，对内求发展、求变革、求稳定、建设平安中国，对外求和平、求合作、求共赢、建设和谐世界；既重视国土安全，又重视国民安全，坚持以民为本、以人为本，坚持国家安全一切为了人民、一切依靠人民，真正夯实国家安全的群众基础；既重视传统安全，又重视非传统安全，构建集政治安全、国土安全、军事安全、经济安全、文化安全、社会安全、科技安全、信息安全、生态安全、资源安全、核安全等于一体的国家安全体系；既重视发展问题，又重视安全问题，发展是安全的基础，安全是发展的条件，富国才能强兵，强兵才能卫国；既重视自身安全，又重视共同安全，打造命运共同体，推动各方朝着互利互惠、共同安全的目标相向而行。保证国家安全，是完善和发展中国特色社会主义制度，推进国家治理体系和治理能力现代化的有机组成部分。国家安全，必须在国家治理的大背景下来思考和筹划，必须以安全治理作为基本路径来维护和保障。坚持总体国家安全观，体现在治理实践上，就是推进国家安全总体治理走出一条中国特色国家安全道路，就是安全各领域、各要素、各层面统筹治理，创建当代中国国家安全治理系统新格局。

以总体国家安全观为指导，新的《国家安全法》确立的立法目的与过去相比，增加了保护人民的根本利益和实现中华民族伟大复兴的内容。新《国家安全法》第二条从广义国家安全的角度给国家安全概念确定了法律含义："国家安全是指国家政权、主权、统一和领土完整、人民福祉、经济社会可持续发展和国家其他重大利益处于没有危险和不受内外威胁的状态，以及保障持续安全状态的能力。"第三条明确规定："国家安全工作应当坚持总体国家安全观，以人民安全为宗旨，以政治安全为根本，以经济安全为基础，以军事、文化、社会安全为保障，以促进国际安全为依托，维护各领域国家安全，构建国家安全体系，走中国特色国家安全道路。"新《国家安全法》把总体国家安全观奉为"法定"安全观，不仅实现了国家安全立法指导思想的历史性变革，而且为构建新时代国家安全法律制度体系的实践创新奠定了理论基础。

与传统国家安全观相比，总体国家安全观强调国家安全的全面性和系统性。当然，对总体国家安全观和新安全观而言，它们同样都是为摆脱安全困境而提出的具体对策。正如，新安全观绝不是对传统安全观的否定，而是在吸收传统安全观的基础上，依据现在形势发展作出的进一步完善，以国家为中心的传统安全观并未终结。[①] 也就是说，无论是新安全观还是总体国家安全观，均以传统安全观为基础不断丰富和发展其内

---

① 胡文秀：《试析国家安全观的衍变》，《武汉大学学报（哲学社会科学报）》2007 年第 2 期，第 199 页。

涵和外延，传统安全观在国家安全领域中始终占据基础地位。

如果说总体国家安全观仅仅是新的《国家安全法》的理论基础和指导思想，还不能因此就认为《国家安全法》具有基本法律的性质，只有以总体国家安全观为指导思想的《国家安全法》，其调整对象、内容体系、原则精神、目标任务等法律规定，成为事关国家安全某一方面法律制度的法源基础，我们才可以说它具有基本法律的性质。

（二）《国家安全法》的调整对象：从国家安全机关活动法到总体国家安全基本关系法

法律是社会关系的调整器，人的行为是社会关系的体现。可以说，法通过调整人的行为也就调整了社会关系。从新旧《国家安全法》的调整对象来看，二者之间有着较大区别。

1993年的《国家安全法》第一章是总则，其第二条规定："国家安全机关是本法规定的国家安全工作的主管机关。"这就表明《国家安全法》是一部主要调整国家安全机关职能活动的法律。第四条规定："任何组织和个人进行危害中华人民共和国国家安全的行为都必须受到法律追究。"而该法所称危害国家安全的行为，是指境外机构、组织、个人实施或者指使、资助他人实施的，或者境内组织、个人与境外机构、组织、个人相勾结实施的下列危害中华人民共和国国家安全的行为：（1）阴谋颠覆政府，分裂国家，推翻社会主义制度的；（2）参加间谍组织或者接受间谍组织及其代理人的任务的；（3）窃取、刺探、收买、非法提供国家秘密的；（4）策动、勾引、收买国家工作人员叛变的；（5）进行危害国家安全的其他破坏活动的。第二章规定了国家安全机关在国家安全工作中的职权，第三章规定了公民和组织维护国家安全的义务和责任。在第四章"法律责任"中，明确规定下列行为必须承担法律责任：（1）境外机构、组织、个人实施或者指使、资助他人实施，或者境内组织、个人与境外机构、组织、个人相勾结实施危害中华人民共和国国家安全的行为；（2）间谍行为；（3）在境外受胁迫或者受诱骗参加敌对组织从事危害中华人民共和国国家安全活动的行为；（4）明知他人有间谍犯罪行为在国家安全机关向其调查有关情况、收集有关证据时拒绝提供的行为；

（5）故意或者过失泄露有关国家安全工作的国家秘密的行为；（6）非法持有属于国家秘密的文件、资料和其他物品的行为；（7）非法持有、使用专用间谍器材的行为。其中，除间谍行为，非法持有国家秘密，非法持有、使用专用间谍器材和泄露国家秘密等行为模式规定得相对具体外，上述（1）、（3）两种类型对危害行为的主体、地点及行为结果仅有抽象的宏观要求，并无具体标准。由此可见，1993年《国家安全法》的调整对象是国家安全机关的反间谍活动及其关系。从调整对象、执法主体、内容特点等方面来看，该《国家安全法》实际上是"国家安全机关反间谍法"。总体国家安全观提出以后，全国人大常委会从法律名称、调整对象、体例结构、内容规定等方面，对原《国家安全法》进行了重大修订，将其更名为《反间谍法》，于2014年11月1日由第十二届全国人大常委会第十一次会议通过。该法律明确规定了反间谍行为的立法目的，确定了反间谍工作的主管机关，规定了反间谍工作的原则，赋予了国家安全机关在反间谍工作中的职权，严格了反间谍工作程序和执法责任，突出了反间谍工作的特点，《反间谍法》成为国家安全法律体系的一个组成部分。

中共十八届四中全会明确要求贯彻落实总体国家安全观，加快国家安全法治建设，抓紧出台反恐怖等一批急需法律，推进公共安全法治化，构建国家安全法律制度体系。基于此，2015年7月1日，第十二届全国人大常委会第十五次会议通过了新的《国家安全法》。新《国家安全法》包括第一章"总则"，第二章"维护国家安全的任务"，第三章"维护国家安全的职责"，第四章"国家安全制度"，第五章"国家安全保障"，第六章"公民、组织的义务和权利"，第七章"附则"。《国家安全法》统筹内部安全和外部安全、国土安全和国民安全、传统安全和非传统安全、自身安全和共同安全。其第二章规定了维护国家安全的任务，从第十五条"国家坚持中国共产党的领导，维护中国特色社会主义制度，发展社会主义民主政治，健全社会主义法治，强化权力运行制约和监督机制，保障人民当家作主的各项权利。国家防范、制止和依法惩治任何叛国、分裂国家、煽动叛乱、颠覆或者煽动颠覆人民民主专政政权的行为；

防范、制止和依法惩治窃取、泄露国家秘密等危害国家安全的行为；防范、制止和依法惩治境外势力的渗透、破坏、颠覆、分裂活动"，第十六条"国家维护和发展最广大人民的根本利益，保卫人民安全，创造良好生存发展条件和安定工作生活环境，保障公民的生命财产安全和其他合法权益"，到第三十四条"国家根据经济社会发展和国家发展利益的需要，不断完善维护国家安全的任务"，用了 20 个条文，全面规定了总体国家安全观所要求的政治安全、主权安全、国防安全、军事安全、海洋利益与发展利益安全、基本经济制度和社会主义市场经济秩序安全、金融安全、资源能源安全、粮食安全、社会主义先进文化安全、重大技术和工程的安全、网络与信息安全、生态环境安全、核安全，在外层空间、国际海底区域和极地的活动、资产和其他利益的安全，国际海外利益、海外中国公民、组织和机构的安全等方面内容，基本上涵盖了习近平总体国家安全观所包含的 11 个领域。

新《国家安全法》与 1993 年制定的《国家安全法》的根本区别在于，新法调整的对象是总体国家安全社会关系，规定维护国家安全的基本任务、基本制度、基本原则、基本关系、国家机关基本职责、公民和组织的基本义务和权利。一言以蔽之，调整对象是国家安全基本社会关系，调整方式是以宏观调整为主，一方面原则性地规定了总体国家安全所属领域基本社会关系的宏观调整方向，另一方面在规定国家安全领域时使用了开放式的列举方法，明确国家可以根据经济社会发展和国家发展利益的需要去不断完善国家安全的外延。也就是说，新《国家安全法》原则性地规定了总体国家安全涉及主要领域的国家总体态度和总体目标，为建立和完善国家安全法律体系奠定了基础。

与《反间谍法》等国家安全领域的其他法律相比，新《国家安全法》调整的范围更大，涉及的内容更为全面、基础、宏观。它调整的是总体国家安全背景下的国家安全基本关系，规定的是总体国家安全的基本制度，形成的是国家安全法律制度体系的基本法律关系。

（三）《国家安全法》的内容问题：涉及总体国家安全观语境下的最高国家机关职权以及公民基本权利义务

立法就是创设法定职权与职责、权利与义务的活动。《立法法》第四条规定:"立法应当依照法定的权限和程序,从国家整体利益出发,维护社会主义法制的统一和尊严。"这是规定立法的法治原则,是依法立法要求的法理依据。第六条规定:"立法应当从实际出发,适应经济社会发展和全面深化改革的要求,科学合理地规定公民、法人和其他组织的权利与义务、国家机关的权力与责任。"这是规定立法的科学性原则、合理性原则。

立法应当依据法定权限的问题是立法体制问题。立法体制是指国家立法机关设置及其立法权限划分的结构体系和制度。不同的国家性质和结构形式,立法体制也各不相同。通常来说,单一制国家立法权集中在中央;联邦制国家立法权分别由联邦和各个组成部分行使。

现行《宪法》《立法法》规定了以"全国人民代表大会和全国人民代表大会常务委员会行使国家立法权"为核心的统一的多层次立法体制。《宪法》第六十二条第(三)项规定:"全国人民代表大会制定和修改刑事、民事、国家机构的和其他的基本法律";第六十七条第(二)项规定,全国人民代表大会常务委员会"制定和修改除应当由全国人民代表大会制定的法律以外的其他法律"。《立法法》第七条对上述内容作出了重申,并且进一步明确规定,全国人大常委会在全国人大闭会期间,对全国人民代表大会制定的法律进行部分补充和修改,但是不得同该法律的基本原则相抵触。此外,从立法监督权来看,全国人大监督全国人大常委会的立法权。《立法法》第九十七条第(一)项规定:"全国人民代表大会有权改变或者撤销它的常务委员会制定的不适当的法律。"由于全国人大是最高国家权力机关,因此,它有权修改宪法,它制定的法律属于基本法律,它有权监督全国人大常委会的立法权的行使,有权改变或者撤销全国人大常委会制定的不适当、不合法的法律。

从《国家安全法》关于国家机关职权职责的规定内容看,该法律有许多重大制度创新。比如,第四条规定:"坚持中国共产党对国家安全工作的领导,建立集中统一、高效权威的国家安全领导体制。"第五条规定:"中央国家安全领导机构负责国家安全工作的决策和议事协调,研究制定、指导实施国家安全战略和有关重大方针政策,统筹协调国家安全重大事项和重要工作,推动国家安全法治建设。"对于中国特色国家安全领导体制的规定,特别是关于坚持中国共产党对国家安全的领导,在中共中央设立中央国家安全委员会,这些都是在现行法律包括基本法律中"前所未有"的重大制度创新。涉及基本政治制度和国家安全组织制度等重大问题。第三十五条"全国人民代表大会依照宪法规定,决定战争和和平的问题,行使宪法规定的涉及国家安全的其他职权"和第三十六条"中华人民共和国主席根据全国人民代表大会的决定和全国人民代表大会常务委员会的决定,宣布进入紧急状态,宣布战争状态,发布动员令,行使宪法规定的涉及国家安全的其他职权"的内容,从形式上看,其来源于《宪法》的有关条文,但是,在总体国家安全观作为指导思想的立法语境下,"涉及国家安全的其他职权"范围是非常广泛的。《国家安全法》由全国人大常委会制定,但是却给全国人大和国家主席规定职权,这应该是具有基本法律性质的法律文件的"专有权力"。此外,《国家安全法》关于国务院、中央军事委员会以及其他国家机关在国家安全工作中依法行使相关职权、履行职责的规定,也具有职权职责范围扩大的制度创新的特点。

从《国家安全法》关于公民的权利与义务的内容看,也涉及基本权利与义务。该法律有许多重大制度创新。第十一条第一款规定:"中华人民共和国公民、一切国家机关和武装力量、各政党和各人民团体、企业事业组织和其他社会组织,都有维护国家安全的责任和义务。"第七十七条规定:"公民和组织应当履行下列维护国家安全的义务:(一)遵守宪法、法律法规关于国家安全的有关规定;(二)及时报告危害国家安全活动的线索;(三)如实提供所知悉的涉及危害国家安全活动的证据;(四)为国家安全工作提供便利条件或者其他协助;(五)向国家安全机关、公安机关和有关军事机关提供必要的支持和协助;(六)保守所知悉的国家秘密;(七)法律、行政法规规定的其他义务。任何个人和组织不得有危害国家安全的行为,不得向危害国家安全的个人或者组织提供任何资助或者协助。"第八十三条规定:"在国家安全工作中,需要采取限制公民权利和自由的特别措施时,应当依法进行,并以维护国家安全的实际需要为限度。"《国家安全法》关于公民在维护国家安全方面的义务和权利限制的规定,需要与《刑法》《民法总则》《教育法》等基本法律的相关规定相互协调,而这些问题,似乎以基本法律形式来规定更为适当。

(四)《国家安全法》的立法技术方法问题:原则性立法

立法是运用一定的表达技术和方法,体现国家意志和立法思想的活动。为了实现立法目的,立法者在立法过程中往往需要综合运用多种立法技术和方法,取长补短,优势互补,实现对于立法内容的适当表达。比如立法语言技术问题,如果立法的语言和逻辑运用不当,极有可能导致法律规定内容的互相冲突。对立法语言而言,立法中除了要遵守通常语言文字规范性外,还要根据法律语言的特殊性,遵守特定的规则。此外,作为立法语言就应该具有用语明晰准确、简洁庄严、规范严谨、通俗朴实、中性客观、表达方式格式化等特点。[①] 其中,原则性规定法律条文或精细性规定法律条文就是专门针对立法语言特点而采取的一种对立法语言技术的灵活运用。

原则性立法不同于简略式立法。前者主要指的是对具体的法律规则的原则性表述方式,通常是规定了法律规则的指导思想或基础准则。简略式立法则是由于过去的立法工作深受"法律宜粗不宜细"观念的影响,立法者为了能给执法者提供更大的执法空间,使得大量法律规范的具体内容在创制过程中被省略。后者是立法技术粗糙的一种具体表现。当然,原则性立法也有自身的不足,它使法律不可能具有更多的可操作性,需要通过下位法的解释弥补其不足。立法精细化自中共十八届四中全会以来为立法实务和理论界广泛关注。立法精细化是指通过精细化的立法准备、精细化的内容选择、精细化的程序设定和精细化的立法技术,来实现立法目的正当、立法内容科学、立法程序民主和立法实施有效的目的。[②] 在具体法律规则中,精细性立法内容的可操作性要更强一些。

[①] 杨临宏:《立法学:原理、制度与技术》,中国社会科学出版社2016年版,第304—306页。
[②] 郭跃:《论立法精细化的标准与实现路径》,《学术界》2016年第2期,第165—166页。

在新的《国家安全法》中，比较广泛地运用了原则性立法的技术方法，为建立和完善国家安全领域立法体系做好了基础性的铺垫工作，在一定程度上可以保持该部法律适用的时效性和稳定性，能够弥补过于细化的法律条文在使用过程中的局限性。比如，新《国家安全法》对维护国家安全的任务和各种国家机关维护国家安全职责内容的规定中，只原则性地用"维护""提高""加强"等不具有特定含义的动词总括式规定了维护国家安全的职权、职责范围，并没有用更多的法律条文进一步解释这些词语的具体含义或实施方法。以维护网络安全方面的规定为例，新《国家安全法》中仅在第二十五条以比较原则性的表述方式对维护国家网络空间主权、安全和发展利益作了宏观规定。网络安全支持与促进、网络运行安全、网络信息安全、监测预警与应急处置、法律责任等具体内容专门规定于《网络安全法》之中。

从新《国家安全法》法律条文中一些语言文字的使用频率上可以看出，该部法律为国家安全领域的法律制度提供了方向性的指引和原则性的规划。比如在84条法律条文中，"建立"使用了10次，"健全"使用了12次，"坚持"使用了12次，"完善"使用了8次，"加强"使用了17次，"保障"使用了19次，"应当"使用了26次，它们所连接的宾语都是总体国家安全观中的国家安全事项。比如，《国家安全法》第二十一条规定："国家合理利用和保护资源能源，有效管控战略资源能源的开发，加强战略资源能源储备，完善资源能源运输战略通道建设和安全保护措施，加强国际资源能源合作，全面提升应急保障能力，保障经济社会发展所需的资源能源持续、可靠和有效供给。"其中并没有规定资源能源安全的具体利用和保护措施，对于如何"管控""加强""完善""提升""保障"能源资源，《国家安全法》并没有详细规定，这有待《能源安全法》等相关立法的进一步明确和解释。

原则性立法技术在《国家安全法》中的广泛运用，是与立法策略中对于该法律的作用定位密切相关的。因为这部法律被定位为调整国家安全基本关系的基础性、主干性、根本性、全局性的基本法，所以，运用原则性立法技术能够更好地达到立法目的，实现立法的效果。

(五)《国家安全法》在国家安全法律体系中的地位与作用问题：基础性、根本性基本法

在我国，法律体系是一个包括立法体系、部门法体系、法律领域等要素的有机统一的整体。立法体系是根据不同的制定机关和不同的法律规范的效力而形成的法律规范体系。换句话说，不同的立法机关制定的法律规范的效力有所不同，不同效力的规范性法律文件构成了立法体系。所以，立法体系就是规范性法律文件的结构功能体系。立法主体、立法程序和立法效力不同是立法体系形成的主要原因。新《国家安全法》从内部结构体系和外部逻辑关系方面，为建立和完善国家安全领域的立法体系提供了基础和依据。

安全是人类社会长期发展的需要和根本保证，国家安全是国家及其国民的基本利益。建立和完善国家安全立法体系对于保障人民安全、维护社会稳定、实现强国之路都具有重要意义。新《国家安全法》强调作为国家安全法指导思想的"总体国家安全观"的"全民性"。[1] 从新《国家安全法》文本的内部结构来看，它不单单围绕某一具体领域去规定国家安全的内容，而是围绕总体国家安全的各个领域，宏观地列举国家安全应有的范围，法律条文规定的具体内容突出了从"国家安全体系"出发并强调能够形成"总体国家安全"的特点。比如，新《国家安全法》第十五条至第三十四条的内容，从维护国家安全任务的角度全面确立了国家安全法应有的体系，与总则的规定相呼应，对国家安全体系以总分结合的形式予以明确。从这个意义上讲，《国家安全法》是调整国家安全领域社会关系的法律规范的基本法、基础法，是制定其他诸如《网络安全法》《核安全法》和"政治安全法"等某一方面国家安全法律制度的直接依据。比如，正是有了《国家安全法》第二十五条关于"国家建设网络与信息安全保障体系，提升网络与信息安全保护能力，加强网络和信息技术的创新研究和开发应用，实现网络和信息核心技术、关键基础

---

[1] 莫纪宏：《新国家安全法体现"总体国家安全观"的"全民性"》，《光明日报》2016年5月6日。

设施和重要领域信息系统及数据的安全可控；加强网络管理，防范、制止和依法惩治网络攻击、网络入侵、网络窃密、散布违法有害信息等网络违法犯罪行为，维护国家网络空间主权、安全和发展利益"的规定，为了落实中央维护国家安全的任务，2016年11月7日第十二届全国人大常委会第二十四次会议制定了《中华人民共和国网络安全法》；正是有了《国家安全法》第二十八条关于"国家反对一切形式的恐怖主义和极端主义，加强防范和处置恐怖主义的能力建设，依法开展情报、调查、防范、处置以及资金监管等工作，依法取缔恐怖活动组织和严厉惩治暴力恐怖活动"的规定，2015年12月27日第十二届全国人大常委会第十八次会议通过了《中华人民共和国反恐怖主义法》（根据2018年4月27日第十三届全国人大常委会第二次会议《关于修改〈中华人民共和国卫生检疫法〉等六部法律的决定》修正）；正是有了《国家安全法》第四章"国家安全制度"中所规定的情报信息为先导的制度机制，以及该法第五十一条关于"国家健全统一归口、反应灵敏、准确高效、运转顺畅的情报信息收集、研判和使用制度，建立情报信息工作协调机制，实现情报信息的及时收集、准确研判、有效使用和共享"的规定，第五十二条关于"国家安全机关、公安机关、有关军事机关根据职责分工，依法搜集涉及国家安全的情报信息"的规定等规定，为了落实这些规定，2017年6月27日第十二届全国人大常委会第二十八次会议制定了《中华人民共和国国家情报法》（根据2018年4月27日第十三届全国人大常委会第二次会议通过《关于修改〈中华人民共和国卫生检疫法〉等六部法律的决定》修正）。可以说，一个以新的《国家安全法》为基础性、根本性、统领性的国家安全立法体系正在形成之中。

国家安全是一个国家国民生存和发展的最基本最重要的前提，维护国家安全是国家的头等大事，也是现代法律制度的基本任务和基本价值。构建国家安全立法体系是世界各国维护国家安全的通行做法。美国是较早开始国家安全专门立法的国家。随着"二战"后国际形势的变化，美国开始对其情报机构进行调整，为了整合其多头分散的情报和安全力量，美国政府于1947年7月26日通过了美国的《国家安全法》，主要规范美国国家安全机构的组织体制和职权范围以及协调内部相互之间的关系。此后，各有关国家纷纷从本国国情出发，制定了各自的国家安全法律法规，从而推进了国家安全活动法律化。[①]

我国关于国家安全立法体系的历史包括两个阶段、两种立法模式。第一阶段从新中国成立以后到1993年，采取在《宪法》《刑法》《刑事诉讼法》立法中，通过专门的条款规定有关国家安全法律制度的内容。比如《宪法》第二十八条规定："国家维护社会秩序，镇压叛国和其他危害国家安全的犯罪活动，制裁危害社会治安、破坏社会主义经济和其他犯罪的活动，惩办和改造犯罪分子。"《刑法》第二条规定："中华人民共和国刑法的任务，是用刑罚同一切犯罪行为作斗争，以保卫国家安全，保卫人民民主专政的政权和社会主义制度，保护国有财产和劳动群众集体所有的财产，保护公民私人所有的财产，保护公民的人身权利、民主权利和其他权利，维护社会秩序、经济秩序，保障社会主义建设事业的顺利进行。"《刑法》分则第一章是"危害国家安全犯罪"。这个阶段的国家安全立法是"零售立法"模式。第二阶段是1993年以后特别是党的十八大以来，采取"批发立法"，制定体系化的专门调整国家安全关系的立法体系。1993年，第七届全国人大常委会第三十次会议通过了《国家安全法》，2014年11月1日，第十二届全国人大常委会第十一次会议将该法进行全面修订并且更名为《反间谍法》。

2014年，根据《中共中央关于全面推进依法治国若干重大问题的决

[①] 根据李竹的《国家安全立法研究》（北京大学出版社2006年版）研究，欧洲国家中，1987年，苏联开始制定《国家安全法》和《国家安全委员会条例》。英国于1985年7月25日通过《通讯监听法》，1989年公布了新的《官方保密法》，突出了保守国家核心机密的重点内容。同年，还颁布《国家安全机构法》，首次将其情报机构的活动纳入法制范围。两德合并前，联邦德国于1986年颁布了七项国家安全法规，包括情报合作法、联邦宪法保卫局法、联邦军事反间谍局法等。1989年又颁布了几项关于国内安全的法令，如《关于游行和恐怖分子法》，禁止蒙面人参加游行；《邮政改革法》，规定将电话监听的范围扩大到私人电话和图像电话等。亚洲国家中，韩国有关国家安全方面的法律、法规较为完备，有《军事机密保护法》《国家保安法》《国家安全企划部法》。1981年再次对《国家安全企划部法》进行修改。修改后的《国家安全企划部法》条文简约，内容全面，主要规定了韩国国家安全企划部的组织、职权以及有效进行国家安全工作的必要保障。美洲国家中，巴西早在1953年，阿根廷在1992年，拟订并实施了各自的《国家安全法》。此外，巴西还在1964年、1988年分别公布了《巴西国家情报法》和《巴西国家情报局条例》。

定》中关于"构建国家安全法律制度体系"的决策精神,第十二届全国人大常委会及时调整完善了全国人大常委会立法规划,原来的立法规划提出条件比较成熟、任期内拟提请审议的"一类立法项目"有47件,调整后增加至76件;需要抓紧工作、条件成熟时提请审议的"二类立法项目"有21件,调整后增加至26件。增加项目中一个重要的方面就是"构建国家安全法律制度体系。制定国家安全法、反间谍法、反恐怖主义法、境外非政府组织管理法、网络安全法、陆地国界法、能源法、原子能法、航空法,修改测绘法"。

从提出总体国家安全观五年多来的立法实践看,以新的《国家安全法》为基础的一系列调整国家安全关系的法律法规相继出台。中国特色国家安全法律制度体系基本建立,而在这个体系之中,第十二届全国人大常委会第十五次会议于2015年7月1日制定的新的《国家安全法》是其中具有基础性、全局性作用的基本法。

四、《国家安全法》的立法主体问题:解决法律需求急迫与立法供给能力不足之间矛盾的变通方法

立法是一种创制法律制度的职权活动。从立法与国家和社会的关系来看,立法创制活动存在一种"需求—供给"的关系机制。立法活动是为了满足国家或者社会对于法律制度的需求,由具有相关职权权限的立法主体,通过立法准备、立法程序、立法决策,提供法律制度"产品"的活动。从立法社会学的角度来看,立法活动的效果存在三种可能性:供求基本平衡、供给大于需求、供给小于需求。如果立法活动的结果没有完全满足立法需求,法律制度从调整对象到调整方法、从内容到形式、从实体制度到程序制度、从权利义务设定到法律责任保障、从法律制度效力层次到适用范围等方面,没有达到国家和社会的法律调整预期,或者立法过于超前,脱离了实际需要,那么,法律调整社会关系的功能和效果就会大打折扣,立法效果就比较差。

在立法活动特别是立法决策过程中,一部法律调整的对象,具体地

位和作用，立法决策主体是谁，通常是比较清楚明确的。但是，在特殊情况下，在正常的立法供给无法有效满足国家和社会紧迫而又合理的立法需求的情况下，也可能会在《宪法》和《立法法》允许的范围内，采取"试行立法""暂行立法"①甚至"降格立法""授权立法"的情况。比如，《刑事诉讼法》和《民事诉讼法》都属于基本法律，应当由全国人民代表大会制定，1979年7月1日，第五届全国人民代表大会第二次会议通过了《中华人民共和国刑事诉讼法》。而《中华人民共和国民事诉讼法》直到1991年4月9日，才由第七届全国人大第四次会议通过。而在此期间，为了尽快满足民事诉讼活动规范化法律化的需求，在立法条件还不成熟的情况下，第五届全国人大常委会第二十二次会议于1982年3月8日"降格"通过了《中华人民共和国民事诉讼法（试行）》，这种立法体制机制，体现了立法决策过程中对于立法效率的追求。

"效率"一词通常用于经济学领域，在汉语词典中的基本含义是指单位时间内完成的工作量。法律经济学研究法律问题的基本方法是以经济学的效益作为核心标准，将投入成本获取收益最大化的方法作为分析工具，认为作为立法活动存在着效益问题。并且从经济学角度来看，立法效率的高低，直接表现为立法效益和立法成本的比较，间接反映了立法是否实现立法目的，在多大程度上促进了经济社会发展，增进了社会整体利益以及实现了社会资源的最佳配置和社会财富的增加。② 在改革开放初期，包括《民事诉讼法（试行）》《森林法》《企业破产法》等法律，以及一批行政法规，都是在立法需求大于立法供给的情况下，通过采取"试行立法""暂行立法"的方式，来提高立法效率，满足立法供给。在当时，这无疑是一种变通的立法策略，具有时代合理性。正是基于如此，我国立法实践中形成了一种解决立法需求急迫与立法供给能力不足之间矛盾的方法——效率优先，即变通法律性质层次。把本来应该是基本法律的，变通为其他法律；本来应该是法律的，授权国务院变通制定行政

---

① 杨宗科：《论我国的暂行法体制》，《中外法学》1991年第6期，第8—14页。
② 李龙亮：《立法效率研究》，《现代法学》2008年第6期，第51页。

法规，等待立法条件成熟时，再"回归本位"。

从《国家安全法》的立法指导思想、调整对象、立法技术、内容性质、法律地位等方面来说，它具有作为基本法律的性质。但是，从立法的主体来看，它是由全国人大常委会制定的，而且从立法过程来看，《国家安全法》堪称高效率立法的"典范"！从 2012 年 12 月 15 日第十二届全国人大常委会第三十六次委员长会议原则通过将其列入立法工作计划，到 2014 年 12 月 22 日首次审议《国家安全法（草案）》，再到 2015 年 7 月 1 日第十二届全国人大常委会第十五次会议表决通过《国家安全法》，前后仅仅用了不到 7 个月的时间，并且其中历经了全国人大常委会三次对草案的审议。在本次立法过程中，全国人大常委会组成人员在第一次审议草案时，普遍认为草案贯彻了总体国家安全观的要求，结构合理，内容全面，基础较好。因此，普遍建议在充分吸收各方面意见的基础上作进一步的修改，加快立法进程。[1] 在十二届全国人大常委会第十四次会议第二次审议国家安全法草案过程中，重点针对初次审议过程中部分常务委员会组成人员、人大代表、部门和地方建议增加了一些诸如在经济安全、文化安全、金融安全等重要领域的安全任务，完善了国家安全任务的"清单"；总体上，草案二审稿贯彻党的十八大和十八届三中、四中全会精神以及习近平总书记系列重要讲话精神，坚持问题导向，在认真研究、吸收常委会组成人员初次审议意见和各方面意见的基础上，进一步明确了总体国家安全观的内涵；根据维护国家安全的需要和重要性，在维护国家安全的任务中增加了金融安全、粮食安全，并对经济安全、文化安全、社会安全、科技安全、网络信息安全、生态安全、资源能源安全、核安全等规定作了充实完善；进一步对国家安全制度机制相关规定整合细化。[2] 在第十二届全国人大常委会第十五次会议第三次审议国家安全法草案过程中，增加了涉及太空、深海和极地等新型领域的安全任务，并对其他小部分内容作了增加和充实，随后新《国家安全法》在本次会议上表决通过。从三次审议草案的过程中可以看到，新《国家安全

---

[1] 彭东昱：《国家安全法旨在保护人民根本利益》，《中国人大》2015 年第 1 期，第 29 页。
[2] 梁国栋：《国家安全法草案再完善》，《中国人大》2015 年第 9 期，第 36 页。

法》的制定过程展现了一个高效率的立法过程。当然，高效率的背后，一个主要原因是因为"贯彻落实总体国家安全观，加快国家安全法治建设，抓紧出台反恐怖等一批急需法律，推进公共安全法治化，构建国家安全法律制度体系"。"加快""急需"的《国家安全法》立法策略，比较好地满足了国家安全法治化的需求，为建立健全国家安全法律制度体系提供了必要的条件。但是，在一定程度上也有可能为了立法效率而把本应该由全国人民代表大会制定的基本法律，转变成由常务委员会制定的其他法律了，因此出现了法律内容性质地位与制定主体不完全匹配的现象和问题。

五、《国家安全法》与宪法和其他基本法律之间的协调性问题

我国宪法明确要求，维护社会主义法制的统一和尊严。《立法法》第四条也要求"依法立法"，维护法制的统一和尊严。维护法制的统一是维护法制尊严的前提和基础，没有法制的统一，没有法律体系内部的和谐一致，法律规范之间有矛盾，甚至有冲突，法律规定的行为模式和标准不统一，法律的实施就会受到影响，法律调整社会关系的功能就可能混乱不堪，立法的目的也就难以有效实现。因此，维护法制的统一，首先要维护宪法的权威，维护基本法律与宪法规定的统一性，维护基本法律之间的协调统一。

从建立国家安全法律制度体系的目标出发，首先应当维护《宪法》关于国家安全问题的规定的权威性。我国现行《宪法》关于国家安全问题的规定既有总纲性内容，比如第二十八条"国家维护社会秩序，镇压叛国和其他危害国家安全的犯罪活动，制裁危害社会治安、破坏社会主义经济和其他犯罪的活动，惩办和改造犯罪分子"，第二十九条"中华人民共和国的武装力量属于人民。它的任务是巩固国防，抵抗侵略，保卫祖国，保卫人民的和平劳动，参加国家建设事业，努力为人民服务"；也有涉及公民的基本权利与义务的内容，比如第四十条规定"中华人民共和国公民的通信自由和通信秘密受法律的保护。除因国家安全或者追查

刑事犯罪的需要，由公安机关或者检察机关依照法律规定的程序对通信进行检查外，任何组织或者个人不得以任何理由侵犯公民的通信自由和通信秘密"，第五十四条规定"中华人民共和国公民有维护祖国的安全、荣誉和利益的义务，不得有危害祖国的安全、荣誉和利益的行为"。此外，在规定国家机构的职权权限的内容中，对国家安全问题也有涉及。这些规定，是《国家安全法》立法的宪法性依据，也是整个国家安全法律制度体系的根本法依据。但是，现在的主要问题是，《宪法》关于国家安全的规定还没有明确、直接、充分地体现总体国家安全观的要求，有些内容体现的还是传统安全观。《宪法》与《国家安全法》之间的协调性问题，需要通过合法的、适当的方式予以解决。

《全国人民代表大会组织法》是由五届全国人大第五次会议于1982年12月10日通过的一部基本法律性质的规范性法律文件。它规定了全国人民代表大会会议、常务委员会、人大各委员会及人大代表的选举程序、组织结构、工作内容及换届选举等事项。《宪法》第五十七条规定"中华人民共和国全国人民代表大会是最高国家权力机关。它的常设机关是全国人民代表大会常务委员会"。《全国人民代表大会组织法》第二十二条规定"全国人民代表大会常务委员会行使中华人民共和国宪法规定的职权"。由于全国人大是最高国家权力机关，它可以规定自己的职权，也可以规定其他国家机关的职权或者权限。一般来说，作为它的常设机关的全国人大常委会，应当在《宪法》和全国人大授权的范围内行使职权。但是，新的《国家安全法》第三十五条规定："全国人民代表大会依照宪法规定，决定战争和和平的问题，行使宪法规定的涉及国家安全的其他职权。"虽然这一规定基本上是《宪法》第六十二条规定的"全国人民代表大会行使下列职权：……（十五）决定战争和和平的问题"的引用，但是，全国人大常委会是否有权规定全国人大的职权仍然值得存疑，因为这直接关系着该法律规则的合法性问题。从权力来源来看，全国人大是宪法确立的我国最高国家权力机关，它的权力来源于人民的授予和《宪法》的确定。根据《宪法》第六十七条的规定，全国人大常委会的职权主要来源于《宪法》的确定及全国人大的授权。全国人大是最高国家权力机关，除了宪法规定的只能由其行使的国家立法权之外，可以授权全国人大常务委员会行使立法权，反之不然。从立法权限来看，如果没有全国人大的授权，低位阶的国家机关不可能决定或限制高位阶国家机关的权限，那么全国人大常务委员会在制定新《国家安全法》中规定全国人大"行使宪法规定的涉及国家安全的其他职权"的行为本身就会超越它自身的立法权限。所以，全国人大对其常委会进行授权是合法有效的。相反，而如果没有全国人大的授权，全国人大常委会是不可以逾越《宪法》赋予其权力范围边界的，并且这种逻辑不可能有颠倒过来的合理性与合法性。对于新《国家安全法》第三十五条的规定而言，除非该部法律在制定之前已经取得全国人大的授权，并且否定《国家安全法》的基本法律内容属性，否则它在法律规则中去规定全国人大的职权，就是明显地颠倒了这个基本逻辑，如此既不合理也不合法，并且其结果必然会导致全国人大常务委员会立法权限的不当扩张。因此，《国家安全法》存在着与《全国人民代表大会组织法》保持协调一致的问题。

《民法总则》《物权法》属于基本法律的范畴。民法调整平等主体之间的财产关系和人身关系。《物权法》第四条规定："国家、集体、私人的物权和其他权利人的物权受法律保护，任何单位和个人不得侵犯。"第四十二条规定："为了公共利益的需要，依照法律规定的权限和程序可以征收集体所有的土地和单位、个人的房屋及其他不动产。征收集体所有的土地，应当依法足额支付土地补偿费、安置补助费、地上附着物和青苗的补偿费等费用，安排被征地农民的社会保障费用，保障被征地农民的生活，维护被征地农民的合法权益。征收单位、个人的房屋及其他不动产，应当依法给予拆迁补偿，维护被征收人的合法权益；征收个人住宅的，还应当保障被征收人的居住条件。"《国家安全法》第八十一条规定："公民和组织因支持、协助国家安全工作导致财产损失的，按照国家有关规定给予补偿；造成人身伤害或者死亡的，按照国家有关规定给予抚恤优待。"国家安全属于公共利益，为了公共利益，为了维护国家安全，可能会征收公民的房屋等财产，涉及物权的保护。

公民支持、协助国家安全工作导致财产损失的，涉及民事补偿。这些问题，如果作为基本法律的《民法总则》《物权法》的规定与《国家安全法》的规定不一致，是适用特别法优先于一般法，还是基本法律高于其他法律？

《刑法》属于基本法律，《国家安全法》也存在着与《刑法》法律规范的衔接与协调问题。《刑法》专门规定了危害国家安全犯罪的行为类型，所以二者在维护国家安全方面互为补充、相辅相成。从新《国家安全法》的规定来看，它与《刑法》衔接时，对国家安全的本质的认识经历了从不统一到相对统一的过程。1993年《国家安全法》并没有专门对国家安全的概念进行界定，从其第四条规定的危害国家安全行为来看，并没有一个明确的标准可以直接认定什么是国家安全，这也就导致其规定的危害国家安全的行为内涵要比刑法更为丰富。所以，1993年的《国家安全法》与1997年《刑法》规定的危害国家安全行为的内涵与外延存在着不一致的特点。[1] 而过去刑法学界通说观点认为危害国家安全行为侵犯国家的独立、国家统一、国家的领土完整和安全、国家政权、基本制度及国家的其他根本利益的安全。这同样也反映了过去的法律体系中对国家安全性质的界定没有统一标准的特点。新《国家安全法》抛弃了以列举形式来界定国家安全范围的方法，直接明确定义了国家安全的内涵，明确了国家安全是国家政权、主权、统一和领土完整、人民福祉、经济社会可持续发展和国家其他重大利益相对处于没有危险和不受内外威胁的状态，以及保障持续安全状态的能力。这样的界定体现了总体国家安全观对国家安全目标的追求，目前刑法学界也认可了危害国家安全罪所保护的法益就是新《国家安全法》确定的国家安全，而且如此界定并不会对刑法的具体适用产生不良影响。当然，我们也应当看到，《刑法》分则第一章"危害国家安全罪"、第二章"危害公共安全罪"，都属于总体国家安全观范围内的危害国家安全犯罪；第三章"破坏社会主义市场经济秩序罪"、第七章"危害国防利益罪"也是属于危害经济安

---

[1] 王芳：《试论国家安全法的完善》，《法学》2003年第6期，第31页。

全、国防安全的犯罪。《刑法》分则第一章"危害国家安全罪"只是危害总体国家安全犯罪的一部分或者一个种类，从这个意义上讲，《刑法》中的"危害国家安全罪"主要是危害国家政治安全的犯罪。因此，《刑法》作为基本法律，其关于国家安全的犯罪问题的规定，应当与《国家安全法》相协调。

六、结　论

马克思曾经讲过："立法者应该把自己看作是一个自然科学家，他不是在制造法律，不是在发明法律，而仅仅是在表述法律，他把精神关系的内在规律表现在有意识的现行法律之中。"[①] 列宁也说过，社会是法律的母亲，法律以社会为基础。随着中国社会主要矛盾发生全局性、历史性变化，人民对于美好生活的需要日益广泛，不仅对于物质文化生活提出了更高的要求，而且在民主、法治、公平、正义、安全、环境得到方面的要求日益增长。提出总体国家安全观，加快制定事关国家安全领域重点立法，建立健全国家安全法律制度体系，加快国家安全法治建设，是顺应人民群众对于安全和法治的需要，是正义之举。随着国家安全法律制度体系的不断完善，有可能形成一个以国家安全社会关系为调整对象的新兴法律部门，在建立健全这个法律部门的过程中，必然需要一个或者多个具有基本法律性质的规范性法律文件，作为国家安全法律制度体系的基础性、全局性、统领性的法律文件。目前，从立法的指导思想、调整对象范围、对于国家机构职权权限和公民基本权利与义务的规定、立法表达技术、作用和地位等方面看，《国家安全法》具有在新兴的国家安全法法律部门中作为基本法律的形式和内容条件，由于国家安全领域立法需求急迫、立法条件有限，由全国人大常委会通过《国家安全法》既有其合理性，同时也有其局限性。因为《国家安全法》存在与《宪法》和若干基本法律文件的协调性的问题，存在其立法效果的实现

[①] 《马克思恩格斯全集》（第一卷），人民出版社1965年版，第72页。

问题，存在着法律解释上的困境。可以预测，经过若干年的不断完善，随着国家安全领域治理体系和社会关系调整能力的提高，有可能在条件成熟时，由全国人大修改《国家安全法》，制定"中华人民共和国总体国家安全法"或者"中华人民共和国安全法"，以全面完成该领域或者法律部门基本法律的立法任务。

关于《反恐怖主义法》合理性的几点认识

2015年12月27日,十二届全国人大常委会第十八次会议通过的《中华人民共和国反恐怖主义法》(以下简称《反恐怖主义法》),于2016年1月1日正式实施,这是我国加快国家安全法治建设、加快构建国家安全法律制度体系的又一个重要立法成果。本文主要从立法法理学的角度,就《反恐怖主义法》的合理性谈几点认识。

一、《反恐怖主义法》调整对象的合理性

马克思在批判普鲁士书报检查令制度时提出,检查令要求"对政府措施所发表的见解,其倾向首先必须是善良的,而不是敌对的和恶意的",就是"把全体公民分成可疑的和不可疑的两种,分成善意的和恶意的两种","出版物被剥夺了批评的权利,可是这种批评却成了政府的批评家的日常责任","这样一来,作家就成了最可怕的恐怖主义的牺牲品,遭到了怀疑的制裁。反对倾向的法律,即没有规定客观标准的法律,乃是恐怖主义的法律;……凡是不以行为本身而以当事人的思想方式作为主要标准的法律,无非是对非法律行为的公开认可"。"惩罚思想方式的法律不是国家为它的公民颁布的法律,而是一个党派用来对付另一个党派

2015年12月31日,西北政法大学反恐怖主义研究院与陕西省反恐工作领导小组办公室、陕西省法学会刑事法学研究会共同举办"法治反恐的里程碑——《反恐怖主义法》学术研讨会",本文系作者参加会议交流的论文,收录于杨宗科主编:《公安法论丛》(第1册),法律出版社2017年版。

的法律。追究倾向的法律取消了公民在法律面前的平等。这不是团结的法律，而是一种破坏团结的法律，一切破坏团结的法律都是反动的；这不是法律，而是特权。"① 法律调整的对象是能够被证据证明客观存在的人的行为，而不是单纯的思想和内心观念，这是法律制度具有合理性和正当性的客观基础。

从《反恐怖主义法》的名称来看，好像是反对"恐怖主义"，调整的对象是一种意识形态，其实不然。《反恐怖主义法》第三条明确规定："本法所称恐怖主义，是指通过暴力、破坏、恐吓等手段，制造社会恐慌、危害公共安全、侵犯人身财产，或者胁迫国家机关、国际组织，以实现其政治、意识形态等目的的主张和行为。本法所称恐怖活动，是指恐怖主义性质的下列行为：（一）组织、策划、准备实施、实施造成或者意图造成人员伤亡、重大财产损失、公共设施损坏、社会秩序混乱等严重社会危害的活动的；（二）宣扬恐怖主义，煽动实施恐怖活动，或者非法持有宣扬恐怖主义的物品，强制他人在公共场所穿戴宣扬恐怖主义的服饰、标志的；（三）组织、领导、参加恐怖活动组织的；（四）为恐怖活动组织、恐怖活动人员、实施恐怖活动或者恐怖活动培训提供信息、资金、物资、劳务、技术、场所等支持、协助、便利的；（五）其他恐怖活动。本法所称恐怖活动组织，是指三人以上为实施恐怖活动而组成的犯罪组织。本法所称恐怖活动人员，是指实施恐怖活动的人和恐怖活动组织的成员。本法所称恐怖事件，是指正在发生或者已经发生的造成或者可能造成重大社会危害的恐怖活动。"由此可见，恐怖主义主张和行为是它的调整对象。

理论界对于恐怖主义的一般解释是指实施者对非武装人员有组织地使用暴力或以暴力相威胁，通过将一定的对象置于恐怖之中，来达到某种政治目的的行为。汉语词典中对于"主张"的一般解释是"提倡、扶持，对某种行动提出见解"，注重的是行为表现。英语中"主张"与权利、请求等含义相当。恐怖主义主张是一种通过网络和其他传播媒体明

---

① 《马克思恩格斯全集》（第一卷），人民出版社1956年版，第17页。

确表达意志的行为，是宣传鼓动恐怖行为的一种社会活动，它与暴力恐怖行为具有共同的政治目的，具有公开的社会活动形式。因此，不能认为"恐怖主义"是一种思想方式，从而怀疑反恐怖主义法调整对象的正当合理性。

《反恐怖主义法》第六条规定："反恐怖主义工作应当依法进行，尊重和保障人权，维护公民和组织的合法权益。在反恐怖主义工作中，应当尊重公民的宗教信仰自由和民族风俗习惯，禁止任何基于地域、民族、宗教等理由的歧视性做法。"这一规定体现了反恐工作的法治精神和对于自由、平等、公正价值的维护。

二、《反恐怖主义法》关于恐怖主义认定标准的合理性

恐怖主义既是国内安全问题，也是国际安全问题；认定标准既有国际公认标准，也有国家标准；治理和解决方式既有国际共同性的国际方式，也有历史文化和民族特殊性的国家方式。中国的反恐怖主义立法，是在国外反恐立法的影响下，是国际条约、公约等国际约法与国内立法互动中逐步开始的，体现了中国反恐法律制度中逐步丰富的民族理性与国际理性相结合的特征。法律是公理的体现。反恐怖主义法对于恐怖主义的基本特征的认定，既是国家公理的体现，也是国家间公理、国际公理和标准的体现。

从世界范围看，西方国家在20世纪七八十年代已经开始反恐立法，同时，也开始出现了反恐怖活动的国际条约。典型如1971年《关于在航空器上实施的犯罪和某些其他行为的公约》《预防和惩治具有国际影响的伤人及勒索罪行的恐怖主义行为公约》，1977年《欧洲制止恐怖主义公约》《控制国际恐怖主义法案》。英国、意大利也都通过了相应的《反恐怖法》，如1979年《反对劫持人质国际公约》，1987年《制止恐怖主义区域公约》，1988年《制止危害航海安全的非法行为公约》，1989年《制止在为国际民用航空服务的机场上的非法暴力行为的公约》，1992年《禁止危害大陆架固定平台安全的非法行为议定书》，1997年《制止恐怖主

爆炸事件国际公约》,此外还有联合国《制止向恐怖主义提供资助的国际公约》。我国已经加入了《制止恐怖主义爆炸的国际公约》《制止向恐怖主义提供资助的国际公约》《打击恐怖主义、分裂主义和极端主义上海公约》。

与世界各大国相比,中国在反恐立法的时间上稍显滞后。美国在1996年就推出《反恐怖主义法》,"9·11"事件后第45天,美国很快出台《美国爱国者法案》,对反恐法进行更新,并展开相关机构的体制改革,设立国土安全局,改组情报部门。2016年,美国又对反恐法律进行再一次更新,推出《美国自由法案》。美国的反恐立法活动呈现出密集和不断升级的态势,以适应新挑战和新形势。英国是反恐法律制定的最早的国家,1973年的《北爱尔兰紧急权力法》是英国的第一部反恐法,也是世界上第一部反恐立法。此后,英国在2001年、2006年、2014年相继推出和更新了反恐立法,反恐措施更显严厉和坚决。法国、加拿大、俄罗斯等也早已完成了反恐的国内立法,并配备了专门的反恐部队。

我国国内反恐立法的基本过程是:1997年修改《刑法》开始了反恐立法,《刑法》第一百二十条规定了"组织、领导、参加恐怖组织罪",在基本法律中出现了反恐法律条款。国内广泛开展关于反恐立法的讨论是在美国"9·11"事件之后,真正开始酝酿专门的反恐法是从2005年开始,目的是确保奥运安全。继2008年拉萨"3·14"事件发生,2009年乌鲁木齐"7·5"事件发生后,反恐形势日趋严峻。2011年10月19日,十一届全国人大常委会第二十三次会议表决通过了《关于加强反恐怖工作有关问题的决定》,这是我国第一部专门针对反恐工作的法律文件,对恐怖活动、恐怖活动组织、恐怖活动人员作出了界定,为反恐专门立法迈出了第一步。

反恐立法的发展,与国家和地区的安全形势有关。中国真正面临全面的恐怖威胁是从2014年开始的:从北京天安门金水桥汽车冲撞事件,到昆明火车站、广州火车站的暴力袭击,再到乌鲁木齐针对民众的恐怖袭击。手段不断升级,破坏性不断增强,也从侧面反映出境外恐怖势力对境内恐怖分子的鼓动和影响。

中共十八届四中全会决定提出了完善国家安全立法,制定新的国家安全法、反恐法等，专门的反恐立法提上日程。

我国的反恐形势越来越严峻，在当前形势下，全国上下对反恐立法有比较一致的意见，此时出台反恐法非常必要。2014年10月27日，十二届全国人大常委会第十一次会议首次开始审议《反恐怖主义法（草案）》，2015年12月27日十二届全国人大常委会第十八次会议正式通过《反恐怖主义法》，从2016年1月1日起实施。

可以说，《反恐怖主义法》首先体现了人民意志和国家意志，同时也体现了国际之间反恐的共识和公理，其中的许多规定和内容借鉴了西方国家的反恐立法。

三、《反恐怖主义法》的域外效力的合理性

法律的普遍约束力和国家强制性，是法律的固有属性。法律普遍约束力的实现方式就是法律适用的时间效力、空间效力、对人的效力、对事的效力。其中，在时间效力上，现代法治精神要求法律不溯及既往，因此，法律的时间效力往往从生效开始，我国《刑法》采取"从旧兼从轻"的原则。在空间效力上，基本原则是国家主权主义和利益保护主义。因此，在一个国家主权管辖的陆海空范围内，法律具有普遍约束力；在主权管辖之外的空间，对于严重侵犯我国国家和公民的违法犯罪行为，从利益保护主义出发，我国法律也有适用效力。《反恐怖主义法》关于法律的效力问题，比较好地体现了国家利益保护原则。其第十一条规定，"对在中华人民共和国领域外对中华人民共和国国家、公民或者机构实施的恐怖活动犯罪，或者实施的中华人民共和国缔结、参加的国际条约所规定的恐怖活动犯罪，中华人民共和国行使刑事管辖权，依法追究刑事责任。"相较于《刑法》第八条，该规定更加严格。《反恐怖主义法》第五十九条规定："中华人民共和国在境外的机构、人员、重要设施遭受或者可能遭受恐怖袭击的，国务院外交、公安、国家安全、商务、金融、国有资产监督管理、旅游、交通运输等主管部门应当及时启动应对处置预案。国务院外交部门应当协调有关国家采取相应措施。中华人民共和

国在境外的机构、人员、重要设施遭受严重恐怖袭击后，经与有关国家协商同意，国家反恐怖主义工作领导机构可以组织外交、公安、国家安全等部门派出工作人员赴境外开展应对处置工作。"《反恐怖主义法》第七十一条规定："经与有关国家达成协议，并报国务院批准，国务院公安部门、国家安全部门可以派员出境执行反恐怖主义任务。中国人民解放军、中国人民武装警察部队派员出境执行反恐怖主义任务，由中央军事委员会批准。"这些规定，是西方国家的通行做法，符合国际惯例，也为我国的反恐武装力量在领域外执行反恐任务提供了合法性依据。

加强国防立法的重点和原则

崇尚法治、依法治军，是建军治军的铁律和打造现代化军队的必然要求。2015年，中央军委印发《关于新形势下深入推进依法治军从严治军的决定》，提出按照全面向依法治国要求转变治军方式，努力实现从单纯依靠行政命令的做法向依法行政的根本性转变，并强调以强军目标审视和引领军事立法，健全完善军事法规制度体系。2017年5月发布施行的《军事立法工作条例》，将军事法规、军事规章和军事规范性文件全部纳入调整范围。其中，军事法规、军事规章是军队建设和部队行动的基本依据，是官兵行为的基本准则；军事规范性文件是军事法规制度体系的组成部分，是军事法规、军事规章的必要补充。它们适用的范围都是武装力量内部。但广义的军事活动不仅涉及军人、军事机关，也涉及普通公民、法人和其他组织，征兵、退役安置、国防教育、国防动员、国防交通建设、军事设施保护等无不体现军地协调的重要性。因此，国家、军人、普通公民、法人、其他组织、企事业单位等都是国防建设的主体，这些主体的行为都应纳入立法规范的范畴。所以，广义的军事立法，除了涉及武装力量活动的军队立法外，还应包括涉及民间社会生活的国防立法。

一、加强国防立法的重要性和必要性

宪法意义上有关"国防"的法律规范，通常有两层基本含义：一是以

本文发表于《国防大学学报》2018年第1期。

国家为主体进行的军事活动和相关军事防卫活动,核心是武装力量的领导指挥和建设;二是以国家行政管理机关为主体,其他社会力量参与并支持建设的国防行政活动。① 本文使用的"国防"概念,兼容上述两层含义,但更偏重于后者。

第一,加强国防立法是维护国家总体安全的需要。保证国家安全是国家的头等大事。增强忧患意识,居安思危,是中国共产党治党治国始终坚持的一个重大原则。国防军事安全与国家发展密切相关,是国家安全的基本保障,也是国家总体安全体系的重要组成部分。② 加强国防立法,是在全面依法治国背景下保障国防军事安全、维护国家总体安全的必然要求。

第二,加强国防立法是我国国防管理体制迈向现代化、法治化的必由之路。(1)加强国防立法是深化国防和军队改革的现实需要。深化国防和军队改革,是党中央着眼于实现强国梦强军梦而作出的一项重大战略抉择。习近平总书记强调,"改革要充分发挥法治引领和推动作用,坚持改革和立法衔接协调,确保改革在法治轨道上积极稳妥推进"。③ 国防和军队改革中需要运用法律手段解决改革中的利益矛盾和冲突,建立科学合理的利益表达机制、利益协调机制、利益疏导机制等。(2)国防立法契合了国防的公共产品属性。公共产品是指能为绝大多数人共同消费或享用的产品或服务,它具有消费或使用的非竞争性和受益上的非排他性特征。公共产品的范围十分广泛,国防是其中最具代表性的公共产品。④ 公共产品供给有两种基本方式,即市场和国家。但是,国防产品的特殊性决定了其必然是一种无法通过市场化来提供的纯粹的公共产品。在我国,国防这一纯粹公共产品的直接提供者主要是国家、军事机关和军人。受市场经济、长期和平环境、兵役制度等影响,普通公民、法人、其他组织只是单纯的受益者。按照法律上权利义务相统一的原则,任何

---

① 傅达林:《国务院与中央军委国防军事权的划分》,《法学》2015年第9期,第16—25页。
② 习近平:《习近平谈治国理政》,外文出版社2014年版,第200—201页。
③ 《习近平关于深化国防和军队改革重要论述摘编》,解放军出版社2016年版,第44—45页。
④ 李增刚:《全球公共产品:定义、分类及其供给》,《经济评论》2011年第6期,第131—140页。

人在享有权利的同时，都应该履行相应的义务。国防立法，正是通过对普通公民、法人、组织的国防权利和义务的设定和履行，实现权利与义务的统一。（3）国防立法是贯彻落实军民融合式发展道路的重要举措。党的十八大以来，党中央一再强调军民融合立法的基本思路。国防行政相关法律制度的建立和完善有利于调动军地双方的积极性，有利于明确军队和行政机关各自的职责、权限、义务，从法律层面为军队和行政权力划出相对明确的权力边界。此外，明确国防立法属于行政法规，也强化了国防行政立法的法律效力，为司法活动直接援引国防立法作出司法裁判提供了制度可能。

第三，加强国防立法有利于推动依法治国、依法治军进程。（1）迈向全面依法治国，必然需要加强和规范国防立法。我国《宪法》"序言"强调，全国各族人民、一切国家机关和武装力量、各政党和社会团体、各企业和事业组织，都必须以宪法为根本活动准则。《宪法》第九十三条规定中央军委领导全国武装力量，第八十九条规定国务院领导和管理国防建设事业。随着时代的发展，我国《宪法》已经经历了多次修改，而国防立法不会也不应一成不变。党的十八届四中全会决定特别提出，"深入推进依法治军从严治军"，"创新发展依法治军理论和实践，构建完善的中国特色军事法治体系，提高国防和军队建设法治化水平"，坚持在法治轨道上积极稳妥推进国防和军队改革。（2）加强国防立法，是构建新时代中国特色社会主义军事法律制度体系的重要组成部分。国防立法在军事立法中处于重要地位，对国防权力进行合理配置、促进国防建设和国家经济发展的协调①，是国防立法的重要使命。虽然从《宪法》和《立法法》的立法权限划分来看，有关国防的立法权授予了国务院，军事法规的立法权授予了中央军委，有关国防立法和军事立法也不完全相同②，但是从功能上看，国防立法是军事法规体系的重要组成部分。《立法法》第七十条第二款也明确规定，"有关国防建设的行政法规，可以由国务院总理、中央军事委员会主席共同签署国务院、中央军事委员会令

---

① 毛国辉：《军民融合视野中的国防权力配置》，《当代法学》2011 年第 6 期，第 134—140 页。
② 丛文胜：《国防行政法规开辟国防立法新领域》，《法制日报》2015 年 4 月 16 日。

公布"。(3) 加强国防立法，有利于协调各方行动，提高相关政策的执行效率。长期以来，军事法研究是一个多有争议的领域。相关规定保密性有余，公开性、科学性有待进一步提高。国防行政活动由于涉及普通公民、法人、其他组织的利益，关于此方面法律制度的立法公开，既有利于监督执行，也利于调动各方面的积极性，还有利于体现法律的公开、规范、可预期的特性。比如，国防立法权授予国务院，实际上也有利于落实国防建设的责任，充分发挥国务院的职责。又如，复转军人安置问题就可以作为行政机关的一大职责，在国防法的相关立法中予以完善。

二、加强国防立法的重点

我国现行宪法关于国务院国防职能的基本界定是"领导和管理国防建设事业"。这样的体制设计，确立了国务院的国防职能，既适应国家国防外交发展的实践需要，也契合现代政府履行保障平民安全这一政府职能的内在要求。国防立法涉及征兵、国防教育、国防动员、国防科研生产、武器装备采购、退役军人的安置等方方面面，当前主要包括以下几个方面。

第一，落实宪法赋予的"国防职能"。依据现行宪法，国务院的"国防职能"并不包括对武装力量的领导指挥权，其重点应当是民兵和预备役的工作。但国务院的国防职责，主要是"国防行政管理权"——核心是行使以平民为保护对象的国防行政管理权。

第二，涉及军地协调事项的国防立法。军地协调有助于推进军民融合，推进部队和地方在部队建设、人才培养、资源共享、共建共保等多领域深度融合。比如在国防科研生产领域，我国《国防法》和《国防动员法》等都作出了原则性的规定，但在国防科研生产领域，国防经济运行是企业（供给主体）、军方（需求主体）、市场（运行平台）、国家（国家主体）等要素相互联系、相互作用的过程，各参与主体的法律地位亟待法律予以明确。另外，在军人权益保障领域，我国相关立法坚持以身份作为确定管辖的重要依据，军人服现役期间的法律问题，由军事机关管辖，退出现役后的权益保障由地方行政机关主导解决。但对于退役军人特别是伤病残退役军人权益保障、伤病残认定及待遇落实过程中的诸多衔接问题，则急需通过国防立法建立顺畅的协调处理机制。

第三，落实党的十九大确立的相关事项的国防立法。党的十九大站在新的历史起点上，对国防和军队建设赋予了新时代的使命任务，包括：推进军人荣誉体系建设，组建退役军人管理保障机构；维护军人军属合法权益，让军人成为全社会尊崇的职业；完善国防动员体系，建设强大稳固的现代边海空防；加强全民国防教育，巩固军政军民团结；等等。党的十九大提出的关于国防建设的新内容，都需尽快通过具体而完备的国防立法来落实。

第四，适应国内外形势变化和我军使命任务拓展现实，推动《国防法》修改完善。随着科技和时代的发展，国防已不再同于传统的领土、领海、领空，国家对于其核心利益的定位也在不断拓展和深化。特别是在总体国家安全观指导下制定的《国家安全法》，明显拓宽了国防的理念和调整边界，是一部集内部安全与外部安全、国土安全与国民安全、传统安全与非传统安全、自身安全与共同安全于一体的综合性、全局性、基础性的国家安全基本法。这一法律对于国家国防立法具有重大的启迪和指导意义。《国防法》实施20多年来，国内外形势发生了巨大变化，对国防立法提出了更高的要求。从国际形势看，和平和发展是时代主题，世界性大战爆发的可能性不大，非战争军事行动任务急剧增加，反恐、维和、抢险救灾、人道主义援助等成为国家军事力量使用的重要方式。随着军事任务、职能、范围的拓展，法律必须为其提供更加合理的制度保障。在国内，市场在资源配置中起决定作用原则的确立，不仅影响到社会的基本价值观，对于国家国防活动的开展也提出了新的挑战。比如，在国防教育领域，如何设定具有可操作性的法律以保障国防教育的有效实施，值得深入研究。《国防法》实施20多年来，我国制定和修改了一系列重要法律法规，如《国防教育法》《国防动员法》《兵役法》《军事设施保护法》《国家安全法》《反间谍法》《反恐怖主义法》等，但这些国防法律规范有些在内容上与《国防法》存在冲突，它们互相之间的衔接也存在很大问题，因而实际上已经影响到了法制的统一和协调。1997年《国防法》公布施行后，我国《宪法》中关于"戒严"的规定被"紧急状态"所代替。随后制定的与紧急状态相关的《突发事件应对法》和与战争有关的《国防动员法》，对《国防法》中有关战争状态的规定产生了较大影响，因此，必须对《国防法》中的相关条款予以修改完善，以明确战争、动员、戒严、紧急状态之间的法律调整范围。

三、加强国防立法的基本原则

党的十九大报告指出，"我们的军队是人民军队，我们的国防是全民国防"，"法律是治国之重器，良法是善治之前提"。这些论述为国防法规制度体系的建立和国防立法准则的完善提供了有益指导。加强国防立法应坚持以下基本原则。

第一，法律优先及法律保留原则。军事行政法规、军事行政规章、有关军事问题的地方性法规和地方性规章，不得与宪法、法律等上位法相冲突，国防立法必须坚持上位法优于下位法、下位法服从上位法的基本原则；要遵守《立法法》关于法律保留的规定，遵守绝对保留事项不得授权立法的基本原则。

第二，协调统一原则。国防活动不同于普通的军队管理活动，后者主要依靠军事法律规范。由于国防活动涉及普通公民、法人及其他组织的利益，因此在普通的法律规范可以适用和调整的情况下，可以适用普通的法律规范，尤其是行政法律规范。比如，在国防科研和生产领域实行许可制度，《行政许可法》就具有适用性。只有当现有的法律法规不足以保障国防、军事利益的情况下，才有必要制定和适用特别的国防法律规范。

第三，尊重军事活动规律原则。中共十八届四中全会强调坚持民主立法、科学立法，强调立法要尊重法律，更要尊重客观规律。国防立法活动中居于核心地位的是国防行政立法。国防行政立法具有行政性特征，但实质是军事性行为。国防行政行为一般是行政机关主导，军事机关处于协助地位。行政机关做出国防行政行为的最高法律依据是《宪法》第八十九条国务院"领导和管理国防建设事业"的规定,国防行政行为的最终目的是保卫国家主权、统一、领土完整和安全,直接目的是为武装军事行为提供保障,包括政治、经济、科技、文化、教育、外交等方面的保障,其目的显然不同于普通的行政行为。因而,国防行政行为的内容应当尊重军事规律,体现军事规律的本质要求。

第四,适应科技发展趋势原则。当今世界,科技飞速发展,互联网、人工智能发展迅猛。我们国防立法应当适应科技发展的时代趋势,比如,互联网立法应当合理协调公共利益与私人利益、协调好信息保护与信息高效利用的关系。[①] 在互联网背景下,国防信息安全建设意义重大。网络国防信息安全、国防教育立法等,也都应当成为国防立法中的重要内容。网络基础设施安全、网络综合防护、网络威慑反制、全球网络治理等,都应成为国防信息安全体系建设的重要组成内容。[②] 又如,人工智能的发展日新月异,必然会引发很多法律、政策与伦理问题,都值得立法密切关注。[③]

第五,借鉴域外经验原则。(1)合理借鉴域外的国防文化建设。国防文化与一个国家国民生活方式、行为方式、思维方式密切相关,是一个国家国民关于维护领土完整和主权安全的物质文明和精神文明成果。注重将国防文化融入社会、寓教于乐、纳入素质教育以及国防文化对外传播攻势宣传等经验,都值得我们在国防教育立法中借鉴。[④](2)合理借鉴域外的国防教育立法。国防固然是以国家作为主要主体的,但是普通老百姓的国防意识、国防知识等,都和国防安全、国防发展息息相关。历史上,1958年美国的《国防教育法》,就是当时美国为适应冷战和科技

[①] 王利民:《论互联网立法的重点问题》,《法律科学》2016年第5期,第110—117页。

[②] 杨兵、张锦:《网络国防信息安全力量建设探析》,《飞航导弹》2016年第12期,第31—33页。

[③] 吴汉东:《人工智能时代的制度安排与法律规制》,《法律科学》2017年第5期,第128—1136页。

[④] 孙绪闻、何兵:《西方国防文化建设经验及其借鉴》,《安徽行政学院学报》2016年第6期,第91—95页。

竞争，融合本国政治、经济、科技等因素发展催生的一个重要制度。该法注重技术教育，注重加强数学、自然科学以及外语教育，并把现代教育融入国民教育，还高度重视基础教学和跨学科教育与研究等，目标就是建立世界上超一流的军事力量。[①]

总之，国防立法不仅涉及刚性的国家制度，还涉及民众的理念和思维、国家基础教育的支撑等相关问题。因此，国防立法在注重刚性制度的同时，还应当注重加强国防文化建设，促进国家的国防制度更好地与国民的日常认知、科技素养、国防安全观等紧密结合起来，使国家的制度防线、有形防线与民众内在的心理防线融为一体。

[①] 秦珊：《一九五八年美国国防教育法述评》，《广西师范学院学报（哲学社会科学版）》1994年第4期，第96—102页。

第三部分
推进公共安全法治化

关于加快公安工作法治化进程的建议

完善公安法律体系的几点思考

宪法关于公安制度的原则性规定

公安制度的法文化考察

公安法与警察法相互关系初探

公安法的立法完善

公安法治体系的构建

法治公安呼唤公安法学

关于加快公安工作法治化进程的建议

一、我国目前的公安工作存在不规范的问题，急需加快推进公安工作法治化进程

公安机关是我国国家政权的重要组成部分，具有双重性质。即公安机关既是国家的行政机关，属于人民政府的重要组成部分；同时又是国家的司法机关之一，担负着刑事案件的侦查任务。中华人民共和国成立以来，公安机关在预防、制止和侦查违法犯罪活动，保护公民人身财产与公共财产安全，保障改革开放与社会主义现代化建设，维护国家安全和社会治安秩序等方面作出了突出贡献。但随着我国经济发展和社会转型，公安机关面对的社会结构和执法环境越发复杂，这既对公安工作提出了更多、更高的要求，也使得当前我国公安工作中存在的一些不规范问题不断显现。

一是警力配置不合理的状况比较突出。合理配置警力有益于提高公安机关警务效率。实践证明，基层公安机关警力（包括民警、辅警等人员）配置不合理，必将制约整个公安工作的顺利开展。现实公安工作中，

2015年6月18日，全国政协"加快公安工作法治化进程"重点提案办理协商会在全国政协机关举行。由民进中央提交全国政协的《关于加快公安工作法治化进程的提案》（作者参与调研论证）为本次协商会的重点内容，应全国政协提案委员会办公室邀请参加会议并且作为特邀专家做了发言，主要内容收录于杨宗科主编：《公安法论丛》（第1册），法律出版社2017年版。收入本书时有所修改。

警力资源不足和警力资源闲置并存、辅警结构配置不合理、核心战斗单元警力配置缺乏侧重等情形比较突出。多数国家以常住人口数统计警力配置比例，我国警力配置比例大约是每 1 万人配置 13 名警察，我国警力配置比例不足西方一些发达国家的三分之一。在当前国家财政状况下，短期内不可能大量增加警察编制增加警力。面对这样的情况，合理配置警力资源、避免有限的警力资源浪费、提高警务效率是克服当前警力不足问题的最好做法。

二是执法不规范现象仍然存在。执法活动是公安机关的主要活动，执法行为是公安民警的主要行为。严格规范执法是建设法治公安的核心，在整个公安工作中，执法规范化建设具有全局性、基础性地位。随着社会的发展和进步，人们对公安机关的要求逐渐从侦查破案、维护社会治安更多地转向尊重和保障人权，严格、公正、文明执法上来。然而，当前公安队伍中仍有一些民警存在特权思想严重、人权观念淡薄、群众观念缺乏、执法为民意识薄弱的现象。甚至，一些民警的执法办案法治观念淡薄，原则性不强，执法随意性大，执法不公正。有的执法不规范，违反规定乱收滥罚；有的执法不廉洁，乱办人情案、关系案、金钱案。人民群众反映最强烈的不作为、乱作为、不公正、不文明等问题，实质上都可归结为执法不规范。

三是执法主体的执法能力和水平有待提升。深化公安执法规范化建设的目标是努力让人民群众在每一次执法活动、每一起案件办理中都能感受到社会公平正义。民警是公安执法的主体，如何提升公安民警的执法能力和水平对于实现这一目标而言至关重要。随着国家民主法治建设的深入推进，人民群众的法治意识不断觉醒、维权意识不断增强，特别是随着新媒体的快速发展，公众行使知情权、表达权、参与权、监督权的能力极大提升，公安机关的执法活动时刻处在媒体聚光灯下，执法行为稍有不当就很可能成为社会关注的焦点和舆论炒作的热点。比如，近年来屡屡发生的警察下跪执法严重引发人们对警察执法权威的关注和反思。警察执法要有过硬的专业技术本领和法律法规的运用能力，但现实中人民警察说不过、跑不动、打不赢的问题广泛存在，民警的业务水平、执法能力还有待提高。

四是执法办案智能化水平有待加强。运用现代互联网和大数据技术是推进国家治理体系和治理能力现代化的重要抓手。公安机关要善于把科技创新成果运用到维护稳定、社会治理、执法办案、服务群众等工作中，不断提升公安工作智能化水平。但是，目前全国各地公安机关执法办案智能化水平各有千秋，一些发达地区和重点地区建设水平较高，一些落后地区建设水平较低。并且，公安机关领导理念存在的差距严重影响了执法办案的智能化程度，一些关注和重视智能化建设的地区执法办案智能化水平较高，反之就比较落后。面对当前公安机关刑事案件破案率不高的现状，加强执法信息化建设，提升执法办案智能化水平，有百利而无一害。

党的十八届三中全会审议通过了《中共中央关于全面深化改革若干重大问题的决定》。习近平总书记强调："全面深化改革的总目标，就是完善和发展中国特色社会主义制度、推进国家治理体系和治理能力现代化。"全面深化改革总目标的提出，不仅丰富和深化了社会主义现代化的内涵，更重要的是阐明了改革的性质和根本任务，明确了全面深化改革的总抓手和总方向。党的第十八届四中全会审议通过了《中共中央关于全面推进依法治国若干重大问题的决定》，提出了建设中国特色社会主义法治体系，建设社会主义法治国家的全面推进依法治国的总目标。在全面依法治国和全面深化改革的时代背景下，急需以全面深化公安改革为契机加快推进公安工作法治化进程。2015年2月，中央审议通过了《关于全面深化公安改革若干重大问题的框架意见》及相关改革方案，明确了公安改革的目标和任务，并将改革的一大重要指向聚焦在建设法治公安方面。针对我国目前的公安工作存在不规范的问题，本次公安改革意见给出了明确的目标。即完善与推进国家治理体系和治理能力现代化、建设中国特色社会主义法治体系相适应的现代警务运行机制和执法权力运行机制，建立符合公安机关性质任务的公安机关管理体制，建立体现人民警察职业特点、有别于其他公务员的人民警察管理制度。当然，加快推进公安工作法治化进程，深化执法规范化建设是做好新形势下公安工作的迫切需要,是落实全面深化公安改革的迫切需要,也是全面深化公安改革的重要目标。

二、加快公安工作法治化的基础是完善公安法律体系、建设公安工作法治体系

从法律制度的基本构成来说,公安法律体系应该是公安法律主体制度、公安法律行为制度(权力、职权、权利)、公安法律监督和法律责任制度三个方面的相关法律制度形成的有机统一的制度体系。目前,主体制度方面,我国《宪法》仅在第一百三十五条直接规定了公安机关在办理刑事案件中与人民法院、人民检察院分工负责、互相配合、互相制约的制度。在法律层面,目前尚未出台"公安机关组织法",只有《人民警察法》和行政法规性质的《公安机关组织管理条例》。在行为制度方面,有《刑法》《刑事诉讼法》《治安管理处罚法》等法律,有《人民警察使用警械和武器条例》等行政法规,有《公安机关公务用枪管理使用规定》《公安机关人民警察佩带使用枪支规范》等行政规章。法律监督和法律责任方面,《人民警察法》确定警察是具有武装性质的执法和司法力量,但是,目前没有专门的警务督察法,刑法制度中也没有像设定军人违反职责罪那样设定警察违反职责的罪名。

结合我国的司法制度或者重要的行政执法制度来说,我国的公安法律制度体系存在缺陷。一方面,事关公安工作重要内容的法律制度,如公共安全法、看守所法等还是空白,一些重要制度如《人民警察法》中关于警察入职资格条件的规定不能适应法治中国和法治公安建设对于法治专门队伍建设的要求。另一方面,公安立法位阶偏低。根据《立法法》的规定,规章不能增加公民的义务,不能增加国家公职人员的权力。目前,公安部关于使用枪支使用管理的两个规章,应该上升为行政法规甚至法律。因此,在建设法治体系、完善中国特色社会主义法律体系的时代背景下,完善公安法律制度体系任务繁重,迫在眉睫。

全国人大常委会按照党的十八届四中全会决定精神于 2015 年 4 月调

整后的《全国人大常委会五年立法规划》明确提出，要"构建国家安全法律制度体系"，制定《国家安全法》《反间谍法》《反恐怖主义法》《网络安全法》《境外非政府组织管理法》等法律，制定与涉外警务有关的《国际刑事司法协助法》，把制定"看守所法"作为需要抓紧工作、条件成熟时提请审议的法律草案之一。

公安机关和人民警察的根本任务就是维护国家安全和社会公共安全。我国的公安工作与国家政治安全、经济安全、社会安全、科技安全、信息安全等总体安全具有内在联系。在构建国家安全法律制度体系的过程中，必然要求完善公安法律制度体系。

三、制定"公安法"的必要性和可能性

公安从本质上讲是一种社会公共安全管理制度，公安制度是中国特色政治法律制度的重要组成部分。中国的公安机关既享有各个国家警察都具有的治安管理权和行政执法权，也享有其他国家警察一般不具有的刑事侦查权。中国的国情决定了公安制度是中国特有的政治法律制度，决定了中国的公安机关和公安工作是中国特色国家治理体系的重要组成部分。同时，公安机关还是人民民主专政的重要工具，承担着保卫我国社会主义社会制度和国家制度的职能。就像国外、境外的大学教育和科学研究中没有"公安学"一样，它们也没有"公安法"的立法文件。相关的一些制度基本上纳入"警察法"之中。

公安制度与警察制度既有联系又有区别。《人民警察法》所调整的警察范围包括公安机关、国家安全机关、监狱的人民警察和法院、检察院的司法警察。因此，规范地说，警察不等于公安，公安也不等于警察。警察法犹如法官法、检察官法，主要是从职业资格和职业能力、职业权利义务等方面进行立法的。而我们所说的"公安法"相当于新的《国家安全法》，是从管理领域、管理主体、管理体制、管理原则、管理方式、管理责任等方面进行立法的。目前，我国并没有一部专门规范公安工作基本法性质的法律文件。因此，制定"公安法"，为整个公安工作提供基

本法律原则和依据，很有必要。

现行的《人民警察法》中，第二章"职权"有 13 条规定，其中 11 条专门规定公安机关人民警察的职权。从这个意义上讲，这部《人民警察法》实际上是"公安警察法"。国外的警察大多是在内政部下面设立警察署统一管理。我国不是这样，而且，我国公安机关的政治地位和法律地位关系特殊，因此，仅仅依靠修改《人民警察法》很难达到为公安工作提供综合性、基础性的基本法律依据的目标。

另外，我国曾于 1993 年制定了一部《国家安全法》，规定国家安全机关是国家安全工作的主管机关，为国家安全工作提供了基本法律依据，也开创了国家安全、公共安全问题专门立法的先例。2014 年，《反间谍法》取代了《国家安全法》。而新的《国家安全法》已于 2015 年 7 月 1 日实施。因此，制定专门的"公安法"有立法先例可参考。

当然，从立法的主观条件和客观条件来看，制定"公安法"的条件尚不完全具备，应该积极创造条件，重点是主观认识条件，尤其是要改变只承认公安学，而不承认公安法、公安法学的片面认识，为公安法的完善以及公安基本法的制定创造条件。当前，全面深化公安改革的任务依然繁重，新的体制机制建设正在探索之中。因此，建议开始公安法起草准备工作，争取早日将该法律的制定列入全国人大常委会的立法规划。

完善公安法律体系的几点思考

一、目前的公安法律体系难以适应深化公安改革、建设法治公安的需要

1990年全国公安法制工作会议提出"完善公安法规体系"的目标任务；2000年下发的《公安部关于加强公安法制建设的决定》要求"提高立法质量，加快立法进程，建立科学、完善的公安法规体系"；2003年下发的《中共中央关于进一步加强和改进公安工作的决定》明确提出了"完善公安法律体系"的任务。程琳主编的《公安学通论》认为，我国目前"已经基本形成了以《人民警察法》为核心，横向以公安组织法、公安刑事法、公安行政法、公安监督法、公安救济法、警务保障法、警务国际与区际合作法为主要内容，纵向由公安法律、公安行政法规、公安地方性法规、公安部门规章、公安地方规章组成，调整公安工作的各个方面，既相互独立，又有机联系的统一整体"[①]，也就是基本形成了公安法律体系。

参照我国行政法律体系中其他部门法，我国目前的公安法律体系存在明显缺陷。一是法律文件缺少。目前还没有一部专门规定公安工作的

本文是作者2016年1月16日应邀参加由中国人民公安大学、中国行政管理学会公安管理研究分会主办的"全面深化公安改革先试先行高峰论坛"上的大会发言，主要内容收录于杨宗科主编：《公安法论丛》（第1册），法律出版社2017年版。本文收入本书时有所修改。

① 程琳主编：《公安学通论》，中国人民公安大学出版社2014年版，第313页。

宏观性、基础性的基本法，没有"公安机关组织法""警务管理法""警务督察法"等重要法律制度。二是立法位阶偏低。从法律位阶看，我国《宪法》有六条内容直接涉及公安机关的性质和任务，但在公安工作中，大量的执法依据是行政法规和规章，这一点与教育法领域相比差异很大。全国人大制定了《教育法》这一基本法，全国人大常委会制定了《教师法》《义务教育法》《高等教育法》《职业教育法》《学位条例》《民办教育促进法》等近十部与之相关的法律，而公安工作方面的法律很少，仅有《人民警察法》《治安管理处罚法》《道路交通安全法》《居民身份证法》《消防法》《禁毒法》等法律，《公安机关组织管理条例》《人民警察使用警械和武器条例》等行政法规。根据《立法法》的规定，规章不能增加公民的义务，不能增加国家公职人员的权力。比如，公安部制定的《公安机关公务用枪管理使用规定》《公安机关人民警察佩带使用枪支规范》两个部门规章中关于武器使用的相关条文，被有人认为是公安部规定了有利于公安机关和警察使用武器的条件与程序，不符合宪法关于"国家尊重和保障人权"的原则，因此还需要以法律的形式制定"警察使用武器法"。三是内容规定陈旧。《人民警察法》已经实施20多年，关于警察入职资格条件等规定已经不能适应当下法治中国和法治公安建设对于法治队伍建设的要求。四是职权设置失衡。现行公安法律法规重管理、轻治理，重实体、轻程序，重权力、轻权利，与中共十八届四中全会要求的"良法善治"的法治精神存在偏差。因此，完善公安法律体系任务繁重、迫在眉睫。

二、完善公安法律体系应该以党中央关于走中国特色社会主义法治道路、建设中国特色社会主义法治体系的思想为指导

2014年10月中共十八届四中全会通过的《中共中央关于全面推进依法治国若干重大问题的决定》，首次提出走中国特色社会主义法治道路，建设中国特色社会主义法治体系。其中明确提出：全面推进依法治国的总目标是，建设中国特色社会主义法治体系，建设社会主义法治国家，具体提出"完善以宪法为核心的中国特色社会主义法律体系，加强宪法

实施",其中关于"加强重点领域立法"任务的安排中,明确要求:"贯彻落实总体国家安全观,加快国家安全法治建设,抓紧出台反恐怖等一批急需法律,推进公共安全法治化,构建国家安全法律制度体系。"

根据这一政策精神,十二届全国人大常委会及时调整完善了全国人大常委会立法规划。原来的立法规划提出条件比较成熟、任期内拟提请审议的"一类立法项目"有47件,调整后增加至76件;需要抓紧工作、条件成熟时提请审议的"二类立法项目"21件,调整后增加至26件。增加项目中一个重要方面就是"构建国家安全法律制度体系。制定国家安全法、反间谍法、反恐怖主义法、境外非政府组织管理法、网络安全法、陆地国界法、能源法、原子能法、航空法,修改测绘法"。目前,《国家安全法》《反间谍法》《反恐怖主义法》《网络安全法》已经出台,"境外非政府组织管理法""国际刑事司法协助法"正在起草之中。同时,全国人大常委会把制定"看守所法"等作为需要抓紧工作、条件成熟时提请审议的法律草案。《国家安全法》规定:"国家安全是指国家政权、主权、统一和领土完整、人民福祉、经济社会可持续发展和国家其他重大利益相对处于没有危险和不受内外威胁的状态,以及保障持续安全状态的能力。""国家安全工作应当坚持总体国家安全观,以人民安全为宗旨,以政治安全为根本,以经济安全为基础,以军事、文化、社会安全为保障,以促进国际安全为依托,维护各领域国家安全,构建国家安全体系,走中国特色国家安全道路。"公安机关和人民警察的根本任务就是维护国家安全和社会公共安全,完善公安法律体系必须以坚持总体国家安全观为指导,以《国家安全法》为统领,运用法治思维和法治方式维护公共安全。

三、深化公安改革必然要求制定"公共安全法""公安机关组织法",科学修改和完善《人民警察法》

2015年2月,中共中央通过了《关于全面深化公安改革若干重大问题的框架意见》(以下简称《意见》)及相关改革方案,这个《意见》是中共十八届三中、四中全会精神在公安工作中的全面体现。《意见》明确提出："全面深化公安改革的总体目标是：完善与推进国家治理体系和治理能力现代化、建设中同特色社会主义法治体系相适应的现代警务运行机制和执法权力运行机制，建立符合公安机关性质任务的公安机关管理体制，建立体现人民警察职业特点、有别于其他公务员的人民警察管理制度。到 2020 年，基本形成系统完备、科学规范、运行有效的公安工作和公安队伍管理制度体系，实现基础信息化、警务实战化、执法规范化、队伍正规化，进一步提升人民群众的安全感、满意度和公安机关的执法公信力。"全面深化公安改革共有七个方面的主要任务：一是健全维护国家安全工作机制，二是创新社会治安治理机制，三是深化公安行政管理改革，四是完善执法权力运行机制，五是完善公安机关管理体制，六是健全人民警察管理制度，七是规范警务辅助人员管理，总体上共有 100 多项改革措施。以上七个主要方面任务中的前五个方面，必然要求完善公安机关维护公共安全的一系列机制体制，进而形成"公共安全法"的立法基础。

完善公安机关管理体制，需要把行政法规性质的《公安机关组织管理条例》上升为"公安机关组织法"。在我国，公安机关并不是一般的行政机关的组成部门，公安机关的管理体制也不同于普通行政机关和司法机关，公安机关领导人的行政地位也高于其他行政机关和政府组成部门，公安机关的领导体制也有别于其他国家机关，因此，制定"公安机关组织法"，把符合公安机关性质任务的公安机关管理体制法治化，势在必行。

健全人民警察管理制度，规范警务辅助人员管理，需要科学修改《人民警察法》。现行的《人民警察法》是在修改 1957 年公布的《人民警察条例》的基础上，于 1995 年通过实施的。它所调整的警察范围包括公安机关、国家安全机关、监狱的人民警察和法院、检察院的司法警察。现行的《人民警察法》第二章"职权"有 13 条规定，其中 11 条专门规定公安机关人民警察的职权。从这个意义上讲，这部《人民警察法》实际上是"公安警察法"。修改本法，必须坚持民主立法、科学立法。

当然，在科学论证的基础上，从立法的主观条件和客观条件来看，把可以分别规定在"公共安全法"和"公安机关组织法"中的内容进行整合，制定一部"公安法"，也是一个合理的选择。

宪法关于公安制度的原则性规定

一、宪法规定公安制度基本原则是我国宪法史的传统

1. 《中华苏维埃共和国宪法大纲》是人民公安制度的宪法性渊源。《宪法大纲》第三条规定："中华苏维埃共和国之最高政权，为全国工农兵苏维埃代表大会。在大会闭会的期间，全国苏维埃临时中央执行委员会是最高政权机关，在中央执行委员会下组织人民委员会处理日常政务，发布一切法令和决议案。"1931年11月成立的中华苏维埃共和国国家政治保卫局是共产党创建的公安机关的最早形式，是人民委员会的重要组成部门。

2. 《陕甘宁边区宪法原则》是人民公安制度的发展。《陕甘宁边区宪法原则》第一章"政权组织"中的第一条规定："边区、县、乡人民代表会议（参议会）为人民管理政权机关。"第三章"司法"中的第二条规定："除司法机关、公安机关依法执行职务外，任何机关团体不得有逮捕审讯的行为。"这是公安机关依法行使职权及保障人民不受非法逮捕审讯的权利的宪法原则规定，体现了人民公安保护人民的思想。

3. 《中国人民政治协商会议共同纲领》是人民公安制度的完善。第一章"总纲"中的第一条规定："中华人民共和国为新民主主义即人民民

本文是作者于2015年11月在陕西警官职业学院第一届"公安法学理论研讨会"上的学术报告，发表于《陕西警院》2016年12月15日，收入本书时有所修改。

主主义的国家。"第十条规定:"中华人民共和国的武装力量,即人民解放军、人民公安部队和人民警察,是属于人民的武力。其任务为保卫中国的独立和领土主权的完整,保卫中国人民的革命成果和一切合法权益。中华人民共和国中央人民政府应努力巩固和加强人民武装力量,使其能够有效地执行自己的任务。"第三章"军事制度"中的第二十条规定:"中华人民共和国建立统一的军队,即人民解放军和人民公安部队,受中央人民政府人民革命军事委员会统率,实行统一的指挥,统一的制度,统一的编制,统一的纪律。"第二十一条规定:"人民解放军和人民公安部队根据官兵一致、军民一致的原则,建立政治工作制度,以革命精神和爱国精神教育部队的指挥员和战斗员。"这个宪法性规定,确定了中华人民共和国人民公安机关实行军事化管理的原则,同时在公安机关设立政治工作部门,加强思想政治领导。这一传统延续至今。

1949年7月6日,中共中央革命军事委员会决定,在军事委员会下设立公安部,统辖各地公安机关的工作,并任命罗瑞卿为公安部部长。

1949年10月19日,中央人民政府委员会第一次会议根据《共同纲领》和《中央人民政府组织法》的规定,决定中央军委公安部撤销,改名为中央人民政府公安部,任命罗瑞卿为中央人民政府公安部部长,杨奇清为副部长。1949年11月5日,中央人民政府公安部召开成立大会,罗部长传达了周恩来总理的指示:"军队和保卫部门是政权的主要的两个支柱。你们是国家安危,系于一半。国家安危你们担负了一半的责任,军队是备而不用的,你们是天天要用的",这就是后来关于"国家安危公安系于一半"的著名论断。

4.1954年《宪法》巩固了我国宪法规定公安制度基本原则的传统。第一章"总纲"中的第十九条规定:"中华人民共和国保卫人民民主制度,镇压一切叛国和反革命活动,惩办一切卖国贼和反革命分子。"这是对于公安机关任务职责的原则规定。我国之后的几部宪法,都直接规定了公安机关、公安工作等公安制度的基本原则。现行宪法对公安制度做了广泛而重要的规定。

二、宪法原则规定了公安机关的性质和任务

《宪法》第一条规定："中华人民共和国是工人阶级领导的、工农联盟为基础的人民民主专政的社会主义国家。"第二十八条规定："国家维护社会秩序，镇压叛国和其他危害国家安全的犯罪活动，制裁危害社会治安、破坏社会主义经济和其他犯罪的活动，惩办和改造犯罪分子。"全国人大常委会根据《宪法》的这一规定制定的《人民警察法》第二条规定："人民警察的任务是维护国家安全，维护社会治安秩序，保护公民的人身安全、人身自由和合法财产，保护公共财产，预防、制止和惩治违法犯罪活动。"

国务院根据《人民警察法》制定了《公安机关组织管理条例》，其第二条规定："公安机关是人民民主专政的重要工具，人民警察是武装性质的国家治安行政力量和刑事司法力量，承担依法预防、制止和惩治违法犯罪活动，保护人民，服务经济社会发展，维护国家安全，维护社会治安秩序的职责。"

可以说，《宪法》第一条、第二十八条的规定，是《人民警察法》及《公安机关组织管理条例》的宪法依据。它们之间具有法律逻辑上的联系和效力的位阶关系，公安机关及其人民警察的性质和任务，是由宪法原则规定下来的。

三、宪法明确规定了公安机关依法保障人权和公民基本权利的职责

《宪法》中的第三十三条规定："国家尊重和保障人权。"第三十七条规定："中华人民共和国公民的人身自由不受侵犯。任何公民，非经人民检察院批准或者决定或者人民法院决定，并由公安机关执行，不受逮捕。禁止非法拘禁和以其他方法非法剥夺或者限制公民的人身自由，禁止非法搜查公民的身体。"第四十条规定："中华人民共和国公民的通信自由

和通信秘密受法律的保护。除因国家安全或者追查刑事犯罪的需要，由公安机关或者检察机关依照法律规定的程序对通信进行检查外，任何组织或者个人不得以任何理由侵犯公民的通信自由和通信秘密。"保障人权是现代法治的真谛。宪法关于公民人身自由和通信自由、通信秘密保护中所规定的公安机关履职的权限和条件，是公安制度中维护公共安全与保障人权的正当平衡。

四、宪法明确规定了公安工作的领导和管理体制

《宪法》第八十九条规定，"国务院行使下列职权：（一）根据宪法和法律，规定行政措施，制定行政法规，发布决定和命令；……（八）领导和管理民政、公安、司法行政等工作……"第一百零七条规定："县级以上地方各级人民政府依照法律规定的权限，管理本行政区域内的经济、教育、科学、文化、卫生、体育事业、城乡建设事业和财政、民政、公安、民族事务、司法行政、计划生育等行政工作，发布决定和命令，任免、培训、考核和奖励行政工作人员。"

宪法的这两条规定，明确了公安工作是政府行政工作的重要组成部分，国务院统一领导和管理全国的公安工作，县级以上地方各级人民政府管理本行政区域内的公安工作。这就确立了我国公安工作的行政领导体制原则，即国务院统一领导与分级管理、属地负责相结合。

五、宪法原则规定了基层群众性自治组织参与社会治安综合治理的任务

《宪法》第一百一十一条规定："城市和农村按居民居住地区设立的居民委员会或者村民委员会是基层群众性自治组织。……居民委员会、村民委员会设人民调解、治安保卫、公共卫生等委员会，办理本居住地区的公共事务和公益事业，调解民间纠纷，协助维护社会治安，并且向人民政府反映群众的意见、要求和提出建议。"

在我国，维护社会治安秩序是公安机关的基本职责。基于群众路线的民主政治要求，以及产生治安问题的原因的复杂性，我国创建了公安机关主导，社会组织参与，多种手段和多个环节构成，具有群治群防、共治共享特征的社会治安综合治理制度。宪法的这一规定，就是对基层群众性自治组织参与社会治安综合治理的原则规定。

六、宪法直接规定了民族自治地方组织公安部队的权限

《宪法》第一百一十二条规定："民族自治地方的自治机关是自治区、自治州、自治县的人民代表大会和人民政府。"第一百二十条规定："民族自治地方的自治机关依照国家的军事制度和当地的实际需要，经国务院批准，可以组织本地维护社会治安的公安部队。"

公安部队主要指公安现役部队，是指列入武装警察序列，由公安部门管理的部队。公安现役部队由公安部门管理，使用武警编制，接受武警部队在军事和政治等方面的工作指导。

七、宪法专门规定了公安机关在刑事诉讼制度中的地位

《宪法》第一百四十条规定："人民法院、人民检察院和公安机关办理刑事案件，应当分工负责，互相配合，互相制约，以保证准确有效地执行法律。"这一规定，以往几部《宪法》都没有，是"八二宪法"的首创，是我国刑事诉讼制度的宪法框架，具有特殊意义。目前，公安机关行使大部分刑事案件的立审、侦查权，是重要的刑事司法力量。由于历史原因，我国刑事诉讼形成了以公安机关侦查权为中心的刑事诉讼格局，虚化、弱化了法院的审判权力。

中共十八届四中全会决定，推进以审判为中心的刑事诉讼制度改革。对于在建设法治中国背景下优化人民法院、人民检察院和公安机关在刑事诉讼活动中的职权配置和权力分工，提高司法公信力和公正性，具有重要意义。

八、宪法对于公安制度的规定的特征、价值和意义

（一）宪法对于公安制度的规定的形式特点

第一，广泛性和重要性相结合。《宪法》对于公安制度的规定，至少有七个条款是直接明确的规定，还有一些条款是间接的但也是明确的规定，相关各款分布在《宪法》除序言之外的各章之中（如果把警徽以国徽为核心也算进去的话），分布广泛，说明公安制度事关国家生活和公民的基本权利的基本方面。同时，《宪法》对于公安制度所规定的都是一些重要问题，诸如公安机关的性质任务，公安工作领导体制，公安制度与人权保障等，体现了广泛性与重要性相结合的条款设计特点。

第二，明确性与原则性相结合。《宪法》对于公安制度的规定的表述，虽然大多数是直接明确的制度规定和要求，比如关于公安工作的领导体制，关于公、检、法三机关办理刑事案件的职责和关系等，但是，宪法规范不同于一般的法律规范，并没有像《刑法》《刑事诉讼法》《人民警察法》等法律一样，规定公安机关的具体职权职责、行为模式和法律后果，而是规定了基本原则要求和精神，是导向性、概括性的规定，具有明确性与原则性相结合的文字表述特点。

第三，稳定性、连续性与创新性相结合。《宪法》对于公安机关的性质任务，对于民族自治地方组织公安部队，对于公安工作领导管理体制的规定等内容，不仅从1954年制定的第一部《宪法》中就有了相应的规定，甚至有些规定在新民主主义类型的宪法性文件中已有历史痕迹。如关于禁止非法逮捕和审讯，1946年的《陕甘宁边区宪法原则》已有相关规定，其与现行《宪法》第三十七条关于公民人身自由不受侵犯的规定，就具有历史上的连续性。但是，《宪法》对于公安制度的规定也随着社会文明的进步和法治的完善而有所创新，这种创新主要表现在两个方面：一方面，对原有的旧的不合时宜不符合宪法精神的内容予以修正、革新。比如，1975年《宪法》第二十五条规定"检察机关的职权由各级公安机关行使"，这是一种法治的倒退，1978年《宪法》、1982年《宪法》都修

正了这一规定。尤其是1982年《宪法》第一百三十五条关于"人民法院、人民检察院和公安机关办理刑事案件,应当分工负责,互相配合,互相制约,以保证准确有效地执行法律"的规定,是一项重大的制度创新,是对于我国公、检、法三机关在刑事案件办理中地位性质作用的宪法性制度安排,是对公安机关地位的重大规定,具有特殊意义。另一方面,现行《宪法》颁布生效30多年来,通过5次修改,增加了52条修正案,既保证了宪法文本基本内容的稳定性、连续性,也有一定的创新性和时代适应性。

（二）宪法对于公安制度规定的内容特点

《宪法》对于公安制度的规定,主要体现在公安机关性质和任务、领导体制、保障人权、办理刑事案件的地位作用等方面,集中在三类问题上：一是关于公安机关、公安部队等主体问题；二是关于公安工作的领导、管理等权限与职责问题；三是公安工作的对象、社会公共安全、社会治安、违法犯罪的惩治等客体问题。对于宪法的这些规定,我们如果从法律关系理论的角度来理解就会发现,宪法对应公安制度的规定,实际上是原则性地规定了公安法律关系的主体（公安机关、公安部队等）、公安法律关系的客体（公共安全秩序、违法犯罪、社会治安等）、公安法律关系的内容（公安机关的职权、职责、任务）的框架,规定了公安法律关系在宪法层面的性质和要求。从这样的制度规定中我们可以看出：

第一,《宪法》对于公安制度的规定,表明了公安制度属于国家制度的性质。公安机关是人民民主专政的重要工具,公安机关和人民警察是具有武装性质的重要的执法司法力量,是人民政权的柱石,国家安危公安系于一半。因此,公安制度与人民民主专政的国体和国家制度密切相关,公安制度是国家制度的必要组成部分,人民公安是我国公安制度的根本属性。

第二,《宪法》对于公安制度的规定,表明了公安工作的国家职能属性。公安工作是国家治理的重要组成部分,国家的职能必然决定和影响着公安工作的职能。从宪法关于公安制度的规定可以看出,公安机关是重要的国家机关,是对敌专政的重要工具,是社会治理的主要力量,是社会公共安全管理的职能部门。公安制度是国家政权制度、国家安全制度、社会管理制度和治安治理制度的综合体，它与政治制度、政党制度、军事制度、行政管理制度、司法制度、基层群众性自治制度等具有密切关系。

第三，《宪法》对于公安制度的规定，表明了公安制度的法律制度性质。宪法是国家的根本法。《宪法》对于公安制度的规定，不仅是公安法律制度即公安法的法律渊源，也是公安法的制度基础，还是公安法的最高法律原则。宪法规定的公安制度，是具有宪法效力的公安法内容，是制定其他公安法律法规的依据。

（三）宪法对于公安制度的规定的价值导向

《宪法》通过规定公安制度的原则和要求，从宪法法律关系的层面，创设公安机关等公安法律关系主体，确定打击违法犯罪、维护社会治安和国家安全秩序等公安法律关系客体，特别是规定公安机关与其他机关，公安机关与公民，公安机关与基层群众性自治组织之间在公安工作中的职权、职责、权利与义务的配置，体现出一定的价值追求和价值判断标准。从现行宪法对于公安制度的规定看，体现了我国公安工作和公安制度的四个价值导向。

人民公安的价值导向。公安机关和公安力量，虽然是公安法律关系的主体，是行使公安管理职权、履行职责的主体，但并不是公安制度的社会价值主体。在公安制度与国家制度和国体的关系中，人民是国家政权的主人和价值主体。公安制度是人民民主专政的国家制度的组成部分，公安机关是人民民主专政的重要工具，中华人民共和国的一切权利属于人民。因此，公安机关公安工作都是以体现人民意志、实现人民愿望、满足人民需要为其存在的价值，都是以维护人民利益为根本出发点和归宿点，人民是公安宪法关系的价值主体，公安机关是公安宪法关系的工具，离开了人民公安这个价值导向，公安制度的人民性的本体就不存在了。

秩序公安的价值导向。秩序和安全是人类社会最基本的需求，是国家治理和社会生存发展的基础。和平时期维护正常的经济社会秩序和安全是公安机关的基本职责，也是人民公安的基本价值体系。《宪法》对于公安机关性质任务、民族自治地方组织公安部队、基层群众性自治组织参与社会治安综合治理的规定，都体现了满足人民群众安全感和对于稳定秩序的需求的价值导向。

法治公安的价值导向。法治包括规则之治、民主之治、权力制约、程序公正、人权保障等。法治的基本要求是"良法善治"。《宪法》关于公安机关保护公民人身自由、人格尊严、公民住宅、通信自由的规定，关于公检法三机关在办理刑事案件中的地位作用的规定以及"保证准确有效地执行法律"的要求，关于国家实行依法治国、建设社会主义法治国家、维护法制的统一和尊严的规定，都对国务院和地方人民政府领导和管理公安工作提出了原则要求。因此，依法治警，建设法治公安，是《宪法》对于公安制度规定的重要价值导向。

正义公安的价值导向。公安机关是人民民主专政的重要工具，人民警察是武装性质的执法司法力量。《宪法》对于公安制度的规定中，一方面赋予公安机关履行《宪法》第二十八条及《宪法修正案》第十七条规定的国家维护社会秩序和社会治安秩序、打击违法犯罪的职能所应该具有的权力能力和执法保障；另一方面，又要求公安机关履行国家尊重和保障人权的国家责任，保障公民的基本权利，不得非法侵犯公民的自由、平等和权利。这种职权与职责的统一、权利与义务的平衡，体现了公平正义的法律价值追求。因此，宪法关于公安制度的规定，体现了公安制度维护民主自由的正当合理性，具有正义公安的价值导向。

公安制度的法文化考察

公安学在学科归属上属于法学门类，随着公安学被设立为一级学科，学科发展随之迎来了新的历史机遇。在依法治国背景下，公安文化特有的法文化特征，也必将为依法治国发挥更多的价值导向功能。

一、公安的本质是公共安全

在西方，大多数国家没有区分公安与警察，都统称为"Police"，而我国的情况则不同，公安与警察的称谓同时存在。但对于公安的认识和理解，学界众说纷纭，并未达成一致观点。"公安"一词在我国有其自身的语境与时代背景，若仅从字面词意来理解公安的含义，显然会造成对概念的理解停留在一个肤浅的层面上，对于全面、深刻地认识其本质自然是远远不够的。明确公安本质，既是公安学理论研究的基点，也是理解公安法文化的起点。

（一）公安与警察是不同位阶的两个概念

1. 警察是一种职业

学界对警察含义的讨论，主要集中在三种不同的观点，即主体说、工具说、行为说。主体说认为，警察是为维护社会治安秩序，具有构成国家武装性质治安力量而依法享有执法职权的执法人员。工具说认为，警

本文发表于《新疆警察学院学报》2016年第3期，收入本书时有所修改。

察是主权国家阶级专政的重要工具。行为说认为,警察是运用武装、行政、刑事等手段在统治和管理国家时维护国家安全与社会秩序的行为,即"警之于前,察之于后"。对警察含义的不同认识,也必然导致对其范围的不同认识。虽然《中华人民共和国人民警察法》(以下简称《人民警察法》)对警察的含义没有明确定义,但可以明确的是法律规定由国家专门机构人民警察行使警察职能。如《人民警察法》第二条第二款规定,我国人民警察包括公安机关、国家安全机关、监狱的人民警察和人民法院、人民检察院的司法警察。因此,人民警察的含义更多强调的是其职业属性。

2. 警察权力与制度的发展围绕公共安全展开

警察权力的运行效果实际上成为反映整个国家机制运行的"晴雨表"。[①] 在我国,警察制度是清末立宪主义与地方自治的产物,其产生的标志是黄遵宪1898年在考察日本警视厅后仿照其制度模式而创建的湖南保卫局,由此拉开了警察制度在近代中国发展的序幕。清政府于1902年设立警务学堂后不久,成立了天津巡警局。这个时期警察的含义更多强调的是维护社会秩序、保障社会安全的功能,同时属于国家行政行为,对公民的权利进行限制。

有关"警""察""警察"这样的字词在我国古代早有出现,虽然它们的含义、用法与今天所说的警察相关或相近,但与现代警察意义并不完全相同,古代警察与现代警察在称谓、机构设置、职能作用等方面有着很大的差异。[②] 随着时代背景与社会结构的不同,警察的含义往往也随之发生变化。有学者从宪政发展的不同阶段来界定警察含义的变化与发展,并认为:在西方宪政进程中,警察国家的警察含义泛指行政,它几乎包含了现代行政活动的全部,是最广泛意义上的警察行政;法治国家时期,警察含义不仅是对警察行政服务功能的放大,也更多强调对警察

---

① 梁晶蕊、卢建军:《论法治社会中的警察权》,《甘肃政法学院学报》2003年第2期,第94页。

② 刘琳璘:《警察含义的宪法分析——兼议我国警察权的宪法地位》,《中国人民公安大学学报(社会科学版)》2012年第6期,第123页。

特殊行政的规制与保障，在自由与安全之间寻求最佳的平衡。① 虽然时至今日学界对警察含义的辨析从未中断，尚未达成一致观点，但可以确信的是，警察权力与制度的发展不可能脱离公共安全单独存在，某种程度上它就是为了社会秩序稳定而存在的。

3. 公安含义有其自身的表达语境

对于公安含义理解，一直以来，有广义说和狭义说两种。广义说认为，公安指的就是公共安全。狭义上的公安，是指我国在人民民主专政基础上设置的，维护国家安全和社会治安秩序，保护公民人身、财产安全和公共财产安全，预防、制止、惩治违法犯罪活动及提供安全服务的人民警察制度。② 当然，对公安含义的不同认识，必然导致对其性质的不同认识，也自然会影响对其特点的认识。如将公安作为治安工具来看，其更多的是强调如何达到维护社会公共安全的目的。另外，若从政治、法律、文化等其他不同角度来考察，公安的性质与含义必定也会各不相同。在法治社会建设背景中，公安制度状况可以反映一个国家的法治水平。对于公安而言，其制度属性值得强调，并且一系列人民警察制度也是狭义公安的研究对象。人民不应被排除在公安事业之外，人民也不应是警察的发动对象，当今时代社会治安组织往往有人民警察无法替代的作用。

4. 警察学应当是公安学的一个学科

对于警察学和公安学之间的关系，有学者认为，公安学的范畴要比警察学广，也有学者持相反观点。如有学者依据1994年《人民警察法》提出，警察这一概念的外延比公安广，警察包含公安；警察学的范畴比公安学广，公安学是警察学的分支。③ 随着2012年公安学一级学科的设立，公安学学科的发展迎来了新的历史机遇，有了自己的话语体系，公安学与警察学的关系也随之明确。警察学是公安学的一个重要学科，目前发展得相对比较成熟，在以后的公安学研究中，警察学学科应得到更多的重视。

---

① 高兴国：《警察学与公安学的异同》，《中国人民公安大学学报（社会科学版）》1997年第6期，第36页。
② 程琳主编：《公安学通论》，中国人民公安大学出版社2014年版，第32页。
③ 高兴国：《警察学与公安学的异同》，《中国人民公安大学学报（社会科学版）》1997年第6期，第36页。

(二) 使用公安称谓是时代的选择

1. 公安与警察的称谓混同

在人们的日常生活中，对于公安与警察所表达的含义，很少有人去做一些实质的区分。人们对公安与警察的含义往往赋予了相同的内容。因此，老百姓口中常说的公安指的就是警察，警察也是所谓的公安，而公安与警察都指代的是我们所说的公安民警或者人民警察。但公安不仅不能作动词用，而且作名词时如果不加"人员""队伍""机关""工作"等宾语就很难说是指"警察"。也就是说，"警察"在任何国家、任何场所都可以作为一个独立而明确的概念使用。[①] 这些词语表达的含义又有各自的不同内涵，公安不同于警察，公安、警察也应区分于公安民警和人民警察。

2. 使用公安概念是历史发展的产物

中国共产党建立后至抗日战争时期，才开始全面使用"公安"称谓。共产党坚持公安称谓的使用，既表达了共产党对孙中山先生革命事业的继续，同时也是为了能够区分与国民政府对警察的称谓。抗日战争时期，中国共产党通过抗日战争的锤炼，在总结保卫审干、肃反、锄奸等工作经验基础上制定了一系列的公安工作方针政策，形成了当前极具中国特色的人民公安理论的雏形。直至中华人民共和国成立，形成了一套完整的人民公安理论，担负了大量的机关、团体、企业、事业等部门的安全保卫、管理消防、抵御治安灾害事故、救援、抢险、指导社会治安力量、预防犯罪、教育改造犯罪人员等工作，为维护国家安全与社会治安秩序作出了极大的贡献。

改革开放以来，我国坚定不移地进行中国特色社会主义建设，公安事业也不断地丰富着自己的理论，取得了令人瞩目的硕果。我国《宪法》中，除了有关公安机关的表述之外，有两处和公安有关的表述：一处是第八十九条第八项，规定于国务院行使职权之中；另一处是第一百零七条条第一款，规定于县级以上地方各级人民政府行使职权之中。虽然

---

① 张兆端：《"警察"、"公安"与"治安"概念辨析》，《政法学刊》2001年第4期，第35页。

《宪法》并没有对公安的含义进行界定，而且与公安有关的警务活动在我国历史上自古就有，但在古代，没有治安意义上的公安，公安与治安之间的关联也是在民国时期政府对警察机构命名过程中所确立的。事实上，根据我国历史文化传统的理解，"公"与"私"相对，可理解为公共、公正的意思。"安"同"危"相反，可将其表达的意思理解为安全、安定。

3. 公安与警察的各自内涵

在我国，公安的含义应区别于警察的含义。作为西方国家的"Police"，其原意区分于当前警察的概念。"Police"原意指的是国家警察力量，但不限于官方治安力量，也包括民间治安力量在内。如古代英国的十户联保制、法国的警察总监、汉代司马迁"礼乐刑政、综合为治"等警务制度便体现了这一特点。最早将"Police"翻译成警察的是日本学者，将警察定义严格地限制为官方专门治安力量。警察制度，是伴随西方国家制度和法治理论而诞生，依据宪法和法律而存在的，该群体包括国家行政部门中执行维护社会秩序和公共治安职能的拥有一定武装力量的专业性文职机构和人员，警察的机构和职能逐渐实现了独立化，而从军队、司法机关和其他行政机关中分离出来。[①] 我国的警察含义与日本对警察含义的限定十分类似，作为我国的公安与警察，虽然都是以社会公共安全为目的，但都不包含民间力量在内。在我国的法律体系中，每当公安、公安机关、警察、人民警察这些名词共同出现时，总能看到，公安所表述的文化含义是最为广泛的，作为公安机关的本质，则被包含于公安目的当中，警察体现更多的是其自身表现出来的一种制度或力量，人民警察却仅仅是上述概念或制度中的实施主体。

（三）公安含义应做广义理解

1. 公安机关是维护社会公共安全的专门机构

我们可以从一系列的法律规定中来认识公安机关的任务与基本职权。如上所述，《宪法》《人民警察法》《国家安全法》《刑事诉讼法》《治安

[①] 杨玉环：《论中国近代警察制度的开创》，《辽宁大学学报（哲学社会科学版）》2003年第6期，第51页。

管理处罚法》《刑法》《公安机关办理刑事案件程序规定》等法律法规中，对公安机关的地位、任务及其在刑事诉讼中的任务和基本职权做出了相应的规定。综合这些规定可以看出，法律上的公安机关就是一个依法管理社会治安、行使国家行政权力、依法侦查刑事案件的国家专门组织机构，总任务是保障社会公共安全，维护社会秩序与稳定。借助对公安含义的理解，认识公安与公安机关之间的关系时，不难得出这样的结论：公安机关是公安的手段，公安则是公安机关的目的。

2. 理解公安含义是认识其本质的前提

概念是对事物本质的揭示。程琳主编的《公安学通论》对公安含义也做出了描述，并区分广义的公安与狭义的公安。认为"公安"实质上是一种国家特有的政治制度，是一种国家的公共行为，即与警察行政相联系的国家行为；中国的"公安"含义，就是警察，是中国的警察概念。[1] 事实上，公安与警察各有其内涵，在使用时应当有所区分。公共安全需要公安机关的保障和维护。公安机关的主体是国家的人民警察，手段是法律赋予的一系列警察权，目的是维护社会公共安全。对公安含义的准确界定是认识公安本质的起点，也是明确公安本质的基础。同时，公安主体是公安行为的实施者，是依据公安法规系统地进行公安控制的社会力量。[2] 运用科学的研究方法，选择好准确的认识角度，是全面认识公安本质的有效方法。认识现代公安的本质，必须将其所要体现的价值目标作为着眼点，将公安工作的目标与任务作为出发点，将公安服务于现代法治社会的发展作为落脚点。

3. 我国法律体系中"公安"即指公共安全

我国法律体系中所使用的"公安"一词应当是广义上的公安，指的是公共安全。如果将公安的含义做狭义理解，不仅不能明确公安与公安机关之间的联系与区别，甚至对于现存所有与公安有关的法律规定，都无法在人类生活秩序的基础上按照一种理性的逻辑思维顺序来准确理解，

---

[1] 程琳主编：《公安学通论》，中国人民公安大学出版社2014年版，第32页。
[2] 王舒娜：《"公安主体"外延辨析》，《中国人民公安大学学报（社会科学版）》1999年第2期，第102—103页。

对于公安机关的认识,也只能停留于将其认识为人民警察机关这样一种形式上的词义范围之内,对公安本质与目的的认识也难以真正企及。比如《国家安全法》第二条第二款规定:"国家安全机关和公安机关依照国家规定的职权划分,各司其职,密切配合,维护国家安全。"《治安管理处罚法》第二条规定:"扰乱公共秩序,妨害公共安全,侵犯人身权利、财产权利,妨害社会管理,具有社会危害性,依照《刑法》的规定不构成犯罪的,依法追究刑事责任。"如此法律规定,很难把公安理解为公共安全之外的含义。从广义上认识公安的含义与本质是合适的,公安就是公共安全,它区别于公安机关、警察等概念。

二、公安法文化是中国特色社会主义法治文化的组成部分

古代诸国政治制度各异,对于公共秩序的维护手段也各不相同。我国现代意义上的公安制度实践及研究时间起步较晚,但经过多年的实践,随着依法治国观念的深入人心,我国公安法文化发展基本上形成了中国特色的模式。

(一) 公安法文化是现实存在的

不同国家与民族在长期发展过程中对法与法律生活所形成的基本认识、行为方式、价值导向等主观心理层面的感受就是我们所说的法文化。作为法文化,是内隐及承载于人们意识和行为中的法治意识、法治原则、法治精神、法律行为及其价值追求,是在文字和事实中显现的法律制度、法律机构、法律设施体现出来的文化内涵。[1]

公安与警察是具有密切关系但又有原则区别的制度概念。"公安"的范围包括"公安警察","公安警察"是相对于"公安主体"而言的,公安法律关系主体中并不是只有警察这一支力量。并且,警察也不同于公安。从立法来看,我国还没有一部专门的公安基本法规范公安权力设置与运行的基本关系。但结合前文对公安本质的认识,从《宪法》《刑事诉

---

[1] 刘斌:《当代法治文化的理论构想》,《中国政法大学学报》2007年第1期,第15—19页。

讼法》《治安管理处罚法》《人民警察法》等法律的实际规定来看，对于公安队伍性质、职能、法律关系、队伍建设等方面实际上已经形成了一系列的制度或规定。比如，《人民警察法》专章规定了公安机关人民警察的职权。因此，公安法文化是现实存在的。

在法律规制下的公安工作要遵循基本的工作理念要求，依照法律设定制度规范行使权力，这些工作制度及具体行为模式经过长期反复适用，人们对于这样的公安工作特点在心理上逐渐适应并且认同，最后形成了公安工作自身特有的观念形态与文化特点，我们将这些观念形态和文化特点统称为公安法文化。公安法文化同样具有民族性和历史性，是一国文化的有机组成部分，与其他文化互相依存共同发挥作用，直接影响国家公安工作标准的确立。

（二）国家权力运行方式决定了我国公安法文化的人民性特点

国家并非从来就有，在原始的氏族社会中，便没有国家与警察。随着经济的逐步发展，社会的分裂，阶级的出现，国家也就顺应着历史的发展产生了。国家作为统治阶级的工具，是一种精巧而又合法的暴力机器，其国家机构也有自己的组成方式。警察的基本特征便是其具有武装性质的特点，从一诞生就是国家武装力量的一部分。我国是一个人民民主专政的社会主义国家，公安机关是国家机器的重要组成部分，是具有武装性质的国家治安行政力量和刑事司法力量。中国共产党人在马克思主义国家学说的指导下，在国家自身发展的基础上，进行了一系列的经验摸索与总结，为马克思主义国家学说发展不断丰富了其中国特色理论，并使得该学说有了新发展，形成了毛泽东思想、邓小平理论及中国特色的社会主义理论。作为社会主义国家，我们推行的人民代表大会制度，是一种特殊的民主集中制，有着巨大的政治优越性，是对马克思主义国家学说的经典实践。

我国公安法文化源于我国公安工作实践，毛泽东同志、邓小平同志等党和国家领导人针对公安工作实际形成的思想促使我们对公安法文化有深刻理解。毛泽东对公安队伍建设工作十分重视，他从统一战线的角度提出了人民民主专政理论，强调其政治保证必须是坚持中国共产党的领导，从认识论的角度提出了在公安工作方法上，要坚持正确的政策、策略，走群众路线，实际工作既从群众中来，又到群众中去。在公安队伍建设方面，毛泽东同志对于公安队伍建设数量与质量的关系上认为，应始终将公安队伍质量建设放在第一位，并在公安队伍建设中特别做好公安思想政治工作，同时对于公安队伍领导班子建设也要特别重视；在公安系统内部，要有计划地开展反官僚主义、反命令主义、反违法乱纪的斗争；针对建国初期的国内形势，要求必须重视反腐败斗争，公安机关要不断进行纪律作风整顿活动。[①] 邓小平主政的公安工作在实践中也形成了独有的公安思想：公安机关是人民民主专政的重要工具，维护稳定是公安工作的首要任务，公安工作要坚持"两手抓、两手都要硬"和"严打"方针不动摇；严格区分和正确处理两类不同性质的矛盾；要把我们的专政机构教育好，大力加强公安队伍建设；要振兴公安法制建设，依法行政。[②] 从毛泽东同志、邓小平同志等领导人公安思想来看，我们的公安机关在政治上属于党领导的专政工具，公安工作其实是人民民主专政工作，国家权力运行方式决定了我国公安法文化的人民性特点。毫无疑问，毛泽东同志、邓小平同志等领导人的公安思想主导了公安法文化的形成与发展过程，而且这样的价值导向是符合我国国情及世界历史潮流的。

（三）公安法文化是公安机关战斗力生成的重要因素

公安战斗力是公安机关打击犯罪、维护社会治安、发挥社会治理能力过程所表现出的实际作战能力。公安战斗力的生成除了依靠强化教育训练、改革管理体制、向科技要警力等措施外，还应重视公安法文化的作用。文化是一种特殊的现象，对于社会发展有着内发性的推动作用。文化作为一种软实力，是公安机关战斗力生成的重要因素，在凝聚警心、激励斗志、陶冶情操、展示形象、推动公安队伍建设方面发挥着不可替代的重要作用。公安部党委强调，公安机关应在坚持政治建警、从严治

[①] 黎津平：《论毛泽东公安队伍建设思想》，《毛泽东思想研究》2006年第1期，第80—82页。
[②] 姚志峰：《论邓小平公安思想》，《毛泽东思想研究》2005年第1期，第82页。

警、从优待警的同时,树立文化育警、文化强警的理念,大力加强和改进公安文化建设,进一步激发公安队伍的凝聚力和战斗力。① 社会主义核心价值体系是先进文化的精髓,公安法文化是社会主义特色文化的有机组成部分,充分发挥公安法文化的教育、引导、激励作用,对提升公安队伍软实力大有裨益。"忠诚、为民、公正、廉洁"的人民警察核心价值观同时作为一种文化的符号和公安法文化的内容,在激发公安队伍凝聚力与战斗力方面同样具有重要作用,是公安机关战斗力生成的重要因素。

(四) 维护社会秩序和实现公正是我国公安法文化的价值追求

从我国公安法文化发展的历史和现实来看,维护社会秩序和实现公正一直是最核心的两大价值追求。从打击犯罪情况来看,"严打"的首要目的便是为了稳定社会秩序。1988年,公安部在全国公安厅局长会议上,要求各级公安机关的领导,深入学习和贯彻中共中央、国务院的决定和指示,大力维护政治稳定和社会稳定。《人民警察法》也将维护社会秩序作为公安机关人民警察的首要任务。② 如《人民警察法》第二条规定,人民警察的任务是维护国家安全,维护社会治安秩序,保护公民的人身安全、人身自由和合法财产,保护公共财产,预防、制止和惩治违法犯罪活动。此外,公正作为法的价值之一,实现执法的公正是公安法文化的另一个价值追求。如《公安机关办理刑事案件程序规定》第二条规定,公安机关在刑事诉讼中的任务,是保证准确、及时地查明犯罪事实,正确应用法律,惩罚犯罪分子,保障无罪的人不受刑事追究,教育公民自觉遵守法律,积极同犯罪行为作斗争,维护社会主义法制,尊重和保障人权,保护公民的人身权利、财产权利、民主权利和其他权利,保障社会主义建设事业的顺利进行。

---

① 《公安部召开党委扩大会议孟建柱出席并讲话》,http://society.people.com.cn/GB/223276/15989669.html,访问日期:2016年10月16日。
② 姚志峰:《论邓小平公安思想》,《毛泽东思想研究》2005年第1期,第82页。

三、公安法文化的建构脉络

结合公安本质及公安法文化的作用与价值追求,公安法文化作为一种特殊的文化现象,其发展需要遵从一定的顺序结构。

(一)贯彻"有法可依,有法必依,执法必严,违法必究"的方针是弘扬公安法文化的前提条件

1978 年,邓小平同志在党的中央工作会议上提出加强社会主义法制建设问题。他指出,加强法制,就是要使民主制度化、法律化,而不因领导人的看法改变而改变,做到有法可依,有法必依,执法必严,违法必究。在党的十一届三中全会上,将发展社会主义民主、健全社会主义法制作为社会主义建设的基本方针。公安法文化同时兼具法律与文化的特点,基于仍没有一套系统的公安法制度和理论,在弘扬公安法文化的过程中,贯彻"有法可依,有法必依,执法必严,违法必究"的十六字方针是弘扬公安法文化的前提条件。公安法文化的落脚点应当是实实在在的每一条相关法律,同时公安法文化的弘扬还有赖于公安主体在守法和执法时发挥积极作用。相较于党的十八大提出的"科学立法、严格执法、公正司法、全民守法"的新法治十六字方针,"有法可依,有法必依,执法必严,违法必究"十六字方针可以理解为法治的形式要求,前者对法治的各环节都提出了不同的价值要求,后者为弘扬公安法文化提供了一个现实的具有可操作性的平台,两者实际上是从不同层面对公安法治做出了要求。弘扬公安法文化,公安主体应当首先围绕原十六字方针展开,在"有法可依,有法必依,执法必严,违法必究"的认识前提下达到"严格执法、公正司法"的高度。换句话说,弘扬公安法文化首先要遵守法治的形式要求,其次才是实质法治的目标。

(二)严格执法、公正司法是当前发展公安法文化的基本道路

新的历史时期,为顺应世界历史发展潮流,习近平在 2013 年 1 月召开的会议中指出,政法机关要顺应人民群众对公共安全、司法公正、权益保障的新期待,全力推进平安中国、法治中国、过硬队伍建设,深化

司法体制机制改革，坚持从严治警，坚决反对执法不公、司法腐败，进一步提高执法能力，进一步增强人民群众安全感和满意度，进一步提高政法工作亲和力和公信力，努力让人民群众在每一个司法案件中都能感受到公平正义。在 2014 年 1 月召开的会议中，习近平强调，要把维护社会大局稳定作为基本任务，把促进社会公平正义作为核心价值追求，把保障人民安居乐业作为根本目标，坚持严格执法、公正司法，积极深化改革。基于全面推进依法治国、落实党的十八大和十八届三中全会确立的目标任务和现实要求、推动经济社会持续健康发展、促进社会公平正义的根本要求，习近平深刻论述了全面推进依法治国的重大现实意义和深远历史意义，并为《中共中央关于全面推进依法治国若干重大问题的决定》提出了基本要求。以 2014 年 10 月党的十八届四中全会为起点，新时期的公安工作也将随着社会主义法治国家建设步入新的历史阶段。在新的历史阶段中，公安法文化作为一种观念必须能够跟得上法治发展的要求，在满足了形式法治的前提下，严格执法、公正司法必然是发展公安法文化的基本道路。

（三）限制公权力，保障私权利是发展公安法文化的现实要求

公权力与私权利相比，私权利极其容易受到公权力的侵害。在政治生活中，要很好地保障公民个人自由和权利，必须对公权力进行制约。历史经验表明，只有通过对行政权力严格控制来制约公权力对私权利的限制，法治目标才能实现。经过几代共产党人的不懈努力，无论是与 100 年前相比，还是与 70 年前相比，或者与 30 多年前相比，中国社会的总体面貌确实发生了翻天覆地的变化。形势变了，制度和道德应当随之而变，如果不变，"即为民妖"，成为人的桎梏。[①] 自党的十八大以来，党中央从坚持和发展中国特色社会主义全局出发，提出并形成了全面建成小康社会、全面深化改革、全面依法治国、全面从严治党的战略布局，这一布局和规划对公安工作和公安队伍建设都提出了更高的要求。要推动布局的全面实现，公安事业必须在现有的条件下深化改革以开创新局面，取

[①] 冯友兰：《中国哲学简史》，北京大学出版社 2010 年版，第 187 页。

得新发展。至 2015 年 2 月，《关于全面深化公安改革若干重大问题的框架意见》（以下简称意见）经中央政治局会议审议后通过。此次公安改革坚持问题导向的原则，从着力完善现代警务运行机制、着力推进公安行政管理改革、着力建设法治公安等方面着手，指出了公安改革的总目标。此次公安改革是由时代需求所推进的，顺应了时代的发展和人民的要求，对于人民群众切身利益的维护、公安队伍活力的激发、公安战斗力的提升、社会公平正义与和谐稳定的实现及国家的长治久安都有着重要意义，也直接决定了今后公安工作的方向与目标，对于建设平安中国和法治中国也有着深远的历史意义和重大的现实意义。从改革的框架意见中可以看到，在未来公安事业的发展过程中，公安机关将呈现更多的科技型、服务型特点，执法过程也将更加注重以人为本的基本理念，公权力将得到进一步限制，私权利也将得到更大程度的保障。对于公安法文化来说，在依法治国的时代背景之下，理应有自己的一些变化。在以人为本的发展观念里，限制公权力，保障私权利是发展公安法文化的现实要求。该《意见》的通过，标志着我国公安法文化又迎来了一个新的发展阶段。

（四）法治观念形成是公安法文化的发展目标

法治就是指利用法律来治理社会，法律具有绝对的统治地位和权威，任何组织、个人都不享有法律之外的特权，更不得凌驾于法律之上，包括国家领导人、政府官员在内，政府组织和国家机关都必须遵守法律。依法治国要求任何组织和个人都要依法办事，人们的自由和合法权利受法律的保护，违法行为也必将受到法律的惩罚。公安机关作为重要的执法队伍，公安法文化的内容直接影响公安机关执法方式与态度的选择。公安机关作为行政机关，对维护国家安全、社会秩序稳定、公民人身自由及合法财产权不受侵害都有着重要作用，在执法过程中，必然需要其严格遵守法律制度以防止对正常秩序造成侵害。2014 年 10 月，党在十八届四中全会《关于全面推进依法治国若干重大问题的决定》中指出，法律的生命力在于实施，法律的权威在于实施；各级政府必须坚持在党的领导下，在法治轨道上开展工作；坚持严格规范公正文明执法，依法惩处各类违法行为；加强法治工作队伍建设；推进法治专门队伍正规化、专业化、职业化；坚决查处执法犯法、违法用权等行为，为建设法治中国而奋斗。法治观念形成同样是公安法文化的发展目标，在依法治国背景下，公安机关在行使职权时，必须遵守以下规则：第一，行使权力必须以法律依据作为行动指南，法无规定不可为；第二，行使权力要有一定的边界限制，不得超过维护公共秩序的必要程度；第三，权力的行使要合乎一定的比例，要符合公平正义的要求；第四，有权力就要有制约、有责任，保障公民权利和加快法治进程时，公权力的行使必须受到制约，违法行使就要承担相应的法律责任；第五，权力救济渠道要通畅，当公民的权利因国家权力的不当行使受到侵害时，对侵害的权利要有补救和恢复的保障制度。

公安法与警察法相互关系初探

党的十八届四中全会提出，全面推进依法治国，总目标是建设中国特色社会主义法治体系，建设社会主义法治国家。其中建设法治体系的任务之一是形成完备的法律规范体系。公安机关和公安工作作为中国特色社会主义国家治理体系的重要组成部分，作为政法工作一个非常重要的方面，如何实现建立完备的公安法律规范体系的目标，就成为公安法学理论和实践必须解决的重大问题。而探析公安法与警察法的相互关系，是解决这一重大问题的认识论前提。

一、公安法与警察法相互关系的法律文化考察

（一）英国《大伦敦警察法》(The Metropolitan Police Act of 1829[①])的法律文化意义

许多研究者认为，现代警察法渊源于1892年英国国王乔治四世签署的《关于改进大伦敦及附近警察的法案》，许多人翻译为《大伦敦警察法》。大伦敦警察的建立，是在代议制政府的国家建立的第一支现代警察力量，也标志着现代警察制度的正式建立。因此，学界也将《大伦敦警

本文系作者2015年11月6日在广东省惠州市参加"中国警察法学研究会2015年年会"的论文，主要内容收录于杨宗科主编：《公安法论丛》（第1册），法律出版社2017年版，收入本书时有修改。

① 《元照英美法词典》，法律出版社2004年版，第912页。

察法》视为最富里程碑意义的警察法。值得我们注意的是，《大伦敦警察法》中警察的法律内涵与我国警察的法律内涵是不一致的，笔者认为其在性质上更近似于我国的"公安法"或者"治安法"。

首先，从《大伦敦警察法》的内容上看：根据法令，在大伦敦及周边地区（伦敦城除外）建立一支新的警察部队，由两名治安法官指挥，直接向内政大臣负责。这两名治安法官不再行使司法裁判职责，专心从事维持治安、犯罪预防、犯罪侦查和关押罪犯的工作。此外，还设立财政主任（Receiver），负责征收以前用于教区警务员开支的税收，管理警察厅的房屋建造、装备和财政。① 1829年5月，这支新的警察部队，被赋予逮捕权，警察在执勤期间，可以有权逮捕所有散漫、游手好闲及目无法纪的人员，他们可能扰乱社会治安，或他们被怀疑从事任何违法行为。这样，新警察承担的职能强调专事预防、打击犯罪以及维护公共秩序，而不再履行审判、军事等其他的国家职能。该原则在实践中的贯彻意味着要把警察人力集中到由着装警察实施的常规性打击上。② 1829年10月，经过3个多月的准备，大伦敦警察第一次以新的形象出现。身着制服的大伦敦警察开始上街执勤，从此以后英国的治安力量由警察组成。其职能的主要目标是预防犯罪，更有效地保护公民人身和财产的安全，维护社会秩序的稳定。而仅在每一个罪犯成功地完成犯罪行为之后再去侦查和施行惩罚，则达不到这样的效果。警察部队中每位成员都应时刻牢记、铭记于心，将预防犯罪作为其行动指南。警官及警员们应尽力通过他们的维持治安的职责及行动体现其价值所在，从而使任何人在他们负责的城市实施犯罪都极其困难。自1829年伦敦警察系统建立后，各国纷纷效法英国建立起本国的警察行政体制。过去寓于军队、多种行政机关、审判机关之中的警察行为，这时已主要集中于专门的警察行政机关。

---

① The Metropolitan Police Act 1829（10 Ge. 4 c. 44）. Halsbury. Sta tutes of England［C］//London：Butterworths，1970. pp. 140–146（1829年大都市警察法，乔治四世颁布的第44项法令，共四章。霍尔斯伯里英国判例法大全）。

② The Metropolitan Police Act 1829（10 Ge. 4 c. 44）. Halsbury. Sta tutes of England［C］//London：Butterworths，1970. pp. 140–146（1829年大都市警察法，乔治四世颁布的第44项法令，共四章。霍尔斯伯里英国判例法大全）。

其次,《大伦敦警察法》中的"police"具有多种词义。"police"作名词时,是指"(members of an) official or organization whose job is to keep public order, prevent and solve crime, etc"①,即"从事维护社会公共秩序以及预防和解决犯罪等问题的官方组织或其组织中的成员"。当"police"作动词时,是指"keep order in (a place) with or as if with police"②,即"在(某地)动用警察或者说如同动用警察以维持秩序的行动"。它相当于中文的"维持(某地的)治安"。在解释"police"时,无论其作为名词还是动词,都涉及一个关键词"order"。对英语中"order"一词相关词义的认识,有助于我们更加深刻地理解"police"一词。在当代英语中,作为名词的"order"一词的词义之一是"(condition brought about by) obedience to laws, rules, authority",即"通过服从法律、规则、权威而产生的一种状态"。它相当于中文的"治安"。

因此,《大伦敦警察法》中体现的警察的地位、作用和性质的法律文化内涵,与我国的公安机关及其公安警察的职能是基本一致的,其相当于我们现在常说的"公安"而不是"警察"。

(二)法国的警察制度与公安制度

法国警察制度也是随着资本主义市场经济的发展而发展起来的。伴随着资本主义市场经济的发展,犯罪问题和社会公共秩序问题(统称治安问题)日益突出,特别是无产阶级和人民的斗争走上了街头,成为当时西方新制度的重大威胁。原来依靠军队、审判和一般行政力量兼管社会治安远远不够,过去主要靠民间的更夫、巡夜人员来维持的社会治安更是无济于事,于是专职的警察行政机构就应运而生了。法国关于警察的立法案从时间上看要早于英国,1790年法国根据《人权宣言》建立了市政警察,它首先为欧洲大陆国家所采用,其全国集中的警察体制被称为大陆派系警察制度。

法国资产阶级大革命期间,1793年8月建立的雅各宾派政权中设立

---

① 《牛津高阶英汉双解词典》,商务印书馆1997年版,第1136页。
② 《牛津高阶英汉双解词典》,商务印书馆1997年版,第1136页。

了公安委员会作为强力的专政机构，承担着保卫新生政权的重任。同时还设立了社会委员会专门同国内的反革命进行斗争。1871年，巴黎公社设立了"公安委员会"，负责保卫新生的无产阶级政权，在其领导下的"治安委员会"是专门镇压反革命和维护革命秩序的机构。法国资产阶级革命具有反复性，其间颁布过一些关于警察制度的法案，但是从未真正实行过。直到正式颁布了《1875年法国警察法典》，才真正建立起现代警察制度。1875年颁布的法国警察法典对法国警察机关的职权和性质作了明确规定。1878年，法国在1875年警察法典的基础上，又颁布了一部补充性的警察法。这部世警察法对村镇警察职能进行了修改和调整，规定村镇警察的主要职责是维护地方的治安、卫生，保护村镇居民的生产。自这以后，法国政府虽经常变换，但无论是哪届政府上台都很重视警察立法，并陆续制定了一批有关警察权的法律法规。可以说，作为西方大陆法系重要代表的法国，在其法律文化传统中，公安法律制度是关于国家安全和治安管理的权力分配和组织机构的体制性、实体性的制度，而警察法律制度是关于警察职业的制度。

（三）我国警察制度与公安制度共同发展的传统

在中华法系的法治文明发展中，秦汉以后，调整国家安全和公共安全问题的法律主要体现在各个王朝法律制度的《卫禁律》之中，许多朝代建立了禁卫武官制度。禁卫武官制度是指中国古代各王朝有关君主安全保卫及全国政治中心首都治安防卫的职官制度，其核心职责是对皇帝及皇宫的安全保卫。[1] 禁卫武官是指对包括皇帝警卫、皇宫及京师治安保卫在内的所有禁卫武职的总称，有时也会涉及负责京师外围卫戍事宜的将领。

鸦片战争以后，在西方文化的影响下，清政府开始建立起专门的警察机构，在中央设置警察部（巡警部）和民政部（内政部），警察法律制度开始受到重视，并陆续颁布了一系列有关章程、条例和办法。[2] 在组织

---

[1] 张金龙：《魏晋南北朝禁卫武官制度研究》（上册），中华书局2004年版，第25页。
[2] 万洪云、李永清主编：《警察法学》，法律出版社2015年版，第15页。

建设方面，先后成立了湖南保卫局、安民公所、善后协巡营、工巡总局，使中国近代警察制度走向了正规化和制度化，警察成为承担维护治安、编查户口、管理公共事以及有一定的司法审判权的专门人员。在人才培养方面，创办专门培养警务人才的机构——警务学堂，坚持了以学堂为基础，使警察教育与警察实务密切配合的方针，北京设立警务学堂，成为近代中国第一所警察学校，从而为我国近代警察教育起到奠基性作用。

北洋政府时期，1914年在京师创办武装警察——保安警察队，同时，大量制定警察法规。特别是颁布了关于警察机关的设置、组成和职责权限的组织法规，关于警察机关日常活动的办事规程和人事管理法规以及各种治安管理的法规，关于京师、地方和其他警察机关的组织体制、权责职守及其相互间的关系等，都有详细具体和全面的规定。这一时期中国警察史上首次建立起了以中央集权为指导方针的全国警察网络，警察的分工趋向细腻，各种专业警种、专业警察队伍诸如司法警察、卫生警察、消防警察和矿业警察相继组建。南京国民政府时期，中央警政机构为内政部警政司和内政部警察总署，统管全国警察事务，这一状况从1928年到1946年一直未变。1946年，国民政府为了加强战后警政建设，维持国民党统治地位，蒋介石批准内政部警政司升格为"警察总署"。[①]人才教育方面建立了"中央警官学校"，较为系统地引进了国外的警察教育科目及先进手段，很大程度上促进了中国警察教育的发展。[②]

中国共产党领导下的革命根据地制度建设中，形成了警察制度与公安制度共同发展的传统。

1927年4月12日，蒋介石发动反革命政变，在白色恐怖下，为尽力保全党组织，中共中央于12月决定成立特别委员会，下设中央特科，由周恩来主持和领导。中央特科为保卫党的生存、收集各方面情报作出了巨大的贡献，同时在工作中积累了很多宝贵的经验。这是我党建立的最早的保卫组织，它所形成的保卫工作队伍、实行的领导和组织体制、隐蔽斗争策略和原则以及十分出色的情报工作等，对以后的公安事业有着

---

① 师维：《警察法若干问题研究》，中国人民公安大学出版社2012年版，第55页。
② 师维：《警察法若干问题研究》，中国人民公安大学出版社2012年版，第57页。

开创性的意义。

大革命失败后，面对极其严峻的形势，为使革命走向复兴并取得胜利，我党领导了以实现土地革命，在农村建立革命根据地为目标的武装起义。当时各根据地和起义队伍中都进行了建立公安保卫组织和机构的尝试（或称政治部保卫处，或称公安局，或称肃反委员会），这些机构为保卫胜利果实、镇压反革命、维持根据地社会秩序作出了突出的贡献。苏维埃政权建立后，中央苏区设立了国家政治保卫局，作为人民政权的公安保卫机关。此后，1931年11月在江西瑞金召开的中华工农苏维埃代表大会宣告中华苏维埃成立，增设了民警局，与政治保卫局共存。政治保卫局和民警局作为新生国家机器的重要组成部分，在敌强我弱的环境中，在粉碎敌人阴谋破坏，保卫根据地的建设，配合反"围剿"斗争，保卫党、军队、人民以及镇压反革命方面，都发挥了重要作用，是我国最早的属于政权性质的人民公安机关。

在延安时期，陕甘宁边区政府正式使用"公安"的名称是在1939年2月，中央书记处发布决定，要求各边区行署设公安局保卫处，在各县设公安局从名称上与伪政权警察机关有所区别。[①] 此后，山东、晋绥、晋冀鲁豫、华中等根据地先后成立了公安局。党所领导的治安机构定名为公安机关。

中华人民共和国成立后，中央人民政府委员会于1949年10月召开了第一次全国公安工作会议，正式确定警察机构使用"公安"的名称，全国统一使用公安厅和公安局的称谓。会议还研究了在新形势下公安机关的组织机构和人民警察、人民公安部队的建设问题，确定了保卫人民民主专政的国家政权的主要任务和方针，全面部署了工作任务。确立了公安机关要在保卫了人民民主专政政权，保障社会主义建设顺利进行，维护国家安全和社会秩序等方面承担职责，发挥自身的职能和作用。至此，具有我国特色的社会主义性质的人民公安制度得以建立并且在后来不断发展。

[①] 程琳主编：《公安学通论》，中国人民公安大学出版社2014年版，第36页。

长期以来，我国把维护人民民主专政政权，履行国家和社会公共安全管理职能的国家机构和管理制度称为公安机关、公安工作、公安制度，将承担维护国家安全和社会治安秩序，保护公民人身财产与公共财产安全，预防、制止和惩治违法犯罪活动的这部分警察都叫作"公安民警"。也就是说，在我国社会主义政治法律文化中，基本形成了公安与警察既有联系又有区别的制度文化传统。公安是一个包含政权机关含义、职能任务含义、价值目标含义、社会效果含义在内具有中国特色的国家治理实体性制度概念，警察是一种职业概念。

1978年，党的十一届三中全会指出：必须加强社会主义法制，做到有法可依，有法必依，执法必严，违法必究，人民公安法律制度建设进入新阶段，1990年全国公安法制工作会议和2000年《公安部关于加强公安法制建设的决定》，明确提出了"完善公安法规体系"的目标；2003年《中共中央关于进一步加强和改进公安工作的决定》提出了"完善法律体系"的明确要求。2013年，党的十八届三中全会通过的《中共中央关于全面深化改革若干重大问题的决定》中提出，全面深化改革，完善行政执法与刑事司法相衔接机制。[1] 加强公安法治建设成为当前公安机关改革发展的方向和目标。

综上，通过对中西方公安制度与警察制度法律文化的考察可以看出，在西方，公安制度与警察制度是交叉关系。中华人民共和国成立后，形成了以人民公安为核心价值的既有联系又有区别的公安制度和警察制度。

二、当前我国公安法与警察法的相互关系

（一）当代中国立法体系的基本结构

根据《宪法》《立法法》的有关规定，在我国，由于立法体制的原因，在立法体系结构上，形成了每一个部门法或者和行政管理的主要行业领域都有主干性、基础性的基本法、相关法、法规（包括行政法规、

---

[1] 程琳主编：《公安学通论》，中国人民公安大学出版社2014年版，第315页。

地方性法规等）、规章（包括部门规章、地方政府规章等）形成的内容上相互协调、完整统一的有机整体，以保证法律对国家和社会生活的各个方面进行规范和调整。例如，在教育法律体系中，有作为基本法性质的《教育法》，还有《义务教育法》《高等教育法》《职业教育法》《教师法》等相关法，还有《义务教育法实施细则》等行政法规；调整民事关系的法律体系中，有基本法《民法通则》，还有《物权法》和《合同法》等相关法；在涉及司法制度的法律体系中，既有三大诉讼法作为基本法，也有《人民法院组织法》《人民检察院组织法》《法官法》《检察官法》以及《律师法》等相关法。2015年颁布的新《国家安全法》实际上是国家安全领域的基本法，而《反恐怖主义法》《网络安全法》《境外非政府组织管理法》等是相关法。

从我国立法体系的这个规律来看，我国现在缺少一个全面规范公安权力设置与运行基本关系和基本制度的公安基本法。

（二）现行《人民警察法》的内容实质上是公安机关人民警察法

1995年2月28日第八届全国人大常务委员会第十二次会议通过了《中华人民共和国人民警察法》（以下简称《人民警察法》）。这一立法是对于第一届全国人大常务委员会于1957年6月25日第七十六次会议通过的《中华人民共和国人民警察条例》的重大修订。该条例第一条规定："中华人民共和国人民警察属于人民，是人民民主专政的重要工具之一，是武装性质的国家治安行政力量。"第四条规定："人民警察受中华人民共和国公安部和地方各级公安机关的领导。"当时，警察是一体化的，没有公安警察和司法警察之分。而38年后通过的《人民警察法》第二条明确规定："人民警察包括公安机关、国家安全机关、监狱的人民警察和人民检察院、人民法院的司法警察。"为了规范公安机关组织管理，保障公安机关及其人民警察依法履行职责，2006年11月1日国务院第154次常务会议通过的《公安机关组织管理条例》第二条规定："公安机关是人民民主专政的重要工具，人民警察是武装性质的国家治安行政力量和刑事司法力量，承担依法预防、制止和惩治违法犯罪活动，保护人民，服务经济社会发展，维护国家安全，维护社会治安秩序的职责。"可以说，

《人民警察法》通过的时候，我国的警察制度、警察种类、管理体制、法律性质都发生了重大变化。

从法律文件名称、调整对象上看，《人民警察法》应该是一部全面规范公安机关、国家安全机关、监狱的人民警察和人民检察院、人民法院的司法警察工作的人民警察制度基本法，但实际上其内容核心部分主要体现在对公安机关人民警察的规定上。

《人民警察法》第二章"职权"以直接授权和间接授权两种形式规定了公安机关人民警察的职权和职责，涵盖了公安机关人民警察的全部权力。立法技术上第二章"职权"从第六条到第十九条设计了14条，其中第六条到第十七条都是对公安机关的人民警察职权职责的直接规定。第三章到第七章中，除了总括性的规定外，在很多地方都是依据公安机关人民警察的职权对其进行规定的。例如第三十六条规定："人民警察的警用标志、制式服装和警械，由国务院公安部门统一监制，会同其他有关国家机关管理，其他个人和组织不得非法制造、贩卖。人民警察的警用标志、制式服装、警械、证件为人民警察专用，其他个人和组织不得持有和使用。违反前两款规定的，没收非法制造、贩卖、持有、使用的人民警察警用标志、制式服装、警械、证件，由公安机关处十五日以下拘留或者警告，可以并处违法所得五倍以下的罚款；构成犯罪的，依法追究刑事责任。"第四十七条规定："公安机关建立督察制度，对公安机关的人民警察执行法律、法规、遵守纪律的情况进行监督。"

因此，从内容上规定和实施主体看，《人民警察法》实质上是"公安机关人民警察法"。而我国警察体制及承担职能的特殊性和复杂性决定了警察不仅包括公安机关的人民警察，还包括检察院、法院的司法警察，国家安全部门的警察，监狱的司法警察和人民武装警察，而这些警察所隶属的机构，并不能统称为公安机关。[①] 因此，现行《人民警察法》在内容上也不是一个全面调整所有警察类别的警察基本法。

2009年8月27日，第十一届全国人大常务委员会第十次会议通过了

---

① 高文英：《我国警察法的范围与概念再析》，《警察法学》2013年第3期，第108—115页。

《中华人民共和国人民武装警察法》。该法律第二条明确规定:"人民武装警察部队担负国家赋予的安全保卫任务以及防卫作战、抢险救灾、参加国家经济建设等任务。人民武装警察部队是国家武装力量的组成部分。"第七条规定的人民武装警察部队执行的安全保卫任务包括:国家规定的警卫对象、目标和重大活动的武装警卫;关系国计民生的重要公共设施、企业、仓库、水源地、水利工程、电力设施、通信枢纽的重要部位的武装守卫;主要交通干线重要位置的桥梁、隧道的武装守护;监狱和看守所的外围武装警戒;直辖市、省、自治区人民政府所在地的市,以及其他重要城市的重点区域、特殊时期的武装巡逻;协助公安机关、国家安全机关、司法行政机关、检察机关、审判机关依法执行逮捕、追捕、押解、押运任务,协助其他有关机关执行重要的押运任务;参加处置暴乱、骚乱、严重暴力犯罪事件、恐怖袭击事件和其他社会安全事件;国家赋予的其他安全保卫任务。《人民武装警察法》与《人民警察法》是有联系但却不同的两种制度。而武装警察的一些职责的履行,与公安工作具有密切关系。

如前所述,在中国特色国家治理的语境下,公安与警察是交叉关系,在一定意义上也是包含关系。"公安"的范围包括"公安警察",即"公安主体"是"公安警察"的上位概念,公安警察是公安主体中基本的主要的力量,除此之外公安主体队伍还包括其他力量,在公安学基础理论里,将它叫作社会治安力量[1],军队内部的治安力量和国家的武装警察力量都应包括在内。因此,公安主体除了公安警察,还包括其他治安力量。从另一个方面说,公安机关除了维护国家安全与社会治安秩序外,还担负军队、机关、团体、企业、事业等部门的保卫工作,承担着管理消防,抵御自然灾害事故,救援、抢险等大量的工作,这些工作不仅需要《人民警察法》所调整的警察来完成,也要依靠《人民武装警察法》规定的武装警察来完成,例如承担边防、消防和警卫工作的武装警察。因此,警察法无法代替公安法。

---

[1] 石启飞:《"公安"、"警察"关系之争应休矣》,《辽宁警专学报》2006年第3期,第55页。

（三）公安法与公安法律体系的基本内涵

公安法有广义和狭义之分。狭义的公安法特指作为公安制度基本法地位的具体法律文件，即未来应制定的"中华人民共和国公安法"，应该是由全国人大常委会制定的公安工作的基本法，是规范我国公安理论、公安制度、公安机关性质地位、公安警务基本要求、公安队伍建设等方面的基础性、主干性的法律文件。广义的公安法是调整公安行政执法及刑事司法关系，确立公安机关性质、职能、任务，规范公安行为的各种法律规范的总称。广义的公安法从内容结构上，应当包括公安宪法制度、公安机关组织管理体制和领导制度、公安权力制度、公安警察制度、公安机关治理公共安全制度、公安行政执法制度、刑事司法制度、公安警务保障制度、公安监督与督察制度等若干方面；从法律效力层次上，应当包括宪法、法律、行政法规、地方性法规、规章、公安机关的其他规范性法律文件等不同层次的法律规范关于公安制度的规定；从与现行法律部门的关系上，应当包括公安行政法、公安刑事法、公安民事法等分支。而以上调整公安制度关系的不同部门、不同内容、不同效力层次的法律规范，构成了一个有机统一的整体，可以称之为公安法律体系或者公安法律部门。

目前，我国公安立法中，横向包括了公安刑事法规、治安保卫法规、公安行政管理法规、公安组织人事法规、警务保障法规、监督法规、国际警务合作法规等类别。纵向结构主要包四个层面：（1）公安行政法规，是指国务院根据宪法和法律制定的有关公安工作的行政法规的总称。（2）公安规章，是指公安部按照法定权限，根据宪法、法律、行政法规制定的规定、办法、实施细则、规则等部门规章的总称，多以公安部令的形式发布实施。（3）地方性公安法规，是指省、自治区、直辖市以及较大市的人民代表大会及其常务委员会，根据本行政区域的具体情况和实际需要，在不同宪法、法律、行政法规相抵触的前提下，按照法定程序制定布的有关公安工作的地方性法规的总称。（4）地方性公安规章，是指由省、自治区、直辖市以及较大市的人民政府，根据法律、法规的规定，结合本地实际，按照法定的程序制定的适用于本地方公安工作的规章的总称。从当前我国公安法律体系的建设上看，没有全国人大及其常委会制定的有关公安工作的基础性的法律，当前《人民警察法》的内容无法满足作为公安基本法的功能。没有公安体制改革的进一步深化，没有对于警察制度的深入改革，只是单纯修改《人民警察法》，难以支撑公安法律体系的大厦！

三、深化公安改革和加强公安法治建设必然要求制定公安基本法

（一）全面深化公安改革需要以制定公安基本法为引领和保障

党的十八大以来，以习近平同志为总书记的党中央从坚持和发展中国特色社会主义全局出发，提出并形成了全面建成小康社会、全面深化改革、全面依法治国、全面从严治党的战略布局，其中对公安工作和公安队伍建设都提出了新的更高要求。党的十八大以来，习近平总书记等中央领导同志多次听取公安工作汇报，并就深入推进公安改革、进一步加强和改进新形势下的公安工作和公安队伍建设做出重要指示。在中央全面深化改革领导小组的领导下，在中央司法体制改革领导小组的指导下，公安部成立全面深化改革领导小组，加强研究谋划，深入调研论证，广泛征求意见，形成了《关于全面深化公安改革若干重大问题的框架意见》（以下简称《意见》）及相关改革方案，先后经中央全面深化改革领导小组会议、中央政治局常委会议审议通过。

《意见》明确了全面深化公安改革的总体目标是：完善与推进国家治理体系和治理能力现代化、建设中国特色社会主义法治体系相适应的现代警务运行机制和执法权力运行机制，建立符合公安机关性质任务的公安机关管理体制，建立体现人民警察职业特点、有别于其他公务员的人民警察管理制度。到2020年，基本形成系统完备、科学规范、运行有效的公安工作和公安队伍管理制度体系，实现基础信息化、警务实战化、执法规范化、队伍正规化，进一步提升人民群众的安全感、满意度和公安机关的执法公信力。

《意见》部署了全面深化公安改革七个方面的主要任务100多项改革措施。一是健全维护国家安全工作机制；二是创新社会治安治理机制；三是深化公安行政管理改革；四是完善执法权力运行机制；五是完善公安机关管理体制；六是健全人民警察管理制度；七是规范警务辅助人员管理。

《意见》体现了全面深化公安改革坚持以问题为导向，将改革的指向聚焦在三个方面：一是着力完善现代警务运行机制，提高社会治安防控水平和治安治理能力，提高人民群众的安全感。二是着力推进公安行政管理改革，提高管理效能和服务水平，从政策上、制度上推出更多惠民利民便民新举措，提高人民群众的满意度。三是着力建设法治公安，确保严格规范公正文明执法，提高公安机关执法水平和执法公信力，努力让人民群众在每一项执法活动、每一起案件办理中都能感受到社会公平正义。

改革就是"变法"。《中共中央关于全面推进依法治国若干重大问题的决定》明确提出："实现立法和改革决策相衔接，做到重大改革于法有据、立法主动适应改革和经济社会发展需要。实践证明行之有效的，要及时上升为法律。实践条件还不成熟、需要先行先试的，要按照法定程序做出授权。对不适应改革要求的法律法规，要及时修改和废止。"建立与中国特色社会主义法治体系相适应的公安法治体系，一个基础性的任务就是要形成完备的公安法律规范体系。加强研究，创造条件，制定"中华人民共和国公安法"，作为确定公安改革成果、指导和规范公安工作、统领公安各个领域法律法规的基本法，并对公安工作的管理体制、组织机构、队伍建设、权利与义务、法律责任、保障机制、执法监督等内容作出明确规定，以加强对公安工作的科学规划和指导，促进公安依法履行职责，全面加强公安法治化建设，应该提上公安改革、公安立法的议事日程。

（二）公安法是中国特色社会主义法律体系的必要组成部分

公安学与警察学是具有不同研究对象、不同理论基础、不同内容体系的学科。公安法律制度和警察法律制度也是具有联系但并不相同的制度体系。当代世界建立以"人民公安"为理念的社会公共安全管理制度的大国只有中国内地（大陆），"公安法"是我国（大陆）特有的法律概念。

根据公安学的理论，参照《人民警察法》《国家安全法》《反恐怖主义法》的体例和内容，未来的"公安法"的主要内容应当包括：公安机关的性质，公安工作的基本原则，公安基本制度，公安机关与检察机关和审判机关的关系，公安机关组织制度和管理体制，中央与地方公安事权划分，公安行政执法基本制度，公安刑事司法基本制度，公安战斗力建设基本要求，公安警察基本制度，公安机关与治安保卫力量，公安技术制度，预备警察制度，公安警务保障，公安警务国际合作，公安警务监督和督察，等等。

公安法的立法完善

一、公安法概念的学理依据与法律根据

（一）"公安法"目前是学理概念

目前，我国尚未制定"中华人民共和国公安法""中华人民共和国公共安全法"，也就是说，还没有一部法律文件的名称含有"公安法"概念。因此，公安法目前是一个学理概念，是"公安法律体系"的简称，主要出现在学术研究、政策文件和法律汇编中。比如，学术研究中，关于"公安法学"的研究，广泛使用公安法概念，它们是对于政策文件中提出的"公安法律体系""公安法规体系"概念以及法律文件中"公安法律""公安行政管理法律"等概念的学理说明。2000年，《公安部关于加强公安法制建设的决定》要求"提高立法质量，加快立法进程，建立科学、完善的公安法规体系"；2003年《中共中央关于进一步加强和改进公安工作的决定》，明确提出了"完善公安法律体系"的任务。对于"公安法律体系"的学理性汇编，主要有公安部政策法律研究室编的《公安法规汇编》（群众出版社1980年出版）、徐秀义主编的《中华人民共和国公安法律全书》（吉林人民出版社1995年出版）、公安部编的《中华人民共和国公安法律法规汇编（1951—1992）》（中国人民公安大学出版社1993

---

* 本文发表于《山东警察学院学报》2017年第4期，收入本书时有所修改。

年出版）以及《公安法典》《公安法全书》《公安实用法律》等成果。"公安法"一词，实际上是对于存在于法律文件中的"公安法律、法规"等词语的学理简称。

（二）"公安法律""公安法律法规规章""公安行政管理法律"是法律概念

目前，我国虽然没有法律文件的名称是"公安法"，但是，客观上存在许多调整公安管理关系的"公安法律""公安法律、法规、规章""公安行政管理法律"，而且"公安法律""公安法律、法规、规章""公安行政管理法律"是法律文件中使用的法律概念。

全国人大常委会制定的《人民警察法》第七条规定："公安机关的人民警察对违反治安管理或者其他公安行政管理法律、法规的个人或者组织，依法可以实施行政强制措施、行政处罚。"国务院制定的《公安机关督察条例》第四条规定："督察机构对公安机关及其人民警察依法履行职责、行使职权和遵守纪律的下列事项，进行现场督察：……（五）治安、交通、户政、出入境等公安行政管理法律、法规的执行情况……"《公安机关人民警察训练条例》第二十一条规定："专业训练是警种、部门根据人民警察岗位职责要求进行的训练。……"第二十三条规定："公安机关应当紧贴实践需要，推进训练工作信息化建设，……"

从学理上把广泛存在于各种法律法规规章之中，调整公安管理关系的法律、法规概括为"公安法"，符合我国法学研究的习惯和常规。比如，我国习惯于把调整行政管理关系的《行政处罚法》《行政许可法》《行政监察法》《道路交通安全法》等法律制度体系称为"行政法"，把《个人所得税法》《价格法》《反不正当竞争法》《反垄断法》等法律制度体系称为"经济法"。

（三）公安法概念的含义

在当代中国法学和公安学理论中，公安法的概念有形式意义和实质意义两种含义。

形式意义的公安法特指作为公安制度基本法的具体法律文件，即未来可能会制定的"中华人民共和国公安法""中华人民共和国公安机关组织法""中华人民共和国公共安全法",它应由全国人大常委会制定,其法律地位应当是我国公安理论、公安机关、公安制度、公安工作、公安队伍建设、社会公共安全等方面的基础性、主干性的法律。

实质意义的公安法就是现行法律文件中"公安法律""公安法律、法规、规章""公安行政管理法律法规"的简称,也就是"公安法律体系"的简称。它是调整公安机关组织管理关系、公安工作中产生的社会关系的法律规范的总称。实质意义的公安法从内容结构上,应当包括公安机关组织法律制度和公安工作法律制度两个大的方面;从法律效力层次上,应当包括宪法关于公安制度的规定、公安法律、公安行政法规、公安地方性法规、公安部门规章、地方政府公安规章、公安机关的其他规范性法律文件等不同层次的法律规范;从与现行法律部门的关系上,应当包括公安宪制法、公安行政法、公安刑事法、公安救济法等分支。正如有学者认为,经过30多年的努力,我国"已经基本形成了以《人民警察法》为核心,横向以公安组织法、公安刑事法、公安行政法、公安监督法、公安救济法、警务保障法、警务国际与区际合作法为主要内容,纵向由公安法律、公安行政法规、公安地方性法规、公安部门规章、公安地方规章组成,调整公安工作的各个方面,既相互独立,又有机联系的统一整体"[①]。这个整体就是"公安法律体系"。

法学研究中许多概念的形成,主要有两个方面的根据:一是理论根据。学术研究中,吸收古今中外的思想文化资源,按照理论设想,概况出一些概念性词语,作为进一步研究问题的基础。二是法律文件根据。在法律规范中,使用一些表达某种思想理论和观念的词语,作为表述行为规范和法律后果的语言文字,这些词语,可以在研究这些现象的本质和特征的基础上,形成概念。公安法既有理论根据,也有法律文件根据。因此,形成公安法概念具有科学性。

[①] 程琳主编:《公安学通论》,中国人民公安大学出版社2014年版,第313页。

二、公安法的主要特征

（一）公安法调整对象是公安机关从事公安工作中产生的公共安全治理关系

法律是调整社会关系的行为规范。调整不同的社会关系，形成不同的法律制度体系。从现行有效的法律文件中关于"公安法律""公安行政管理法律"等概念的使用，我们可以推论出，公安法的调整对象是公安机关从事公安工作中产生的公共安全治理关系。这个调整对象的范围包括相互联系的两个方面：一方面是公安机关及其开展公安工作中形成的内部组织管理关系；另一方面是公安机关作为一方主体，在开展公安工作中与其他国家机关、社会组织、企事业单位、公民之间产生的公共安全管理和治理关系。前者可以称为"内部关系"，后者可以称为"外部关系"。

把公安法调整对象确定为公安机关从事公安工作中产生的公共安全治理关系的学科理论依据是公安学。在我国，作为科学研究的范围和分科，以及高等院校和科研机构《授予博士、硕士学位和培养研究生的学科、专业目录》中，在社会学科特别是法学门类下，设立有"公安学"一级学科。[①]《公安学通论》提出，"公安学是研究维护国家安全、社会公共安全和社会治安秩序，保障人权的公安警务活动以及公安队伍建设的规律与对策的综合性应用学科"，"公安学的研究对象涉及国家安全、社会公共安全、社会治安等领域，具体包括公安学基本理论、公安警务活动方法和手段、公安队伍建设等"。[②] 公安学的研究对象与公安法的调整对象不是同一个客体，但也不是没有联系。前者是后者的基础，后者

[①] 2011年国务院学位委员会、教育部印发的《学位授予和人才培养学科目录》中，法学门类下，新设立了"公安学"一级学科；2012年教育部发布的《普通高等学校本科专业目录》基本专业中，03法学门类中，0306是"公安学类"，包括治安学、侦查学、边防管理三个国控专业；在特设专业中，"公安学类"中，设有禁毒学、警犬技术、经济犯罪侦查、边防指挥、消防指挥、警卫学、公安情报学、犯罪学、公安管理学、涉外警务、国内安全保卫、警务指挥与战术等专业。按照《普通本科学校设置暂行规定》，社会学科包括经济学、法学、教育学。

[②] 程琳主编：《公安学通论》，中国人民公安大学出版社2014年版，第182页。

是前者范围的规范化。

公安学属于社会科学范畴,其研究对象一定是社会现象。从社会科学意义上讲,公共安全是指社会的"整体安宁"的状态,它是社会系统各要素适度整合的结果,在现实中表现为人们相互交往(社会互动)的有序状态,即人们在交往中遵从并且维护共同的价值规范,维护稳定的社会关系,进行正常有序的社会活动。[①] 从公安学角度讲,公共安全主要是指发生在社会生产生活领域中的人为的涉及多数人的生命、财产安全的行为或者事件。在法律上表现为"社会安全事件"主要包括恐怖袭击事件、民族宗教事件、经济安全事件、涉外突发事件和群体性事件,等等。[②]

2015年7月1日,第十二届全国人民代表大会常务委员会第十五次会议通过的新的《国家安全法》第二条规定:"国家安全是指国家政权、主权、统一和领土完整、人民福祉、经济社会可持续发展和国家其他重大利益相对处于没有危险和不受内外威胁的状态,以及保障持续安全状态的能力。"第三条规定:"国家安全工作应当坚持总体国家安全观,以人民安全为宗旨,以政治安全为根本,以经济安全为基础,以军事、文化、社会安全为保障,以促进国际安全为依托,维护各领域国家安全,构建国家安全体系,走中国特色国家安全道路。"按照国家安全法关于国家安全的法律定义的精神,参考社会学公安学对于社会公共安全的理解,我们可以从逻辑上认为,作为国家安全主要组成部分的公共安全是指社会公共生产生活、社会公共管理秩序和重大利益相对处于没有危险和不受内外威胁的状态,以及保障持续安全状态的能力。

从这个定义出发,公共安全关系包括两种关系:一是社会公共安全公共治理体系和提供的治理服务水平与人民群众对于公共安全的需求之间的"供求关系",这个关系是否平衡是由人民群众的安全感、满意度、公平感反映出来的;二是公共安全安全管理组织和人员在形成和提高治理能力过程中形成的"生产关系",它是由公安机关及其人民警察的忠诚

---

① 薛春波:《转型时期社会规范与社会公共安全》,《贵州公安干部学院学报》1999年第3期。
② 程琳主编:《公安学通论》,中国人民公安大学出版社2014年版,第9页。

度、纪律性、战斗力反映出来的。

公安法调整的是公安机关在从事公安工作过程中产生的公共安全治理关系，主要包括公安机关与其他国家机关在公共安全管理中的相互关系，公安机关内部管理关系，公安机关和其他机关管理社会治安、社会秩序的关系，公安机关打击违法犯罪行为过程中产生的社会关系。换句话，就是公安机关对社会公共安全进行维护的外部活动和内部活动。公安外部活动指公安机关在维护国家安全、社会秩序的过程中所产生的各种社会关系；公安内部活动指公安机关自身组织关系、行政关系、人事关系、后勤保障关系、监督关系、救济关系等体制建设方面的关系。对于这些关系的调整，形成的法律规范就是公安法。

（二）公安法的调整方式具有武装力量强制性

公共安全关系的全局性、复杂性、风险性、重要性，决定了法律调整方式主要是预防性方式——教育、引导、感化等，管理型方式——命令、指挥、指导、纠错、检查、督查等，惩罚性方式——强制、制裁等。其中，公安法律最具有特殊性的方式是公安机关人民警察执法方式具有武装力量性质。作为公共安全执法主体，使用武器作为执法手段，这是公安法律制度的重要特征，也是其他部门法不具备的特点。

《公安机关组织管理条例》第二条明确规定："人民警察是武装性质的国家治安行政力量和刑事司法力量"。因此，公安机关人民警察执行的治安行政管理活动、刑事司法活动是公安机关的基本职能活动。治安行政管理活动是公安机关作为国家行政机关所承担的预防犯罪的社会治安管理工作，以及对危害社会秩序但尚未构成犯罪的行为进行处罚的行政执法活动；刑事司法活动是公安机关以司法机关的身份对进入刑事法司法程序的犯罪行为展开的专门活动，包括刑事侦查阶的调查、取证、勘验工作以及刑事执行阶段的刑罚执行工作。武装性质的任务是指公安机关人民警察及公安机关领导下的武警边防、消防、警卫部队依照军队的装配在必要时使用武器进行作战和救援，担负起平息暴乱骚动、打击恐怖事件和严重暴力犯罪、进行内部保卫的重要安全保卫任务。

在公安机关作为执法主体的公安行政管理中，公安机关与行政相对人之间是管理关系，而不是平等关系，同时，对于执法活动中的违法犯罪行为，可以依法采取强制措施，可以依法使用武器。《人民警察法》第七条规定："公安机关的人民警察对违反治安管理或者其他公安行政管理法律、法规的个人或者组织，依法可以实施行政强制措施、行政处罚。"第八条规定："公安机关的人民警察对严重危害社会治安秩序或者威胁公共安全的人员，可以强行带离现场、依法予以拘留或者采取法律规定的其他措施。"第十条规定："遇有拒捕、暴乱、越狱、抢夺枪支或者其他暴力行为的紧急情况，公安机关的人民警察依照国家有关规定可以使用武器。"第十一条规定："为制止严重违法犯罪活动的需要，公安机关的人民警察依照国家有关规定可以使用警械。"第十二条规定："为侦查犯罪活动的需要，公安机关的人民警察可以依法执行拘留、搜查、逮捕或者其他强制措施。"《人民警察使用警械和武器条例》第二条规定："人民警察制止违法犯罪行为，可以采取强制手段；根据需要，可以依照本条例的规定使用警械；使用警械不能制止，或者不使用武器制止，可能发生严重危害后果的，可以依照本条例的规定使用武器。"第三条规定："本条例所称警械，是指人民警察按照规定装备的警棍、催泪弹、高压水枪、特种防暴枪、手铐、脚镣、警绳等警用器械；所称武器，是指人民警察按照规定装备的枪支、弹药等致命性警用武器。"第五条第一款规定："人民警察依法使用警械和武器的行为，受法律保护。"

从一定意义上讲，公共安全执法力量还包括武装警察。《人民武装警察法》规定的人民武装警察部队执行的安全保卫任务包括：协助公安机关、国家安全机关、司法行政机关、检察机关、审判机关依法执行逮捕、追捕、押解、押运任务，协助其他有关机关执行重要的押运任务；参加处置暴乱、骚乱、严重暴力犯罪事件、恐怖袭击事件和其他社会安全事件；国家赋予的其他安全保卫任务。《人民武装警察法》第十五条明确指出："人民武装警察执行安全保卫任务使用警械和武器，依照人民警察使用警械和武器的有关法律、行政法规的规定执行。"

中华人民共和国成立时，公安机关是军警一体化的管理体制，一切危害国家安全的违法犯罪活动都由公安机关及其人民警察进行打击。20

世纪80年代之后进行改革，军警分离，各司其职。1982年，原属于军队的内卫部队并入公安部的武装部，与公安边防、消防共同组成新的武装警察部队，随后又专门成立了特警部队，是国家武装力量和公安机关的重要组成部分，既是军队又是警察，但组织管理上都隶属于公安部。1983年国家安全部组建后，公安机关的一部分政治安全保卫职能由国家安全部承担。因此，从职权的演变上看，公安和武警主要是对危害社会公共安全的犯罪行为进行打击以维护社会稳定。国安和军队主要是对间谍活动、反恐怖主义以及分裂国家的犯罪活动进行打击，以保卫国家的政治、领土、主权安全。公安、国安和军队在各自职权范围内相互配合、履行职责，共同承担打击和预防犯罪，维护国家安全的任务。

公安机关不论是管理社会秩序，还是打击违法犯罪活动，其在执法活动中依法使用武器，可以依法采取强制措施，这是公安法的突出特征。

（三）公安法的法律机制是平衡权力与权利

法律机制是指"符合利益和正义规律的法律调整方式"①。也有人称之为法律调整机制，即由法律调整主体、调整对象、调整行为（包括调整方法和调整过程）结合起来的整个系统的内部结构、内在联系和运作方式的统一，主要指法律对其调整对象实施影响、实现其调整功能的运作原理和运作方式。法律的内容是权力与责任、职权与职责、权利与义务，立法的过程就是设定法律权力与责任、权利与义务的过程。法律机制的核心是权力、权利的配置结构。如果权力或者职权支配权利，权利主体从属于权力主体，这就是"管控型"或者"管制型"法律机制。如果权力的行使必须以保障个人权利和自由为本位，这就是"自由型"或者"控权型"法律机制。

在中华人民共和国成立初期，基于当时国内外形势，以及党和国家的基本路线方针政策，刚刚创建的公安行政管理的法律基本上采取"管制型"法律机制，由于"镇压反革命""三反""五反"的要求，对于反革命分子采取"杀、关、管""三管齐下"的方式。对于"地富反坏

---

① 杨宗科：《法律机制论：法哲学与法社会学研究》，西北大学出版社2000年版，第196页。

右"，"只许他们老老实实，不许他们乱说乱动"。

党的十一届三中全会以来，我们党深刻总结我国社会主义法治建设的成功经验和深刻教训，提出为了保障人民民主，必须加强法治，必须使民主制度化、法律化，把依法治国确定为党领导人民治理国家的基本方略，把依法执政确定为党治国理政的基本方式，积极建设社会主义法治，取得历史性成就。目前，中国特色社会主义法律体系已经形成，法治政府建设稳步推进，司法体制不断完善，全社会法治观念明显增强。从总体上讲，我国的公安法正在体现出"平衡型"法律机制的特征。

公安法的平衡机制源于行政法的平衡理论。平衡论是主张行政权力与公民权利应当保持平衡状态的一种行政法理论，强调从关系的角度研究行政法，运用制约、激励与协商机制，充分发挥行政主体与相对方的积极能动性，维护法律制度、社会价值的结构均衡，促进社会整体利益的最大化。平衡论主张引入相关的机制实现协调发展，这些机制主要包括制约机制、激励机制和协商机制。平衡论主张，行政法应当通过协商机制实现各方主体之间的平衡和稳定。协商机制关注的是法律关系主体之间平等的对话、商讨乃至辩论的过程。就制度结构而言，平衡论认为行政管理制度与监督行政制度在总体上应当是协调的，同时要建立多元的纠纷解决机制和权利救济制度。就利益结构而言，则应当兼顾公益和私益，二者既不是对立的，也不能将二者简单等同。就价值结构而言，行政法应当兼顾秩序与自由、公平与效率，通过制度安排实现价值的均衡。[1]

公安法的平衡法律机制首先体现在公安立法之中。1995年2月28日第八届全国人民代表大会常务委员会第十二次会议通过的《人民警察法》第一条对于立法目的的表述是："为了维护国家安全和社会治安秩序，保护公民的合法权益，加强人民警察的队伍建设，从严治警，提高人民警察的素质，保障人民警察依法行使职权，保障改革开放和社会主义现代化建设的顺利进行，根据宪法，制定本法。"体现了维护国家利益和保护

---

[1] 参见罗豪才主编：《现代行政法的平衡理论》，北京大学出版社1998年版。

公民利益的平衡，保障警察依法行使职权与从严治警的平衡。该法既有"职权"，又有"纪律与义务"，既有"警务保障"，也有对应的"法律责任"。1996年3月17日第八届全国人民代表大会第四次会议通过的《行政处罚法》第一条规定："为了规范行政处罚的设定和实施，保障和监督行政机关有效实施行政管理，维护公共利益和社会秩序，保护公民、法人或者其他组织的合法权益，根据宪法，制定本法。"1996年1月8日国务院第四十一次常务会议通过的《人民警察使用警械和武器条例》第一条规定："为了保障人民警察依法履行职责，正确使用警械和武器，及时有效地制止违法犯罪行为，维护公共安全和社会秩序，保护公民的人身安全和合法财产，保护公共财产，根据《中华人民共和国人民警察法》和其他有关法律的规定，制定本条例。"2012年修改的《刑事诉讼法》第二条规定："中华人民共和国刑事诉讼法的任务，是保证准确、及时地查明犯罪事实，正确应用法律，惩罚犯罪分子，保障无罪的人不受刑事追究，教育公民自觉遵守法律，积极同犯罪行为作斗争，维护社会主义法制，尊重和保障人权，保护公民的人身权利、财产权利、民主权利和其他权利，保障社会主义建设事业的顺利进行。"这些公安法律法规在关于立法目的、权力与责任、职权与职责、权利与义务的设定上，既有赋予职权，又有行使职权的规范；既有公民义务要求，又有保障人权的规定，总体上体现了权力与权利的平衡，进而为这些法律法规的实施，为实践中的权力与权利的平衡秩序的形成，提供了合法性依据。

三、公安法的体系框架

公安法作为一个正在形成之中的法律规范体系，它的内容"碎片化"地存在于多个部门法之中，具有多部门实体法与程序法的统一的特征。大体上，主要涉及以下法律部门。

（一）公安力量组织法

主要是指调整公安机关及其武装性质的人民警察与国家政权机关组织关系的法律规范的总和。包括《国务院组织法》《地方人民政府组织法》《人民警察法》《人民武装警察法》《公安机关组织管理条例》《人民警察警衔条例》《人民警察使用警械和武器条例》《公安机关法制部门工作规范》《公安机关人民警察训练条令》《公安机关人民警察内务条令》《公安机关人民警察奖励条令》《公安机关督察条例》《公安机关人民警察执法过错责任追究规定》《公安机关人民警察纪律条令》《公安机关公务用枪管理使用规定》《公安机关内部执法监督工作规定》《公安机关财务管理暂行办法》《公安机关信访工作规定》《国家赔偿法》等。

目前，我国有《人民法院组织法》《法官法》《人民检察院组织法》《检察官法》，没有"公安机关组织法"，只有《人民警察法》和行政法规性质的《公安机关组织管理条例》，这与宪法关于公安机关的职能、性质的定位并不完全相符，应该在全面深化公安改革的基础上，制定"公安机关组织法"或者"公安法"。

(二) 公安行政法

主要是指调整公安行政管理关系的法律规范的总和，这是公安法的主体。按照公安部 2010 年颁布的《违反公安行政管理行为的名称及其适用意见》精神，公安行政法主要包括：

1. 治安管理：《国家安全法》《反恐怖主义法》《治安管理处罚法》《国旗法》《国徽法》《全国人民代表大会常务委员会关于惩治破坏金融秩序犯罪的决定》《人民银行法》《人民币管理条例》《全国人民代表大会常务委员会关于惩治虚开、伪造和非法出售增值税专用发票犯罪的决定》《全国人民代表大会常务委员会关于严禁卖淫嫖娼的决定》《集会游行示威法》《大型群众性活动安全管理条例》《居民身份证法》《暂住证申领办法》《枪支管理法》《民用爆炸物品安全管理条例》《烟花爆竹安全管理条例》《危险化学品安全管理条例》《剧毒化学品购买和公路运输许可证件管理办法》《放射性物品运输安全管理条例》《民用航空安全保护条例》《铁路运输安全保护条例》《娱乐场所管理条例》《娱乐场所治安管理办法》《营业性演出管理条例》《印刷业管理条例》《旅馆业治安管理办法》《租赁房屋治安管理规定》《废旧金属收购业治安管理办法》《报废汽车回收管理办法》《机动车修理业、报废机动车回收业治安管理办法》《典当管理办法》《再生资源回收管理办法》《企业事业单位内部治安保卫条例》《保安服务管理条例》《保安培训机构管理办法》《金融机构营业场所和金库安全防范设施建设许可实施办法》《安全技术防范产品管理办法》《安全生产法》《收养法》。

2. 出入境和边防管理：《护照法》《公民出境入境管理法》《公民出境入境管理法实施细则》《外国人入境出境管理法》《外国人入境出境管理法实施细则》《出境入境边防检查条例》《中国公民往来台湾地区管理办法》《中国公民因私事往来香港地区或者澳门地区的暂行管理办法》《中国公民出国旅游管理办法》《国际航班载运人员信息预报实施办法》《边境管理区通行证管理办法》《因私出入境中介活动管理办法》《沿海船舶边防治安管理规定》《台湾渔船停泊点边防治安管理办法》。

3. 消防管理：《消防法》。

4. 计算机和网络安全：《计算机信息系统安全保护条例》《计算机信息网络国际联网管理暂行规定》《计算机信息网络国际联网安全保护管理办法》《计算机病毒防治管理办法》。

5. 交通管理：《道路交通安全法》《道路交通安全法实施条例》《机动车号牌生产管理办法》《机动车登记规定》《机动车驾驶证申领和使用规定》。

6. 禁毒：《禁毒法》《易制毒化学品管理条例》《易制毒化学品购销和运输管理办法》《麻醉药品和精神药品管理条例》。

（三）公安刑事法

主要是调整打击犯罪行为的公安机关和其他机关的相互关系的法律规范的总和，包括《刑法》《看守所条例》等。

（四）公安国际与区际合作法

主要是调整国家之间、地区之间国际刑事组织和警察组织开展警务合作方面相互关系的法律规范的总和，包括《引渡法》《打击跨国有组织犯罪公约》《刑事司法协助条约》《上海合作组织公约》等。

（五）公安机关参加诉讼与非诉讼程序法

主要是调整公安机关参加行政诉讼、刑事诉讼活动以及办理行政案件的程序法律规范的总和，包括《行政复议法》《行政诉讼法》《刑事诉讼法》《公安机关办理行政案件程序规定》《公安机关办理刑事案件程序规定》等。

四、制定公安基本法的必要性及可能性

（一）制定公安基本法符合当代中国立法体系规律

根据《宪法》《立法法》的有关规定，由于立法体制的原因，我国在立法体系结构上形成了每一个部门法或者行政管理的主要行业领域都有主干性、基础性的基本法、相关法、法规、规章构成的内容上相互协调、完整统一的有机整体，以保证法律对国家和社会生活的各个方面进行规范和调整。例如，涉及司法制度的法律体系中，既有三大诉讼法作为基本法，也有《人民法院组织法》《人民检察院组织法》《法官法》《检察官法》《律师法》等相关法。

中华人民共和国成立初期，我国唯一的警察机关就是公安机关，随着国家经济、政治、社会形势的变化，国家对原有的人民警察体制进行了改革，分别建立了国家安全部和劳改劳教机关，承担起原属于公安机关的反间谍、对外情报工作以及对犯罪人员的劳动教养和劳动改造工作。《人民警察法》颁布后，将我国的警察主体正式规定为公安、国安、劳教、监狱和司法警察5个部分，不同机关的人民警察各司其职，相互独立，相互配合。其中，《人民警察法》是对公安、国安、劳教、监狱和司法警察的整体性和原则性的规定，对于各部分人民警察，我国还分别制定实施并及时修改了《国家安全法》《人民武装警察法》《监狱法》以及相关配套的规范性法律文件。公安机关人民警察同其他部门的人民警察相比，从1978年我国公安法制建设开始到现在，虽然陆续制定了许多法律、法规、规章，但仍缺少一部全面规范公安权力设置与运行基本关系和基本制度的公安基本法。公安机关人民警察应当与国安、监狱、司法机关的警察一样，除了有《人民警察法》进行原则性的规定外，还需要有专门调整公安机关及其人民警察的行为、全面规范公安基本制度的

"公安法"。

因此，目前我国警察法律体系的建设不符合我国立法体例的规律。主要问题在于我国已经有专门指导和规范监狱人民警察、国家安全机关人民警察的基本法，但是还没有全面指导和规范公安工作的基本法，导致公安立法层次偏低，这与公安工作的重要性不相匹配。

（二）《公安机关组织管理条例》急需全面升级

当前，公安工作进入法治化建设的新阶段，对公安机关组织管理也提出了新的要求，促进和完善公安机关行政管理体制的优化升级，根据人民警察不同类别工作岗位工作重心的不同更加细致地进行分级分类管理，健全公安警察的招录标准和培养机制，是建立高素质人民警察队伍的关键步骤。可以看出，公安法治化改革对公安行政组织管理各个方面的内容都由单一的"正规化"上升到了"正规化、专业化、职业化"并举的新高度。目前，我国关于公安机关行政组织管理的主要法律依据是2006年颁布的《公安机关组织管理条例》（以下简称《条例》）。《条例》从公安机关的职权划分、行政组织建设、内外机构设置、工作机制、人员编制和后勤保障等方面对公安机关组织管理进行了较为全面的规定，成为我国首部专门对公安机关组织管理关系进行全面调整的行政法规。《条例》的颁布使改进公安工作和加强公安队伍建设有了立法保障，对公安队伍正规化建设具有重大的历史意义。但《条例》的出台并非意味着公安组织法治化进程的终结，相反，其仅仅是公安组织法进程迈出的试探性的第一步。当前，我国的公安建设已经进入法治化改革的新阶段，公安机关的组织建设要更加完备和规范，不仅需要进一步规范机构设置、合理进行公安事权划分，促进警力资源的优化配置，保障职权分配的协调统一，还需要从人事管理上加强职业和专业化培训，建立精干高效、反应迅速、知识体系完备的人民公安队伍。因此，虽然《条例》对公安机关的组织管理作了较为全面的规定，但这只是公安队伍法治化建设"从无到有"的第一步，其在对机关设置、职务编制、人员录用等规定方面较为落后，没有很好地体现公安机关及其公安警察的职业化、专业化素养，难以发挥立法应有的规范和指导功能。因此，从完善公安法律体系、全面指导公安法治化改革的角度出发，对《条例》进行补充修改还是在《条例》的基础上制定"公安基本法"是当下应当重点考虑的问题，需要对"公安法"与《条例》的关系进行分析，找到问题的突破点，以制定可行的改进方案。

从学理上看，狭义的"公安法"的内容包括对于公安人员组织、管理、保障以及队伍建设的明确规定，广义的"公安法"横向要求有对于公安行政组织管理的专门规定，纵向要求形成由法律、行政法规到部门规章等不同层次的法律规范的完整统一，因此"公安法"与《条例》在关于公安行政组织管理方面的规范上应是内容上的指导和形式上的升级关系。从立法实践看，我国关于公安行政组织管理的基本法律规范已经由2000年公安部颁布的《公安机关人民警察内务条令》上升到2006年国务院颁布的《公安机关组织管理条例》，表明公安改革发展在不同的阶段有不同的要求，这都需要有相应的法律规范提供指导，仅仅依靠十年前的《条例》对现在的公安工作和公安队伍建设的内容进行调整规范，明显不能满足当前推进公安行政管理改革的新需要，必须从内容到形式上进行全面升级，才能促进公安机关职能作用的充分发挥，从而为公安工作和公安队伍建设法治化发展目标的实现提供更加有力和全面的保障。通过对"公安法"和《条例》的关系进行分析可以得出，对于公安组织管理关系的调整，应当在充分考虑公安改革正规化、专业化和职业化要求的基础上把《条例》中关于公安机关组织机构和人事管理的两部分内容统一进行完善后，升级为"公安法"，为公安机关的内部组织管理提供由法律到法规的系统化、规范化的分层指导，这对促进公安机关机构、编制、体制的不断完善来说应当是更好的选择。

（三）深化公安改革建设法治公安要求制定公安基本法

公安机关是建设法治中国的重要力量。党的十八大以来，在全面推进依法治国的大背景下，公安机关作为国家的重要职能部门、公安工作作为政法工作的重要内容之一也顺应新形势和新要求进入了全面深化改革的新阶段。公安部在中央司法改革领导小组的指导下进行充分调研、反复论证、集思广益，围绕推进和完善当前公安工作和公安队伍法治化建设的目标，制定了中心明确、措施完善、针对性较强的公安改革方案，经过中央的肯定，形成了《关于全面深化公安改革若干重大问题的框架意见》（以下简称《意见》），并将其作为公安改革的指导性文件。从《意见》制定的背景到《意见》中对公安改革的目标、方向和主要任务的具体要求来看，建设法治公安是其核心和目标。要促进这一目标更快更好地实现，必须充分发挥法律的规范作用，使公安工作的全过程和各个方面都在完备的公安法律规范体系的框架内沿着明确、高效、科学、规范的轨道运行。进而，公安法作为公安法律规范体系的核心，是全面规范公安工作的基本法，也是公安法律体系中与警察法具有同等法律位阶的规范性文件。从内容和效力来看，它为新形势下加强公安法治化建设提供了法律保障；从对公安工作和公安队伍建设进行全面规定的立法目的看，它对公安法治化改革起到了科学的引领作用。公安法的这种保障和引领作用将不仅贯穿于深化公安改革和加强公安法治建设的全过程，也必将成为未来衡量改革成果的重要标尺。

（四）制定公安基本法的主客观条件基本具备

立法受一定的主客观条件制约，是一门十分严谨的科学，它不是随心所欲、一蹴而就的。制定一部法律，需要具备两个方面的条件：一是立法的客观条件，即法律需要调整的对象客观存在并且经常性、反复性出现，人们对于调整这一种类的社会关系已经有了比较成功的经验，形成了有效的调整方式方法等；二是主观条件，其主要是指有明确的指导思想，有价值判断的共识，有关于调整对象、调整方式的权力责任、权利义务观念等。

制定公安基本法有公安学学科理论的支撑。从1983年有学者向公安部提出创立"公安学"的建议，1984年第一部以"公安学"命名的教材《公安学概论》出版，进入初创阶段以来，公安学经过30多年的发展，从无到有、从小到大；2011年国务院学位委员会、教育部公布了修订的《学位授予和人才培养学科目录（2011年）》，在法学门类下增设了"公安学"，在工学门类下增设了"公安技术"一级学科。同时，公安学一级学科下面已经形成或者正在形成公安管理学、治安学、侦查学、犯罪学、情报学、警务战术与指挥、涉外警务、国家安全保卫学、公安学基础理论、交通管理学、公安应急管理学、公共安全学、警察史学、警察法学等二级学科，形成了与中国当代公安工作相适应的比较庞大的知识体系。① 2014年，由程琳教授主编的《公安学通论》出版。这是一部具有原创性的学术论著，对于公安学理论体系的建立和完善，具有重要作用。《公安学通论》从国家安全与社会治安、公安与公安警务活动的关系出发，对于我国公安学的理论基础进行了深入研究，提出"人民公安思想是中国公安工作的指导思想"，"在人民公安思想指导下，形成了四大基本原理，即正确处理改革、发展稳定的关系原理，打击与预防犯罪相结合的原理，专门机关与广大群众相结合原理和社会治安综合治理原理"，"创新出了公安建警理论、公安战斗力理论、公安文化建设理论等等指导公安队伍建设的基本理论；创新出了公安维稳理论、公安执法理论、公安警务形态理论和公安信息化理论等指导公安警务工作的基本理论"②。公安学理论体系对于公安工作的内容、性质、对象、范围、工作机制等都有诸多研究，对于公安基本法应该调整的对象范围、正当合理有效的调整方式，也有很多的研究成果，对于公安基本法内容体系的设计具有重要的指导意义和参考价值。

比如关于公安事权划分问题，即公安机关在维护社会公共安全的活动中应明确如何对职责及任务进行合理划分问题。学者研究认为，公安事权划分既包括公安机关内部具有领导和被领导关系的各组织机构之间的事权划分，即公安纵向事权；也包括公安机关同与公安工作有关的其他国家机关之间的事权划分，即公安横向事权。③ 事权划分是一项十分细致的工作，尤其是纵向事权的划分，更加关系到公安工作的全局，这需要公安法在对中央和地方事权的划分上坚持以权责一致为基本原则，准确把握权力的集与分，达到权力的适度集中和有效分散，以形成雷厉风

---

① 吴跃章等：《公安学学科建设研究》，中国人民公安大学出版社2013年版，第26页。
② 程琳主编：《公安学通论》，中国人民公安大学出版社2014年版，第10—11页。
③ 程小白：《公安事权划分：全面深化公安改革的"纽结"》，《江西警察学院学报》2015年第3期，第5页。

行的公安工作机制。我国现阶段对于公安纵向事权的划分虽然有规定，但都较为模糊，可操作性较差，导致中央和地方公安机关的配合度较低，影响了公安工作的效能。《人民警察法》规定了公安机关的 14 项职权，涉及了公安维护国家安全、社会安全的刑事司法职权和进行社会治安管理、提供社会公共服务的行政管理职权。这种规定仅做到了公安事权在内容上的完整性，相当于对刑法和行政法中公安职权的概括提炼，没有进一步对公安事权的内部结构的划分进行梳理，从保证公安依法行使职权和公安工作的顺利进行的效果来看，缺乏系统性和针对性。《公安机关组织管理条例》也只是对公安组织管理、警务管理、职权设置等内容的原则性规定，缺乏明确性和可操作性，导致其对公安实践工作的指导力不高、约束力不强，流于形式，造成了各级公安机关的组织管理工作随意性大。从以上两部法律规范存在的问题可以看出，对于公安纵向事权的划分，主要是缺乏明确划分的法律依据，导致上下级公安机关之间管理不规范，在具体的工作配合上存在缺位现象。一方面，上级公安机关有时会直接履行本属于下级公安机关的具体工作或者在没有很好地进行调查和论证的基础上对下级公安机关提出较为烦琐的工作要求和考核指标，而疏于履行上级公安机关自身应承担的对公安权力运行、整体工作机制、组织人事建设和警务保障进行宏观把控的职责；另一方面，下级公安机关在疲于应付上级公安机关复杂繁重的指示和命令的过程中怠于思考，仅是机械地完成工作任务，导致在执行治安防控和打击犯罪的具体工作上缺乏积极性、主动性。

因此，公安法在对公安事权的规定上应集中解决的问题是明确地方与中央事权的分配。对于一般事项，根据公安工作具体内容发生作用的范围对中央与地方的事权进行分配，涉外和涉及国家领土、主权、政治安全的重大特殊事项直接属于中央事权。根据上述两个原则，公安中央事权应当包括出入境管理、外国人居留管理、国边境管理、境外非政府组织管理、难民事务管理等具有涉外因素的行政管理活动以及危害国家安全等涉及面广、危害性大的刑事犯罪活动。公安地方事权应包括涉及地方对社会综合治理方方面面的治安、交通、消防、户籍等防范与监督的行政管理工作以及对普通的刑事犯罪活动的刑事侦查工作，对于一些流窜作案的，可以由公安部指挥跨地区进行侦查。此外，对于信息与情报等传播手段多样、传播速度较快事项的监测保障和控制，划为中央与地方共管事权更为妥当。

制定公安基本法不仅有公安学等学科理论作为支撑，而且也有法学理论特别是公安法学、警察法学作支撑。比如，作为公安队伍建设重要内容的人民警察"准入资格"问题，既是修改《人民警察法》面临的重要问题，也是制定公安基本法必须规范的问题。公安机关及其人民警察承担着维护国家安全和社会治安秩序的重要责任，预防和打击犯罪、提供社会公共服务是公安工作的主要内容，行政执法、刑事侦查、武装打击是公安履行职责和执行任务的方式，公安工作的重要性和公安执法手段的综合性要求公安队伍应是一支战斗力强、凝聚力高的职业化队伍，公安人员是能够对一切危害国家和社会安全的违法犯罪活动进行快速反应，为人民生产生活提供高效优质公共服务的国家公务人员。因此，专业性和职业性应当是公安人员职业准入的重要考核评价标准，公安工作岗位人员应当是具备充足的理论知识与娴熟的业务技能的资质精良、训练有素的专门人才。

当前，公安民警与人民法院、人民检察院的法官、检察官等法律职业人员都是法治工作队伍的组成人员，正规化、专业化、职业化是其共同的发展目标和发展要求。随着国家统一法律资格考试制度的完善，公安人员的职业准入标准也应当适当提升。目前，公安民警虽然是法治队伍的组成人员，但其还不是完全意义上的法律职业者，因此实践中一直以来对其职业准入条件的要求比较宽松，没有像法律职业那样把获得司法职业资格证书作为职业准入的必要条件。这样的规定也体现在《人民警察法》中，《人民警察法》对于警察的文化程度和专业学历仅仅要求具有高中以上文化程度，招警公务员考试资格限定大专以上学历。由此可以看出，《人民警察法》关于公安机关人民警察职业准入的规定灵活有余，高度不足。一方面，其结合当前我国公安人员的职业定位，在职业资格证的要求上做出灵活处理；另一方面，其对公安人员职业准入的门槛要求较低，导致公安队伍人才构成的专业性较差，职业素养较低。据统计，在200万公安民警中,受过本科教育的只占40%,拥有硕士学位以上的仅占1%,其中相当数量的人未接受过系统的公安学科的专业教育。①

因此,在人员准入的规定中把好关应是当前提升公安队伍素质的"战前哨"。基于《人民警察法》内容规定的不足和当前"法治工作队伍"的建设要求两方面的内容进行分析,"公安法"应当也有必要在对公安人员组织管理和职业准入的要求上进行较为严格的规定。虽然不必与法律职业一样把国家法律职业资格证书作为职业准入的必要条件,但是应当结合职业化、专业化的要求,对公安机关人员的文化程度提出更高的要求,要么受过专业的公安学科教育、具备公安专业技能,要么有本科及以上学历,以保证有较好的学习能力和综合素养。应该区分警种,要求不同部门的公安警察具备能够熟练掌握相关领域专业知识的能力。

制定公安基本法的客观条件主要表现在我国已经有了基本的公安行政法规、地方性法规,有大量的公安行政规章,有公安工作的创新成果,有公安改革的成功经验等,这些都为公安基本法的制定提供了基础。

经过60多年的努力,我国公安立法数量有了相当的规模,内容涉及法律、法规、部门规章,另外还有相当数量的地方性法规和规章,涉及公安刑事法律、治安、行政管理、组织人事、警务保障、监督和国际警务合作等公安工作的多个方面,在涉及公安职权的基本和主要方面,实现了有法可依,基本建立起了符合我国国情的公安法律规范体系。公安法作为公安基本法,秉承全局观,不仅对公安的任务、活动原则、职权、警务保障等工作内容进行了全面系统的规定,而且对纪律、机构设置、招收录用、奖罚、执法监督违法失职的法律责任等队伍管理方面的内容也进行全面系统的规定。同时,"公安法"作为适用于公安工作各个部门的基本法,需要对公安工作的内容和公安队伍的建设进行整体把握,所以公安法对许多问题仅是进行一般性的原则规定,需要其他相关的法律、法规、规章相配套才更具有可操作性。既然是原则性的规定,也就应当成为有关公安单行法律、法规、规章必须参照的标准和依据。因此,公

---

① 程琳主编:《公安学通论》,中国人民公安大学出版社2014年版,第3页。

安法作为一部由全国人大常委会制定的从实体到程序对公安机关及其人民警察进行原则性和全面性规定的基础性法律，从立法的内容和立法位阶上满足了当前我国公安立法体系中存在的立法不平衡、立法层次偏低、与公安工作的重要性不匹配等问题，将对公安立法工作对完善公安法律体系作出的有益尝试。

"公安法"围绕着公安所承担的维护社会公共安全的职责展开了对公安机关及公安工作基本制度的全面规范，同时由于公安机关及其人民警察享有行政管理职能、刑事侦查职能和武装保卫职能，公安工作在实践中必然与刑事司法工作和军队的武装保卫工作之间存在着直接而又具体的联系。正如在刑事侦查活动中，公安机关的侦查工作是其中一个重要的阶段和环节，整个刑事诉讼程序中，除了少数由检察院自侦的案件外，绝大多数的刑事案件是从公安机关立案开始的，并由公安机关进行侦查、侦查终结再移送给人民检察院审查起诉。公安机关的侦查工作为人民检察院、人民法院的其他诉讼活动的顺利进行打下了基础，为整个刑事诉讼活动有效开展提供了前提和保障。在履行武装保卫职责时，公安作为具有武装性质国家力量还与国安、军队等共同承担着保卫国家安全的职责。因此，"公安法"在对公安工作进行全面指导和规范，保障公安各项工作都在法治化轨道上有序进行的同时，也使公安部门与其他相关部门之间的配合更加规范、高效，从而使公安法律规范体系与刑事法律规范体系、行政法律规范体系以及国家安全法律规范体系之间的联系更为有机统一。

党的十八届四中全会部署的全面推进依法治国的战略决策，要求形成完备的法律规范体系、高效的法治实施体系、严密的法治监督体系、有力的法治保障体系，形成完善的党内法规体系；努力实现科学立法、严格执法、公正司法、全民守法，促进国家治理体系和治理能力现代化。[①]"公安法"作为全面规范公安关系的基本法，是中国特色社会主义法律规范体系中的重要组成部分。从内部看，"公安法"对公安工作进行全面规范的过程中促进了公安法律体系的完善；从外部看，"公安法"也

---

① 文正邦：《全面依法治国新形势下区域法治建设和研究的有关问题》，《山东科技大学学报（社会科学版）》2016年第4期，第15页。

促使公安工作与其他同公安工作有关的法律部门之间的配合更加规范、高效。"公安法"从理论到实践两个层面对"法治"理念进行了贯彻，对公安工作内容进行了系统化的规定，是公安立法工作在促进结构严密工整、内容协调一致的公安法律体系和中国特色社会主义法律体系的形成上所作的有益尝试。创造条件制定"公安法"，作为确定公安改革成果、指导和规范公安工作、统领公安各个领域法律法规的基本法，并以法律的形式在《人民警察法》的基础上进一步完善对公安权力制度、组织制度、警务监督制度和后勤保障制度等方面的具体规定，以加强对公安工作的科学规划和指导，促进公安依法履行职责，全面加强公安法治化建设，应该提上公安改革、公安立法的议事日程。

公安法治体系的构建

《关于全面深化公安改革若干重大问题的框架意见》及相关改革方案，已经中央审议通过。全面深化公安改革坚持问题导向，将改革的指向聚焦在三个方面：一是着力完善现代警务运行机制，提高社会治安防控水平和治安治理能力，提高人民群众的安全感。二是着力推进公安行政管理改革，提高管理效能和服务水平，从政策上、制度上推出更多惠民利民便民新举措，提高人民群众的满意度。三是着力建设法治公安，确保严格规范公正文明执法，提高公安机关执法水平和执法公信力，努力让人民群众在每一项执法活动、每一起案件办理中都能感受到社会公平正义。建设法治公安的前提和基础是加强公安法治的研究。为此，必须准确理解公安概念的宪法意义，客观分析公安法律制度存在的问题，科学把握公安法的内涵及其完善，正确认识公安法治建设的方向目标和内容，为全面深化公安改革、建设法治公安提供理论资源和决策参考。

一、公安概念的宪法语用和语义

在我国，党政机关、法律实务部门和社会民众对于"公安"一词有不同理解。比如，电影《秋菊打官司》中的"李公安"实际上是指李姓

本文系 2016 年 12 月在陕西警官职业学院第二届"公安法学理论研讨会"上的学术报告，部分内容收录于杨宗科主编：《公安法论丛》（第 1 册），法律出版社 2017 年版，收入本书时有所修改。

公安民警。在国家机构中的公安就是指公安机关。大多数情况下，公安概念是指包括公安政治工作和专业工作在内的公安工作。

本文关于公安概念的研究，主要从法学专业角度，运用逻辑分析和语义分析的方法，概括总结规范性法律文件对于公安概念的使用来分析其含义。《宪法》是国家根本法，是国家一切法律制度的合法性依据，具有最高法律效力。《宪法》对于公安概念的使用，不一定包括法律意义上公安概念的全部内涵，但是，它应该是公安概念的基本内涵。从中国宪法史看，宪法规定公安制度基本原则是我国宪法史的一个传统。《陕甘宁边区宪法原则》第二条规定："除司法机关、公安机关依法独立执行职务外，任何机关团体不得有逮捕审讯的行为。"这是公安概念首次出现在宪法性文件中。1949年9月制定的作为"临时宪法"的《中国人民政治协商会议共同纲领》第十条规定："中华人民共和国的武装力量，即人民解放军、人民公安部队和人民警察，是属于人民的武力。其任务是保卫中国的独立和领土主权的完整，保卫中国人民的革命成果和一切合法权益。"1954年第一届全国人民代表大会第一次会议通过新中国第一部《宪法》到现行《宪法》，都有直接规定公安机关、公安工作等公安制度的基本原则。

从现行《宪法》规定看，主要是从公安机关、公安部队、公安工作等角度使用公安概念。

（一）公安机关

"公安"作为机构名称时，指的就是"公安机关"。《宪法》中多次使用"公安机关"一词。其第三十七条规定："中华人民共和国公民的人身自由不受侵犯。任何公民，非经人民检察院批准或者决定或者人民法院决定，并由公安机关执行，不受逮捕。"第四十条规定："中华人民共和国公民的通信自由和通信秘密受法律的保护。除因国家安全或者追查刑事犯罪的需要，由公安机关或者检察机关依照法律规定的程序对通信进行检查外，任何组织或者个人不得以任何理由侵犯公民的通信自由和通信秘密。"第一百三十五条规定："人民法院、人民检察院和公安机关办理刑事案件，应当分工负责，互相配合，互相制约，以保证准确有效地执行法律。"作为国家机关的公安机关，其性质决定于国家制度的定位。

《宪法》第一条明确宣告："中华人民共和国是工人阶级领导的，以工农联盟为基础的人民民主专政的社会主义国家。"我国人民民主专政的国家制度性质，需要通过一定的国家机构来实现，公安机关就是体现这一制度性质的重要机构载体。[①] 根据《中华人民共和国人民警察法》和《公安机关组织管理条例》的规定，我国公安机关的性质，应当从两个方面理解：一是公安机关是人民民主专政的重要工具。二是公安机关是武装性质的国家治安行政力量，同时具有刑事侦查、执行刑罚等职能，是国家刑事执法力量。[②]

根据我国《宪法》及相关法律、法规规定，我国公安机关的机构设置由中央公安机关、地方各级公安机关和专业公安机关组成。（1）中央公安机关。按照《国务院组织法》的规定，国务院设公安部，是我国最高公安机关。内设司（局）和处两级机构。在国务院领导下，领导和管理全国公安工作。（2）地方各级公安机关。按照《地方各级人民代表大会和地方各级人民政府组织法》的规定，我国地方人民政府设有公安机关。其一，省级公安机关。各省（自治区、直辖市）设公安厅（局）。公安厅是省（自治区、直辖市）人民政府的职能部门，负责本省（自治区、直辖市）行政区域范围内的公安工作。内设总队、处、科。其二，市、地区级公安机关。市（地、州、盟）一级设公安局（处）内设处（支队）、科（大队），同时派出若干分局，是市（地、州、盟）人民政府的职能部门，负责本市（地、州、盟）行政区域范围内的公安工作。其三，县（市、区、旗）设公安局。县（旗）一级公安局内设科（股、大队），同时派出若干派出所，是县（旗）人民政府的职能部门，负责本县（旗）行政区域范围内的公安工作。其四，公安机关的派出机构。公安机关派

---

① 程琳主编：《公安学通论》，中国人民公安大学出版社2014年版，第35页。
② 国务院根据《人民警察法》制定的《公安机关组织管理条例》第二条规定："公安机关是人民民主专政的重要工具，人民警察是武装性质的国家治安行政力量和刑事司法力量，承担依法预防、制止和惩治违法犯罪活动，保护人民，服务经济社会发展，维护国家安全，维护社会治安秩序的职责。"

出机构有公交、水上、经济技术开发区公安分局,以及按行政区划分而命名的城市公安分局、派出所。公安机关的派出机构负责本辖区范围内的公安工作。(3)专业公安机关,是指经国务院批准,在国家有关部门内设立的专门从事具有一定专业内容的公安警务活动的公安机关。专业公安机关是中央公安机关的派出机构,依法行使相应的公安职权。我国目前的主要专业公安机关有民航、铁路、交通和林业等专业公安机关。

公安机关的内设机构与警种大致有:办公室(秘书科)、政工、后勤财物装备、法制、政治保卫、治安、刑侦、技侦、预审、看守所、户政、交通管理、经济保卫、文化保卫、出入境和外国人事务管理、科技、计算机监察、边防、消防、警卫等。

我国《宪法》除了关于公安机关的规定外,还规定了"公安部队"。《宪法》第一百一十二条规定:"民族自治地方的自治机关是自治区、自治州、自治县的人民代表大会和人民政府。"第一百二十条规定:"民族自治地方的自治机关依照国家的军事制度和当地的实际需要,经国务院批准,可以组织本地维护社会治安的公安部队。"在我国,公安部队主要指公安现役部队,是指列入武装警察序列,由公安部门管理的部队,主要有边防、消防、警卫等武警部队。公安现役部队由公安部门管理,使用武警编制,接受武警部队在军事和政治等方面的工作指导。2018年3月,中共中央印发了《深化党和国家机构改革方案》,其中指出:公安边防部队不再列武警部队序列,全部退出现役。公安边防部队转到地方后,成建制划归公安机关,并结合新组建国家移民管理局进行适当调整整合。现役编制全部转为人民警察编制。

1. 公安机关不同于一般行政机关

作为政府职能部门的公安机关,是指在各级政府领导机关的直接领导下,负责组织、管理社会治安工作的机关。根据政府职能的特性,公安机关和其他政府部门一样,具有阶级统治和社会管理两种基本的职能,具体则承担了政府的社会治安职能,主要有三个方面的作用:第一,维护社会秩序和社会治安,约束机关团体和公民个人遵纪守法;第二,保护公民享有宪法和法律规定的多种权利,通过公开颁布的行政诉讼、行政法律等各种行政措施保护公民权利不受非法侵害;第三,监督公民个人履行宪法和法律规定的义务。此外,根据我国宪政结构,公安机关遵循"统一领导,分级管理,条块结合,以块为主"的领导管理体制,并形成了"双重领导"和业务指导关系,即一个工作部门既受相应的上级工作部门领导或指导,又接受本级人民政府的领导。[①] 但与此同时,公安机关与一般行政机关也存在差异性,主要体现在以下方面:

(1) 组织地位的特殊性。我国公安机关组织地位的特殊性,有着深刻的历史根源。历史上,公安机关创建的目的是保卫党的生存和发展的需要,此后的发展,公安机关都把保卫党和人民民主专政政权的需要放在首位,具有极浓厚的政治色彩。而且,在党领导的革命和建设过程中,公安机关一直都是党和人民民主专政政权领导下的一个重要部门,也发挥了极其重要的作用。

公安机关组织地位的特殊性,是由公安机关在现阶段我国经济、政治和社会活动中的地位作用所决定的。一方面,尽管公安机关是各级政府的一个职能部门,但它却常常又是同军队、法庭、官僚机构等并列的国家机器,是"国家权力的强有力的工具",所谓"国家安危,公安系于一半"。尤其是在今天,在我国社会从传统到现代的整体结构性转型时期,公安机关更是担负着维护社会政治稳定的重任,是党和国家处理改革、稳定与发展三者关系的重要手段。另一方面,现阶段公安机关日益成为一支重要的社会保障和社会支援力量。无论是"110"报警台的"四有四必",还是"有困难找公安"等口号的提出,都显示出了公安机关和人民公安在社会急剧变迁时期的广泛影响和不可替代的重要作用。[②]

概言之,公安机关组织地位的特殊性,体现在它是党绝对领导下的一支重要的武装力量,是党的保卫机关,是国家同犯罪作斗争的司法机关,是人民民主专政国家履行政治统治和社会管理与服务职能的重要手段和工具,集多种角色、责任和义务于一身。现阶段,公安机关肩负重

---

① 马敏艾:《"公安机关不同于一般行政机关"的调研与思考》,《云南公安高等专科学校学报》2002年第4期,第37页。
② 姚伟章:《论公安法学研究》,《公安大学学报》1989年第1期,第71—73页。

要的工作任务和历史使命。

（2）职能作用的多重性。作为政府的一个部门，公安机关具有政治统治和社会（治安）管理与服务的基本职能。而且，从历史上看，公安机关一直把政治统治职能放在首要的位置，强调其"刀把子""专政机关"的作用。除此之外，公安机关还有保卫执政党及其政治领导，打击、预防刑事犯罪等多重职能。

同一般行政机关相比较，一方面，一般行政机关不具备司法职能；另一方面，公安机关的作用和影响涉及公共事务管理的所有领域，而一般行政机关的作用和影响相对较狭小。此外，公安机关还是其他行政组织履行其政治统治和社会管理职能的重要工具。如在某些地区，政府有关部门的计划生育、催粮征税、烤烟收购、禁止小煤窑私挖滥采、房屋拆迁等，均要公安机关派人"保驾护航"。这种情形在经济欠发达地区至今仍然存在。

从一般意义上看，公安机关的职能作用包括政治统治、刑事司法、行政管理、社会工作与服务等相互联系的诸多方面，公安机关的具体责任则涉及政治统治、行政管理和社会生活的广泛领域。

（3）组织结构的复杂性。与公安机关所承担的任务和职能相适应，公安机关内部结构较复杂。与其他行政机关相比较，具体体现为组织规模较大、分工过细、管理层次多、人员较分散、结构严密、机构较庞大等特征。

（4）执法依据的多样性。行政执法是指国家行政机关及其他授权机关，依照法定职权和程序，将行政法律规范适用于具体对象的行为。其依据除宪法和行政管理法规外，还包括具有法律效力的非规范性行政文件，主要包括权力机关有关行政问题的决定、命令、决议，以及上级行政机关的行政措施、决定、命令等。

与其他行政执法机关相比较，公安行政执法具有执法领域的广泛性、对象的一般性、手段的强制性、形式的多样性、执法依据的多样性和扩展性，以及独立性和权威性等特征。其中，执法依据的多样性和扩展性，是当前经济欠发达地区公安机关面临的一个突出特征。受法制观念、传统认识等因素的影响，一方面，其他行政执法机关执法相对比较具体、针对性较强；另一方面，即便法律明确规定国家行政执法机关的执法权力，但在普通群众心目中，只有公安机关和公安民警具有对他人人身、行为强制的权力，只有公安才代表政府。加之其他行政执法活动也离不开公安机关的支持，这就使得本身存在警力严重不足的基层公安机关更加疲于奔命、捉襟见肘。同时，这也容易出现公安意识的泛化，公安机关和人民公安的专业性、职业化程度不高等特点。[1]

2. 公安民警不同于一般公务员

2016年2月，人力资源社会保障部、公安部、国家公务员局等部门联合印发《关于加强公安机关人民公安招录工作的意见》和《关于公安院校公安专业人才招录培养制度改革的意见》，提出以打造忠诚可靠、纪律严明、素质过硬的公安队伍为核心，建立健全体现人民公安职业特点、有别于其他公务员的人民公安招录培养机制，为加强新形势下公安工作和公安队伍建设提供组织保障和人才支持。笔者认为，多年来，我国公安机关管理体制和人事制度基本沿用公务员管理办法，除施行警衔制以及发放警衔津贴外，其他方面与一般公务员基本没有区别。但在目前经济社会发展新语境下，公安民警与一般公务员有着很大的不同。

（1）工作时间不同。一般公务员实行8小时工作制，加班工作并非普遍现象。而对于公安来说，加班工作是常态。基层单位的警员平均3天就要连续24小时值班备勤一次，逢重大安全保卫工作还要临时增加。特别是逢年过节，全员坚守工作岗位，越是重大节假日越是得不到休息。据统计，基层一线警员一年实际上在工作岗位执勤备勤每人多达200个工作日以上，加班1400个小时以上。这样大量的加班备勤已经超过了基层民警能够承受的极限。

（2）工作内容不同。一般公务员的工作内容为文案、调研以及其他事务性工作。而公安除少数机关工作人员外（实际上，由于警力不足，机关干部也经常参加一线执勤备勤），绝大多数警员承担的是刑事侦查、治安管理、抢险救灾、抓捕看押等执法工作，面对的是犯罪分子和严重

---

[1] 朱继萍：《法律的规范构造及其关联和体系化》，《南京大学法律评论》2009年第1期，第191—203页。

的自然灾害，时刻面临生命危险。除战时军人之外，公安是最具高危性质的职业。据统计，新中国成立以来，全国先后有1万多名公安民警光荣牺牲，15万多名公安民警英勇负伤。在和平时期，牺牲负伤人数最大的群体是公安民警。

（3）工作环境不同。一般公务员在机关坐办公室，风吹不到，日晒不到，雨淋不到。而公安中绝大多数警种的工作环境在室外，常年风吹日晒雨淋，任何恶劣天气环境下都要坚守自己的岗位。交通警察无论严寒酷暑都要在路面站岗执勤，还要面临严重的机动车尾气污染。刑侦警察在破案中风餐露宿，舟车劳顿，蹲守卧底，还要经常面对犯罪分子的暴力威胁。消防警察在扑救火灾时哪里火大往哪里冲，时刻面临生命危险。治安警察哪里危险哪里上，经常接触爆炸、剧毒等危险品，全力维护社会秩序。

（4）工作强度不同。一般公务员坐办公室做的是脑力劳动或轻体力工作。而公安的工作既是高强度脑力劳动，又是高强度体力劳动。公安在执行任务过程中，无论是长时间地站岗执勤，还是抢险救灾，或是追捕制服犯罪嫌疑人，都需要付出高强度的体力。而处理案件时又要书写各种执法文书，研究处置方案，缜密调查研究，付出高强度的脑力劳动。

（5）工作性质不同。一般公务员所做工作为行政管理和机关事务性工作。虽然有的部门也具有执法性质，但仍是行政管理的执法模式，而公安的执法工作具有武装军事性质。正像《人民警察法》所表述的：遇有拒捕、暴乱、越狱、抢夺……或者其他暴力行为的紧急情况，公安机关的人民公安依照国家有关规定可以使用武器。为制止严重违法犯罪活动的需要，公安机关的人民公安依照国家有关规定可以使用警械。为侦查犯罪活动的需要，公安机关的人民公安可以依法执行拘留、搜查、逮捕或者其他强制措施。这些职能是一般行政机关和公务员所不具备的。

以上种种不同，要求公安的管理体制、人事制度应与一般公务员有较大区别。总的方向是将公安的管理体制和人事制度从一般公务员中剥离出来，建立一套适应公安职业特点的管理体制和人事制度。①

---

① 雷磊：《适于法治的法律体系模式》，《法学研究》2015年第5期，第3—27页。

（二）公安工作

《宪法》第八十九条规定："国务院行使下列职权：（一）根据宪法和法律，规定行政措施，制定行政法规，发布决定和命令；……（八）领导和管理民政、公安、司法行政等工作；"第一百零七条第一款规定："县级以上地方各级人民政府依照法律规定的权限，管理本行政区域内的经济、教育、科学、文化、卫生、体育事业、城乡建设事业和财政、民政、公安、民族事务、司法行政、计划生育等行政工作，发布决定和命令，任免、培训、考核和奖惩行政工作人员。"可见，"公安工作"也是宪法对应公安概念内涵的一种使用。

公安工作是我国人民民主专政政权工作的重要组成部分，是依据党和国家的政策、法律及公安法规保卫国家安全与社会治安秩序的专门工作。① 公安工作是由多种分工、多个层次联结而成的一个工作系统，形成有机联系的整体。主要包括：

1. 公安领导工作

公安领导工作是指由公安机关的首长所从事的工作。公安领导工作主要包括行政领导、业务领导、政治领导和法制领导等。

2. 公安秘书工作

公安秘书工作指作为公安机关的秘书所从事的行政参谋咨询以及公安对策研究等工作。主要包括为领导工作提供信息服务、决策咨询、组织实施领导决策、检查研究、草拟文件、组织会议，并发挥沟通上下、协调各项工作的作用。

3. 公安指挥工作

公安指挥工作是指公安指挥系统所进行的指挥调度工作。主要包括：

---

① 公安工作的主要内容包括：公安领导工作，公安政治工作与公安队伍建设，公安指挥工作，公安专业工作（包括刑事司法工作、治安行政管理工作、保卫工作、警卫工作），公安机关事务综合管理工作，警务保障工作，公安法制工作，公安教育与科研工作。（公安部政治部编：《公安基础知识》，中国人民公安大学出版社2013年版，第45—51页。）公安工作体系包括：公安领导工作，公安行政与公安舆情工作，公安政治工作，公安专业工作，公安指挥工作，公安法制工作，公安警务保障工作，处突反恐维稳工作，公安教育培训与科研工作。（贺电、蔡炎斌主编：《公安学基础理论》，中国人民公安大学出版社2014年版，第153—156页。）

负责下达领导指令，统一协调、调度和具体指挥各业务部门和专业工作，接收报警、报案，对突发事件和治安灾害事故现场的指挥、处置与救助等。

4. 公安政治工作

公安政治工作是保证公安机关坚决贯彻党的政治路线、思想路线、组织路线，保证人民警察与党在思想上、政治上保持一致的工作。主要内容是从政治上、思想上、法纪上、文化上和职业道德上保障党的公安工作的原则、路线、方针和政策的顺利执行。

5. 公安专业工作

公安专业工作指依法执行公安机关职责与职权，专门从事处理案件、事件和事故，进行预防与管理，以及进行专业建设的各项工作。主要包括：

（1）刑事执法工作。公安机关刑事执法工作主要是指依据《刑法》《刑事诉讼法》同犯罪行为作斗争的工作。具体包括：①国内安全保卫工作，是指对危害国家安全犯罪的侦查和防范工作。国内安全保卫工作是在党和政府的领导下，依靠群众，以秘密的侦查手段和公开的斗争形式，防范、发现和打击各种阴谋破坏活动，以保卫人民民主专政政权，保卫国家安全，保障社会主义现代化建设事业的顺利进行。②刑事侦查工作，是指公安机关依法采用专门调查方法和强制性措施，揭露、打击和防范刑事犯罪的一项专门工作。刑事侦查工作的主要任务是侦破刑事案件，阻止和打击国际恐怖活动和国外、境外犯罪组织、犯罪分子以及黑社会组织的渗透活动；预防、制止和减少刑事犯罪的发生；及时发现犯罪、揭露犯罪、证实犯罪、打击犯罪，以保障人民的合法权益，保卫社会主义现代化建设事业的顺利进行。③刑事强制工作，是指依据《刑事诉讼法》对犯罪嫌疑人所采取的拘传、取保候审、监视居住、拘留和逮捕工作。④羁押工作，是指对被拘留、逮捕的犯罪嫌疑人、被告人进行关押看守的工作。⑤执行刑罚工作，是指根据《刑法》《刑事诉讼法》的规定，公安机关负责短期有期徒刑执行、监外执行、缓刑执行、假释执行、管制执行、拘役执行、剥夺政治权利执行、驱逐出境执行等项执行刑罚的工作。

（2）治安行政管理工作。治安行政管理工作，是指由公安机关依据公安法律、法规所进行的行政管理方面的工作。治安行政管理工作的主要任务是预防违法犯罪，查处治安案件，组织群众治安力量，维护社会治安秩序。具体工作包括：①户籍管理工作，包括户籍登记和户籍证明工作。户籍登记是国家关于人口的一项重要行政管理制度，也是公安工作的一项基础工作。户籍证明工作主要是居民身份证及其他人口证件的签发和验证工作。②公共秩序管理工作。这类工作是对人群聚集或进行公众活动的公共场所治安秩序的管理工作，如对车站、码头、机场、文娱场所等公共场所维护社会治安秩序的工作。③特种行业管理工作。对旅店业、刻字业、印刷业以及出租车等行业进行治安管理，预防和发现违法犯罪活动。④民用危险物品管理工作。对管制刀具、枪支、弹药、易燃和易爆物品、剧毒物品、放射性物品进行治安管理，以防止违法犯罪分子用以进行违法犯罪活动，或在生产、运输、保管、持有、使用过程中发生事故。⑤交通安全管理工作。对城乡道路交通实行管理，预防和查处交通事故，保证交通安全与畅通。⑥消防工作。主要是进行消防监督、火灾预防和扑救，审核建设工程的消防设施，查处火灾事故等工作。⑦边防工作。包括边防治安工作和边防检查工作。边防治安工作主要是维护边境地区的治安秩序，保护国界安全的不可侵犯性。边防检查工作主要包括对出入境口岸过境人员的检查、出入境交通工具的检查、监护及对违章违法事件与案件的查处。⑧外国人管理和中国公民出入境管理工作。对外国人在中国的入境、出境、居留、旅行实施管理，保护外国人的合法权益。对出入境的中国公民、华侨、港澳台同胞、过境居民进行管理，依法查处出入境人员中的违法犯罪人员。

（3）保卫工作。指机关、团体、企事业单位内部的安全保卫工作，计算机信息系统的安全监察工作。具体包括：①机关团体保卫工作。主要是指对党中央、国务院的各部门，省、自治区、直辖市和市、县的党政部门，工会、共青团、妇联和各民主党派以及其他群众团体所进行的保卫工作。②企业单位保卫工作。主要是指对工厂、矿山、财贸、邮电、水产等企业单位所进行的保卫工作。③事业单位保卫工作。主要是指对文化、教育、科研、卫生、体育、新闻、广播、电视等事业单位所进行的保卫工作。④部门系统保卫工作。主要是指对铁路系统、交通航运系统、民用航空系统、森林系统所进行的保卫工作。⑤监督管理计算机信息系统的安全维护工作。

(4) 警卫工作。主要有住地警卫、随身警卫、路线警卫、现场警卫等。

6. 公安法制工作

公安法制工作是在公安系统实施公安法律和内部执法监督工作。主要包括：①研究有关公安工作的方针、政策，制定公安法制工作总体规划。②组织、协调起草公安法律、法规、规章和其他规范性文件。③负责公安机关应用法律、法规的解释和咨询工作。④负责规范性文件法律审核工作。⑤组织开展案件审核、执法检查、考核评议、专项调查、专案调查、执法过错责任追究等内部执法监督工作。⑥组织、指导、办理行政复议、听证、诉讼和国家赔偿工作。⑦组织开展法制培训工作，以及参与刑事司法协助、引渡条约、国际警务合作和重大涉外案件处置等法律事务，研究执法中的问题和对策等。

7. 公安教育科技工作

公安教育科技工作是为公安机关提供人才支撑和科学技术、科研成果的专门工作。主要是公安科研工作，包括社会科学的研究和技术科学的研究。公安社会科学的研究，即围绕有关公安工作的社会现象进行的研究工作。公安技术科学的研究，即围绕有关公安工作的技术手段、装备现代化进行的研究工作。

8. 公安后勤保障工作

公安后勤保障工作为公安各项工作提供财务、装备、信息、给养等方面的服务和保障的工作。主要包括：①财务保障工作，为各项工作提供经费，并有计划地、合理地使用经费的工作。②装备保障工作，为各项工作提供必要的警用装备、设施、器材、工作、服务等方面的工作。③生活保障工作，为各项工作提供必要的办公条件、生活条件，安排好饮食、居住、卫生等方面的工作。④信息保障工作，主要是为各项工作提供通信联络、档案资料以及应用电子计算机提供信息服务的工作。

公安机关人民警察是公安工作的主要承担主体。《人民警察法》第六条明确规定："公安机关的人民警察按照职责分工，依法履行下列职责：（一）预防、制止和侦查违法犯罪活动；（二）维护社会治安秩序，制止危害社会治安秩序的行为；（三）维护交通安全和交通秩序，处理交通事故；（四）组织、实施消防工作，实行消防监督；（五）管理枪支弹药、管制刀具和易燃易爆、剧毒、放射性等危险物品；（六）对法律、法规规定的特种行业进行管理；（七）警卫国家规定的特定人员，守卫重要的场所和设施；（八）管理集会、游行、示威活动；（九）管理户政、国籍、入境出境事务和外国人在中国境内居留、旅行的有关事务；（十）维护国（边）境地区的治安秩序；（十一）对被判处拘役、剥夺政治权利的罪犯执行刑罚;（十二）监督管理计算机信息系统的安全保护工作；（十三）指导和监督国家机关、社会团体、企业事业组织和重点建设工程的治安保卫工作，指导治安保卫委员会等群众性组织的治安防范工作；（十四）法律、法规规定的其他职责。"这些内容，实际上是关于公安工作中主要专业工作的基本内容的规定。

需要说明的是，《宪法》第二十八条规定："国家维护社会秩序，镇压叛国和其他危害国家安全的犯罪活动，制裁危害社会治安、破坏社会主义经济和其他犯罪的活动，惩办和改造犯罪分子。"这是公安工作的重要内容。根据《宪法》制定的《人民警察法》第二条规定："人民警察的任务是维护国家安全，维护社会治安秩序，保护公民的人身安全、人身自由和合法财产，保护公共财产，预防、制止和惩治违法犯罪活动。人民警察包括公安机关、国家安全机关、监狱、劳动教养管理机关的人民警察和人民法院、人民检察院的司法警察。"根据《人民警察法》制定的《公安机关组织管理条例》第二条规定："公安机关是人民民主专政的重要工具，人民警察是武装性质的国家治安行政力量和刑事司法力量，承担依法预防、制止和惩治违法犯罪活动，保护人民，服务经济社会发展，维护国家安全，维护社会治安秩序的职责。"从《宪法》、法律、行政法规的逻辑关系上可以看出,《宪法》确定的公安机关和公安工作的主要职能就是维护以国家安全和社会治安秩序为核心的公共安全。

我国《宪法》关于社会治安综合治理的规定,也属于公安工作的范围。《宪法》第一百一十一条规定:"城市和农村按居民居住地区设立的居民委员会或者村民委员会是基层群众性自治组织。……居民委员会、村民委员会设人民调解、治安保卫、公共卫生等委员会,办理本居住地区的公共事务和公益事业,调解民间纠纷,协助维护社会治安,并且向人民政府反映群众的意见、要求和提出建议。"在我国,维护社会治安秩序是公安机关的基本职责。基于群众路线的民主政治要求以及产生治安问题原因的复杂性,我国创建了公安机关主治,社会组织参与,多种手段和多个环节构成,具有群治群防、共治共享特征的社会治安综合治理制度。《宪法》的这一规定,就是对基层群众性自治组织参与社会治安综合治理的原则性规定,也属于公安工作的内容。

从内容上看,公安工作具有较强的综合性,具有阶级性与社会性相结合、隐蔽性与公开性相结合、打击与保护相结合、强制性与教育性相结合、集中性与分散性相结合、政策性与法律性相结合、行政性与司法性相结合、管理性与服务性相结合的整体特点。同时,公安专业工作还有复杂性、艰苦性、危险性、风险性的特点。[1] 从性质上看,公安工作作为党领导下的政法工作的重要组成部分,是政治工作和法律工作的有机统一体。为了保证政治性,人民公安各项工作都应自觉接受党的思想、组织、政治领导,在党的领导下走群众路线,坚持把"立警为公、执法为民"作为公安工作的基本工作理念。为了保证法律性,公安机关人民警察在具体的行政管理活动、刑事司法活动和治安保卫活动的各个环节要严格规范公正文明执法,让人民群众在每一起案件的处理和每一次执法活动中都切实感受到公平正义,这是建设法治公安的核心和关键,也是公安工作得以有效完成的基础性要求。

(三)公共安全

公共安全是社会安定、社会秩序良好的重要体现,是人民安居乐业

---

[1] 公安部政治部编:《公安基础知识》,中国人民公安大学出版社2013年版,第51—56页。

的重要保障。《国家安全法》第二十九条规定:"国家健全有效预防和化解社会矛盾的体制机制,健全公共安全体系,积极预防、减少和化解社会矛盾,妥善处置公共卫生、社会安全等影响国家安全和社会稳定的突发事件,促进社会和谐,维护公共安全和社会安定。"《反恐怖主义法》第二十八条第一款规定:"公安机关和有关部门对宣扬极端主义,利用极端主义危害公共安全、扰乱公共秩序、侵犯人身财产、妨害社会管理的,应当及时予以制止,依法追究法律责任。"所谓公共安全,是指社会和公民个人从事和进行正常的生活、工作、学习、娱乐和交往所需要的稳定的外部环境和秩序。所谓公共安全管理,则是指国家行政机关为了维护社会的公共安全秩序,保障公民的合法权益,以及社会各项活动的正常进行而做出的各种行政活动的总和。公共安全包含信息安全、食品安全、公共卫生安全、公众出行规律安全、避难者行为安全、人员疏散的场地安全、建筑安全、城市生命线安全、恶意和非恶意的人身安全和人员疏散等。公共安全事件包括自然灾害、事故灾难、公共卫生事件、社会安全事件。

党的十八大以来,党和国家把维护公共安全摆在突出位置,作了一系列部署。党的十八大提出要加强公共安全体系建设,党的十八届三中全会围绕健全公共安全体系提出食品药品安全、安全生产、防灾减灾救灾、社会治安防控等方面体制机制改革任务,党的十八届四中全会提出了加强公共安全立法、推进公共安全法治化的要求。其中,健全社会治安防控体系是健全公共安全体系的重要一环,也是公安机关的主要职责。所以,维护公共安全,公安机关责任重大。正如习近平总书记在2015年5月29日中共中央政治局就健全公共安全体系进行第二十三次集体学习时强调:公共安全连着千家万户,确保公共安全事关人民群众生命财产安全,事关改革发展稳定大局。同时明确了各级公安机关优化公共安全治理社会环境,建设平安中国、法治中国目标的总体思路。习近平总书记强调:各级公安机关要紧紧围绕建设平安中国、法治中国的目标要求,坚持系统治理、依法治理、综合治理、源头治理的总体思路,一手抓专项打击整治,一手抓源头性、基础性工作。对暴恐分子、黑恶势力、邪教组织、偷拐骗抢、黄赌毒等严重危害人民群众生命财产安全的犯罪分子，要开展专项行动，重拳出击，形成强大震慑、警示效应。要创新社会治安防控体系，加强对学校、医院、人流密集场所等重点区域的防控，提高在基层一线防范化解矛盾和快速处置风险能力。要加强源头治理，把激发活力和维护秩序、维护权益和维护稳定、保障安全和服务民生结合起来，优化公共安全治理社会环境，着力解决影响社会安定的深层次问题。①

2019年5月7日至8日，全国公安工作会议在北京召开，习近平总书记发表了重要讲话，明确了新时代公安机关维护公共安全的基本原则和主要方法。具体而言，一要积极预防、妥善化解各类社会矛盾，确保社会既充满生机活力又保持安定有序。二要处理好维稳和维权的关系，既要解决合理合法诉求、维护群众利益，也要引导群众依法表达诉求、维护社会秩序。三要围绕影响群众安全感的突出问题，履行好打击犯罪、保护人民的职责，对涉黑涉恶、涉枪涉爆、暴力恐怖和个人极端暴力犯罪，对盗抢骗、黄赌毒、食药环等突出违法犯罪，要保持高压震慑态势，坚持重拳出击、露头就打。四要坚持打防结合、整体防控，专群结合、群防群治，把"枫桥经验"坚持好、发展好，把党的群众路线坚持好、贯彻好，充分发动群众、组织群众、依靠群众，推进基层社会治理创新，努力建设更高水平的平安中国。五要抓住关键环节，完善执法权力运行机制和管理监督制约体系，努力让人民群众在每一起案件办理、每一件事情处理中都能感受到公平正义。六要严格规范公正文明执法，把打击犯罪同保障人权、追求效率同实现公正、执法目的同执法形式有机统一起来，努力实现最佳的法律效果、政治效果、社会效果。法律面前人人平等，任何人都不能凌驾于法律之上。七要加强全民普法宣传教育，推动全社会形成办事依法、遇事找法、解决问题用法、化解矛盾靠法的良

---

① 《切实维护公共安全和社会稳定，着力建设平安中国》，http://theory.people.com.cn/n1/2018/0211/c416915-29817887.html，访问日期：2019年8月22日。

好法治环境。[1] 概括来说，新的时代背景之下，提升公安机关公共安全风险治理能力，首先必须坚持总体国家安全观的理念，创新公安机关公共安全维护理念思路、统一思想意志、凝聚发展共识；其次，要注重公安安全事件的预测预警预防，坚持打防结合、防控为先；再次，坚持科技引领、数据支撑，提升公共安全风险治理的智能化水平；最后，统筹多方力量，形成联动机制，增强公共安全风险治理的整体性和协同性，打造共建共治共享的公共安全风险治理体系。[2]

（四）公安概念的宪法意蕴——公安制度

总结我国《宪法》文本中公安语词的使用，从哲学思维和法学思维角度可以看出，宪法使用的公安概念的内涵实质是"制度"，即关于"公安机关"在履行维护"公共安全"职责方面的"公安工作"的原则、规范等制度。

制度（Institution），或者称为"建制"，作为社会科学概念是指确定社会组织地位和关系的社会结构。制度是人们有目的、有价值追求的创造物。《宪法》关于公安概念的使用，就是把公安机关、公安部队等作为国家政权的重要组织机构，赋予其为了维护国家利益、公共利益、公民合法权益而从事各种公安工作的职权和职责。主体的法定性、工作范围和方式的法定性、目标任务和价值取向的法定性，决定了公安概念在我国的政治法律体系内，是指一种具有中国特色的"制度"。诚如《公安学通论》所提出的，关于"公安"的含义，我们可以描述为：广义的公安，是指公共安全。狭义的公安，是指我国在人民民主专政基础上设置的，维护国家安全和社会治安秩序，保护公民人身、财产安全和公共财产安全，预防、制止、惩治违法犯罪活动及提供安全服务的人民警察制度。[3] 这种观点把公安概念的外延确定为"人民警察制度"值得商榷，但是，

---

[1] 《习近平出席全国公安工作会议并发表重要讲话》，http://www.gov.cn/xinwen/2019-05/08/content_5389743.htm，访问日期：2019年8月22日。

[2] 杜荣良：《新时代公安机关提升城市公共安全风险治理能力的思考》，《国家治理》2018年第26期，第43—48页。

[3] 程琳主编：《公安学通论》，中国人民公安大学出版社2014年版，第32页。

认为公安是我国人民民主专政基础上的维护国家安全和社会治安秩序的"制度",应该说具有科学性。

从公安概念的制度本质出发,毋庸置疑,《宪法》对于公安概念的使用,实际上从宪法角度明确设立了公安法律关系的总体框架,即公安法律关系的主体——公安机关,公安法律关系的客体——公共安全秩序、公安工作,公安法律关系的内容——公安机关从事公安工作的职权权限、权力和责任。

二、当前我国公安法律制度中存在的问题

伴随着我国改革开放的发展进程,在依法治国的发展视域下,我国公安立法工作取得了令人瞩目的成绩,也有力地促进了我国当前的社会建设和经济发展。但是,对照十八大后新一届党中央提出的"法治中国"的顶层设计,特别是结合人民群众对公安机关的现实要求,我们也应当清醒地看到,公安立法中仍然存在许多亟待解决的问题,急需改进和完善。

(一)公安法律制度的立法理念落后

一是公安立法缺乏系统性。目前,我国公安立法基本上处于"头痛医头、脚痛医脚"的状况,现行的立法实践往往是什么问题突出,需要法律予以调整,就提出什么立法项目,立法零散,缺乏科学预测和合理规划。事实上,对于公安法律法规所涉及的一些问题,我们目前很少有人进行过深入的研究、探讨和论证,以致在立法工作中没有什么资料可供参考,没有什么观点可资借鉴,仅凭几个起草人员集体讨论和泛泛地征求意见,难以保证立法的质量。[①]

二是公安立法缺乏统一性。任何一个国家立法都必须遵循法制统一的原则,法制统一原则不仅要求一国的法律体系保持下位法与上位协调统一,而且要求一个国家同一时期制定的调整同一类社会关系的同一位

---

① 呼倩:《论我国公安立法存在的问题及解决途径》,《法制与社会》2007年第6期,第38页。

阶的法律也要保持协调统一。从 2004 年施行的《公安机关办理行政案件程序规定》《公安机关适用继续盘问规定》《道路交通安全法》等几部公安法律规范来看，都未能体现立法统一性这一原则。立法不统一不仅会造成执法办案人员在选择适用法律上的困难，而且一旦相对人提起行政诉讼，而公安机关适用了上下位不统一的下位法律，将会导致公安机关在行政诉讼中败诉。立法不统一的问题不解决，法治公安的目标就难以实现。[1]

三是公安立法中存在注重部门权力和利益的倾向。公安立法必须从大局出发，统筹考虑国家整体利益、长远利益，人民的根本利益、正当权益。但是，目前我国公安立法的起草工作多数情况是由各个执行机关来承担，受部门利益的驱动和自身工作的局限性，不少部门在参与起草法律、法规、规章时，普遍地表现出一种注重部门权力和利益的倾向。立法时侧重管理的内容多，偏重保障的内容少；对管理相对人的限制规定多，对公安机关自身的约束规范少。[2]

（二）公安法律制度的立法技术粗糙

由于立法时间久远，现代法治意识不够，立法意识缺乏前瞻性，立法技术粗糙，很多公安法规漏洞百出，法律规范不完善、不准确，实践中可操作性不强，也会造成执法人员难以厘定合法非法的问题，很容易造成冤假错案。

一是公安立法工作过分强调保密性，缺乏透明度、公开性。公安立法的提议和内容长期以来都是由公安机关提出，很少征求公民的意见，包括一些事关群众切身利益或者为广大人民群众所关注的立法事项，往往也等同于公安机关内部的立法事项，在征求意见时，也常常局限于相关业务单位和上下级机关，鲜见在社会上广泛征求人民群众的意见。即便有些立法事项征求社会意见，也常常是局限于一些专家、学者。由于

---

[1] 马红杰：《地方性公安立法的重要性及应遵循的原则》，《公安大学学报》1994 年第 8 期，第 37—39 页。
[2] 房蔚、冯志毅、房雨霞：《浅谈公安立法中存在的问题及对策》，《行政与法》2003 年第 11 期，第 125—126 页。

立法工作征求意见的渠道单一、范围有限，使得过去公安立法的内容中不同程度地存在着强化部门利益、地方保护主义的倾向。这在一定程度上影响了公安机关的形象，损害了国家法律的权威，不利于管理相对人了解和遵守法律、法规，影响了法律的有效实施。

二是公安立法的"立、改、废"缺乏及时性。目前，我国公安法律法规的清理、修改、废止还不能完全跟上社会发展的要求，存在清理、修订、废止不及时的问题。公安机关适用的法律、法规和规章仍然有很大一部分是在改革开放之初制定的，有的与其他新制定的法律、法规不相协调，有的已经不适应形势发展的要求，如《中华人民共和国户口登记条例》《旅馆业治安管理办法》等。由于这些法律、法规和规章没有进行及时的修改和废止，从而影响了公安法规体系的严谨、和谐、统一。

三是公安法规规章不配套。尽管目前公安执法行为在基本方面已做到了有法可依，但具体到某些方面的工作，仍存在着立法不配套的问题。例如，一些已明确规定由国务院有关部、委或省、自治区、直辖市制定法规规章的公安法规，迟迟未能配套完善；一些问题仅有原则性规定，缺少具体规范，自由裁量的幅度很大，加上各地情况千差万别，要准确、合理地适用法律就有着相当的难度。这往往也成为公安执法工作不规范、不统一，从而欠缺公正性的原因。

（三）公安法律的立法形式分散，立法层次普遍不高

一是现行法律可操作性弱、内容过时的现象并不罕见，结果往往是有法难依。相当一部分现行法律大多是原则规范，只具有政策宣示与导向功能，要么授权行政部门自行决定，立法中未注重法律的可操作性、可执行力。

二是公安行政法规、规章较多，立法层次低及其带来的系列问题难以治理。在我国公安立法中还有一种常见的现象就是行政法规、地方法规与部门规章大量存在，它们的数量是全国人大及其常委会通过的法律总数的数倍，所揭示的是我国现阶段主要还不是依靠国家立法机关制定的法律来治理国家，而是主要依靠行政部门等制定的法规、规章与政策性文件在治理国家。立法层次低所带来的突出问题，不仅是立法的严肃

性、权威性、稳定性明显不足，而且部门利益、地方利益的痕迹随处可见，争权诿责的现象较为突出，更有公安行政部门通过法规、规章自相授权，进一步损害了国家法制的完整性与部门之间的有效协同。[1]

（四）现行公安法律制度重管理、轻治理

一是公安立法工作深受传统公法文化影响，强调管理权，忽视为个体权利主体服务。中国传统公法文化是阻碍民法理念渗透普及的最主要原因。长期以来，中国传统公法文化不但根深蒂固于普通公民的心里，指导着人们的各项行为，而且还深深影响着公安工作。在公安立法工作中表现为更多地强调公安机关的管理权力，而忽视为行政相对人即个体权利主体的服务职能。比如《居民身份证法》只强调了公安机关对于居民身份证的管理权力，却忽视了身份证申领或换领工作中公安机关应该履行的服务职能。为了申领居民身份证，申领人需要在工作时间至少请假两次才能办完申领事务，而且还可能遭遇"门难进、脸难看、话难听"的场面，群众谈到公安机关办理居民身份证的工作都会有一些微词。这些表现反映了公安立法工作中还缺乏为民、利民、便民等人本思想和服务意识，同时也是民法精神缺失的表现。[2]

二是公安立法工作中公安机关的权力过于集中，缺乏有效的监督管理与制约。以权利制约权力是现代法治的呼唤，也是尊重民法精神的体现。公安机关是通过预防、制止和惩罚违法犯罪活动来实现公安工作的宗旨的。一方面，公安机关承担大量的行政执法职能，涉及治安、交通、消防、户籍、边防、出入境、计算机安全保护等诸多方面；另一方面，公安机关还承担刑事司法职能。这种同一机关既行使行政权又行使司法权的现象并不多见。可见，公安机关是公权力高度集中的一个部门，公安机关的权力所涉及的范围较大，且关系国计民生。这种情况一方面方便了公安工作的开展，但另一方面也因为权力过于集中容易失去监督，使权力容易异化为强权、滥权。如劳动教养等行政管理处罚措施的决定

---

[1] 杨宗科：《法律的成立：社会与国家——现代立法基本理论探索》，陕西人民出版社2000年版，第201—203页。

[2] 周旺生：《立法学》，法律出版社2004年版，第47—48页。

权集中在公安机关。虽存在内部监督,但因为缺乏有效的外部监督管理和制约而广受诟病。①

三是公安立法工作应该公开透明、问计于民、广纳民意,但在实践中却经常忽视私权利主体的意思表示。当前,许多省市尝试进行警务机制改革,改革过程中出台了一系列的改革举措。这其中自然涉及公安立法的问题,比如创设"警务联勤制""撤销公安分局"等试点。这些重大治安改革举措的初衷是好的,希望通过改革,给市民创造一个更加安全、宁静的工作和生活环境。问题是推出这些举措,老百姓会怎么想,能不能接受?有些立法工作过于急切地过渡到实验甚至实践阶段,无法深入社区问计于民、广纳民意,忽视私权利主体的意思表示,缺乏民意表达的通道,有些立法内容更没有事前向社会公开征集意见、论证研讨,只是凭着创新的勇气和为民的初衷就开始由立法构思变成了影响一方民众的公安法律规范。②这一做法首先在程序上是仓促的、有欠缺的。这样的公安立法工作也难以得到广大群众的热情拥护。如某省搞得轰轰烈烈的警务机制改革,更多地停留在理论的创新、新闻媒体的赞扬和各级工作报告中捷报频传的层面,没有给私权利主体充分表达意思表示的途径,其改革的结果自然是得不到市民的认可,失去了民意基础,达不到改革的初衷。③

(五)现行公安法律制度之间存在矛盾和冲突

当前,公安机关行政法律规范冲突表现在较多领域。如果按照冲突法律规范的位阶关系这一标准来划分,有上下位阶法律规范的冲突和同位阶法律规范的冲突两种形式。

1. 上下位阶法律规范的冲突

根据《立法法》规定,因全国人大可以撤销或变更全国人大常委会

---

① 李林:《立法理论与制度》,中国法制出版社2005年版,第108—110页。
② 于志刚、邢飞龙:《中国网络法律体系的现状分析和未来建构——以2012年12月31日为截止时间点的分析》,《辽宁大学学报(哲学社会科学版)》2013年第4期,第82—94页。
③ 李健和:《我国警察权力配置的现状、问题与原因——警察权力专题研究之二》,《中国人民公安大学学报(社会科学版)》2007年第5期,第6—10页。

制定或修改的法律，所以从这个角度来讲，全国人大制定的法律应属于全国人大常委会制定的法律的上位法。除此之外，法律与行政法规之间，行政法律与地方性法规之间，以及地方性法规与规章之间还存在上下位阶关系。产生冲突较多的是在上下位法律、法律与行政法规之间。如全国人大常委会制定的法律规范与全国人大制定的法律规范存在冲突，《交通安全法》第一百零七条第一款与《行政处罚法》第三十三条对适用简易程序作出行政处罚的数额相抵触。前者规定：200 元以下罚款，交警可以当场作出处罚决定。后者规定对公民处以 50 元以下罚款可以当场作出处罚决定。两者的冲突显而易见。再如国务院制定的行政法规与全国人大及其常委会制定的法律规范的冲突，《民用爆炸物品安全管理条例》第四十四条第四款与《治安管理处罚法》第三十条对非法购买、运输危险物品的处理存在冲突。前者规定对违反者处 5 万元以上 20 万元以下的罚款，后者规定处拘留处罚，两者规定的处罚种类不同。国务院制定的行政法规《计算机信息网络国际联网安全保护管理办法》第 20 条与《治安管理处罚法》第二十九条第三款对非法改变计算机信息系统和数据应用程序规定相抵触，前者规定为给予警告和罚款的处罚，后者规定为给予最高为 10 日以下的拘留处罚。

2. 同位阶法律规范的冲突

同位阶法律规范冲突分为，法律与法律之间的冲突，行政法规与行政法规之间的冲突，地方性法规与地方性法规之间的冲突，规章与规章之间的冲突。法律与法律之间的冲突，如《全国人民代表大会常务委员会关于禁毒的决定》第八条与《治安管理处罚法》第七十二条对吸食毒品的处罚规定不一致，前者规定单处最高可罚 2000 元，后者规定如单处罚款最高只能罚款 500 元。《劳动法》第九十六条第二项与《治安管理处罚法》第四十条第 3 项对用人单位"非法限制人身自由"拘禁劳动者的，前者规定为对责任人员处以 15 日以下拘留、罚款或者警告，后者规定处行政拘留 15 日以下并处 1000 元以下罚款。两者规定的处罚种类和幅度均不同。另外，《劳动法》中对用人单位及其主管和直接责任人员非法搜查、侮辱、体罚、殴打劳动者的处罚与《治安管理处罚法》中的规定相竞合。《出境入境边防检查条例》与《外国人入境出境管理法实施细则》中对协助非法出境、入境中被协助对象与《外国人入境、出境管理法实施细则》中协助外国人非法入境、出境的规定内容相竞合。①

笔者认为，目前我国的法律体系虽已形成，但现行法律体系的质量离时代发展与法治中国建设的要求确实还存在着相当距离。导致立法质量不高的原因异常复杂，但总体上不外乎以下几点：一是行政主导的立法体制具有明显的局限性；二是悠久的人治传统导致了不重法律而偏重法规、规章及政策性文件；三是立法机关及其组成人员难以胜任主导立法事务的职责；四是固化的思维定式束缚了立法者的作为，总以为法律只要讲原则、明导向就够了，总强调法律要给执法部门留出足够的作为空间，等等。因此，在全面推进依法治国的进程中，不能简单地以为有法可依了，立法不是主要问题了，而只将目光聚焦在有法必依、执法必严、违法必究上。如果法律、法规本身存在着缺失，有法必依、执法必严、违法必究的效果差之千里。

（六）公安法律制度体系尚存诸多立法空白

改革开放以前，我国法制建设是分散立法，随着改革开放的推进，法制建设向统一立法转变。我国公安整体法制建设在改革开放以后才进入高速发展时期，然而公安法制仍采用分散立法的方式，违背了法制的统一协调性。由于公安立法分散的方式再加上公安执法影响范围广、执法形式多样，这就导致了相当多的法律法规都或多或少地会有对公安执法的特别规定，这些规定散乱、不统一，甚至相互之间还有矛盾，这就造成公安行政执法散乱不堪，不知该依据何法，不知该如何依法行政，也就无法有效地打击违法犯罪。② 进入 21 世纪以来，新问题、新矛盾随之产生，社会治安治理面临的挑战也越来越大，但是涉及公安方面的法制建设就更加缓慢、更加混乱，因此导致立法体系不完善、权限分工不

---

① 孙茂利：《新时期全面加强公安法制建设若干问题的思考》，《山东公安专科学校学报》2003 年第 5 期，第 14—17 页。

② ［德］弗里德里希·卡尔·冯·萨维尼：《论立法与法学的当代使命》，许章润译，中国法制出版社 2001 年版，第 147—148 页。

明确，立法技术不成熟、质量不高，条令条例较多、法律法规较少，法律规范的效力层级较低，立法修改缓慢，严重滞后于社会的发展。公安立法存在严重短板，一方面，缺少对受害者权益保护的立法。长期以来，公安机关年均刑事案件破案率为30%左右，而多发性侵财案件的破案率一直在低位徘徊，也就是说大多数的案件受害者无法通过法律获得公平正义。而小部分的受害者认为可以通过法律挽回损失或讨回公道，但由于多方面原因也时常导致受害者的人身伤害、财产损失等难以得到赔偿，受害者对法律保护之期待以及对公安工作的认同或满意度不言自明。[①] 另一方面，我国的公安立法相对陈旧，已经不能够满足日新月异的社会发展需求，法律的滞后性特征越发明显，而且公安工作的许多领域都存在着立法空白。这些公安工作立法空白集中体现在与社会治安稳定相关的新兴行业、新兴事物的规范管理和公安队伍建设等方面。新领域尚未有规范性立法。举例来说，以特种行业治安管理为代表的新兴行业管理和以网络安全为代表的新兴事物，以及公安机关重要辅助力量的权力边界的限定，在全面依法治国的时代背景下，无一不需要规范立法。

（七）公安法治工作理念落后，不能适应新时代全面深化公安改革的要求

全面深化公安改革总体目标是：完善与推进国家治理体系和治理能力现代化、建设中国特色社会主义法治体系相适应的现代警务运行机制和执法权力运行机制，建立符合公安机关性质任务的公安机关管理体制，建立体现人民警察职业特点、有别于其他公务员的人民警察管理制度。到2020年，基本形成系统完备、科学规范、运行有效的公安工作和公安队伍管理制度体系，实现基础信息化、警务实战化、执法规范化、队伍正规化，进一步提升人民群众的安全感、满意度和公安机关的执法公信力。但是，正如公安部负责人就全面深化公安改革有关情况答记者问时讲道："经过多年不懈努力，公安执法规范化建设取得了明显成效，执法

---

① 张跃进：《推进法治公安建设的现实意义与实现途径》，《河北公安警察职业学院学报》2015年第4期，第12页。

质量和执法水平不断提升。但我们也要清醒地看到，公安执法工作中仍然存在不少突出问题。"与全面深化公安改革的总目标相比，当前公安法治工作理念尚不能适应新时代全面深化公安改革的要求，突出表现在以下几个方面。

1. 法律至上观念有待强化

古希腊思想家亚里士多德曾对法治下了一个著名的定义："法治无非包含两重含义：已制定的法律获得了普遍的服从，而大家所服从的法律本身又是制定得良好的法律。"由此可见，法律被普遍服从或信仰是法治的应有之义，这正如西方的法谚所讲："法律不被信仰，如同虚设。"若执法者不信仰法律，要在一个国家实现法治是不可想象的。所以，公安民警应忠诚于法律、忠诚于法治的精神，将法律作为至高无上的权威，作为最高的行动指南。[①] 现实中，不少民警缺乏法治意识，不但不信仰法律，甚至滥用权力，执法不严格、不规范、不公正、不文明，权钱交易、徇私枉法等问题时有发生，严重影响了公安机关的执法公信力。

2. 证据意识薄弱

证据是整个诉讼活动的核心和基础。证据意识是指人们在社会生活和交往中对证据作用和价值的一种觉醒和知晓的心理状态，是人们在面对纠纷或处理争议时重视证据并自觉运用证据的心理觉悟。[②] 具备强烈的证据意识是公安民警必备的职业素质。受传统执法观念、证据收集规则和办案民警素质的综合影响，一些办案民警表现出重口供、轻物证，重实体、轻程序，重收集、轻保全等取证特点，在一定程度上严重制约了公安机关的办案质量。

3. 尊重和保障人权理念尚需提高

一些民警执法观念陈旧，正当法律程序观念缺乏，有罪推定观念根深蒂固，在办案中违规拘留、滥用枪支警械、滥罚款、违规使用警察圈套等滥用强制措施现象比较严重，刑讯逼供或者变相刑讯逼供屡禁不止，

---

① 黄伦成：《公安法治文化建设 公安机关职能发挥的基石》，《公安教育》2007年第9期，第24页。
② 何家弘：《证据意识漫谈》，《法学杂志》1998年第3期，第45页。

人为制造律师会见困难等现象时有发生。更有甚者，有些地方由于警察执法不规范造成公民非正常死亡。

4. 一些公安民警管理理念多，服务理念少

现代经济与社会的快速发展，使政府的职能已由传统的以管理为主日益转向以服务为中心。作为重要的行政部门，人民公安在改革发展中，无疑也必须不断地向社会提供优质的公共安全产品，努力创建让人民群众满意的服务型机关。① 一些地方的公安民警宗旨意识不强，执法态度强硬，冷漠横推，盛气凌人，甚至门难进、脸难看、事难办，动辄给人民群众找麻烦。

三、构建公安法治体系的方向目标和任务

全面深化公安改革共有七个方面的主要任务、100多项改革措施。这七个方面的任务中多数都是体制和机制性的，要完成这七个方面的任务，必须构建完整的公安法治体系，让公安工作在法治框架内进行。当然，将公安机关权力限定在宪法法律范围内，防止公安机关权力滥用是建设法治公安的目的。

（一）构建公安法治体系的必要性

一是建设法治公安的必然要求。章法有度，自成方圆。全面深化公安改革要求着力建设法治公安，确保严格规范公正文明执法，提高公安机关执法水平和执法公信力，努力让人民群众在每一项执法活动、每一起案件办理中都能感受到社会公平正义。推动公安机关执法规范化是建设法治公安的首要任务。2015年3月，公安部印发《关于贯彻党的十八届四中全会精神深化执法规范化建设全面建设法治公安的决定》，紧紧抓住当前公安执法工作中存在的薄弱环节和群众反映强烈的执法问题，从提升依法履职能力、完善执法制度体系、改革权力运行机制、规范执法办案行为、加强执法监督管理等方面提出了一系列措施要求。建设法治

---

① 方朝平：《试论公安机关的服务性职能》，《公安教育》2008年第5期，第17页。

公安就是把公安机关的权力关进制度的笼子里，加强对权力的制约和监督，使权力在正确的轨道上运行，保证权力正确行使。构建公安法治体系就是要紧紧围绕公安机关的权力，通过科学立法明确公安执法工作中的规矩、标准和界限，实现各项执法活动、各个执法环节有据可依、有章可循。毫无疑问，构建一套科学的公安法治体系有利于推进法治公安建设。

二是全面深化公安改革的必然要求。公安改革既是中国改革发展的重要部分，也是全面推进依法治国的重要环节。全面深化公安改革，建设法治公安，是适应时代新发展的必然要求，是促进社会公平正义，维护社会和谐稳定的必然要求，是激发公安生机活力、提升公安战斗力的必然要求。[1] 全面深化公安改革，对于建设平安中国、法治中国具有重大现实意义和深远历史意义。全面深化公安改革，事关国家长治久安，事关人民群众切身利益，事关国家治理体系和治理能力现代化。[2] 建设法治公安是全面深化公安改革的三大指向之一，也是全面深化公安改革总目标的重要组成部分。习近平总书记指出："国家治理体系和治理能力是一个国家的制度和制度执行能力的集中体现，两者相辅相成。"科学的国家治理体系有利于提升国家治理能力，国家治理能力提升反过来可以促进国家治理体系效能的实现。法治是国家治理体系和治理能力现代化的必要条件和重要特征，构建公安法治体系是完善与推进国家治理体系和治理能力现代化的重要举措。

三是建设中国特色社会主义法治体系和社会主义法治国家的必然要求。党的十九大以习近平新时代中国特色社会主义思想为指导，作出了中国特色社会主义进入了新时代等重大政治判断，深刻阐述了新时代坚持和发展中国特色社会主义的一系列重大理论和实践问题，特别是把坚持全面依法治国作为新时代坚持和发展中国特色社会主义的基本方略之一，提出了建设中国特色社会主义法治体系、建设社会主义法治国家的

---

[1] 彭凯：《法治公安建设的必要性及其路径选择》，《辽宁教育行政学院学报》2017年第3期，第37页。

[2] 《凝神聚力全面深化公安改革》，《法制日报》2015年2月16日。

全面依法治国总目标。公安机关是国家重要的执法机关，在落实全面依法治国基本方略，建设中国特色社会主义法治体系、法治国家中担负着重大的职责使命。公安工作法治化水平的高低，在很大程度上反映着执法司法形象，体现着国家的法治文明程度。这就必然要求各级公安机关和法制部门要站在新时代全面依法治国的高度，积极主动适应新时代的召唤，更加深刻地认识到公安机关肩负的历史使命和重大责任，以深化执法规范化建设为载体，加快法治公安建设步伐，不断提升公安机关依法履职能力和执法公信力，更好地发挥公安机关在推进全面依法治国中的生力军作用。[①] 社会主义法治国家建设必然要有社会主义法治体系作为支撑。中国特色社会主义法治体系包括完备的法律规范体系、高效的法治实施体系、严密的法治监督体系、有力的法治保障体系和完善的党内法规体系五大子系统。这也为构建公安法治体系明确了方向。如前所述，建设法治公安是全面深化公安改革的必然要求，所以，构建公安法治体系也是建设中国特色社会主义法治体系的重要一环。

四是全面依法治国的必然要求。依法治国是对中华人民共和国历史经验进行深刻总结的结果，是发展社会主义市场经济的客观需要，是国家民主法治进步的重要标志，是建设中国特色社会主义文化的重要条件，是国家长治久安的重要保障。党的十八届四中全会发出"全面推进依法治国"的强音，"依法治国"被历史性地置于前所未有的高度。全面推进依法治国，就是要依照宪法这个治国安邦的总章程治理国家社会，坚持党的领导、人民当家作主、依法治国有机统一。全面推进依法治国，最终要落实到国家治理体系和治理能力现代化上。全面推进依法治国的全面要求社会各领域的治理首先要有法可依。因此，紧紧围绕国家治理体系和治理能力现代化的目标，全面推进依法治国首先要求实现科学立法、严格执法、公正司法、全民守法，建设一个由完备的法律规范体系、高效的法治实施体系、严密的法治监督体系、有力的法治保障体系和完善的党内法规体系构成的法治治理体系。建设法治公安是全面

---

① 孙茂利：《坚持全面依法治国　提升公安工作法治化水平》，《人民公安报》2017年11月18日。

深化公安改革的一大目标,也是全面依法治国的必然要求。所以,构建公安法治体系是全面依法治国的重要组成部分,也是全面依法治国的前提之一。

(二) 建设公安法治体系的指导思想、目标任务和原则

1. 公安法治体系建设的指导思想

早在民主革命时期,毛泽东同志于1938年就提出了"马克思主义中国化"的著名论断。80多年来,中国共产党人用实际行动实现了领袖的诺言,并不断取得了举世瞩目的成就,其中当然包括马克思主义法学中国化的巨大成果在内。[①] 马克思主义法学中国化是马克思主义中国化的重要组成,是中国特色社会主义法治体系的理论基础。历经毛泽东、邓小平、胡锦涛、江泽民四代领导人对法治的坚持和发展,开辟了一条中国特色社会主义法治道路。党的十八大以来,习近平总书记对依法治国提出了一系列科学论断,不仅成为新时代依法治国的指导思想,也是建设公安法治体系的指导思想。党的十八届三中全会公报和四中全会作出的《中共中央关于全面推进依法治国若干重大问题的决定》就是习近平总书记全面依法治国指导思想的标志性文件。概括起来,主要有以下10个方面:一是坚持加强党对依法治国的领导;二是坚持人民主体地位;三是坚持中国特色社会主义法治道路;四是坚持建设中国特色社会主义法治体系;五是坚持依法治国、依法执政、依法行政共同推进,法治国家、法治政府、法治社会一体建设;六是坚持依宪治国、依宪执政;七是坚持全面推进科学立法、严格执法、公正司法、全民守法;八是坚持处理好全面依法治国的辩证关系;九是坚持建设德才兼备的高素质法治工作队伍;十是坚持抓住领导干部这个关键少数。这些新理念新思想新战略,是马克思主义法治思想中国化的最新成果,是全面依法治国的根本遵循,必须长期坚持、不断丰富发展。[②] 中国特色社会主义公安法治体系是中国特色社会主义制度的法律表现形式。构建公安法治体系,必须围绕建设

[①] 李龙:《中国特色社会主义法治体系的理论基础、指导思想和基本构成》,《中国法学》2015年第5期,第17页。

[②] 习近平:《加强党对全面依法治国的领导》,《求是》2019年第4期,第4—11页。

中国特色社会主义法治体系这个目标，努力形成完备的法律规范体系、高效的法治实施体系、严密的法治监督体系、有力的法治保障体系和完善的党内法规体系，不断开创法治公安建设的新局面。

2. 公安法治体系建设的目标和任务

建立健全公安法制是公安法治体系建设的直接目标，实现全面深化公安改革总体目标则是公安法治体系建设的根本目标。换句话说，公安法治体系建设的直接目标是适应公安工作和队伍建设的实际需要，加强立法工作，建立起完善的公安法规体系；切实加强执法工作，使公安队伍的整体执法水平和依法办事的能力有明显提高；进一步健全执法制度，建立起完善的执法监督机制，确保严格公正文明执法，保障警令畅通；加强法制教育，使法治培训经常化、制度化，进一步增强全体民警特别是各级领导的法治观念和法律素质，全面实现公安工作和队伍建设的规范化、制度化和法治化。公安法治的根本目标则是完善与推进国家治理体系和治理能力现代化、建设中国特色社会主义法治体系相适应的现代警务运行机制和执法权力运行机制，建立符合公安机关性质任务的公安机关管理体制，建立体现人民警察职业特点、有别于其他公务员的人民警察管理制度。

同时，全面深化公安改革提出了改革的七项主要任务：健全维护国家安全工作机制，创新社会治安治理机制，深化公安行政管理改革，完善执法权力运行机制，完善公安机关管理体制，健全人民警察管理制度，规范警务辅助人员管理。这相当于明确了公安法治体系建设的基本任务。也就是说，要建设法治公安，公安法治体系建设主要内容就必须围绕前述七个方面具体展开。其中，着力完善现代警务运行机制、着力推进公安行政管理改革、确保严格规范公正文明执法更是公安法治体系建设的重中之重。因为这些内容关乎完善与推进国家治理体系和治理能力现代化与否，所以公安法治体系建设要以深化执法规范化建设和执法权力运行机制改革为抓手，进一步深化执法制度体系建设，进一步深化执法管理体系建设，切实加强对基层一线执法办案的日常监督管理，进一步深化执法信息化建设，提升公安队伍整体法律素质和执法能力。

3. 建设公安法治体系的原则

（1）法制统一。法制统一是指所有立法在宪法统一下的活动，属于我国立法的基本原则和精神。社会主义法制统一是关系到民主法制建设以及能否实现好立法工作的本质因素。我国是一个多民族的社会主义国家，能否坚持社会主义法制统一，关系到国家的统一、社会的稳定和民族的团结，同时还直接决定了能否构建统一的现代市场体系。此外，我国宪法明文确立了社会主义法制这一重要思想原则，其中规定："国家维护社会主义法制的统一和尊严。"这就为如何构建中国特色的社会主义法律体系提供了理论依据，那就是必须将宪法放在统帅与核心地位，自觉地在社会生活中践行宪法规定的基本原则，在实际行动中体现国家法制的统一。

践行社会主义法制统一这一重要原则主要体现在两个方面：首先，在立法中要维护宪法的核心权威地位，在任何层次、任何领域的立法工作中，都必须以宪法为依据，任何行政性地方性法规都不得同宪法内容相违背，同时行政法规与现行法律有不一致时，必须以现行法律为准，不得相互抵触；各类法律法规在设立时必须符合相应的法定程序，同时厘清自身的法定权限，不得逾越或是违规立法；立法时还应建立远大的立法理念，立法时必须结合国家的整体战略，考虑广大人民群众的最根本利益。同时必须具备长远的发展眼光，而不能从局部因素出发，为少数利益而立法，这也是从制度上保证国家法制统一、内部和谐的必然要求。其次，考虑到我国目前尚处于社会主义初级阶段，我国各地的政治文明、经济水平、文化实力以及社会发展都存在差异，很不平衡，同时我国目前正处于改革的关键时期，国家面临诸多未曾遇到的新问题，为了较为灵活及时地进行应对，就要求我国的立法体制既统一于中央又必须具有层次性，因此我国还赋予了国务院以及各省、部分较大市的人大常委会制定行政法规及地方性法规的权限。同时，考虑到经济特区和民族自治地区的特殊性，还赋予了前者制定相应的经济特区法规，后者制定符合自身实际的自治条例的权限。通过这种合理的制度安排，可以在保证国家法制统一的前提下，又给予地方立法的灵活性，使其能够有充分的空间施展立法权限，从而发挥地方立法的积极性。地方在这些鼓励性条件下便可以通过"先试先行"的手段，对自身遇到的立法问题不断反思并改革。而待各地的经验逐渐成熟统一，便可由中央将其升华为国家性法律。①

维护社会主义法制统一还要求在立法工作中积极开展对一些陈旧或不合理法规的集中清理工作，特别是对一些已经跟不上时代发展或是与上位法存在冲突的法律法规必须要迅速及时地进行修改，同时在清理工作中，也必须把握好法制原则，必须严格按照法定权限进行，遵循相关的法定程序。随着具有我国特色的社会主义法律体系的不断深化与完善，对法律法规进行相应的修改和清理在立法工作中的地位也日益凸显。此外，为保证不同层次的法律法规以及规范性文件之间的协调性、一致性，还必须加强对相关文件的备案审查，建立相应的校核制度，从而能够确保各类法律法规之间的衔接与和谐，减少冲突抵触，从而在制度上保障社会主义法制的统一。②

（2）权责一致。权责一致作为法理的基本精神，也是我国公共行政的基础和前提。但是在我国行政管理实践中，对权责一致理念经常存在一些误区或困境：一方面，权责关系的理论研究不够全面，未给相关制度的安排工作奠定良好基础；另一方面，在科层组织中存在权责相背离的现象，直接增加了控制这些制度的难度。

一般来说，对于权责一致的认识，有积极和消极的不同视角，但这两者是辩证统一的，共同推进我国公共行政的法制理念和法治进程。站在权责积极统一的角度来看，其内容分为两个方面：首先，有责必有权。这种积极责任为政府行政提供了正当的理由。否定政府积极责任，即否定了政府存在的意义。政府积极责任的落实，必须以相应权力为支撑，因此有必要针对政府责任，授予其相对应的权利。其次，有权必有责。

---

① 赵晓耕、沈玮玮：《专业之作：中国三十年（1979—2009）立法检视》，《辽宁大学学报（哲学社会科学版）》2010年第5期，第1—10页。
② 马泽红：《公安行政处罚程序实施现状及立法完善》，《辽宁警专学报》2009年第2期，第10—12页。

责任描述了权力的操作规范，同时规定了权力的行使过程与方式。权责消极统一的含义包括：首先，消极责任是惩罚滥用权力行为以及规定权力行使结果的主要措施。其次，责任惩戒程度要与滥用权力程度相匹配，如此才能将惩罚效力恰当地发挥出来。①

（3）推进行政管理法治化。国家权力机关处理和执行国家事务，靠的是行政管理，它与法治之间有着千丝万缕的内在必然联系。使行政管理走向法治化，就是指在行政管理和执行的过程中，牢牢把握国家权力机关制定的法律准绳，以维护国家和人民的整体和切身利益为最重要使命，使国家的行政管理始终在法治的轨道上平稳运行。行政管理法治化主要体现在培养法治意识，使行政管理组织、行政管理职能以及行政管理程序等逐步迈向法治化。

法治在现代社会之中是作为一个极其重要的核心价值观念而存在的，并影响着生产和生活的方方面面，同时它也服务于宪政和人权保护。对于现阶段正处于社会转型期的我们国家来说，还是显而易见地存在着政府机关的法治意识不强、欠缺依法行政能力等问题。因此，为了推进社会更快更好地迈向法治化，推进依法行政、构建法治政府不仅仅应该只作为一句口号，而要引起整个社会的自觉和重视。依法行政，既是对政府公众形象的一种维护，也被视为对人民群众合法权益进行保障的重要途径，更是作为一种有效手段来提高政府行政能力所迫切需要的。在当今的社会生活当中，公民生活的方方面面都不可避免地要与政府相联系，并且公民的权益很大程度上受到政府的每一项行政的直接影响。② 因此，作为一种政治理念的依法行政，还应被视为一种政治道德，甚至是作为社会的一种居于核心地位的价值观念来推进整个国家、整个社会的进步和人民利益的实现。

由现代法治政府理念来进行的行政管理法治化，主要包括：

一是牢固树立依法行政的理念。在现代社会中，法治是极其重要的

---

① 郭春青、张永青：《论公安行政强制措施的立法规制》，《山西高等学校社会科学学报》2006年第1期，第64—66页。
② 蓝海宁：《地方公安立法问题初探》，《公安研究》1995年第4期，第14—16页。

一项基本内容，它的重要性不仅全面地体现在了法律的制定和执行的过程之中，而且从人们的法治意识和素养上同样可以清楚地显现出来。因此，推进依法行政需要整个社会深层次地进行参与，同时它又是一个具有历史性的过程。在现实中，对于法律，很多执法者产生过错误的观点，并由此有了错误的做法。譬如利用法律和简单粗暴的手段进行社会治理，使民众对法律失去信心。这也是执法人员需要引以为鉴的，因此要求执法人员应当转变执法理念，在执法的过程中贯彻服务和理性的观点，利用执法保障人民利益和社会稳定。良好的执法观念带来科学合理的执法行为和效果。这就要求执法者应当培养和谨记行政服务、民主参与、平等互动这三大观念，同时对每天执法当中出现的不当行为进行自省，能够让自身在下一次执法中有正确的表现，自觉让自己的执法暴露在人民和社会的严格监督之下。同时不能忽视的是执法过程中的灵活性和能动性，这并不意味着对法律的忽视，而是使法律效果和社会效果能够得到更好的统一。[①]

二是全面提高行政执法能力。行政执法能力的加强，体现在对执法人员素质的建设和培养上，主要的途径包括政治学习和思想教育等。在这一过程中，正确的金钱观、权力观、人生观，优秀的政治素养和职业道德水平应当是所有执法者应当努力去实现的，并争取在今后的执法行为中，能够自觉贯彻并践行文明执法、规范执法、严格执法这些准则。同时也应考虑到，随着社会和经济发展水平的不断变化，对于法律的要求也是不断变化的，这就要求执法人员能动地看待法律，不断修改和完善法律，以及对法律制定和修改的程序也进行完善，将法律建设为科学的、合理的规范；还应注重对法律培训学习制度的建立，执法人员应当定期参加针对提高其执法素养的培训。在培训的过程中，还应使执法人员明确执法的程序，培养执法人员按照程序进行执法的意识，此举是公平公正地保障当事人合法权益的需要。执法组织建设与行政能力建设有着千丝万缕的联系，不容小觑。依法行政具有复杂性、系统性的特点，

[①] 陈永峰：《论民法精神对公安立法工作的影响》，《政法学刊》2012年第6期，第110—118页。

导致的直接后果便是许多部门与部门之间利益的盘根错节，也造成了大大小小的利益冲突，这对于执法来说显然是不利的，例如层出不穷的推诿扯皮、重复执法、多头执法等一系列现象。这就要求理顺行政管理体制和执法主体之间糅杂的关系，使部门与部门之间能够协调工作。

三是进一步完善法律执行。自我国实行改革开放以来，在法律体系建设上的成就令人瞩目。一套完善的法律体系已基本建立，并靠着这一套体系实现了有法可依的目标。但同样不可以忽视的问题是，许多缺陷与不足逐渐暴露出来，包括越权进行立法，由于立法者考虑不周所导致的行政法规之间存在冲突以及随之而来的执法困难等现象，因而进一步完善行政立法制度并提高行政立法质量势在必行。

（三）公安法治体系建设的基本框架

在以审判为中心的诉讼制度改革背景下，加强公安机关执法规范化建设是法治公安建设的重要载体，也是法治公安建设的灵魂和生命线。但是，公安法治建设是一项系统性工程，还要关照到公安机关执法理念和信仰、执法主体素质、执法监督和保障等方面的建设。所以，建设公安法治体系，必须以现代法治思维、法治方式以及改革创新的精神，有针对性地采取措施，增强执法主体素质，构建科学的执法制度体系，完善执法管理机制，通过推进立体改革，在更高水平上实现建设法治公安的目标。[1]结合《关于全面深化公安改革若干重大问题的框架意见》《关于深化公安执法规范化建设的意见》的相关内容，公安法治体系建设具体内容应当围绕健全维护国家安全工作机制、创新社会治安治理机制、深化公安行政管理改革、完善执法权力运行机制、完善公安机关管理体制、健全人民警察管理制度、规范警务辅助人员管理等方面展开。从性质上来看，应当包含执法制度体系、执法权力运行体系、公安行政管理体系、执法信息化建设体系、公安队伍管理制度体系、执法办案监督管理和保障体系等内容的公安法治体系，推动执法队伍专业化、执法行为

---

[1] 赵展：《警务新常态下法治公安建设路径探索》，《广西警察学院学报》2017年第4期，第40页。

标准化、执法管理系统化、执法流程信息化。其中，深化公安执法规范化建设是建设法治公安体系的核心内容。

1. 完善执法制度体系

建立由公安法律、行政法规、部门规章和地方性法规、规章组成的门类齐全、层次分明、相互配套、内容和谐一致的公安法律体系，是一个系统工程。完善公安法律体系，必须树立科学立法理念。具体做法有：科学地对立法进行规划，并进行充分的可行性论证，制定合理的立法规划和年度立法计划；通过调查、座谈等来收集民意，更好地完善立法程序，为了保证立法的公平合理，可以利用立法听证会等手段；切实加强公安法律、法规、规章的"立、改、废"工作，有效避免法律体系内部的冲突。另外，以科学能动的观点看待法律，根据社会和经济发展现状及时修正不适用于当下发展的法律和法规。当前，必须按照要求积极推进《人民警察法》《治安管理处罚法》《国籍法》《道路交通安全法》《看守所法》《公安机关组织管理条例》等法律法规的修订起草工作，加强网络犯罪防治等方面的立法研究，协调拟定国家移民和出入境管理政策。

2. 完善执法权力运行体系

（1）完善执法权力运行和执法办案机制。公正是司法活动的永恒价值追求，要实现执法公正，离不开对执法行为的全过程、全方位的有效监控和管理。完善执法权力运行机制是公安机关推进执法改革与规范化建设的核心内容，目的在于规范执法权力运行、促进社会公平正义。[1] 完善执法权力运行机制必须针对执法权力良性运行进行系统性设计，可以从宏观方面建立一套由权力清单制度、依法决策机制、执法办案制度、司法衔接机制、人权保障制度、权力制约机制为构成要素的执法权力运行体系。

（2）规范执法程序和执法行为。严格规范公正文明执法是一个整体，执法最好的效果就是让人心服口服，执法程序和执法行为的规范程度直接关乎执法效果的好坏。规范执法程序和执法行为必须针对基层执法岗位、多发疑难的执法事项，特别是"110"接处警、受案立案撤案、人身

---

[1] 王海仁：《完善公安执法权力运行机制的若干思考》，《公安学刊（浙江警察学院学报）》2015 第 5 期，第 5 页。

安全检查、信息采集、现场勘验检查等执法重点环节,进一步制定完善工作规范,细化执法标准和指引,统一执法执勤流程和标准。重点规范取证、非法证据排除、警察出庭作证、正确适用强制措施、保障犯罪嫌疑人诉讼权利和律师执业权利等法律具体要求。推广科所队设立执法管理室(中心)等相关工作经验,严格执行派出所领导坐堂值班制度,健全完善案件主办人、法制员工作制度,强化基层所队警情、案件、涉案人员、物品的日常管理,从源头上防止各类执法问题发生。[①]

(3)完善证据收集工作机制。司法机关要正确处理刑事案件,查明案件事实,必须依靠有效的证据。证据制度是整个刑事诉讼制度的基石,证据质量是保证严格公正执法的决定因素。针对近年来暴露出的冤假错案反映出的公安机关在证据的收集、固定和运用等方面存在的问题,《关于贯彻党的十八届四中全会精神深化执法规范化建设全面建设法治公安的决定》专门就进一步完善证据收集工作机制提出了若干措施,紧紧围绕司法审判的要求,依法全面取证,严格依法收集、固定、保存、审查、运用证据,严格实行非法证据排除规则,切实防止取证不及时、不全面、不规范;依法落实讯问犯罪嫌疑人录音录像制度,依法保障律师参与刑事诉讼活动,强化当事人和其他诉讼参与人诉讼权利的制度保障,健全落实冤假错案防范和纠正机制;规范查封、扣押、冻结、处理涉案财物程序,加强涉案财物管理。

3. 强化执法监督管理体系

严密监督警察权是法治公安建设的重中之重。任何权力都必须受到严密监督,公安机关及其人民警察的执法行为、执法结果同样离不开全方位、立体化、内外结合的执法监督体系。[②] 人、财、物、卷、受立案和办案区场所管理、执法现场视频管理,是公安机关执法办案的关键环节,对这些环节的监督必须强化。构建完善的公安执法监督管理体系,一是明确执法办案报警、受立案、调查取证、移送起诉、复议复核、执法过

---

① 王海仁:《法治公安建设的几个重要问题》,《公安学刊(浙江警察学院党报)》2014年第3期,第9页。

② 汤三红:《论法治公安建设的路径选择》,《净月学刊》2015年第3期,第10页。

错追究等各个环节中的具体责任。二是建立健全执法活动的系统管理机制，积极推行刑事案件统一审核、统一出口制度，对案件质量进行严格控制。针对检察院不批捕率较高的案件类型积极研究对策，有针对性地提高办案效率。三是严格落实公安部"四个一律"的要求，推进执法办案场所严格管理。四是规范涉案财物的管理处置工作，妥善处置各类涉案财物。五是建立执法责任制，依照法律明确执法主体和执法责任，使得执法工作能够顺利开展，使得执法工作能够更为规范，并且在制度下合理运行，减少各种不作为、乱作为的现象。为执法人员建立奖惩和考核的标准以及方法，在合理适当的监督管理之下强化其责任和义务。①

4. 加强执法保障体系

（1）营造良好的执法环境。法治公安建设不仅要求公安机关规范执法，还要求形成良好的执法环境，使警察的执法行为得到社会公众的尊重和认同，从而创造信仰法治的良好社会生态。所以，必须强化执法保障措施，创造良好的执法条件和环境。②

（2）完善警察执法权益保护体系。侵害警察权益事件屡见不鲜，保障公安民警执法权益刻不容缓。警察执法权益保障是警察正常执行公务的基本条件。警察执法权益保障体系建设涉及政策保障、法律保障、司法保障、制度保障、社会保障、新闻媒体保障等多个方面。③ 所以，完善警察执法权益保护体系，必须全方位关照警察执法的正当权益类型。

（3）深化执法信息化建设。无论是警务运行机制改革，还是执法权力运行机制改革，都离不开信息化、智能化的支撑。主动拥抱信息化新技术、推进执法信息化建设，是新时代公安执法工作的必然要求，是打造执法规范化建设"升级版"、实现法治公安目标的必由之路。④ 深化执

---

① 周云：《完善公安立法之浅见》，《行政法学研究》1996年第3期，第71—74页。
② 赵展：《警务新常态下法治公安建设路径探索》，《广西警察学院学报》2017年第4期，第49页。
③ 赵建设：《警察执法权益及其保障体系建设》，《中国人民公安大学学报（社会科学版）》2009年第4期，第97—101页。
④ 《全国公安机关执法信息化建设推进会在京召开》，http：//www.rmfz.org.cn/contents/2/224944.html，访问日期：2019年8月25日。

法信息化建设，必须着眼于执法全流程和提高执法办案效能，建立网上执法办案信息系统，完善执法办案信息系统的流程管理功能，将执法信息化与执法办案管理中心一体规划、一体建设、一体应用，推行"阳光执法"，打造"阳光警务"，建立生效文书公开制度，推进执法公开。坚持以执法规范化牵引信息化、以信息化助力执法规范化，推进科技应用与执法工作深度融合，不断提升公安工作法治化水平和执法公信力，让人民群众在每一起案件办理中都能感受到公平正义。

5. 改进公安队伍管理体系

新时代公安工作面临许多新的机遇和挑战，给公安工作提出了更高的要求和目标，做好新时代公安工作必须加强公安队伍建设，着力改进公安队伍管理体系，提升执法主体素质。中央明确要求建立体现人民警察职业特点、有别于其他公务员的人民警察管理制度，这是加强和改进新形势下公安工作和公安队伍建设的一项重要举措，目的是努力建设一支信念坚定、执法为民、敢于担当、清正廉洁的公安队伍，切实提高队伍的正规化专业化职业化水平，确保人民警察更好地履行维护社会大局稳定、促进社会公平正义、保障人民群众安居乐业的职责任务，着力提升人民群众的安全感和满意度。当然，健全完善公安机关执法勤务警员职务序列和警务技术职务序列，完善人民警察职业保障制度，改革公安机关人民警察招录培养机制，规范警务辅助人员管理模式，这些举措有助于拓展人民警察职业发展空间，增强警察职业荣誉感和使命感。坚持政治建警、素质强警、从严治警，努力打造一支信念坚定、执法为民、敢于担当、清正廉洁的过硬队伍，确保公安队伍绝对忠诚、绝对纯洁、绝对可靠，永葆忠于党、忠于国家、忠于人民、忠于法律的政治本色。

6. 改善公安行政管理体系

依法治国是中国共产党的基本治国方略，而依法行政是其最基本的内容，两者都是法治生活的极其重要的内容。因此，我们要在行政管理法治化建设的过程中，积极去发现、研究新出现的问题和复杂困难的情况，这样行政人员的法治意识和依法行政的能力才能被有效地提高，最后的结果也将使得行政管理的法治化水平能够更上一个台阶而得到全面提高,行政管理法治化建设的目标方能更好地得到实现。① 改善公安行政管理体系,针对公安行政管理中审批事项较多、便民措施较少、服务方式滞后等问题,创新公安行政管理机制,扎实推进"放管服"改革,有助于提升人民群众获得感和满意感。改善新时代公安行政管理体系,要主动适应全面深化改革新形势,紧紧围绕建设服务型政府新要求,结合公安行政管理的特点和不足,正确处理活力和秩序的关系,以创造良好发展环境为目标,以提供优质公共服务为方向,进一步加强和改进公安行政管理工作,着力提升服务管理水平,打造服务型公安。

(四)"法治中国"视域下公安立法的具体措施及建议

1. 明确公安立法的法律依据

公安法治体系构建,公安立法先行。立法的法律依据主要包括立法权的设定、立法程序的设置和立法范围的划分。

一是立法权的设定。只有法律规定享有一定立法权的机关才能立法。我国《宪法》和《立法法》进行了立法权的设定,对于法律、行政法规、地方性法规、规章等法律规范分别由哪些机关进行制定、修改、解释、补充和废止作了规定,从而为不同层次的立法活动提供了法律依据。

二是立法程序的设置。各种法律规范的制定、修改、解释、补充和废止,都应当依据法律规定的程序进行。我国《立法法》专门对全国人大及其常委会,国务院及其有关部门,地方省、市级人大及人民政府的立法程序进行了明确的规定,从程序上保障立法活动有序进行。

三是立法范围的划分。有权立法的机关要在法律确定的职权范围进行立法。《立法法》第八条规定,涉及国家主权的事项,各级人民代表大会、人民政府、人民法院和人民检察院的产生、组织和职权,犯罪和刑罚,基本经济制度和财政、税收、海关、金融和外贸的基本制度等事项只能制定法律。第九条规定,对第八条规定的事项尚未制定法律的,全国人大及其常委会可以授权国务院制定行政法规,但是有关犯罪和刑罚、

---

① 张巾、卢珊、杨达:《关于公安信息立法问题的思考》,《江西警察学院学报》2012年第4期,第65—69页。

对公民政治权利的剥夺和限制人身自由的强制措施和处罚、司法制度等事项除外。[①]

2. 设定法律主体和体例结构

首先,从我国现行法律来看,一般而言,立法的主体大体上可分为以下三种:一是以人为主体的法律,如《法官法》《人民警察法》《教师法》等;二是以工作为主体的法律,如《刑法》《国家安全法》《行政处罚法》《治安管理处罚法》等;三是以机构为主体的法律,如《国务院组织法》等。此外,随着国际关系的进一步发展,我国和越来越多的国家签订了有关司法协助的多边或者双边条约,这些可以看作以"关系"为主体的新型法规,但实质还是工作方面的协议、约定,仍属于以工作为主体类。制定法律、法规和规章,目的就在于对一定的主体和关系进行调整,使之趋向于合理化。由于公安机关刑事司法和行政管理职能的对象十分复杂和广泛,公安法规在制定的过程中更要明确调整的主体,做到立法目的明确,规定切实可行。

其次,对一部法律的体例结构的确定也是十分重要的。我国法律、法规的体例结构通常有三种:一是复杂结构,如《宪法》《刑法》等;二是一般结构,如《行政处罚法》等;三是简单结构,如全国人大常委会《关于取缔邪教组织、防范和惩治邪教活动的决定》等。在我国立法水平快速提高的情况下,很多原有的法律、法规在名称及体例结构上的不规范和不科学的问题日益突出,这也对今后公安立法工作提出了更高的要求。结合公安法律调整的主体来讲,以人为主体的法律,一般范围比较小,包括特定人的概念、职责、权限,以及相关的录用、晋升、退休、待遇、监督等基本内容。在立法实践中常见的大部分都采用一般性的体例结构。而以组织机构为主体的法律、法规,我们一般称为组织法,范围也相对较小,宜用一般结构或简单结构。以工作为主体的法律、法规,内容有繁有简,复杂的一般采用复杂结构,如《民法通则》《刑法》《刑事诉讼法》《婚姻法》等,而内容简单一些的大多数用一般结构或简单结

---

① 陆山:《公安信息资源开发及其相关立法现状分析》,《中国人民公安大学学报(自然科学版)》2004年第2期,第37—40页。

构，视工作内容繁简而定。①

3. 注意相关法律法规的有序衔接

相关法律法规的衔接实际上是立法协调的问题。首先，各种法律规范之间的纵向关系要协调一致，即宪法、法律、行政法规、地方法规之间要协调一致，下位法不得与上位法相抵触。例如，宪法是国家的根本法，是母法，一切法律、行政法规和地方性法规都不得与宪法相抵触，否则即为无效。

其次，各法律、法规之间的相关规定要衔接好。如《婚姻法》规定禁止重婚，禁止家庭成员间的虐待和遗弃。对重婚的，对实施家庭暴力或虐待、遗弃家庭成员构成犯罪的，依法追究刑事责任。《刑法》规定了重婚罪和虐待罪、遗弃罪，与之对应。

最后，同类行为的规定在不同的法律、法规中应当协调一致。对于同类行为的规定，不同的法律规范应遵循一致的原则。如醉酒的人对于自己的行为违反法律的，不能因醉酒而免责。《治安管理处罚法》规定，醉酒的人违反治安管理的，应予处罚；《刑法》规定，醉酒的人犯罪，应当负刑事责任。②

4. 做好"立、释、补、改、废"的协调统一

制定、解释、补充、修改、废止法律是立法系统工程的五个重要环节，实现立法科学化，必须兼顾"立、释、补、改、废"这五个方面的协调统一。

一是立。立，是制定法律过程的简称。《立法法》对于制定法律规定了详细的程序，并有具体的技术规范。制定法律要根据社会实践的发展变化和需要，为人们设定新的法律行为规范，或者将原有的行为规范赋予法律约束力。

二是释。释，即解释法律，是对现行法律规范含义的说明，属于立

---

① 秦建军、陈建国、施江：《社会主义市场经济迫切需要加强公安立法》，《甘肃政法学院学报》1993年第1期，第7—9页。

② 杨涛：《关于公安法律规范的范围与冲突》，《甘肃政法学院学报》2000年第1期，第61—66页。

法的范畴。由于我国目前的法律规定往往相对原则，有时在将某个法律条文适用到特定的案件或者具体的情形时，会产生理解上的歧义或者执行上的困难，这就需要进行法律解释，通过对法律文本及其有关资料进行研究，探求法律的立意和宗旨，从而找到最切合法律的具体适用方式，将法律明确化、具体化。[1]

三是改。改，即修改法律，是对法律规范部分内容的变更。随着社会的发展，法律所调整的社会关系也随之发生一些变化；同时，由于人们认识水平的局限性，对相关理论和社会运行规律的了解总是渐进的，在法律执行过程中，有一些不科学、不切合实际的内容会逐渐地暴露出来，并成为实践发展的阻碍。及时地修改法律，消除法律中的某些弊端，可以使其更加适应社会实践的需要，保障法律体系的协调一致。同时，修改法律也要慎重，不能朝令夕改，保证法律的相对稳定性和连续性，才能维护法律的权威。

四是补。补，即补充法律，是在原来法律规定不变的前提下，增加一些新的内容，使得法律规定更完善，适用于新的情况。例如，全国人民代表大会常务委员会制定的《关于严惩组织、运送他人偷越国（边）境犯罪的补充规定》。《宪法》和《立法法》对补充法律没有规定，并不意味着制定法律规范的机关没有权力补充，或者说补充法律不属于立法范畴，而是由于补充法律使原来的法律发生了变化。从广义上讲，补充法律条款应属于修改法律的范畴。

五是废。废，即废止法律，是指使法律规范失去法律效力。废止法律主要有三种情形：首先，有关机关依法撤销同上位法相抵触的法律规范。根据《宪法》规定，全国人大常委会有权撤销国务院制定的同《宪法》、法律相抵触的行政法规、决定和命令，撤销省、自治区、直辖市国家权力机关制定的同《宪法》、法律和行政法规相抵触的地方性法规和决议。国务院有权改变或者撤销地方各级国家行政机关的不适当的决定和命令。其次，由于新法律出台，旧的法律规范与其相抵触或者主要内容

---

[1] 汤三红：《论法治公安建设的路径选择》，《净月学刊》2015年第3期，第5—11页。

被新法吸收，旧法就被废止。最后，由于某一法律被废止，有关的法律规范也被全部或者部分废止。例如，《城市流浪乞讨人员收容遣送办法》被废止后，与之有关的执行收容遣送的一系列法律规范都被废止。废止法律有的是采取明确规定的形式公布的，有的则是因适用对象消失、依据被废止等原因而自行失效的。但是对于第二种情况，可能不太被人了解，容易在法律实施中产生歧义和问题。因此，要及时地进行法律清理工作，公布废止不再适用的法律规范。①

5. 加强公安立法的保障机制建设

一是要进一步改进和加强公安立法工作，建立健全科学完备的法律制度体系。党的十八届四中全会提出，法律是治国之重器，良法是善治之前提。全面推进依法治国，加快建设法治公安，就要更加重视公安立法工作，坚持立法先行，充分发挥立法的引领和推动作用。特别是在全面深化公安改革过程中，应当坚持重大改革于法有据，通过修改《人民警察法》等法律法规来解决影响制约公安工作和公安队伍建设发展的体制机制问题。在执法制度建设方面，虽然公安执法制度体系基本形成，但一些执法领域和执法环节仍缺乏针对性、可操作性强的制度规范，需要进一步改进和完善。

二是要把科学立法、民主立法和公正、公平、公开原则贯穿到整个公安立法制度建设过程中，建立健全公开征求意见制度，广泛听取各方面意见建议，切实保障公民人身权、财产权、基本政治权利等各项权利不受侵犯。要建立健全公安机关规范性文件备案审查制度，对超越法定权限，与上位法相抵触的制度规范要及时予以撤销或者变更，保证制度建设的合法性、合理性。此外，要进一步改进和加强执法监督工作，建立健全系统严密的执法管理体系。

三是提高立法质量，加快立法进程，建立科学、完善的公安法规体系。公安立法工作要在保障立法质量的前提下，加快立法进程，建成以《人民警察法》为主体，以公安刑事法规、治安保卫法规、公安行政管理

---

① 宋方青：《立法质量的判断标准》，《法制与社会发展》2013年第5期，第43—44页。

法规、公安组织人事法规、警务保障法规、监督法规和国际警务合作法规为主要门类，由公安法律、法规、规章和地方性公安法规、规章组成的比较完善的公安法规体系，基本上实现公安工作和队伍建设都有法可依、有章可循，把各项公安工作和队伍建设全面纳入法制轨道。[①]

四是要进一步提高公安队伍的法律素质和执法能力，大力推进公安队伍建设正规化、专业化。党的十八届四中全会提出，全面推进依法治国，必须大力提高法治工作队伍思想政治素质、业务工作能力、职业道德水准，着力建设一支忠于党、忠于国家、忠于人民、忠于法律的社会主义法治工作队伍。要建设高素质的法治专门队伍，推进法治专门队伍正规化、专业化。公安机关是执法机关，承担着行政执法和刑事司法双重职能，公安队伍既是法治工作队伍，更是法治专门队伍。要全面推进依法治国、加快建设法治公安，就要高度重视公安队伍的正规化、专业化建设，通过深入开展社会主义法治理念教育、职业道德教育，有针对性地组织开展执法实战培训，深化执法资格等级考试，建立并落实考试结果与职能待遇挂钩的激励机制，激发广大民警执法学习培训和考试的积极性，全面提升公安队伍正规化、专业化水平，为全面推进依法治国、加快建设法治公安提供强有力的素质支撑和能力保障。

---

① 白建军：《少一点"我认为"，多一点"我发现"》，《北京大学学报（哲学社会科学版）》2008年第1期，第25—33页。

法治公安呼唤公安法学

一、问题的提出

新中国成立之初，周恩来总理曾经提出："和平时期国家安危，公安系于一半。"[①]这是对于公安工作地位作用的著名论断。由于公安工作具有特殊重要性，党中央、国务院对公安工作高度重视，对公安队伍建设十分关心。

党的十八大以来，习近平总书记等中央领导多次听取公安工作汇报，并就深入推动公安改革，进一步加强和改进新形势下的公安工作和公安队伍建设作出一系列重要指示。在中央全面深化改革领导小组的领导下，公安部成立了全面深化公安改革领导小组，加强公安改革理论研究和制度创新实践探索，形成了《关于全面深化公安改革若干重大问题的框架意见（草案）》及相关改革方案稿，广泛征求了各地、各有关部门和基层单位的意见建议。该意见和相关改革方案经过中央全面深化改革领导小组会议、中央政治局常委会议审议通过，于2015年2月印发实施。《关于全面深化公安改革若干重大问题的框架意见》（以下简称《意见》）提出

本文发表于《法律科学》2017年第4期，收入本书时有所修改。

[①] 有学者考证，1949年11月5日在公安部成立大会上，罗瑞卿部长传达周恩来总理的讲话转述了周总理提出的这一著名论断。参见康大民：《光荣而艰巨的"一半"——学习周恩来总理"国家安危，公安系于一半"著名论断》，《北京人民警察学院学报》2000年第3期。

了全面深化公安改革的总目标以及七个方面的主要任务、100多项改革措施，坚持以问题为导向，将改革的指向聚焦在三个方面：一是着力完善现代警务运行机制，旨在提高社会治安防控水平和治安治理能力，提高人民群众的安全感。二是着力推进公安行政管理改革，旨在提高管理效能和服务水平，从政策上、制度上推出更多惠民利民便民新举措，提高人民群众的满意度。三是着力建设法治公安，确保严格规范公正文明执法，提高公安机关执法水平和执法公信力，努力让人民群众在每一项执法活动、每一起案件办理中都能感受到社会公平正义。

任何改革都是兴利除弊，改革方案的设计需要专业理论支持和政治智慧。同时，为了让社会大众理解改革、参与改革、支持改革，也需要运用相应的学科专业知识宣传改革政策。因此，全面深化公安改革方案也应当具有相应的理论支撑和学科基础，否则，改革的目标、方向、举措的设计就可能缺乏科学性，缺少系统性，缺少社会的公认度。

全面深化公安改革的问题导向及制度设计，在总体上体现了制度设计者以中国特色社会主义理论体系和公共治理改革达到"帕累托最优"的目标。在关于现代警务运行机制和公安行政管理改革方面，以"人民公安"思想为指导思想，以提高公安机关治理能力的"公安战斗力"理论、"公安警务形态理论"等为依据，有公共管理学、公安学的学科理论支撑。[1]

就像司法改革有诉讼法学、审判学、检察学、律师学等学科理论支撑，立法制度改革有立法学和民主立法、科学立法等理论为学科基础，户籍制度改革有治安学、行政管理学、社会学等学科支撑一样，"法治公安"建设和改革似乎也应该有"公安法学"的学科支撑和理论参考。然而，在法学学科和公安学学科已有的学科知识体系中，缺乏公安法学这门能够支撑法治公安改革发展的学科或知识体系。

---

[1] 有学者提出，人民公安思想是中国特色社会主义公安工作的指导思想。公安战斗力理论、公安维稳理论、公安警务形态理论等是公安工作的基本理论。参见程琳主编：《公安学通论》，中国人民公安大学出版社2014年版，第10—11页。

二、法学体系中"公安法学"的检索

(一) 关于公安法学作为法学体系的构成问题

法学体系是法学研究的范围和分科，是法学研究形成的各个知识分支学科有机统一的整体。新中国成立之初，哲学社会科学研究全盘照搬苏联模式，表现在法学研究方面，国家与法的关系被认为是法学的研究对象，法学既要研究国家问题，也要研究法律问题，作为基础学科的"国家与法的理论"体系一直延续了几十年。改革开放以后，中国法学家创立了"法学基础理论"体系，作为法学的基础理论学科，推动了法学体系的相对独立。[①] 对于当代中国法学体系的构成，尽管有多位学者进行过研究，但是科学性、合理性比较突出的是北京大学沈宗灵教授提出的法学学科体系划分理论。他认为，从不同角度对于法学体系可以有不同划分。第一，从各种类别的法律这一角度出发，法学可分为：(1) 国内法学，其中又分为宪法、民法、刑法等各部门法学；(2) 国际法学（广义），又可分为国际公法、国际私法、国际经济法学等；(3) 法律史学，又可以分为法制史和法律思想史；(4) 比较法学和外国法学。第二，从法律的制定到实施这一角度出发，法学又可分为立法学、法律解释学、法律社会学。第三，从认识论角度出发，法学可分为理论法学和应用法学。第四，从法学和其他学科的关系这一角度来看，法学又可分为法学本身学科和法学边缘学科。以上分科是从不同角度来分的，它们处于不同的平面上，能成为独立分科的仅有九个，即国内法学、国际法学、法律史学、比较法学和外国法学、立法学、法律解释学、法律社会学、理论法学及法学边缘学科。在每一个独立的分科中，又可以再划分为不同层次的较低的分科，例如，国内法学又可再分为宪法学、行政法学、民法学等第二个层次分科；民法学又可以再分为民法通则、合同法、婚姻法等第三个层次分科；等等。

---

① 笔者于1980年9月考入北京大学法律学系，第一学期开设的"法学基础理论"课程，先发放的是《国家与法的理论》教材，到了后来，才补发由张宏生教授主编的山西人民出版社出版的《法学基础理论》教材。

从法学体系内部学科划分来看，目前的法理学教材或相关课程教材，均没有提出在法学体系中，特别是在国内法学分支学科中存在"公安法学"这一学科。

（二）法学学位授予和人才培养学科专业体系中的"公安法学"

法学体系是知识体系，是学术研究的范围，这些知识如何传授给学生，就形成了不同的学科专业体系，这就是法学教育的人才培养学科专业和学位授予体系。

《学位授予和人才培养学科目录》是国务院学位委员会、教育部制定和印发的，分为学科门类和一级学科，是国家进行学位授予审核与学科管理、学位授予单位开展学位授予与人才培养工作的基本依据，适用于硕士、博士的学位授予、招生和培养，并用于学科建设和教育统计分类等工作。根据2011年2月国务院学位委员会第二十八次会议审议批准的《学位授予和人才培养学科目录（2011年）》，法学学科门类下设有6个一级学科。① 法学一级学科下设立的二级学科有10个，即法学理论、法律史、宪法学与行政法学、刑法学、民商法学、诉讼法学、经济法学、环境与资源保护法学、国际法学、军事法学。这是目前具有法学博士、法学硕士学位授予权的高等院校和科研单位法学硕士、博士招生培养的基本学科专业。

在中国人民公安大学2017年硕士研究生招生简章关于招生专业目录（学术硕士）的介绍中，法学学科（0301）名下有法理学、宪法学与行政法学、刑法学、民法学、诉讼法学、国际法学、警察法学等二级学科和方向，其中的"警察法学"属自设专业方向。该校2016年博士研究生招生专业目录中法学学科中设立警察法学基础理论、宪法学与行政法学、刑法学、诉讼法学四个方向，其中"警察法学基础理论"属自设方向。

西北政法大学2017年硕士、博士研究生招生简章中，公安学院在"诉讼法学"学科专业下招收"警察法学"自设专业方向的硕士研究生。

查阅各大法律院校和公安院校硕士、博士研究生的招生简章，"警察

---

① 法学门类代码是03，6个一级学科代码分别是：0301——法学，0302——政治学，0303——社会学，0304——民族学，0305——马克思主义理论，0306——公安学。

法学"作为自设专业，在多个学校的多个学科下列出。

目前，明确提出招收"公安法学"硕士研究生的是华东政法大学，该校2017年考研招生简章中，明确指出刑事司法学院招收公安法学专业研究生20人，专业代码030125。该校关于"公安法学"学科介绍中指出："公安法学是以法学为依托，公安学为支点，其他相关学科为支撑的，专门研究公安理论、公安实践及公安法治规律的法学特殊学科，其研究内容主要涉及社会公共安全、社会治安与犯罪控制规律、刑事侦查与公安技术、刑事法治、边防管理、信息安全等领域，重点研究违法犯罪活动的揭露、证实及惩治等司法、行政活动，是一门具有多学科交叉融合特点的新兴法学学科。"该校"公安法学"专业设犯罪学、侦查学、治安学三个招生方向。开设的课程主要有法学方法论与文献检索、犯罪学研究、犯罪心理学、网络犯罪研究、讯问研究、罪犯矫正原理、侦查学原理、犯罪学专论、案件侦查研究、刑法学专题、物证技术研究、犯罪社会学、治安学研究、安全管理研究、外国公安制度、犯罪被害人学等。华东政法大学公安法学专业招生简章特别指出："公安法学构建了独立的、特有的、其他学科不能替代的研究知识体系，通过多种形式和方法提高办学的层次和人才培养的质量，为社会公共安全的维护培养高水平的公安法学领域人才，所培养的研究生毕业后多数进入公、检、法、司等国家机关，部分进入事业单位、律师事务所、公司企业等单位。"搜索查阅其他法学院校及中国人民公安大学等公安院校招生及学位授予学科专业，未发现其他学校招收"公安法学"专业的研究生。

（三）法学本科课程体系与公安法学

由于法学本科专业实行一级学科专业统一培养，所以，为了保证法学高等教育中本科专业教育的质量，教育部在1998年进行大规模专业压缩的基础上，仅仅保留了"法学"一个法律类本科专业。同时，教育部高等学校法学学科教学指导委员会确定了法学专业学生必修的专业核心课程，并且编写了《全国高等学校法学专业核心课程教学基本要求》，这些要求为规范法学专业课程设置，规范各门核心课程教学的基本内容，提高课程教学质量，提供了基本教学文件和遵循。1998年确定的法学专业的核心课程有十四门,分别是法理学、中国法制史、宪法、行政法与行政诉讼法、刑法、刑事诉讼法、民法、知识产权法、商法、经济法、民事诉讼法、国际法、国际私法、国际经济法等。2007 年,教育部高等学校法学学科教学指导委员会将原来的十四门核心课程增加为十六门,增加了环境法与资源保护法、劳动法与社会保障法。2008 年以来,教育部等部委要求法学专业把"社会主义法治理念"列入必修课。党的十八大以后国家司法考试中又把"中国特色社会主义法治理论"作为必考内容。因此,我国法学本科教育中的专业核心课是包括中国特色社会主义法治理论在内的十七门课程。然而,这些课程中目前并没有"公安法学"课程,甚至,在绝大多数法律院校开设的法学选修课中,也难觅"公安法学"课程的踪影。

(四) 法学各分支学科中"公安法学"的研究情况

目前的中国法学体系中,虽然没有创建起来专门的"公安法学"学科体系,但是,关于公安法律的研究,在法学已有学科中"碎片化"地存在着。在"法学基础理论"或者"法理学"研究中,关于公安法律的内容涉及如下问题:第一,关于社会主义法对敌专政的作用中,提出宪法和刑法等有关法律关于专政对象的规定,"为我国公安、司法机关把专政锋芒对准敌人,有效地实行对敌专政,提供了法律武器"。这是关于公安机关法定职责问题。第二,在我国现行部门法的划分中,行政法作为一个重要的独立的部门法,可以分为一般行政法和特别行政法。前者可以称为行政法的"总则",后者称为行政法的"分则"。一般行政法是指对所有特别行政法都共同适用的规定,如行政法的基本原则、行政主体、行政程序的基本构成等,"特别行政法则是指各专门行政职能部门管理活动,如民政管理、治安管理等"。这是关于"公安行政法"分支部门法问题。第三,在讲到法的实施,特别是法的适用时,都涉及公安机关的职权和职责。在涉及政法机关建设时,也会论及公安工作的法律问题。[①] 这

---

① 比如,关于法律实施的保证问题,提出要"加强政法机关,提高政法队伍素质"。"政法机关通常是指实施法律的专门机关,主要包括公安机关、检察机关、审判机关、司法行政机关、国家安全机关和民政机关等执法、司法机关。"参见沈宗灵主编:《法学基础理论》,北京大学出版社 1988 年版,第 470 页。

是公安机关与司法活动的关系问题。

在宪法学研究中,公安法律问题主要集中在两个方面:一是公安制度与国家制度的关系;二是公安机关的职权职责与人权保障问题。在宪法或宪法性文件中规定公安制度基本原则,是我国宪法史的一个传统。早在1946年4月制定的《陕甘宁边区宪法原则》中,就规定"除司法机关、公安机关依法执行职务外,任何机关团体不得有逮捕审讯的行为"。1949年,作为"临时宪法性质"的《中国人民政治协商会议共同纲领》第十条规定:"中华人民共和国的武装力量,人民解放军、人民公安部队和人民警察,是属于人民的武力。"在第三章"军事制度"中,对人民解放军和公安部队的领导体制作了规定。自1954年第一部宪法颁布至今,每一部宪法中均有直接涉及公安制度的内容,如1954年《宪法》关于国务院、地方各级人民代表大会和地方各级人民委员会的职权中规定了"维护公共秩序,保障公民权利""管理公安工作"的职责,在"民族自治地方的自治机关"中规定"自治区、自治州、自治县的自治机关依照国家军事制度组织本地方的公安部队"。1975年《宪法》中规定"检察机关的职权由公安机关行使"。1978年《宪法》中规定"任何公民,非经人民法院决定或者人民检察院批准并由公安机关执行,不受逮捕"。现行"八二宪法"第二十八、三十七、四十、八十九、一百零七、一百一十一、一百二十、一百三十五条有公安机关地位、性质、任务、职责的规定。特别是第一百三十五条规定:"人民法院、人民检察院和公安机关办理刑事案件,应当分工负责,互相配合,互相制约,以保证准确有效地执行法律。"这是我国《宪法》首次对于公、检、法三机关在刑事司法活动中地位作用的明确规定,是中国特色刑事执法司法制度的宪法依据,也是我国公安法治的重要原则,具有重要的法律意义和历史意义。《宪法》对于公安制度的直接和间接规定,构成了公安法律制度的重要组织部分。

我国的行政法学学科体系中,比较重视一般行政法的研究,或者说重视行政法总论、通论的研究。冠名为"行政法学"的论著大多数是一般行政法的论著。在这些一般行政法学论著中,尚未提出公安法理论。

特别行政法是指对特定领域的行政关系加以调整的法律规范的总称。如《治安管理处罚法》《海关法》《教育法》等，它是一般行政法在各特别行政领域之具体化、个性化的体现。由于特别行政法相当于行政法的"分论"或"各论"，因此，它往往与特定的行政管理领域有密切的关系，进而形成分支部门法。如军事行政法、教育行政法、卫生行政法、公安行政法。同时，这些特别行政法学又往往被相关的"特别领域"研究的学科所吸收，如教育行政法、教育法学往往被列入教育学体系之中，军事法学列入军事学之中。从这个意义上讲，公安行政法学、公安法学往往最有可能出现在公安管理学、治安学、公安学等学科之中。从已有的作为特别行政法学的"公安行政法学"著作看，目前基本上还是把一般行政法体系和结构在公安工作中予以移植。比如沈承祖主编的《公安行政法学》就是如此。

刑事法学是涉及公安法律问题较多的法学学科。刑法的任务与公安机关及人民警察的职责直接相关。在《刑法》关于刑罚制度规定中，明确规定管制、拘役两种刑罚的执行机关是公安机关。《公安机关组织管理条例》规定："公安机关是人民民主专政的重要工具，人民警察是武装性质的国家治安行政力量和刑事司法力量，承担依法预防、制止和惩治违法犯罪活动，保护人民，服务经济社会发展，维护国家安全，维护社会治安秩序的职责。"可以说，维护国家安全、社会公共安全、维护社会主义市场经济秩序和社会管理秩序，保护公民人身权利和民主权利，是公安机关的法定职责。《刑法》分则中的各类犯罪，一部分属于公安机关管理职责范围内如公共安全管理、治安秩序管理、交通管理等方面的严重危害社会的犯罪行为，一部分是公安机关参与管理的如市场经济秩序、社会管理秩序方面的严重危害社会的犯罪，这些犯罪行为的发生、惩处都与公安机关法定职责的履行具有直接的因果关系，这些问题应当是公安法研究的内容。

在刑事实体法外，公安法与刑事诉讼法和刑事执行法的关系也非常密切。《刑事诉讼法》明确规定了公安机关在刑事案件的侦查、拘留、执行逮捕、预审、刑罚的执行等方面的职权职责，规定了公、检、法三机关在进行刑事诉讼时应当分工负责、互相配合、互相制约,以保证准确有效地执行法律的具体工作环节、步骤、程序、职权和责任。

在法学体系中,证据学和证据法学也是非常重要的分支学科。公安机关不仅在办理案件过程中要遵守证据法律规则,坚持非法证据排除规则,而且《公安机关鉴定规则》等规范性文件对于公安机关鉴定机构的依法履职作出了明确规定。

(五)法学研究平台和数据库中"公安法学"研究的检索

反映目前法学研究现状及水平的法学学术期刊,特别是"法学类核心期刊"①,既没有"公安法学"的栏目,也很少有直接研究这一领域问题的专题论文。

(六)法律体系中的"公安法"

法学体系是学术研究知识体系,学位授予和人才培养学科专业体系和法学专业核心课程体系是法学教育体系,它们都以我国法律体系,即我国现行有效的法律规范按照一定的标准和原则划分所形成的部门法的有机统一的整体,作为研究对象。按照1997年党的十五大提出的目标任务,2011年3月10日,十一届全国人大四次会议上,时任全国人大常委会委员长吴邦国宣布:"一个立足中国国情和实际、适应改革开放和社会主义现代化建设需要、集中体现党和人民意志的,以宪法为统帅,以宪法相关法、民法商法等多个法律部门的法律为主干,由法律、行政法规、地方性法规等多个层次的法律规范构成的中国特色社会主义法律体系已经形成。"到2010年年底,中国已制定法律236件、行政法规690多件、地方性法规8600多件。目前,涵盖社会关系各个方面的包括宪法相关法、民商法、行政法、经济法、社会法、刑法、诉讼法及非诉讼程序法等七个法律部门已经齐全,各法律部门中基本的、主要的法律已经制定,相应的行政法规和地方性法规比较完备,法律体系内部总体做到科学和谐统一。

---

① 2014年度法学类中文核心期刊(北大核心),包括《法学研究》《中国法学》《中外法学》《法学》《法律科学》《法学评论》《政法论坛》《法商研究》《现代法学》《环球法律评论》《比较法研究》《法学家》《行政法学研究》《法制与社会发展》《政治与法律》《法学论坛》《法学杂志》《河北法学》《人民司法》《法律适用》等。

目前我国现行有效的七个部门的法律文件中，尚没有专门的一部法律名称为"公安法"或者"公共安全法"，但是，确实存在着一批"公安行政管理法律、法规"以及"公安法律法规规章"。[①] 这些"公安法律法规规章"在学理上可以称为"公安法"。

2002年由法律出版社编辑出版的《法律小全书》其篇章结构为：

第一篇"综合"：一般规定；警务督察；鉴定；劳动教养；监所管理。第二篇"治安管理"：综合；户籍管理；"黄、赌、毒"管理；安全保卫；其他治安管理。第三篇"犯罪侦查"。第四篇"道路交通管理"：车辆管理；交通事故。第五篇"出入境和边防管理"。第六篇"消防管理"。第七篇"危险品和特种行业管理"。第八篇"计算机信息管理"。

法律出版社法规中心编辑的《新编公安法小全书》（法律出版社2011年版）分为一般规定、治安管理、文化娱乐场所管理、毒品淫秽物品管理、消防安全管理、道路交通管理、出入境管理、身份证与户籍管理、边防管理、公共信息网络安全、司法鉴定、刑事强制措施、刑事案件侦查、经济犯罪侦查等十三个专题，收录现行有效公安法律、行政法规、部门规章、司法解释等规范性文件三百五十余件。

这些法律汇编告诉我们，虽然没有被称为"公安法""公共安全法"的法律文件，但是存在着调整公安工作和公安队伍建设相关社会关系的一批"公安法律、法规、规章"或者"公安行政管理法律、法规"。

考虑到"公安行政管理法律、法规、规章"调整的问题往往与公安工作密不可分，因此，作为专门研究公安制度和公安工作发展规律的公安学学科，有可能专门研究公安法学问题。

三、公安学学科体系中的"公安法学"研究

（一）公安学学科的发展过程

新中国成立以后，虽然有公安机关、公安工作、公安制度，但是并

[①] 《人民警察法》第七条规定："公安机关人民警察对违反治安管理或者其他公安行政管理法律、法规的个人或者组织，依法可以实施行政强制措施、行政处罚。"

没有很快形成公安学学科理论体系。公安学是伴随着改革开放和公安工作的不断加强创建起来的。

在我国公安学的产生发展史上,有三组时间节点值得关注。

第一组时间节点:1983 年,中央人民公安学院(中国人民公安大学前身)有学者向公安部提出创立"公安学"的建议。[1] 1984 年,第一部以"公安学"命名的教材《公安学概论》出版,公安学进入初创阶段。

第二组时间节点:1993 年教育部颁布的《普通高等学校本科专业目录(1993 年)》,在法学门类下设立"公安学类"专业。"公安学"成为普通高等教育法学门类下的一个专业类别。1995 年公安部规划教材《公安学基础理论教程》正式出版,公安学基础理论课程正式进入大学课堂,1998 年教育部颁布的《普通高校本科专业目录(1998 年)》,把原来公安学类专业下的治安管理等六个专业整合为治安学等三个专业,公安学进入全面发展阶段。

第三组时间节点:2011 年国务院学位委员会、教育部公布了修订的《学位授予和人才培养学科目录(2011 年)》,在法学门类下增设了"公安学"一级学科(学科代码:0306)和"公安技术"(学科代码 0838)。而此前由原国家教委颁布的《授予博士、硕士学位和培养研究生的学科专业目录》(1997 年颁布)中并没有"公安学"的任何学科专业。与 1997 年方案相比,新增了二十一个一级学科,公安学、公安技术两个学科同时新增为一级学科,这一成就被公安部的领导评价为"具有里程碑意义"。借此东风,中国人民公安大学于 2012 年获批公安学一级学科、公安技术一级学科博士、硕士学位授权点,也被认为是加强公安领域科学研究和人才培养的里程碑。公安学进入快速发展阶段。2014 年由中国人民公安大学校长程琳教授主编的《公安学通论》出版。作者自谦是为了"在搭建公安学一级学科基础理论及体系架构方面做点尝试和探索"。这是一部目前学术水平最高、具有原创性的学术论著,对于公安学理论

---

[1] 康大民教授说,1983 年,他在王叔文教授的支持下,撰写了《应尽快创立公安学》的文章,刊登在当年公安部内部刊物《内部参阅》第 26 期上。参见康大民:《我的公安学圆梦之路》,《公安学刊(浙江警官学院学报)》2011 年第 4 期。

体系的建立和完善具有重要作用。

(二) 关于公安学学科体系中"公安法学"的构成问题

自从提出创立公安学 30 多年来，学界对于公安学的研究对象问题，从较早的"公安现象""公安主体与公安客体之间的公安关系"到"公安警务活动"，伴随着公安学的发展，认识也在不断提升。关于公安学的研究内容，《公安学通论》认为："从内涵上，主要研究国家如何依靠公安警务活动职能，维护国家安全、社会公共安全与社会治安秩序；从外延上，主要研究有关犯罪现象，社会治安，公安工作的规律、政策、历史与现状，以及交叉学科方面的知识内容。"该书从当前我国公安警务活动的目标、现状及发展趋势等方面考量，把公安学的研究内容归纳为六个方面：公安理论体系及公安战略研究；社会稳定与公安职能研究；社会治理创新与社会治安防控体系研究；社会安全事件预警防范与应急处置研究；公安信息化与现代公安警务机制创新研究；公安文化建设与和谐警民关系研究。在此基础上提出"公安学具有综合性、应用性和交叉性"的学科性质特点，公安学综合应用了人文科学、社会科学的成果，与法学、管理学、社会学、政治学、心理学、教育学、军事学等具有十分密切的关系，"公安学是法学、管理学等学科之间的交叉学科"。

关于公安学的学科体系，"由于是新兴学科，正处于发展阶段。现阶段，根据现有学科专业水平、社会需求、师资队伍和人才培养的基础，公安学一级学科下设公安学基础理论、公安管理学、治安学、侦查学、犯罪学、边防管理学等研究方向"。《公安学通论》把现阶段我国公安学的知识结构分为基础理论和应用理论两部分，认为公安学的知识体系包括基础知识、核心知识、专业知识、实践知识等内容。其中专业知识包括"公安政治学、公安社会学、公安经济学、公安文化学、警务心理学、警察伦理学、公安统计学、警察教育训练学等"。实践知识"包括公安体制与组织机构，公安工作方针政策和原则，公安法律、法规，公安工作业务流程与程序规范，公安工作手段和方法，公安组织和队伍管理制度，人民警察核心价值观与职业规范等知识"。但是没有提及"公安法学"。

张开贵、杨端清等主编的《公安学基础新编》认为，公安学的学科体系中，按学科性质来划分，包括公安社会科学、公安技术学科、公安综合应用学科。其中，公安社会学科包括公安学基础理论、公共管理学、公安法学等。

贺电、蔡炎斌主编的《公安学基础理论》认为，公安学学科体系采用从抽象到具体的纵向研究方法，可以分为理论公安学、部门公安学和实务公安学三个部分。其中，理论公安学包括公安学基础理论、哲学公安学、比较公安学、公安史学、公安社会学、公安法学等。部门公安学包括公安管理学、治安学、侦查学等。

张建明等主编的《公安学基础理论》也认为公安学学科体系应当按学科性质和学科层次、地位来划分，其中，公安法学既是公安社会学科，也是公安基础学科。

值得注意的是，无论是否认为公安学学科体系中应该包括公安法学，所有的"公安学基础理论"论著和教材，以及公安基础知识著作中，都包含两个方面的内容：一是关于公安工作中的法律、法规乃至公安法制建设问题。例如，程琳主编的《公安学通论》第十一章"公安执法理论"；公安部政治部编的，公安机关录用人民警察专业科目考试唯一指定用书《公安基础知识》第六章"公安刑事执法和行政执法"、第七章"公安执法监督"；贺电、蔡炎斌主编的《公安学基础理论》第十三章"公安法制"；于燕京主编的《公安学基础理论》第六章"公安行政执法与公安刑事执法"，第七章"公安法制建设与公安执法监督"；吉林人民出版社 2000 年出版的《中国公安大百科全书（第 3 卷）》中有"公安法制编"。2012 年 8 月，中国人民公安大学出版社出版了云南警官学院李光懿编著的教材《公安法制基础》，第一编为"法学基础理论"，包括法的基本概念，法的渊源与法的效力，法律关系、法律行为与法律责任，法的运行，法律与社会，社会主义法治理念；第二编为"宪法"；第三编为"警察法"。该教材虽然存在把几个学科专业的内容和知识"拼盘式"组合的特点，但也是对于公安法学研究的一种有益尝试。二是关于警察法和警察法制问题。由于我国现行《人民警察法》

主要规定了公安机关具有人民警察的职权和职责,因此,警察法自然成为公安法律法规的重要内容,成为公安学基础理论必不可少的组成部分,甚至有学者认为公安法学就是警察法学。也正是由于这一原因,关于公安学二级学科的讨论中,许多学者认为,应当把"警察法学"作为公安学的独立的二级学科。①

对于公安法与警察法的关系,本文后面专门论述。

(三) 警务硕士培养中的"公安法学"

为适应新时期我国公安工作对警务专门人才的迫切需求,完善警务人才培养体系,创新警务人才培养模式,提高警务人才培养质量,2010年1月,国务院学位委员会第 27 次会议审议通过了警务硕士等 19 种硕士专业学位设置方案。警务硕士专业学位的培养目标是:培养具备良好的政治思想素质和职业道德修养,忠诚可靠、业务扎实、敢于创新、精于实战,具有综合运用法律、公安基础理论、经济、科技、外语等知识,独立从事各项公安工作能力的高层次、应用型公安专门人才。目前,我国获得警务硕士专业学位授予权的高等学校全部属于公安类院校,它们是中国人民公安大学、中国刑事警察学院、中国人民武装警察部队学院、四川警察学院、云南警官学院等。全国统一招生《警务硕士专业考试大纲》中,专业基础课考试包括两部分内容,第一部分是"公安学基础",包括:绪论;我国公安保卫机关的建立和发展;公安机关的性质与职权;公安机关的任务与公安工作;公安机关的职责与权力;公安工作的根本原则与公安机关的管理体制;公安工作的根本路线与基本方针;公安队伍建设;公安改革与发展。第二部分是"公安法制",包括:公安法制概述;公安行政法学;公安刑事法学。

警务硕士这一高层次人才的培养要求"综合运用法律、公安基础理论"等知识,而其中的法律知识包括公安法制的基础知识以及公安行政

---

① 参见吴跃章等:《公安学学科建设研究》,中国人民公安大学出版社 2013 年版,第 13、16、31 页。

法学、公安刑事法学，这些内容，在有些公安学论著中，被称为公安法学。①

（四）公安报刊及图书资料中的"公安法学"研究成果

在"公安法学"词条下收集的许多论文，大多数发表在公安院校、警察院校、政法管理干部学院的学报等刊物上。目前，虽然尚没有报刊取名为"公安法"或"公安法学"，但是，公安法学的论文倒是不少。经过研究，发现关于公安法学的研究论文有两种研究对象和路径：一种是关于公安法律法规的研究，比如姚伟章的《论公安法学研究》一文认为，"公安法学"是一门很重要的学科，是以公安法律、法规及其发展规律为主要研究对象的科学，属于法学的重要组成部分。公安法学研究的范围主要包括：公安法学的一般原理，公安法律机制、公安法制建设的经验、公安法制史、比较公安法学研究、公安法分类研究。该文认为："早在新民主主义革命根据地时期，就把有关公安保卫工作的规范性文件，统称为公安法规。中华人民共和国成立以后，公安法规的叫法一直沿用至今。""公安法律体系是由公安组织法、公安行政法、公安刑事法、公安军事法所组成的有机整体。"更多的论文是关于公安院校的法学教育或公安干警培训中法学教育教学的问题，属于公安人才培养中的法学教育问题。如《四川警察学院学报》2016年第1期刊登的论文《公安法学教育的有效性分析——基于有效教学理论》；《吉林公安高等专科学校学报》2011年第5期刊登的论文《政法干警招录培养体制改革视角下的公安法学教学模式研究》；《武汉公安干部学院学报》2010年第3期刊登的论文《公安法学教学改革应注重三个结合》；《江苏警官学院学报》2007年第1期刊登的论文《公安法学教育的目标和模式定位》；《湖南公安高等专科学校学报》2003年第5期刊登的论文《论公安法学教育理念的转变与教育目标定位》；等等。江苏警官学院王云的《关于公安法学教育模式的理性思考》一文指出："公安法学教育是基于公安职业需求和法学教育相结

---

① 较早提出重视公安法学研究的姚伟章认为："公安法律体系是由公安组织法、公安行政法、公安刑事法、公安军事法所组成的有机整体。"参见姚伟章：《论公安法学研究》，《公安大学学报》1989年第1期。

合而形成的特殊的法学教育，其任务是培养学生获得从事警察职业所必须具备的法律知识结构和能力。"由此可见，这种意义上的"公安法学"是公安教育中的法学教育。

公安法、公安法学的研究论著、教材等是我们观察公安法学研究状况的一个重要观察点。中国人民公安大学出版社2007年7月出版的《中国公安图书总目》，正编收录了中华人民共和国成立至2000年出版的公安基础学科、公安专业学科、公安技术学科、相关法律及工具书的目录信息数万个。其中在公安基础学科中，第二部分是"公安法学"，分为"公安法学总论""公安法制""公安法律、法规""公安行政复议与行政诉讼"四个部分。

在"公安法学总论"中，收录了李华章主编的《公安法学概论》（中国人民公安大学出版社1990年版），作为山东省高等教育自学考试公安管理专业教材。该书分为公安法规基础理论、公安组织法规、公安行政法规和公安刑事法规四编。同时收录的还有傅宗华编著的《公安法学概论自学指导》（中国人民公安大学出版社1990年版）。另外，1989年10月由内蒙古自治区公安厅、法学会编的《内蒙古自治区首届公安法学论文选编》，宋世杰、周雄文主编的《公安法学》（中南工业大学出版社2000年版）也被收录其中。郝赤勇主编的《公安法律制度概论》（群众出版社2000年版），作为公安部教材编审委员会组编的人民警察公安业务基础教材。此外，被列入"公安法学总论"条目下的其他书目主要是警察法和警察法学的论著和图书。在"公安法制"条目下，收录的图书有：最高人民法院办公厅、司法部办公厅编的《法院和公安、检察机关必须加强协作》（法律出版社1958年版）；由郝赤勇等编的全国首届公安法制理论与实践征文活动论文集《公安法制理论与实践征文选编》（群众出版社1992年版）；王景荣主编的《公安法制通论》（群众出版社1994年版）；罗锋、祝春林主编的《公安法制基本知识》（警官教育出版社1998年版）；江宜怀主编的《公安执法通论》（中国人民公安大学出版社1998年版）；郝赤勇、周山主编的《警务公开与公民权利：公安机关警务活动问答》（现代出版社1999年版）；等等。

在"公安法律、法规"条目下收录的图书有：西北军政委员会公安部1950年编的《公安条例选辑》；公安部1955年编的《公安工作条例规章汇集》；公安部办公厅1965年编的《苏联公安法令汇编》；公安部政策法律研究室编的《公安法规汇编：1950—1979》（群众出版社1980年版）；赵秉志、鲍遂献主编的《中华人民共和国公安法律、法规、规章全集》（中国检察出版社1999年版）；戴文殿主编的公安高等院校统编试用教材《公安法规基础理论》（中国人民公安大学出版社1989年版）；等等。

从以上分析可以看出，在公安学理论研究和法治实践中，"公安法学"的研究和教学已经取得了一定范围内的共识。这些成果对于公安机关依法履职具有指导和参考作用，对于公安人才培养具有教育作用，对于完善公安法制具有借鉴作用，对于建设法治公安的目标任务和举措的提出具有决策参考意义。

四、警察法学与公安法学的关系

（一）公安学与警察学的关系

从世界范围来看，研究警察行为的学科，称之为"警察科学"或"警察学"，它是关于如何预防、察知、警报和即时抗击侵害社会安全的事物的学问，主要范畴有警察、警务活动、安全、风险、犯罪等。

关于警察学与公安学的关系，综观各种学术观点，可以将其概括为三种：一是等同说，认为警察学就是公安学，西方的警察中国称之为公安，所以西方的警察学就是中国的公安学。二是包容说，认为二者之间是包容关系，有人认为警察的范围大于公安，我国的《人民警察法》调整的警察范围不仅有公安机关的人民警察，还有国家安全机关、监狱的人民警察，以及人民法院、人民检察院的司法警察。而且除了以上的人民警察，还有《人民武装警察法》调整的武装警察，所以警察学的范围大于公安学。也有人认为公安学的范围大于警察学，公安学不但要研究公安机关、公安工作，也要研究公安队伍和公安活动，警察属于公安队伍的主体，所以，公安学的范围大于警察学。三是交叉说，认为公安学研究公安机关警务活动，警察学研究警察机关警务活动，二者在对象范围、内容体系上有交叉。尽管对于二者关系仍众说纷纭，但比较科学的观点是："公安学与警察学是两个不同但紧密相连的学科。"正如《公安学通论》中所指出的："公安学与警察学区别与联系并存，需要说明一点，当前我国在学科上使用'公安学一级学科'，而非警察学。这一是因为我国长期的人民公安工作实践形成了独具特色的理论和方法体系，二是从世界趋势看，警察的作用大大突破了打击违法犯罪的'警之于先、察之于后'的传统含义，体现出现代警察职能的象征性、救护性、服务性、公益性和社会福利性等特征，而公安学相对警察学，更具特色性、系统性和理论性。故此，在中文词义上，'公安学'学科名称更符合我国国情和传统。"

（二）公安学与警察法学的关系

警察法学是与公安学的发展相伴而生的。新中国成立初期制定了《人民警察条例》，1995年颁布了《人民警察法》，所以，警察法学的发展有相对确定的学科体系参照——警察法。2002年由高等教育出版社出版的陈晋胜教授所著的《警察法学概论》，是当时中国警察法学理论研究的代表作。该著作以警察职权为核心，全面系统深入地阐述了警察法的基本理论和基本知识。全书分为上下两篇，上篇总论主要包括警察法的一般原理、原则及有关警察、警察法学历史发展及西方世界警务的知识；作为警察法主体的警察组织的体制、职权及人民警察的警种、警务保障、警衔制度；警察行为的一般理论、种类、法律责任及其监督。下篇分论分为警察行政法、警察刑事法、警察救济法等几个部分。同时期出版的《中国警察法学》等论著的内容体系大致相同。[①]

警察法学"是关于警察法律制度和警察法治实践活动的科学，是以警察职能为标准而产生的一门新兴的综合性的学科"。警察法学学科的核心词就是"法"和"警察制度"，将两者有机结合起来，构成了警察法学的基本研究体系。因此，"警察法学是法学和警察学的有机结合，旨在研

---

① 参见群众出版社2002年出版、由中国警察学会编著的《中国警察法学》，以及2008年由中国人民公安大学出版社出版的、由鞠旭远主编的山东警察学院精品教材《警察法学》。

究和解决警察法治建设中的理论与实践问题"。

(三)《人民警察法》与"公安警察法"的关系

新中国成立以后,根据《中央人民政府组织法》,撤销了原军委公安部,成立了中央人民政府公安部,隶属于政务院,1954 年以后,改名为中华人民共和国公安部,隶属于国务院。同时,实行由公安机关统一领导人民警察的体制。1957 年 6 月 25 日,第一届全国人民代表大会常务委员会第七十六次会议通过了《中华人民共和国人民警察条例》,其第一条规定:"中华人民共和国人民警察属于人民,是人民民主专政的重要工具之一,是武装性质的国家治安行政力量。"第二条规定:"人民警察的任务是依照法律惩治反革命分子,预防、制止其他犯罪分子的破坏活动,维护公共秩序和社会治安,保护公共财产,保护公民的权利和合法利益,以保卫人民民主制度,保障国家的社会主义建设顺利进行。"第四条规定:"人民警察受中华人民共和国公安部和地方各级公安机关的领导。人民警察的编制和管理机构,由国务院另行规定。"可以说,当时的警察就是公安警察,这个警察条例,从调整对象范围、职权职责等方面来看,就是"公安机关人民警察条例"。

改革开放以后,随着国家安全机关的成立,监狱管理体制的调整,以及司法警察的产生,我国的警察队伍结构发生了重大变化。1995 年 2 月 28 日,第八届全国人民代表大会常务委员会第十二次会议通过了《人民警察法》,揭开了我国警察制度改革发展的新篇章。《人民警察法》第二条第二款明确规定:"人民警察包括公安机关、国家安全机关、监狱、劳动教养管理机关的人民警察和人民法院、人民检察院的司法警察。" 2012 年修改后,撤销了劳动教养管理机关。目前,我国的人民警察包括公安警察、国家安全警察、监狱警察、司法警察四大种类。

但是,由于历史的原因,《人民警察法》调整对象和规范的内容,主要针对公安机关人民警察。在立法技术上,第二章名称为"职权",从第六条到第十九条,理应规定各类警察的职权,但是,实际上第六条到第十七条都是对公安机关人民警察职权的直接规定。第十八条原则性规定:"国家安全机关、监狱、劳动教养管理机关的人民警察和人民法院、人民检察院的司法警察,分别依照有关法律、行政法规的规定履行职权。"第三章到第七章除了总括性的规定外,在很多地方都是依据公安机关人民警察的职权对其进行规定的。例如,第三十六条规定:"人民警察的警用标志、制式服装和警械,由国务院公安部门统一监制,会同其他有关国家机关管理,其他个人和组织不得非法制造、贩卖。人民警察的警用标志、制式服装、警械、证件为人民警察专用,其他个人和组织不得持有和使用。违反前两款规定的,没收非法制造、贩卖、持有、使用的人民警察警用标志、制式服装、警械、证件,由公安机关处十五日以下拘留或者警告,可以并处违法所得五倍以下的罚款;构成犯罪的,依法追究刑事责任。"第四十七条规定:"公安机关建立督察制度,对公安机关的人民警察执行法律、法规、遵守纪律的情况进行监督。"

因此,从内容规定和实施主体看,这部《人民警察法》实质上是"公安机关人民警察法"。而我国警察体制及承担职能的特殊性和复杂性决定了警察不仅指公安机关的人民警察,还包括国家安全机关的人民警察,监狱的人民警察和法院、检察院的司法警察,甚至在一定意义上还应当包括人民武装警察。而这些警察所隶属的机构,并不能统称为公安机关。同时,公安机关人民警察的职权与公安机关的职权职能密切联系,对于这些职能任务的研究,属于公安学的范畴。监狱警察的职权,与监狱法、刑事诉讼法、刑事执行法密切相关,对于这些职能任务的研究,应当归属于监狱学或者监狱法学、刑事执行学、司法行政学等学科。研究公安警察职权、监狱警察职权和司法警察职权的知识体系,可以归属于"作为警察学与法学的交叉边缘学科的警察法学",但恐怕难以把这个"警察法学"归属于"公安学的二级学科"。

如前所述,在中国特色国家治理的语境下,公安与警察是交叉关系,"公安"的范围包括"公安警察","公安机关"是"公安警察"的上位概念,公安警察只是公安法律关系主体中的一支重要力量,除此之外公安队伍里还包括其他力量,在公安学基础理论里,将它叫作社会治安力量。公安机关除了维护国家安全与社会治安秩序外,还担负军队、机关、团体、企业、事业等部门的保卫工作,承担着管理消防,抵御自然灾害事故，救援、抢险等大量的工作，这些工作不仅需要《人民警察法》所调整的警察来完成，也要依靠《武装警察法》规定的武装警察来完成，例如边防、消防和警卫。因此，警察法难以代替公安法，警察法学也不可能替代公安法学。

（四）公安法与公安法律体系的含义

在当代中国法学和公安学理论中，公安法的概念有形式意义和实质意义两种含义。形式意义的公安法特指作为公安制度基本法的具体法律文件，即未来的"公安法"和"公共安全法"，它应由全国人大常委会制定，其法律地位应当是我国公安理论、公安制度、公安法律关系、公安队伍建设等方面的基础性、主干性的法律。实质意义的公安法就是调整社会公共安全关系、维护公共安全正当法律秩序的法律规范的总称，也就是现行法律文件中"公安法律""公安法律、法规、规章""公安行政管理法律法规"的简称。实质意义的公安法从内容结构上来看，应当包括公安宪法制度（公安权力与其他国家权力、公民权利关系制度）、公安机关管理体制和运行制度、公安权力主体制度、公安警察职业制度、公安行政执法和刑事司法制度、公安警务制度、公安监督与督察制度等若干方面。从法律效力层次上来看，应当包括宪法关于公安制度的规定、公安法律、公安行政法规、公安地方性法规、公安规章、公安机关的其他规范性法律文件等不同层次的法律规范；从与现行法律部门的关系上来看，应当包括公安行政法、公安刑事法等分支。而以上调整公安制度关系的不同部门、不同内容、不同效力层次的法律规范，构成了一个有机统一的整体，就是本文前面已经提到的公安法律体系。

五、建设法治公安需要"公安法学"的支撑

（一）公安法制理论和实践知识应该在法学和公安学体系中占据一席之地

理论来源于实践，在实践中予以检验，同时，实践经验应当总结升华为具有普遍指导意义的理论。从中国共产党在新民主主义革命时期建

立公安保卫机构，到新中国成立以来特别是改革开放以来，包括公安法制工作在内的公安工作经历了丰富的实践，积累了大量的经验，形成了一系列思想理论成果和制度创新成果，应当总结提升为公安法制理论体系。

改革开放以来，伴随着公安学的创立，党和政府非常重视公安法制建设，公安工作也随之逐步走上了法制化轨道。1979年7月1日，五届全国人大二次会议通过了7部法律，其中的《刑法》《刑事诉讼法》《地方各级人民代表大会和地方各级人民政府组织法》为公安机关行使职权提供了法律依据。1982年制定的《宪法》第五条增加了"国家维护社会主义法制的统一和尊严"的要求。第二十八条规定："国家维护社会秩序，镇压叛国和其他反革命的活动，制裁危害社会治安、破坏社会主义经济和其他犯罪活动，惩办和改造犯罪分子。"这是公安机关职能的宪法依据。第一百三十五条规定："人民法院、人民检察院和公安机关办理刑事案件，应当分工负责，互相配合，互相制约，以保证准确有效地执行法律。"把刑事司法中公、检、法三机关的关系和地位以根本法的形式予以确定，成为公安法制建设史上的重要标志。

1990年全国公安法制工作会议提出了"完善公安法规体系"的目标，公安立法工作得以加强。1995年2月28日，八届全国人大常委会第十二次会议通过了《人民警察法》。1997年党的十五大首次提出"依法治国，建设社会主义法治国家"的战略任务，并且提出了到2010年形成中国特色社会主义法律体系的阶段性目标。2000年，《公安部关于加强公安法制建设的决定》要求"提高立法质量，加快立法进程，建立科学、完善的公安法规体系"。2003年，《中共中央关于进一步加强和改进公安工作的决定》明确提出了"完善公安法律体系"的任务。2006年公安部制定了《公安机关法制部门工作规范》，该规章的立法目的是"进一步加强公安法制建设，规范公安法制部门工作，充分发挥公安法制部门的职能作用"。该规章第二章"职责范围"全面规定了公安部法制部门领导全国公安法制工作，组织、规划、协调、推动全国公安法制建设的十二项职责。从立法技术上看，该规章共有总则，职责范围，立法和制度建设，劳动教养和收容教养案件审核、审批、听证、行政复议、行政诉讼和国家赔偿，执法监督，法制服务、培训、调研和宣传，机构和队伍建设，内务管理和信息化建设，附则十章共计九十四条，是当时推动公安法制工作的一项重要行政立法。2008年全国公安厅局长座谈会提出了"以推进公安信息化建设为载体，以加强执法规范化建设为重点，以构建和谐警民关系为支撑，深入推进'三基'工程建设"的工作部署。2012年，为了全面加强公安法制建设，切实提高公安法制队伍履职能力，充分发挥公安法制部门职能作用，公安部制定了《公安部关于进一步加强公安法制队伍履职能力建设的意见》。

可以说，30多年来公安法制建设取得了长足发展，公安立法逐渐完备，"已经基本形成了以《人民警察法》为核心，横向以公安组织法、公安刑事法、公安行政法、公安监督法、公安救济法、警务保障法、警务国际与区际合作法为主要内容，纵向由公安法律、公安行政法规、公安地方性法规、公安部门规章、公安地方规章组成，调整公安工作的各个方面，既相互独立，又有机联系的统一整体"。虽然这个体系的横向结构和纵向结构都有待进一步完善，甚至有些基本法还没有制定出来，现有的法律、法规、规章的立法位阶普遍较低，立法质量有待提高，但是公安法制部门的履职能力不断提高，公安机关行政执法、刑事执法不断规范化，公安工作法制化程度和水平明显增强，公安法制建设形成了许许多多理论观点、制度创新、实践经验，这一切都需要通过理论提升和总结概括，使之学理化、体系化、知识化，上升为"公安法学"，成为法学体系和公安学体系的一个重要组成部分。

（二）全面依法治国和全面深化公安改革，迫切需要加强公安法学研究

党的十八大以来，党中央对于公安工作的要求，从"法制化"提升到了"法治化"的"升级版"。十八大明确提出2020年全面建成小康社会的奋斗目标，小康社会的重要标志包括依法治国方略全面落实，法治政府基本建成，司法公信力不断提高，人权得到切实保障。十八大首次提出法治是治国理政的基本方式，提高各级领导干部运用法治思维和法

治方式深化改革、推动发展、化解矛盾、维护稳定的能力，形成办事依法、遇事找法、解决问题用法、化解矛盾靠法的法治环境。这些要求，对于公安工作完全适用，甚至可以说是切中公安工作的要害。

2013年1月7日，习近平总书记就做好新形势下政法工作作出重要指示，强调顺应人民群众对公共安全、司法公正、权益保障的新期待，全力推进"平安中国、法治中国、过硬队伍建设，深化司法体制机制改革，坚持从严治警"。2013年11月，十八届三中全会通过了《中共中央关于全面深化改革若干重大问题的决定》，明确提出："全面深化改革的总目标是完善和发展中国特色社会主义制度，推进国家治理体系和治理能力现代化。"该决定不仅明确提出在"推进法治中国建设"的目标引领下，深化行政执法体制改革，"建立权责统一、权威高效的行政执法体制"，"做到严格规范公正文明执法，完善行政执法与刑事司法衔接机制"，"完善人权司法保障制度"，"健全错案防止、纠正、责任追究机制，严禁刑讯逼供、体罚虐待，严格实行非法证据排除规则"，"废止劳动教养制度"等内容，而且在"创新社会治理体制"之内容中，明确提出"改进社会治理方式"，"坚持依法治理，加强法治保障，运用法治思维和法治方式化解社会矛盾"，"健全公共安全体系"，"加强社会治安综合治理，创新立体化社会治安防控体系"。这些内容，无疑是加强公安工作和深化公安改革的基本要求。

2014年10月召开的十八届四中全会是公安法治发展史上具有里程碑意义的中央全会。会议通过的《中共中央关于全面推进依法治国若干重大问题的决定》，是中国共产党的法治宣言书、法治中国建设的顶层设计书、中国特色社会主义法治理论的教科书。该决定首次明确提出："坚持走中国特色社会主义法治道路，建设中国特色社会主义法治体系。"决定提出："全面推进依法治国的总目标是建设中国特色社会主义法治体系，建设社会主义法治国家。""形成完备的法律规范体系、高效的法治实施体系、严密的法治监督体系、有力的法治保障体系，形成完善的党内法规体系"，"实现科学立法、严格执法、公正司法、全民守法，促进国家治理体系和治理能力现代化"。该决定围绕建设法治中国的战略方向，确立了建设中国特色社会主义法治体系的六大领域二十个方面一百九十多项法治建设和改革的举措，为整个法治建设包括公安法治建设提出了全新的目标、任务和要求，这些内容和要求应当反映到公安法学的知识理论体系之中。

（三）建设法治公安需要公安法学的支撑

2015年2月，中共中央通过了《关于全面深化公安改革若干重大问题的框架意见》（以下简称《意见》）及相关改革方案，该《意见》是十八届三中、四中全会精神在公安工作中的全面体现。《意见》明确提出："全面深化公安改革的总体目标是：完善与推进国家治理体系和治理能力现代化、建设中国特色社会主义法治体系相适应的现代警务运行机制和执法权力运行机制，建立符合公安机关性质任务的公安机关管理体制，建立体现人民警察职业特点、有别于其他公务员的人民警察管理制度。到2020年，基本形成系统完备、科学规范、运行有效的公安工作和公安队伍管理制度体系，实现基础信息化、警务实战化、执法规范化、队伍正规化，进一步提升人民群众的安全感、满意度和公安机关的执法公信力。"全面深化公安改革共有七个方面的主要任务，一百多项改革措施。一是健全维护国家安全工作机制；二是创新社会治安治理机制；三是深化公安行政管理改革；四是完善执法权力运行机制；五是完善公安机关管理体制；六是健全人民警察管理制度；七是规范警务辅助人员管理。全面深化公安改革部署的改革措施，绝大部分需要依靠法律手段，运用法治思维和法治方式推进。

《意见》提出的基本形成制度体系的目标主要是指法律制度体系。《意见》从当前公安工作实际出发，坚持以问题为导向，聚焦三个方面的问题：一是着力完善现代警务运行机制，提高社会治安防控水平和治安治理能力，以提高广大人民群众的安全感；二是着力推进公安行政管理改革，提高管理效能和服务水平，以提高人民群众的满意度；三是着力建设法治公安，确保严格规范公正文明执法，提高公安机关执法水平和执法公信力，努力让人民群众在每一项执法活动、每一起案件办理中都能感受到社会公平正义。

十八大以来，党中央和人民群众对公安工作深化改革、加强法治建设提出了全新的理念、目标和要求。既然法治是治国理政的基本方式，那么法治也应是公安工作和公安队伍管理的基本方式；建设平安中国、法治中国和过硬队伍，恐怕有大量的任务要落在公安机关身上。特别是从完善公安法律体系到建设法治公安、建设公安法治体系，推进社会公共安全治理体系和治理能力现代化，提出了公安法治的新理论、新目标、新任务、新战略、新举措，这些内容如果不能上升到公安学体系之中，不能形成一个相对独立的分支学科——公安法学，则不仅难以满足社会发展对公安学和公安法治建设的需要，而且这样的公安学体系的科学性、完整性是难以保证的。

事实上，由于公安法学研究的相对滞后，由于缺少公安法学理论支撑，这已经影响了公安改革目标任务的设计，也影响了公安警务人才的培养。比如，关于全面深化公安改革的目标，目前的定位是"完善与推进国家治理体系和治理能力现代化、建设中国特色社会主义法治体系相适应的现代警务运行机制和执法权力运行机制"，那么，什么是现代警务运行机制？什么是与推进国家治理体系和治理能力现代化、建设中国特色社会主义法治体系相适应的现代警务运行机制？什么是执法权力运行机制？现代警务运行机制与执法权力运行机制是什么关系？现代化的国家都是法治国家，现代警务运行机制如果不包含法治要素，那就不是现代警务运行机制。如果说现代警务运行机制包括法治要素，那么它与执法权力运行机制就不是并列关系，就不应该把它们作为公安改革的两个目标任务，而应该是一个目标，即把公安改革的目标定位为完善与推进国家治理体系和治理能力现代化、建设中国特色社会主义法治体系相适应的现代警务运行机制。由于不重视公安法学研究，公安学研究中缺少法治理论思维，导致在公安警务人才培养过程中，公安法治思维缺失，公安法治能力培养缺失，一些警察在执勤执法活动中，缺失法治思维，执法犯法。山西太原警察"踩头发案"民警涉嫌滥用职权罪被逮捕，北京"雷洋案"5名涉案警务人员涉嫌玩忽职守被起诉，此类案例说明，对警察的公安法治教育存在缺失。

六、加强公安法学研究的路径

（一）创建公安法学学科的可能性

一个学科的建立，首先要有客观需要，其次要有可能性。创建公安法学的必要性、紧迫性已经越来越得到公安理论和实务界的认同。同时，创建这一学科也有着现实可能性。

从学科独立的可能性看，一个学科能否独立，主要看它是否具有独立的特殊研究对象，是否有独立的理论体系和范畴体系。"公安法"是我国法律体系中客观存在的一个法律制度体系，它包括《宪法》部门法中关于公安制度与国家制度、公安制度与人权保障制度的基本规范；包括行政法部门法中的公安行政法；包括《刑法》《刑事诉讼法》等部门法中的公安工作和公安警务的许多规范。它横跨了几个部门法。公安法调整的社会关系包括公共安全管理关系，由于公安机关和公安警察的武装力量性质，因此，公安法调整公共安全管理关系的方法，具有明显的武装力量强制性，这是其他法律部门调整方式所不具备的特殊性。公安法的特殊性决定了公安法学研究对象的特殊性，这个研究对象是目前其他法学学科和公安学学科尚未专门系统研究的对象，具有独立性和特殊性。在公安法学的研究中，已经形成了公安法律、公安行政管理法律、公安法制、公安法治、公安立法、公安行政执法、公安刑事司法、公安法治督察、公安法治队伍、国际警务执法合作等范畴体系，以及完善公安法律体系，实现执法规范化，建设法治公安、公正执法、依法治警、从严治警、科技强警等理论体系。一个具有独立研究对象、形成独立的范畴体系和理论体系的公安法学呼之欲出。

从学科独立的现实进程看，在公安学30多年的历史发展中，公安学概论、公安学基础理论中有"公安法制""公安执法""公安法律体系"的内容，这些零散的内容需要系统化整合；法学学科对于公安权力、警察权、刑事侦查、司法改革等问题已有相关研究，需要站在推进国家治理现代化和建设法治中国、建设法治公安的视野下给予系统化提升；丰富的公安法治建设的经验有待于从公安法学角度予以总结提升；学界已经或者正在进行的关于公安法学的有益探索成为加强公安法学研究的重要基础，已有的研究队伍和学术力量，许许多多的"公安法学"论文专著教材，必将成为推进公安法学研究走向繁荣的良好条件。

（二）创建公安法学学科的意义

首先，创建公安法学学科可以充实、完善公安学学科体系，丰富学科内容，体现时代要求，形成科学完整的公安学学科体系和理论体系。公安学无论从内涵上还是外延上不仅应该包括公安基础理论、公安管理学、治安学、侦查学，还应该包括公安法学；不仅应该有公安政治学、公安经济学，也应该有公安法学。其次，创建公安法学学科对于法学体系的完善具有现实意义，使得法学体系更加丰富、完整，更加符合中国法治实际，更加科学。再次，创建公安法学学科对于从理论上指导公安工作和公安改革具有重要意义。公安工作的指导理论包括马克思主义国家学说、人民民主专政理论、社会主义法治思想、社会管理创新与社会治理理论，而对于公安法治工作和深化公安改革而言，中国特色社会主义法治理论的指导尤为重要。而法治理论在公安工作中的指导、应用化的知识体系无疑应该是公安法学理论体系，其中的人民公安理论、法治公安理论、理性公安理论等都是中国特色公安法学理论的基础理论，运用这些理论指导公安立法、公安执法、公安行政管理、公安法治监督、公安法治保障，才能对解决现实法治问题具有指导意义。最后，创建公安法学学科，形成公安法治建设的理论、方法、学说，对于繁荣中国特色社会治理理论、社会治安理论乃至中国特色社会主义法治理论，都有理论探索和实践意义。西方国家有警察学、警察法学而鲜见有公安学、公安法学，公安理念、公安法是中国特色国家治理体系的特有内容之一，对这个特有内容的法理探索及其科学论证，必定有益于中国特色法学理论的完善。

（三）加强公安法学研究的前提

加强公安法学研究的前提要处理好三个方面的关系：

其一是处理好与公安学的关系。在当代中国，"公安学"一词至少被从三个层面上赋予范围大小不同的含义。一是国务院学位委员会通过的《学位授予和人才培养学科目录》中所指的法学门类下的"公安学"一级学科概念，它包括公安学本科人才培养的专业，就基本专业来说包括治安学、侦查学、边防管理学等，而特设的还有禁毒学等近十个专业，同时包括公安学的硕士和博士人才培养。公安学一级学科意义上的公安学，本文称为"中义"的公安学。而目前大多数以"公安学"名称出版的论著，实质上是公安学一级学科意义上的公安学理论特别是基础理论的内容，它研究公安学的基本概念、基本理论，公安工作的基本原理、基本规律和公安警务运行、公安执法活动的基本内容，犹如法学学科体系中的"法学基础理论"，但还不是"法理学"，也不像"法学概论"，本文称它为"狭义"的公安学。《学位授予和人才培养学科目录》中与"公安学"并列的"公安技术"是什么含义呢？实际上是公安工作中的技术，包括公安预防技术、公安预警技术、公安控制技术、公安处置技术、刑事物证检验鉴定技术和特种警用装备技术等。两个"公安"一级学科并列的学科结构至少告诉我们，它们之间具有共同性，都是"公安"的知识体系，而"公安学"一级学科显然不研究公安技术问题，从其下属的专业来看，主要是公安制度、公安活动、公安警务机制等，而"公安技术"一级学科也不研究公安理论、制度、运行机制等问题。因此，是否还存在一个在"公安学"一级学科和"公安技术"一级学科之上的作为"最大公约数"的"公安学"呢？如果有，那么它就应该包括研究公安理论、公安制度、公安活动、公安警务机制的公安学和研究公安侦查技术等的公安技术学，这个意义上的"公安学"本文称为"广义"的公安学。《中国公安大百科全书》就是广义的公安学的知识体系。创建公安法学，研究公安工作的法律制度和法治化运行机制，其内容不可能重复或移植狭义的公安学，但也许可能还会涉及公安技术运用中的法律问题，如非法证据排除规则。因此，创建公安法学不是重复"狭义"的公安学，而是充实"广义"的公安学，发展"中义"的公安学，当然也不会取代狭义的公安学。

其二是处理好与警察法学的关系。警察法学关于警察法的研究，目前也分为两个层面：一是以《人民警察法》规定的警察法律制度为研究对象的警察法学[①]；二是包括公安学、警察法学研究对象在内的更大的"警察法学"。前者如《警察法学》的论著，多数属于狭义的警察法学，后者属于广义的警察法学，如成立于 2010 年的中国警察法学研究会就属于此。[②] 由于公安学基础理论中对于公安和警察、警察法等概念已有比较明确统一的认识，因此，创建公安法学应该不会与狭义的警察法学有重复，因为《人民警察法》第二条关于警察范围的规定大于公安机关人民警察。因此，公安法学无论如何也不可能去研究监狱警察、司法警察法律制度，充其量与公安警察法律制度会有很小的交叉和关联。至于广义的警察法学，随着学科的发展，或许这种意义上的警察法学会转向公安法学和狭义的警察法学，甚至是最狭义的公安警察法学。[③]

其三是处理好与公安行政法学的关系。公安法律体系中，包括公安组织法、公安刑事法、公安行政法、公安监督法、公安救济法等内容和分支。如果说公安法学研究范围必然包括公安法律体系，那么公安行政法学、公安刑事法学等均属于公安法学体系之中的内容。然而，时代要求我们创建的公安法学，不应该也不可能仅仅放在对公安法律体系中诸分支法律制度的解释上，而应该有更加丰富的内容。因此，公安法学是广于公安行政法学的新兴学科。

按照对已有的学科不予重复、科学划分研究范围以及相对独立的研究对象和研究方法的方法论原则，创建公安法学，与现有的公安学、警察法学等都不存在学科对象范围上的重复和冲突。

---

① 冯德文的《警察学概论》（中国人民公安大学出版社 2005 年版）中以《警察法》《武装警察法》对于警种的划分为依据具体论述警察法律制度；李永清主编的《警察法学》（中国民主法制出版社 2008 年版）面向的是司法警察和监狱警察专业教育而研究警察法律制度。

② 2015 年 11 月 6—7 日在广东惠州召开的中国警察法学研究会 2015 年年会的主题是"公安改革与法治建设"，会议提交的论文有公安学基础理论、警察法学问题、公安法治问题、公安改革问题、公安执法问题等，程琳会长在会议上宣布拟成立中国警察法学研究会的专业委员会，包括警察法基础理论专业委员会、行政执法专业委员会、刑事执法专业委员会等。

③ 2015 年 12 月 1 日，公安部网站公布了《中华人民共和国人民警察法》（修订草案稿），向社会公开征求意见。这个修订草案稿与现行《人民警察法》的内容有很大的差别，从现有草案稿看，是把现行《人民警察法》、《公安机关组织管理条例》、公安改革的一些举措，整合成为一个文本草案，实际上是"公安机关人民警察法"。

(四) 加强公安法学研究的思路

其一，关于公安法学的研究对象的确定。公安法学的研究对象不宜笼统地称为公安法律现象。在当下全面依法治国、建设中国特色社会主义法治体系、为建设法治中国而奋斗的时代背景下，公安法学的研究对象应该确立为公安法治运行机制或者公安法治机制及其运行规律，也可以称为法治公安发展规律。公安法治机制是一个包括但不限于公安法律的立体动态的对象，它不仅包括公安法律体系的静态体系，也包括公安法治体系的立体体系，还包括公安立法机制、现代公安警务法治运行机制等动态对象。这些内容与全面深化公安改革的任务目标具有一致性，公安法学的建立和发展过程，也是深化公安改革、推进法治公安建设的过程，这个研究对象是客观存在的，但同时也是现有的公安学、警察法学所未予研究的，因而具有独立性。从这个意义上讲，我们要创建的公安法学实质上是公安法治学、公安法治机制学的简称。

其二，关于公安法学学科性质的确定。公安法学研究对象是公安法治运行机制，这就决定了公安法学是应用学科，而不是理论学科，是以公安工作中的法治体系、法治机制、法治活动、法治效益等为研究内容，以提高公安立法的科学性、公安执法的规范性和公信力、公安刑事执法的公正性、公安法律监督的有效性为目的，以提高公安治理体系和治理能力现代化水平为方向，以提升公安干警运用法治思维和法治方式履行职责能力为目标，具有很强的实践应用性。同时，从研究对象的存在属性来说，公安法治运行机制，既是公安机关公安工作的内容，也是法治体系、法治国家、法治机制的组成部分，这就决定了公安法学具有公安学和法学的交叉综合学科的特征。如果从学科内容性质上看，公安法学的内容还可能会呈现政治性与科学性相统一、共同性与民族性相结合的性质。公安机关是国家"人民民主专政机关"，公安警察是具有武装性质的执法司法力量，公安法治必然以维护国家安全、社会公共安全为任务，因此，公安法学有突出的政治性、人民性，体现执政党领导政法工作、领导公安工作的政治制度特征。同时，作为一门科学，反映客观规律，反映事物的本质，形成理性认识，这也是科学研究的宗旨所在。因此，公安法学理论应该把政治性与科学性有机统一起来。现代警察制度普遍存在于各个国家，因此，现代警务法治运行机制必然具有共同性、普遍性的规律可循，具有互鉴互学的内容。但是，中国的公安法学旨在解决中国公安立法、执法、司法、法治监督和保障的特殊问题，其理论观点、学科范式、思维方式、价值标准必然具有民族性、具有中国内容，因此，也必须实现共同性与民族性相结合。

其三，吸收借鉴国外公安法学相关研究成果。大多数国家设立了警察局等警察机关，制定了警察法。由于政治制度的差异，世界上设立公安机关的国家很少。但是，它们的警察执法制度研究成果，对于我们加强公安法学研究，具有借鉴意义和参考价值。比如，日本、德国等国家，在警察行政复议制度、行政诉讼制度、警察赔偿制度等方面，规定了有别于其他执法司法人员的权力和职责，值得我们借鉴。

其四，关于加强公安法学研究的路径选择。加强公安法学研究，要坚持研究公安法学基本理论问题和公安法治实践问题共同推进的方略，"两条腿"走路。一方面，积极探索公安法学理论的基本问题，逐步建立和完善科学的理论体系；另一方面，围绕公安立法、执法、司法、督察等重大实践问题，以及以审判为中心的刑事诉讼制度改革等重大问题进行研究，实现公安法学的理论和实践功能及价值。

与法学和公安学已有学科相比，创建公安法学的过程，必然是一个革新的过程，是把研究法治公安等新问题的知识从其他已有学科中逐步分离出来，走向独立的系统化研究的过程，必然会表现出与已有学科内容之间从渗透融合到逐渐分离自成体系的过程。同时，即便把公安法学创建起来，公安学基础理论中仍然必须有公安法治的内容，只不过从科学研究的分工以及公安法学的成熟程度而言，是用其他学科研究公安法治问题，不是用公安法治问题说明其他问题。而公安法学研究的核心则是公安法治问题，是专门性研究、系统性研究，而不是相关性研究。

第四部分
人民警察的法治警察属性

人民警察是法治工作队伍的组成部分

《人民警察法》的修改应该体现"法治警察"新理念

人民警察是法治工作队伍的组成部分

一、问题的提出

新中国成立以来，在我国的政治学、警察学、公安学等学科中，讨论警察的政治属性、武装力量属性的比较多，对于人民警察的法律属性探讨得不够充分，理论研究得不够深入，影响了社会治理和警察管理法律法规的完善，也影响了公安改革的深化。2014年10月召开的中国共产党十八届四中全会，通过了《中共中央关于全面推进依法治国若干重大问题的决定》，从建设中国特色社会主义法治体系、建设社会主义法治国家、建设法治中国的战略布局出发，首次在党中央的重要文件中明确将人民警察纳入法治工作队伍，提出加强法治工作队伍建设，建设高素质法治专门队伍，推进法治专门队伍正规化、专业化、职业化，提高职业素养和专业水平。完善法律职业准入制度。"加快建立符合职业特点的法治工作人员管理制度，完善职业保障体系，建立法官、检察官、人民警察专业职务序列及工资制度。"这是迄今为止关于人民警察属于法治工作队伍的政策性、权威性、战略性、科学性的明确表述，具有重大理论意义、制度意义和实践意义。

为贯彻落实党的十八届四中全会关于法治工作队伍专业化、职业化建

本文系2016年5月在陕西警官职业学院"首届警察与法治论坛"上的主题报告，部分内容收录于杨宗科主编：《现代警务人才培养的理论与实践》，陕西人民出版社2017年版，收入本书时有所修改。

设的重大决定,中共中央办公厅、国务院办公厅于2015年12月20日联合印发了《关于完善国家统一法律职业资格制度的意见》(以下简称《意见》)。《意见》坚持遵循法治工作队伍形成规律,遵循法律职业人才特殊的职业素养、职业能力、职业操守要求,按照法治工作队伍建设正规化、专业化、职业化标准,科学设计和实施国家统一法律职业资格制度,提高法律职业人才选拔、培养的科学性和公信力。《意见》提出:"法律职业人员是指具有共同的政治素质、业务能力、职业伦理和从业资格要求,专门从事立法、执法、司法、法律服务和法律教育研究等工作的职业群体。担任法官、检察官、律师、公证员、法律顾问、仲裁员(法律类)及政府部门中从事行政处罚决定审核、行政复议、行政裁决的人员,应当取得国家统一法律职业资格。国家鼓励从事法律法规起草的立法工作者、其他行政执法人员、法学教育研究工作者等,参加国家统一法律职业资格考试,取得职业资格。"

如果我们全面分析一下,可以发现《意见》关于"法律职业人员"是指"专门从事立法、执法、司法、法律服务和法律教育研究等工作"的表述,与党的十八届四中全会通过的《中共中央关于全面推进依法治国若干重大问题的决定》关于"法治工作队伍"主要包括法治专门队伍(立法、执法、司法队伍)、法律服务队伍、法律教育研究队伍的表述,是相互对应的。从一定意义上来说,"法治工作队伍"是法律职业人员的政策性表述,我国的统一法律职业资格考试所指的法律职业人员的对象范围,是法治工作队伍的学理性、专业性、普遍性的表述,二者没有本质性的区别。

《意见》从我国法治建设的现实需要出发,明确了担任九种法治工作的人员"应当"参加考试取得国家统一法律职业资格。同时,"鼓励"从事法律法规起草的立法工作者、其他行政执法人员、法学教育研究工作者等,参加国家统一法律职业资格考试,取得法律职业资格。从党的十八届四中全会文件精神出发,我们可以作出这样的判断:"应当"取得国家统一法律职业资格人员,与"鼓励"参加国家统一法律职业资格考试人员,取得职业资格的人员,共同构成我国全面依法治国所需要的法治工作队伍。

一个值得特别关注的现象是,党的十八届四中全会通过的《中共中央关于全面推进依法治国若干重大问题的决定》,明确了人民警察属于法治工作队伍范围,但是,由于人民警察的种类范围比较复杂,《人民警察法》规定的入职条件的特殊性,人民警察参与执法、司法等活动履行职责的资格要求的复杂性,《意见》并没有明确要求入职人民警察"应当"取得法律职业资格,而是采取实事求是、分类处理、逐步规范的方略。公安机关从事行政处罚决定审核、行政复议、行政裁决的人员,应当取得国家统一法律职业资格;其他从事治安管理、交通管理等工作的人民警察,必须参加公安部组织的人民警察执法资格考试并且取得相应的资格。这是在全面依法治国背景下,推进人民警察队伍建设正规化、专业化、职业化、法治化的理性选择和必由之路。

由此而产生的一个问题是,《意见》没有把人民警察纳入统一需要法律职业资格考试的职业范围,是不是就意味着人民警察不属于法律职业,不属于法治工作队伍范围,不具有法治工作队伍的属性?本文认为完全不是。对于人民警察的法治工作队伍属性,必须科学理性地深入探讨,必须"大讲特讲"。

二、警察性质的历史逻辑

(一)警察是国家权力的象征

马克思主义经典作家认为,"警察是和国家一样古老的"[①],警察属于"国家机器"。警察制度是人类社会发展到一定历史阶段的产物,警察职业是近代国家管理和社会治理分工走向专业化的产物。中国警察制度在近代创建,是与我国半殖民地半封建社会的历史国情紧密相关的,同时也与近代政治变革和法治文明转型相伴而生。

恩格斯指出,国家的出现是人类社会发展的必然结果。人类社会始终存在着两种生产,即人类生活资料生产(衣、食、住与生产工具以及精神产品的生产)和人类自身的生产(人种的繁衍及婚姻家庭形式的发展),两种生产相互制约,决定和影响着社会制度。在物质资料生产水平低下时,以血缘关系为纽带的氏族制度,成为国家产生以前对社会进行管理的基本社会制度。随着物质资料生产的发展,人们在物质资料生产过程中结成的

---

① 《马克思恩格斯选集》(第四卷),人民出版社1972年版,第114页。

生产关系逐渐代替了血缘关系，社会结构发生了根本变化。具有阶级性质和政治性质的社会制度取代了由血缘关系决定的氏族制度，这就是具有公共权力的国家制度。恩格斯曾强调，国家是阶级矛盾不可调和的产物。随着生产力的发展，私有制的出现，阶级形成，当两个对立阶级的矛盾不可调和的时候，经济上占支配地位的阶级"获得了镇压和统治被压迫阶级的新手段"，于是，作为一个阶级统治另一个阶级的"机器"——国家产生了。国家从诞生起，统治者为维护其统治，便随即设立警察这一专职来协助政权运行。因此，警察与国家几乎同时出现，随着国家政权的发展和更迭，警察在与国家的这种政治关系中内生出其与国家相近似的政治性质。警察是国家的警察。警察作为国家权力特别是统治权、支配权、强制权的重要体现，是国家按照统治阶级的意志，运用武装的、行政的、刑事的手段，以强制性实力维护国家安全与社会治安秩序的行为。警察是阶级专政的国家行为，按照统治阶级的意志实行统治与管理，并通过统治阶级意志所制定的国家的政策与法律表现出来。国家具有的政治统治职能和社会管理职能决定了警察具有政治镇压和社会管理的双重基本职能，以打击反国家、反统治的社会势力，并维护公共秩序和公众利益。[①] 警察具有政治属性，是因为警察行为的过程也总是体现出政治的运行。警察总是与国家政治与个人权利主张的实现相关联，警察总是生活在政治中的。

警察的政治性和普通人或群体是不一样的，警察既是国家的标志，又是国家的装置，同时它又是国家统治力的表现、国家强制性的保证。在不同的历史时期以及不同性质的国家中，警察所具有的共性首先表现在它是国家重要的专政工具之一。国家为了实现其政治统治，不可避免地需要强有力的专政工具。而警察作为国家机器的组成部分，自然而然地作为保证统治阶级实现其统治的工具。"国家是不能没有警察的"[②]，因此，国家必须赋予警察一部分权力，使其成为执行统治阶级和国家意志的中坚力量，执行国家法律的主力军，警察与国家政治、法律近乎融为一体，成为代表国家行使政治权力的重要工具。

---

① 康大民：《中国警察——公安的百年回顾》，《辽宁警专学报》2001年第4期，第9—16页。
② 《马克思恩格斯选集》（第四卷），人民出版社1972年版，第114页。

（二）警察依法产生和依法履职

近代警察是军事化武装力量与现代法治理论关于权力制约的思想相结合的产物。警察学理论认为，军警分离的近代职业警察制度起源于西欧。1789年，法国资产阶级革命推翻了国王路易十六的统治，建立了资产阶级政权，并制定了大量的法律，在自由、平等、人权、法治的旗号下，根据制宪会议决定，建立了共和制国家的警察制度。并于1801年在中央设置警察总局，地方城市设置警察局，市镇设立警察分局，乡村建立警察队，形成了由中央政府严格控制的庞大的警察组织体制。[①] 在英国，1829年，罗伯特·皮尔担任内政大臣期间，敦促议会通过其创建警察制度的议案《大伦敦警察法》，英国据此组建了一支世界上最早统一着制式警察制服、享有国家薪俸的正规职业警察部队。罗伯特·皮尔因此也被后人称为"现代警察之父"，《大伦敦警察法》也被视为具有里程碑意义的警察法。此后，日本、美国等国纷纷效仿法国、英国建立起本国的警察行政体制。而过去寓于军队、多种行政机关、审判机关之中的警察行为，也逐渐地集中于专门的警察行政机关。我国警察制度的创建贯穿于我国从半殖民地半封建到新民主主义再到社会主义的国家性质转变的全过程。清末时期警察制度初见雏形，然而缺乏规范的法律体系予以规定。土地革命时期，中国共产党领导的工农民主政府曾制定过有关警察管理的法律、法规和其他规范性文件。到了抗日战争时期，抗日民主政权在各革命根据地普遍建立，各边区人民政府制定了一系列警察法规，其中包括警察刑事方面的法规和警察行政方面的法规。解放战争时期，警察法律法规在抗日战争期间法律法规的基础之上，有了较大的发展，除了各解放区制定的警察法规外，还颁布了一些全国统一的警察法规，并且法规内容比较广泛，包括枪支管理的法规、禁毒禁烟的法规和边境管理的法规等，这为新中国成立以后制定统一的警察法奠定了基础。新中国成立以后，为了经济的全面恢复以及社会环境的快速稳定，我国制定了一系列警察法律规范，如20世纪50年代初制定的《城市户口管理

---

① 惠生武：《警察法论纲》，中国政法大学出版社2000年版，第56页。

暂行条例》《公安派出所工作暂行条例》《枪支管理办法》。特别值得一提的是，1957年6月25日第一届全国人民代表大会常务委员会第七十六次会议通过了《中华人民共和国人民警察条例》，这是新中国第一部专门的"人民警察法"，内容虽然只有短短的十一条，但是，它创建了新中国人民警察制度的基本原则、管理体制、职责职权等法律制度的基础。① 其中的规定，成为后来基础法律制度体系的重要基础。20世纪60年代，我

---

① 《中华人民共和国人民警察条例》第一条："中华人民共和国人民警察属于人民，是人民民主专政的重要工具之一，是武装性质的国家治安行政力量。"第二条："人民警察的任务是依照法律惩治反革命分子，预防、制止其他犯罪分子的破坏活动，维护公共秩序和社会治安，保护公共财产，保护公民的权利和合法利益，以保卫人民民主制度，保障国家的社会主义建设顺利进行。"第三条："人民警察必须依靠人民群众，经常保持同群众的密切联系，倾听群众的意见，接受群众的监督，必须严格遵守宪法和法律，努力为人民服务。"第四条："人民警察受中华人民共和国公安部和地方各级公安机关的领导。人民警察的编制和管理机构，由国务院另行规定。"第五条："人民警察的职责如下：（一）预防、制止、侦查反革命分子和其他犯罪分子的破坏活动，侦缉逃避侦查、审判和执行判决的人犯；（二）依照法律管制反革命分子和其他犯罪分子；（三）指导治安保卫委员会的工作，领导群众进行防特、防匪、防盗、防火工作；（四）警卫法庭，押解人犯，警戒监狱、看守所和劳动改造场所；（五）依照法律管理爆炸物品、剧毒物品、枪支弹药、无线电器材、印铸行业、刻字行业；（六）管理户口；（七）依照法律管理外国人和无国籍人的居留、旅行等事项；（八）管理城市交通秩序、车辆和驾驶人员；（九）维护公共场所、群众集会的秩序和安全；（十）维护车站、码头、机场、火车上和船舶上的秩序，保护旅客和运输的安全；（十一）保护各国驻华使领馆的安全；（十二）警卫重要的机关、厂矿企业等部门的安全；（十三）监督公共卫生和市容的整洁；（十四）进行消防工作；（十五）追查被抢劫、偷盗的财物，查找迷失的儿童和下落不明的人，救护被害人和突然患病处于孤立无援状态的人；（十六）向居民传达自然灾害的预报，积极协助有关部门动员群众采取预防和消灭灾害的措施；（十七）积极参加和协助进行其他有关群众福利的工作；（十八）向群众进行提高革命警惕、爱护公共财产、遵守法律、遵守公共秩序和尊重社会公德的宣传工作；（十九）其他属于人民警察职责范围内的事项。"第六条："人民警察的权限如下：（一）对反革命分子和其他犯罪分子，可以依照法律执行逮捕、拘留和搜查；（二）在侦查刑事案件的时候，可以依照法律传问犯罪嫌疑人和证人；（三）对公民危害公共秩序和社会治安而尚未构成犯罪的行为，可以依照法律取缔或者予以治安行政处罚；（四）人民警察执行职务遇有拒捕、暴乱、袭击、抢夺枪支或者其他以暴力破坏社会治安不听制止的紧急情况，在必须使用武器的时候，可以使用武器；（五）人民警察为了紧急追捕人犯、抢救公民的生命危险，可以借用机关、团体、企业和公民个人的交通工具和通讯工具；（六）法律规定的人民警察的其他权限。"第七条："中华人民共和国公民身体健康、具备一定的文化程度、自愿充任人民警察的，经县、市以上公安机关审查合格后，可以充任人民警察，但是被剥夺政治权利的人除外。"第八条："国家按照人民警察的现任职务、政治品质、业务能力和对革命事业的贡献，评定等级。"第九条："人民警察执行职务有卓越成绩的，分别给予表扬、物质奖励、记功、提前晋级、授予国家的奖章、勋章和荣誉称号等奖励。"第十条规定："人民警察必须遵守规定的纪律。对违反纪律和失职的人员，可以分别情节给予警告、记过、禁闭、降级、降职、撤职等纪律处分。人民警察如果违法失职已经构成犯罪，应送人民法院审判。如果这种犯罪已经构成军事犯罪，应由军事法院审判。"第十一条："因公残废的人民警察同因公残废的现役军人享受国家同样的抚恤和优待。人民警察因公牺牲或者病故，其家属同因公牺牲或者病故的现役军人的家属享受国家同样的抚恤和优待。"

国又制定了《城市交通规则》《治安管理处罚条例》《户口管理条例》等警察法规。1995年2月28日第八届全国人民代表大会常务委员会第十二次会议通过的《中华人民共和国人民警察法》，是新中国第一部以"人民警察法"为名称的专门规定我国警察制度的基本法。它坚持和发展了《中华人民共和国人民警察条例》关于人民警察的职责任务，比如第一条规定："为了维护国家安全和社会治安秩序，保护公民的合法权益，加强人民警察的队伍建设，从严治警，提高人民警察的素质，保障人民警察依法行使职权，保障改革开放和社会主义现代化建设的顺利进行，根据宪法，制定本法。"它体现了我国警察管理体制的变化，比如第二条规定："人民警察的任务是维护国家安全，维护社会治安秩序，保护公民的人身安全、人身自由和合法财产，保护公共财产，预防、制止和惩治违法犯罪活动。人民警察包括公安机关、国家安全机关、监狱、劳动教养管理机关的人民警察和人民法院、人民检察院的司法警察。"根据改革开放和社会主义法治建设的要求，坚持和发展了人民警察制度的基本原则，比如第三条规定："人民警察必须依靠人民的支持，保持同人民的密切联系，倾听人民的意见和建议，接受人民的监督，维护人民的利益，全心全意为人民服务。"第四条规定："人民警察必须以宪法和法律为活动准则，忠于职守，清正廉洁，纪律严明，服从命令，严格执法。"第五条规定："人民警察依法执行职务，受法律保护。"这是历史的进步，更是警察制度的创新与发展，这部警察法在维护我国政治安全、经济稳定、社会和谐等方面作出了重大贡献，在保障公民合法权益的同时对加强我国人民警察队伍建设、提高人民警察队伍素质、保障人民警察依法履职等方面发挥着举足轻重的作用。

历史发展表明，无论哪种国家性质，无论哪个历史阶段，警察制度都被明确体现在各个国家的法律规定当中，警察制度依法产生，警察职能依法履行。中西方近代警察制度形成和发展的主要特点是：（1）警察职能独立化。警察职能从军队、行政、司法中独立出来，建立单独的专门警察机关，改变了过去军警不分、政警不分的现象。（2）警察服装统一化。警察统一穿着制式服装，身份公开。警察服装成为公开执行警务的标志。(3) 警察职业社会化。警察工作成为一种社会职业，从事警察职业必须具有相应的专业知识。(4) 警察管理法治化。警察机关的建立，警察系统的确定，警察职权的内容以及警察任务的划分，都是以国家宪法和法律为依据，依照警察规章制度进行，强调警察职能由法定机关依照法定职权行使。[1] 由此可见，警察制度是一种重要的法律制度。

(三) 警察具有武装性质

武装力量是一个组织（部落、民族、国家），出于对外进攻、自身防卫和内部管理的需要而组建起来的，用武器装备起来的人与物资的总称。武装力量的产生和发展，与国家的形成和演变，与社会生产力和生产关系的变革，与战争实践和军事理论的发展等紧密相关。

世界各国普遍重视武装力量的建设，不断改革和完善武装力量体制。在现代，正规的和非正规的武装组织，除军队外，还有宪兵、警察、后备役部队、民防部队、民兵等。由于各国国情不同，武装力量的构成也不同。有的由单一的军队、警察或民兵构成，有些由军队和另一种正规的或非正规的武装组织"两结合"构成，有些由军队和另一种正规的武装组织及一种非正规的武装组织"三结合"构成，还有些由军队和其他三种以上正规的、非正规的武装组织"多结合"构成。大多数国家的武装力量实行以军队为主体、多种武装组织结合的体制。

警察拥有武装强制、行政强制和其他强制手段，配备武器警械，拥有一定的准军事设备，是一个特殊的武装性质的力量。无论国内外，都将警察纳入武装性质范畴之内，与其他国家行政力量一同保卫和管理国家。

三、我国警察制度的基本理念

(一) 人民警察是我国警察制度的基石理念

中华人民共和国是工人阶级领导的、以工农联盟为基础的人民民主

---

[1] 冯德文编著：《警察学概论》，中国人民公安大学出版社2005年版，第29页。

专政的社会主义国家。社会主义制度是中华人民共和国的根本制度。中国共产党的领导是中国特色社会主义最本质的特征。我国宪法明确宣布：中华人民共和国的一切权力属于人民。1957年6月25日第一届全国人民代表大会常务委员会第七十六次会议通过的新中国第一部专门的"人民警察法"——《中华人民共和国人民警察条例》，第一条开宗明义明文规定："中华人民共和国人民警察属于人民，是人民民主专政的重要工具之一，是武装性质的国家治安行政力量。"第三条规定："人民警察必须依靠人民群众，经常保持同群众的密切联系，倾听群众的意见，接受群众的监督，必须严格遵守宪法和法律，努力为人民服务。"在我国，人民是国家政权的主人。警察是人民民主专政国家制度的维护者，是保护人民当家作主权利的重要力量。人民警察是我国警察制度的基石理念和根本理念，是体现我国警察制度本质特征的理念。

我国的人民警察是人民民主专政政权中具有武装性质的治安行政和刑事执法力量。人民警察的主要任务是维护国家安全和社会公共秩序，保护公民的人身自由和人身安全，保护公共财产和公民合法财产不受侵犯，预防、制止和惩治违法犯罪活动等。在我国，一方面，人民警察的工作要坚持为人民服务的宗旨，维护广大人民群众的利益。失去了人民群众的信任和支持，就失去了警察存在的合法性基础。另一方面，走群众路线，依靠群众，善于发动人民群众协助警察开展工作，积极地推进警务工作的社会化，是新时代人民警察有效履行职责的重要保证。

"人民警察"是体现我国警察制度本质特征的基石理念，人民性是我国警察制度的根本政治属性，是警察制度其他属性的前提和基础。警察作为国家权力体系的重要组成部分，在国家管理和社会治理中的政治性有其独特的内容和表现。因此，必须从特殊的政治关系层面来理解人民警察。在现实生活中，人民警察往往出现在公共秩序遭破坏的时候，往往出现在人们的自由和权利遭侵犯和妨害的时候，这就使人民警察实际上以公共权力的角色出现在权利主张发生矛盾和冲突的一线。所以，作为冲突的调整者、矛盾的调停者和纷争的裁判者，人民警察在与公民个人的政治关系中必然要表现出权威性、管理性和服务性等外在的政治特征和属性。①

(二) 专政警察和管理警察是我国警察制度的历史理念

警察制度具有历史性，是一个不断发展、完善的过程。新中国警察制度脱胎于新民主主义革命时期，并在社会主义革命时期基本确立，在社会主义建设时期发展变化。

新中国成立初期的国内外阶级斗争形势，决定了作为国家机器的重要组成部分的人民警察，必须是新生的人民民主专政的国家政权的执行者和维护者。因此，受人民民主专政理念的影响，新中国成立之初的警察制度具有浓厚的阶级专政功能，这一时期的警察具有明显的"专政警察"的特征。

新中国的诞生，结束了国民党反动派在大陆的统治，但国民党政府残留下来的党团骨干和特务分子尚有120万人之多，城乡各个角落还残存着一批土匪、恶霸和反动会道门头子。这批由帝国主义和封建买办统治者培植出来的反动势力，仇视人民政权，时刻梦想复辟，勾结外部反动势力，从事破坏活动，对新生的人民民主政权构成了严重的威胁。面对这种现实，新中国成立后，为了研究和解决公安部的组织和今后工作问题，经毛泽东和中共中央批准，1949年10月15日至11月1日，罗瑞卿在北京主持召开了第一次全国公安会议，分析了国内外的敌情情况和公安机关总任务。并且，会议研究了在新形势下公安机关的组织机构和人民警察、人民公安部队的建设问题，确定了保卫人民民主专政的国家政权的主要任务和方针，全面部署了工作任务。其中，1949年10月19日，中央人民政府委员会第三次会议决定：任命罗瑞卿为中央人民政府公安部部长，杨奇清为副部长。中央人民政府命令发布后，中央军委公安部即行撤销（罗瑞卿、李克农、杨奇清等人按照周恩来的指示，以中共中央华北局社会部的全体人员加上中共中央社会部的部分机构作为基础，于1949年7月6日筹建了军委公安部，并为筹建新的中央人民政府作准

---

① 刘宇航：《现代警察的本质》，《吉林省教育学院学报（上旬）》2014年第10期，第140—141页。

备），改名为中央人民政府公安部。10月30日，周恩来在同与会代表一起座谈时说："你们是国家安危，系于一半，国家安危你们担负了一半的责任。军队是备而不用的，你们是天天要用的。"周总理还说："公安，首先是自己安了才行。"1949年11月5日，公安部召开成立大会。随之各级公安机关在全国范围内建立并在新的解放区展开了清匪反霸斗争，在城市搜捕特务，登记反动党团，驱逐破坏新中国的帝国主义分子，取缔反动会道门和反动组织工作。

  1950年4月，美帝侵朝战争爆发后，国内残存的反革命势力乘机杀害干部群众，破坏工厂，破坏铁路，抢劫国家物资，组织武装暴乱，公开叫嚣"变天"，各级公安机关发动群众，并和群众一起进行了坚决的镇压，保卫了新生的人民民主专政的国家政权，维护了社会秩序。1951年2月，中央人民政府发布《中华人民共和国惩治反革命条例》后，各级公安机关和全体民警在各级党委和政府领导下，依法运用各种形式，广泛发动群众，开展大张旗鼓地镇反运动，对土匪、特务、恶霸、反动党团骨干和反动会道门头子等反革命分子进行了比较彻底的清查。由于在镇反工作中正确执行了"镇压与宽大相结合""坦白从宽、抗拒从严"等一系列政策，很快分化瓦解了反革命势力，取得了镇反工作的巨大胜利。在巩固政权、安定社会秩序、提高人民群众的革命激情和警惕性以及解放生产力等方面显示出了公安机关强大的职能作用。各级公安机关在与间谍、特务的斗争中，粉碎和制止了隐蔽敌人对新生政权的颠覆与破坏，保卫了国家安全。同时，对惯匪、惯盗、破坏金融财贸以及其他严重危害社会治安的犯罪分子进行了及时打击，对吸毒、赌博及娼妓等社会丑恶现象进行了清扫。积极高效的公安工作使旧中国留下的混乱不堪的社会状况很快变得秩序井然，保证了土改工作的顺利完成和抗美援朝战争的胜利，为国民经济的恢复和发展，以及工商业社会主义的改造，营造了良好的环境条件。

  遵照毛泽东同志在《论人民民主专政》一文中提出的"对于反动阶级和反动派的人们，在他们的政权被推翻以后，只要他们不造反、不破坏、不捣乱，也给土地，给工作，让他们活下去，让他们在劳动中改造自己，成为新人"的指示精神，公安机关在农村依靠和发动群众对地主、富农进行了使之放弃反动立场，转变为新人的教育、监督和改造工作。对罪行严重的反革命和其他犯罪分子，除极少数罪大恶极、血债累累，必须判处死刑并立即执行者外，在判刑后采用惩罚管制与思想改造相结合、劳动生产与政治教育相结合的原则，促其改恶从善，转变成新人。对于战争罪犯，也给予其改造自新，重新做人的机会，分批实行宽大处理。

从新中国成立至"文化大革命"前，全国公安机关在党中央、国务院的正确领导和全国人民的大力支持下，顺利开展了镇压反革命运动及社会治安的整顿和管理，粉碎了间谍特务和现行反革命的破坏阴谋，对罪犯和剥削阶级残余分子进行了改造，保卫了人民民主专政政权，保障了社会主义建设的顺利进行，在维护国家安全和社会秩序等方面发挥了自身的职能作用。直至"文化大革命"前，刑事案件年发案率仅占总人口的万分之三左右，取得了举世瞩目的可喜成绩。[①]"文化大革命"时期，我国的人民警察制度受到了严重破坏。党的十一届三中全会以后，经过拨乱反正，随着全党全国工作重点的转移，公安工作的重点也必须迅速转移到保卫经济建设为中心、建设有中国特色社会主义的正确轨道上来。特别是党的十五大明确提出依法治国方略以后，人民警察认真落实依法管理国家事务、经济文化和社会事务的要求。1995年2月28日，第八届全国人民代表大会常务委员会第十二次会议通过的《人民警察法》，是新中国第一部以"人民警察法"为名称的专门规定我国警察制度的基本法。它坚持和发展了《中华人民共和国人民警察条例》关于人民警察的职责任务，明确规定我国人民警察的职责是：预防、制止和侦查违法犯罪活动；防范、打击恐怖活动；维护社会治安秩序，制止危害社会治安秩序的行为；管理交通、消防、危险物品；管理户口、居民身份证、国籍、出入境事务和外国人在中国境内居留、旅行的有关事务；维护国（边）境地区的治安秩序；警卫国家规定的特定人员、守卫重要场所和设施；

---

① 万国庆：《中国警察制度研究》，郑州大学2005年硕士学位论文，第32页。

管理集会、游行和示威活动；监督管理公共信息网络的安全监察工作；指导和监督国家机关、社会团体、企业事业组织和重点建设工程的治安保卫工作，指导治安保卫委员会等群众性治安保卫组织的治安防范工作。可以说，改革开放以来，我国的人民警察在更多地充当着社会秩序管理者的角色，更多情况下承担着维护社会秩序、管理公共事务、保障人身安全的工作。因此，这一时期的人民警察具有明显的"管理警察"的特征和属性。

（三）法治警察是新时代人民警察制度的新理念

党的十八大以后，中国特色社会主义进入新时代，我国的发展有了新的历史方位，其中的根本原因是社会主要矛盾发生了根本性变化。改革开放初期，人民群众日益增长的物质和文化生活的需求与落后的社会生产之间的矛盾是主要矛盾。为了解决这个主要矛盾，我们提出要改革开放，要解放生产力、发展生产力，要以经济建设为中心。经过30多年的建设、改革和发展，我国社会主要矛盾已经转化为人民日益增长的美好生活需要和不平衡不充分的发展之间的矛盾。人民美好生活的需要日益广泛，不仅对于物质文化生活提出了更高要求，而且在民主、法治、公平、正义、安全、环境等方面的要求日益增长。在人民美好生活的诸多需要中，对于法治的需要具有重要地位。社会主要矛盾的变化是关系到全局性的历史性变化。为了适应这一变化，以习近平同志为核心的党中央，审时度势，全面推进中国法治建设实现了三个历史性重大创新。

（1）重大实践创新。标志就是十八届四中全会的召开，通过了《中共中央关于全面推进依法治国若干重大问题的决定》（以下简称《决定》）。这是一个具有里程碑意义的重大历史事件，会议的召开，文件的通过，可以说是前所未有的重大创新，推动了我们的法治建设进入新时代。《决定》分为序言、正文、结语，全文16678个字。其中正文包括七个部分，第一个部分相当于总论，首次提出"坚持走中国特色社会主义法治道路，建设中国特色社会主义法治体系"。后面六个部分相当于分论。第一是立法方面，"完善以宪法为核心的中国特色社会主义法律体系，加强宪法的实施"；第二是执法方面，"深入推进依法行政，加快建设法治政府";第三是司法方面,"保证公正司法,提高司法公信力";第四是守法方面,"增强全民法治观念,推进法治社会建设";第五是队伍保障方面,"加强法治工作队伍建设";第六是政治保障方面,"加强和改善党对全面推进依法治国的领导";第七是结语部分,最后一句话提出了以前没有提出过的战略目标和口号:"为建设法治中国而奋斗!"。所以,这个会议有里程碑意义,这个《决定》有里程碑意义。这个《决定》是党中央全面依法治国宣言书,是建设法治中国的规划设计书,也是中国特色社会主义法治理论教科书。召开这次会议,在新中国成立以来,在改革开放以来,是一个历史性的重大实践创新,会议关于法治中国建设的顶层设计,为我们描绘了新时代法治建设的宏伟蓝图。

(2)重大制度创新。标志就是新时代第一个宪法修正案。根据党的十九大的重要部署,2018年3月8日,第十三届全国人民代表大会第一次会议通过了《中华人民共和国宪法》的第五个修正案,这也是中国特色社会主义进入新时代以后通过的第一个修正案。该修正案共21条。宪法修正案把习近平新时代中国特色社会主义思想确立为国家指导思想,把建设富强民主文明和谐美丽的社会主义现代化强国、实现中华民族伟大复兴确定为国家的根本任务,把中国共产党的领导是中国特色社会主义最本质的特征载入宪法。宪法修正案的一个重大制度创新是改革了国家机构体制。1982年12月4日五届全国人大五次会议通过的《中华人民共和国宪法》,设定的国家机构体制,我们称之为人民代表大会产生"一府两院"(即人民政府,人民法院、人民检察院)并且对其进行监督,现在修正为人民代表大会产生"一府一委两院"(即人民政府,监察委员会,法院、检察院)并且对其进行监督。在国家机构体系中增设了监察委员会,实行对于一切行使公权力的人员的监督全覆盖,完善了国家监督体制。我们的宪法文本在第三章"国家机构"里面增设了"监察委员会"一节,条文增设了五条。此外,宪法修正案还对党和国家领导制度进行了完善。根据宪法修正案,全国人大通过了《中华人民共和国监察法》等重要法律文件。这一系列的历史性重大制度创新,为建设法治中国、建设社会主义现代化强国、实现中华民族伟大复兴,建立健全了具有宪法效力的"四梁八柱"，有力推进了新时代的法治建设。

（3）重大理论创新。标志就是习近平总书记全面依法治国新理念新思想新战略的形成。2018年8月24日，中央全面依法治国委员会召开第一次会议，习近平总书记发表重要讲话，明确提出了"全面依法治国新理念新思想新战略"的重大命题，并且将主要内容概括为十个方面，简称"十个坚持"：第一，坚持加强党对依法治国的领导。第二，坚持人民主体地位。第三，坚持中国特色社会主义法治道路。第四，坚持建设中国特色社会主义法治体系。第五，坚持依法治国、依法执政、依法行政共同推进，法治国家、法治政府、法治社会一体建设。第六，坚持依宪治国、依宪执政。第七，坚持全面推进科学立法、严格执法、公正司法、全民守法。第八，坚持处理好全面依法治国的辩证关系。第九，坚持建设德才兼备高素质的法治工作队伍。第十，坚持抓住领导干部这个关键少数。这是习近平总书记关于法治建设的重要思想，中央把它统一定名为"习近平总书记全面依法治国新理念新思想新战略"，法学界简称为"法治三新"。习近平全面依法治国新理念新思想新战略是习近平新时代中国特色社会主义思想的重要组成部分，是马克思主义法治思想中国化的最新成果，是中国特色社会主义法治理论的核心内容，是法治中国建设的指导思想和行动指南，是推进新时代中国法治建设的历史性重大理论创新成果。

党的十八大以来，正是因为有以上三个方面的历史性的重大实践创新、重大制度创新、重大理论创新，才推动着我们的法治建设进入了新时代，取得了历史性成就，发生了历史性的变化，也促使我国的人民警察制度体现了新时代的特征。

笔者认为，习近平总书记全面依法治国新理念新思想新战略对于我国人民警察制度的根本指导作用是全局性、全方位的，法治建设方面历史性的重大实践创新、重大制度创新、重大理论创新对于人民警察制度的发展的影响也是全局性、全方位的，其中一个具有重要意义的体现新时代人民警察属性的论断，就是《决定》历史性地将人民警察与法官、检察官一起，列入"法治专门队伍"之中，作为法治工作队伍的首要组成部分，这实际上是将我国人民警察的专政警察、管理警察的历史理念，发展成为新时代全面依法治国背景下的法治警察理念。树立法治警察新理念，是十八大以来党中央"四个全面"战略布局对于人民警察制度改革发展的必然要求。

四、人民警察作为法治工作队伍组成部分的理论内涵

法治工作队伍是一个政策性概念，是指从事立法、执法、司法、法律服务、法学教育和研究等法治工作的有组织的专业化人员集体。从法治运行主要环节的角度来看，法治工作队伍应当包括立法队伍、行政执法队伍、司法队伍、法律服务队伍、法学教育和研究队伍等；从国家机关法治实施角度来看，法治工作队伍应当包括审判队伍、检察队伍、监察队伍、公安队伍、国家安全队伍、司法行政队伍、人民警察队伍等；从法治工作专业化、专门化程度来看，法治工作队伍包括法治专门队伍和法治其他队伍。在比较法学和法学理论论著中，法律职业或者法律职业共同体大体上相当于作为政策性概念的法治工作队伍。

中国古代的思想家孟子说过，"徒善不足以为政，徒法不足以自行"。韩非子说过，"国无常强，无常弱，奉法者强则国强，奉法者弱则国弱"。古今中外的历史事实表明，法治工作队伍是一个国家和社会提高法治建设水平的重要人才保障。

（一）十八届四中全会提出人民警察属于"法治工作队伍"的新论断

为贯彻落实十八大作出的战略部署，加快建设社会主义法治国家，2014年10月20日至23日，中国共产党第十八届中央委员会第四次全体会议在北京召开，全会审议通过了《中共中央关于全面推进依法治国若干重大问题的决定》。《决定》从建设中国特色社会主义法治体系、建设社会主义法治国家、建设法治中国的战略出发，明确指出："全面依法治国，必须大力提高法治工作队伍思想政治素质、业务工作能力、职业道德水准，着力建设一支忠于党、忠于国家、忠于人民、忠于法律的社会

主义法治工作队伍，为加快建设社会主义法治国家提供强有力的组织和人才保障。"加强法治工作队伍建设不仅是全面依法治国的需要，也是社会主义现代化建设的需要，更是推进国家治理体系和治理能力现代化的需要，与国家命运和人民生活紧密相关。据此，我们可以说，十八届四中全会把加强法治工作队伍建设全面提上法治国家建设的重要议事日程。

《决定》强调，加强法治工作队伍建设，首先要建设高素质法治专门队伍，把思想政治建设摆在首位的同时还需要"加强立法队伍、行政执法队伍、司法队伍建设"。执法是指国家一切有组织地落实和实现法律规范的活动，既包括行政机关的执法活动，也包括司法机关适用法律的活动，也就是说，广泛的国家日常管理活动都属于执行法律的过程。而在法理意义上的执法，仅限定于描述拥有国家行政权的机关、法律授权或委托行使行政职能的社会组织及其公职人员依照法定职权和程序，依法行使国家管理职权、贯彻实施法律的活动。其中，公安机关是作为国家行政机构中一个特殊的拥有行政执法权和刑事执法权的部门。人民警察作为公安机关、国家安全机关、监狱、司法机关等国家机关法治工作职责的具体执行者，其在执法过程中所表现出来的警察权也必然拥有行政执法与刑事执法两种属性。我国警察权的基本内容之一就是警察执行权，理论界根据执行对象的性质不同，将警察执行权分为警察刑事执行和警察行政执行。另外，我国的人民警察队伍中还有一部分从事司法工作的司法警察，司法属性将这部分警察与行政执法队伍中的警察区分开来，但从本质上看，行政执法警察与司法警察同属于人民警察的概念之下，共同为法治工作队伍的重要成员。因此，加强行政执法队伍建设在更深层次上是对人民警察的建设要求。

《决定》对于建设高素质法治专门队伍，提出了一系列政策举措。比如，"建立从符合条件的律师、法学专家中招录立法工作者、法官、检察官制度，畅通具备条件的军队转业干部进入法治专门队伍的通道，健全从政法毕业生中招录人才的规范便捷机制。……加快建立符合职业特点的法治工作人员管理制度，完善职业保障体系，建立法官、检察官、人民警察专业职务序列及工资制度"。《决定》明确把加强法治工作队伍建设作为中国特色社会主义法治体系的重要保障,明确将人民警察与法官、检察官一起,列入"法治专门队伍"之中,作为"法治工作队伍"的核心力量,这实质上也就是提出了人民警察"作为法治专门队伍"的时代性质、职能定位和建设方向,这是关于人民警察性质地位的新理念、新论断,具有重要的历史意义和现实意义。

(二)人民警察作为法治工作队伍组成部分的内涵

人民警察作为法治工作队伍的属性,体现在方方面面,其主要的内涵也就是内在规定性表现为依法招录培养、依法取得执法资格、依法履职和依法承担责任。这是人民警察作为法治工作队伍的应有之义,也是内涵所在。

1. 依法招录培养

法学教育和法治人才培养,是法治工作队伍建设的基础,也是法治队伍建设取得成绩的希望和前提。抓不好法学教育和人才培养工作,法治工作队伍的建设就是无源之水、无本之木。改革开放以来,我国的法学教育和法治人才培养工作虽然取得了较大成就,但与实现全面依法治国,建设法治国家、法治政府、法治社会的目标之间仍有相当大的差距。

十八届三中全会提出全面深化改革的总目标是完善和发展中国特色社会主义制度,推进国家治理体系和治理能力现代化。其中,社会治理改革要求依法治理,人民警察也应当依法招录培养。这就要求在招录和培养人民警察时,运用法治思维和法治方式治理公共安全、化解矛盾、维护稳定、推动改革,并将其作为人民警察招录和培养的基本要求。2015年12月8日,为适应公安队伍正规化、专业化、职业化建设要求,进一步做好公安院校公安专业招生、培养和毕业生录用工作,提升公安院校人才培养质量,更好地满足公安机关对公安专业人才的需求,中央编办、人力资源和社会保障部、公安部、教育部、财政部、国家公务员局等六部委联合出台了《关于公安院校公安专业人才招录培养制度改革的意见》,对于公安专业人才培养以及人民警察招录改革,确定了学校范围,严格了培养条件,改进了工作流程,完善了工作机制,适应了全面依法治国对于人民警察作为法治工作队伍建设的需求。

培养人民警察后备人才必须适应现代警务运行与法治密切结合的警察制度发展方向。从历史上看，现代警察制度自诞生以来，警察职业和警务发展与现代法治就具有内在联系。西方近现代警务改革先后经历了依法设置职业警察、实现军警分离、警察专业化、警察现代化以及社区警务等多个发展阶段，但是，警务法治化贯穿始终。可以说，现代警务的时代特征是警务法治化。现代警务人才必然是也必须是法治人才，这是世界各国警务发展的普遍规律对于人才培养的普遍要求。加强法治人才队伍建设，要创新人才培养机制，构建法治公安融合、警法融合的新型的警察人才培养模式。同时，建立健全法治实践工作部门与方向教育单位之间的双向交流机制，逐步实现互聘互动，可以选聘实务部门的法律专家到高校兼职教学，高校中的法学教师也可以到实务部门兼职从事法律实践工作，促进法治人才的培养和锻炼。

人民警察作为法治工作队伍特别是作为法治专门队伍，必然是法治人才，其招录与培养关系到中国特色社会主义法治理论与精神的传播和弘扬，关系到法治工作队伍建设的效果，并最终关系到法治中国建设目标的实现。法学师资队伍是开展法学教育工作的执行者，是培养法治人才的重要力量。只有不断加强法学教育队伍建设，才能源源不断地为法治中国建设提供高水平、高素质的法治人才和后备力量。[①]

2. 依法取得执法资格

职业化的法律组织是法律价值和功能得以实现的重要保证，是保障法律权威、公平正义、权利自由的物质力量。职业化的法律组织即拥有系统的法律专业知识的法律人的组织化、专门化和技术化，法律职业是实践性、技术性很强的职业。现代化的法律组织机构按照现代化社会分工的要求，能够独立地、充分地行使法律创制、法律操作和法律实现的职能，它是法律能够得到合理运转和实施的重要保证，是法律制度和法律规范能够在社会生活中得到实现、书本上的法律能够转化为行动中的法律最终变为现实的法治秩序的重要保证。法律组织机构的现代化包括

---

① 王晓星：《关于加强法制工作队伍建设的几点思考》，《领导科学论坛》2016年第15期，第27—28页。

法律组织机构的专门化和精细化，履行其法律职能的有效化，工作权限和程序的规范化、制度化。同时，作为这一重要条件，法律从业人员必须实现职业化、规范化及其专业素质现代化。人民警察作为法治专门队伍组成人员，对于法律的运用主要表现为行政执法和刑事执法。人民警察执法规范化的功能大体上可以作以下理解：其一，规范化的警察执法行为及方式具有法治国家所要求的主导社会和法律价值观念的功能。其二，规范化的警察执法行为及方式具有法治社会所要求的平衡利益、调节社会矛盾的功能。其三，规范化的警察执法行为及方式具有实现社会管理和社会治理所要求的维护社会稳定、促进社会和谐、推动法治社会形成的功能。[①]

人民警察作为法治工作队伍，作为管理社会、服务社会的法律人，只有尊法、知法、通情、明理，才能成为一个真正意义上的执法者，才能担负起人民警察、法治警察的新时代名号。一名合格的警察乃至优秀的警察，在这样一个不断开放、重构和创新的世纪，在这样一个执法环境日益复杂化和职业日渐高风险的转型社会，在这样一个不断民主化和法治化的新时代，需要在思想观念上、行动上予具有充分的专业性和职业化准备，应将这个职业视作是"促使人的行为服从规则治理的事业"。出于实现警察执法更为职业化、专业化及规范化的要求，现代法治国家、法治政府、法治社会理念为警察提供了更为明确的法治警察的发展理念。

人民警察作为执法者，依法行政是天经地义的，是其职责所在。立法者的主要职能是创制良好的法律规则，而作为执法者的人民警察，主要职能是贯彻落实法律规则，为了保证人民警察执法行为的正确性、合法性、合理性、规范性，人民警察履行执法职责行使执法职权必须依法取得执法资格，只有这样，人民群众才会信服警察，而警察执法的公信力才会在社会上树立起来，全民守法的美好愿景才能够实现。

3. 依法履职

警察依法履职是现代警察制度的基本理念之一，也是人民警察应当

---

① 张彩凤：《警察与法律——公安执法规范化的法律理念》，中国人民公安大学出版社2013年版，第224页。

遵守的规则之一。警察的职责表明，执法即为守法，是天经地义的。立法创制法律，司法和行政则以不同的方式实施法律，促使人们遵守法律。在法律限定的范围内，司法所实现的是争议中的法律，执法则实现的是管理、治理和服务中的法律。有了法律并不等于有了法治，法律要实现为法治，关键是包括警察在内的作为"关键少数"的执法者、司法者，必须依法履职，严格执法。依法履职的基本要求是有法必依、执法必严，权限合法、程序合法，法无授权不可为，法定职责必须为。

在当下中国，构成人民警察依法履职的法律渊源，不仅包括实体层面上的宪法及相关法、民商法、行政法、经济法、社会法等法律部门的法律规范，而且包括程序层面上的诉讼与非诉讼程序法律规范。此外，人民警察还需熟练和遵守警察法律体系，如《人民警察法》《人民警察使用器械和武器条例》《治安管理处罚法》《公安机关办理行政案件程序规定》《国家赔偿法》《公安机关组织管理条例》《公安机关监督条例》等，以及人民警察各专门领域的法律法规，如有关国家安全的法律法规、有关治安管理的法律法规、有关刑事犯罪侦查的法律法规、有关经济犯罪侦查的法律法规、有关出入境管理的法律法规、有关消防的法律法规、有关交通安全管理的法律法规和有关禁毒的法律法规等。尽管有这么多关于人民警察执法依据的法律，但现实情况是，这些有关执法程序方面的法律渊源与我国警察广泛的执法职能还是有很多不相称的地方，亟须完善。

坚持依法治国、依法执政、依法行政共同推进，坚持法治国家、法治政府、法治社会一体建设，对于人民警察的新要求、新期待都重点落在了执法上，可以说，执法对于实现法治国家、法治政府、法治社会，对于保证社会有序运作和发展，对于实现政府职能，都发挥着至关重要的作用。执法的目的就是调整社会关系、干预社会生活，使原本静态的法律在社会生活的各个领域发挥作用，将混沌的现实状况变得和谐有序，因此，一个实施法治的国家，必定是一个高度重视执法的国家；一个和谐法治的社会，也必定是一个体现人民警察依法履职的社会。

4. 依法承担责任

警察的责任伴随着国家的出现而出现，通过具体法律规则予以确定，成为警察必须遵守的义务、职责。人民警察职业责任是行政责任的重要组成部分，从某种意义上说，人民警察职业的价值和意义存在于人民警察所承担的一系列责任之中。

人民警察的责任首先表现为法律责任。《人民警察法》在"法律责任"一章中作出了概括限制与具体禁止相结合的规定，第四十八条以禁止性条款的形式规定了警察的法律责任，并通过援引第二十二条予以具体规定。该类禁止性条款主要体现为以下内容：弄虚作假，隐瞒案情，包庇、纵容违法犯罪活动；刑讯逼供或者体罚、虐待人犯；非法剥夺、限制他人人身自由，非法搜查他人的身体、物品、住所或者场所；敲诈勒索或者索取、收受贿赂；殴打他人或者唆使他人打人；违法实施处罚或者收取费用；接受当事人及其代理人的请客送礼；从事营利性的经营活动或者受雇于任何个人或者组织；玩忽职守，不履行法定义务；其他违法乱纪的行为。

人民警察的责任其次表现为纪律责任。2010年颁布实施的《公安机关人民警察纪律条令》第一条规定："为了严明公安机关纪律，规范公安机关人民警察的行为，保证公安机关及其人民警察依法履行职责，……制定本条令。"第二条规定："公安机关人民警察应当严格遵守《中华人民共和国人民警察法》《中华人民共和国公务员法》等法律法规关于公安机关人民警察纪律的规定。公安机关人民警察违法违纪，应当承担纪律责任的，依照本条令给予处分。"在此，人民警察的违法违纪并列存在，并且都作为承担纪律责任的事实根据。这显然是因为对于人民警察而言，法律责任和纪律责任属于不同层面的规范，二者不可替代。[①]

无论哪种责任形式，人民警察都要依法承担法律规定的相关责任，切实将权能与责任紧密结合，既要对不作为行为产生的后果承担相应的法律责任，又要对不当作为行为对人民群众造成的损害承担责任。

[①] 尹者刚、张洪波：《论警察责任的类型与归责》，《江苏警官学院学报》2013年第6期，第32—36页。

五、人民警察作为法治工作队伍组成部分的核心要义

人民警察既然作为我国法治工作队伍的重要成员，必然坚守法治工作队伍的基本理念及要求。法治工作队伍作为我国法治建设的中坚力量和人才保障，其运作模式必然要与我国社会主义法治理念相吻合。这其中就包括人民警察队伍。在不同的历史时期和不同性质的国家中，人民警察队伍发挥着不同的作用。十八届四中全会对法治工作队伍建设的战略意义在于强调，当今社会的警察需如同检察官、法官一同朝着更加法治的道路迈进，这是党中央在全面推进法治中国建设新形势下对于人民警察性质特征的重大理论创新，是人民警察队伍建设应当确立和贯彻的新理念。所以说，人民警察作为法治工作队伍的核心要义是法治警察。

法治是治国理政的基本方式。法治是一种以规则治国的方略，是一种理性的办事原则，是一种民主自由的法制模式，是一种现代的法律精神，是一种文明秩序、理想的社会状态。[1] 十八大报告明确指出，全面建成小康社会的重要标志是依法治国基本方略全面落实，法治政府基本建成，司法公信力不断提高，人权得到切实尊重和保障。法治政府的建立需要作为政府的重要组成部门的公安机关、安全机关、司法行政机关共同努力，身为公权力的典型代表，它们所背负的重任之一就是致力于我国法治政府的建设。而人民警察作为治安管理的行政执法力量和刑事司法力量，必然应当是法治化的先行者，是提高司法公信力的重要一环。

十八届三中全会指出，"全面深化改革的总目标是完善中国特色社会主义制度，推进国家治理体系和治理能力现代化"。社会主义法治理念是以马克思主义理论和社会主义制度为基础的，全面系统地反映了我国特色社会主义法治实践的核心内容、本质要求、价值追求、重要使命和根本保证，精确地指明了社会主义法治实践的前进方向和阶段性，科学地概括了社会主义法治的灵魂和精髓，是当今我国社会主义法治实践最为

---

[1] 张彩凤：《警察与法律——公安执法规范化的法律理念》，中国人民公安大学出版社2013年版，第165页。

先进的法治思想。全面深化改革和全面依法治国的共同目标是推进国家治理体系和治理能力现代化。人民警察队伍，是国家治理体系重要而且特殊的组成部分，具有一般行政机关没有的特殊性质和特殊职能。警察制度发展到当今社会，与当下我国的经济、政治以及文化走向密切相关。人民警察作为国家治理体系的重要力量，具有政治性和社会性相统一的特征。但是现代社会的治理，更加注重法治化，注重依法行政、公共服务，更加注重人权保障，注重公民满意度，注重为民众提供更多的公共服务，通过提升社会公正而提高执政的合法性。因而，推进国家治理现代化必然要求警察制度改革，建立健全符合国家治理体系现代化要求的警察治理体系，提升人民警察队伍法治化的治理能力，特别是提升警察运用法治思维和法治方式深化改革、推动发展、化解矛盾、维护稳定的能力，即用法治警察理念指导警察制度改革，用法治警察理念贯穿法治工作队伍建设始终。

十八届四中全会更是强调："全面推进依法治国，总目标是建设中国特色社会主义法治体系，建设社会主义法治国家。"现代法治社会是同改革开放一同启程的，经历了不同的历史背景和发展阶段，从恢复法律秩序到巩固和发展法制，从以法治国到依法治国，从管制型政府到服务型政府，历经千层锻造万般磨难，才得以向世人展现出当下中国的法治状态。目前，我国正处于"建设"而不是"建成"社会主义法治国家的历史阶段，也就是说我们的政府还不是一个真正意义上的法治政府，我们的国家也不是一个真正意义上的法治国家。因此，当我们致力于法治政府和法治国家的建设时，法治工作队伍作为组织和人才保障，必然要求其成员都充当引领法治动向的角色，而人民警察队伍因其特殊的公权力代表的身份，在行为时更应凸显法治化的实践效果，充当法治社会的先行者。因此，人民警察作为法治工作队伍的核心要义是法治警察。

六、基本结论

人民警察作为法治工作队伍已成必然，目前的《关于完善国家统一法律职业资格制度的意见》中虽然没有明确直接地规定入职人民警察"应当"取得法律职业资格，但是，人民警察之中从事行政处罚决定审核、行政复议、行政裁决的人员"应当"取得法律职业资格。其他的人民警察履行执法职责，必须依法取得相应的执法资格。因此，根据《决定》关于人民警察属于"法治专门队伍"的新理念、新论断，我们有理由相信，新时代的人民警察作为法治专门队伍的发展方向必将是将人民警察明确纳入法律职业体系范畴之内，与法官，检察官，律师，公证员，从事行政处罚决定审核、行政复议、行政裁决的工作人员以及法律顾问、法律类仲裁员一起，共同致力于中国的法治事业发展。

《人民警察法》的修改应当体现"法治警察"新理念

一、问题的提出

党的十八大以来，中国的法治建设包括警察法治建设，与中国特色社会主义一起进入了新时代。以习近平同志为核心的党中央，在法治建设方面，实现了一系列重大实践创新、制度创新、理论创新。特别是习近平总书记全面依法治国新理念新思想新战略，习近平总书记关于公安工作和人民警察队伍建设的系列重要讲话，对于全面依法治国、全面深化公安改革、建设过硬的人民警察队伍，具有重要的指导意义，是全面深化公安改革、建设法治公安的理论基础和行动指南。

根据党的十八届四中全会通过的《中共中央关于全面推进依法治国若干重大问题的决定》（以下简称《决定》），以及经中央全面深化改革领导小组会议、中央政治局常委会议审议通过的《关于全面深化公安改革若干重大问题的框架意见》等重大决策部署，为了完善以宪法为核心的中国特色社会主义法律体系，加强重点领域立法，加快建立国家安全法律制度体系，2015年6月，十二届全国人大常委会调整了原有的立法规划，

本文是2017年9月21日在江苏警察学院参加"中国警察法学研究会2017年年会暨第二届警察法治论坛"的会议交流论文，发表于《净月学刊》2017年第6期，主要内容被《新华文摘》2018年第5期《论点摘编》栏目摘要刊登。本文同时是作者主持的陕西省高等教育管理重大问题研究重点课题"陕西公安司法高等职业教育服务陕西社会公共安全稳定发展研究"（2016ZH19）的阶段性成果，收入本书时有所修改。

提出了制定"国家安全法""反恐怖主义法""网络安全法"等76件"第一类立法项目",规划在本届任期内提请审议,同时把制定"看守所法"等列入抓紧起草的"第二类项目",另外还提出了需要抓紧论证的"第三类项目"。但是,调整后的全国人大常委会立法规划并没有包括修订《人民警察法》的规划。

2016年12月1日,公安部网站公布了《〈中华人民共和国人民警察法〉修订草案稿》(以下简称"修订草案稿"),拉开了新中国"警察法"第三次立法大讨论的序幕。与前两部"警察法"(1957年的《中华人民共和国人民警察条例》、1995年的《中华人民共和国人民警察法》)相比较,这次"警察法"修改的时代背景发生了重大变化,社会主要矛盾发生了根本性变化,人民群众对于民主、法治、公平、正义、安全、环境等方面的要求日益增长,"警察法"的修改,应当回应这些要求。但是,"修订草案稿"似乎并没有明确提出符合时代要求的"警察法"修改的新理念新思路,没有充分体现出建设法治中国和法治公安对于警察队伍建设的时代要求。因此,这次《人民警察法》的修改,是"大修"还是"小修"需要全面认真地进行讨论。本文仅仅从立法理念的角度,对《人民警察法》的修改应当树立和贯彻"法治警察"新理念作一初步的分析论证。

二、法治警察是警察制度现代化的重要标志

马克思主义经典作家认为,"警察是和国家一样古老的",是个历史现象,是人类社会发展到一定历史阶段的产物。恩格斯在《家庭、私有制和国家的起源》中明确提出:"雅典人在创立他们的国家的同时,也创立了警察,即由步行的和骑马的弓箭手组成的真正的宪兵队……不过,宪兵队却是由奴隶组成的。这种警察职务,在自由的雅典人看来是非常卑贱的,以致他们宁愿叫武装的奴隶逮捕自己,而自己却不肯去干这种丢脸的事。"[①] 警察制度产生以后,随着人类社会文明的进步,警察制度

---

① 《马克思恩格斯选集》(第四卷),人民出版社1972年版,第114页。

也随之而发展进步。

(一) 近代警察制度与近代法治是孪生兄弟

近代警察是军事化武装力量与现代法治理论关于权力制约的思想相结合的产物。警察学理论认为,军警分离的近代职业警察制度起源于西欧。1789年,法国大革命爆发,颁布了《人权宣言》,在自由、平等、人权、法治的旗号下,根据制宪会议决定,建立了共和制国家的警察制度。1800年创建的巴黎警察总局,是近代第一个专门设立的警察机关。[①] 在英国,1829年,罗伯特·皮尔担任内政大臣期间,敦促议会通过其创建警察制度的议案《大伦敦警察法》,英国据此组建了一支世界上最早的穿着警察制服、享有国家薪俸的正规职业警察部队。皮尔被后人称为"现代警察之父",《大伦敦警察法》也被视为具有里程碑意义的警察法。此后,各国纷纷效法法国、英国建立本国的警察行政体制。过去寓于军队、多种行政机关、审判机关之中的警察行为,主要集中于专门的警察行政机关。

中国近代警察制度的创建,与半殖民地半封建社会的历史国情密切相关,与近代政治变革和法治文明转型相伴而生。

中西方近代警察制度形成和发展的主要特点是:(1)警察职能独立化。警察职能从军队、行政、司法中独立出来,建立单独的专门的警察机关,改变了过去军警不分、政警不分的现象。(2)警察服装统一化。警察统一穿着制式服装,身份公开。警察服装成为公开执行警务的标志。(3)警察职业社会化。警察工作成为一种社会职业,从事警察职业必须具有相应的专业知识。(4)警察管理法治化。警察机关的建立,警察系统的确定,警察职权的内容以及警察任务的划分,都是以国家宪法和法律为依据,依照警察规章制度进行,强调警察职能由法定机关依照法定职权行使。[②] 从近代警察制度建立的过程可以看出,近代警察与近代法治是孪生兄弟,警察制度是一种重要的法律制度。

---

① 冯德文编著:《警察学概论》,中国人民公安大学出版社2005年版,第27页。
② 冯德文编著:《警察学概论》,中国人民公安大学出版社2005年版,第29页。

(二)从警察国家到法治国家是国家治理的发展规律

恩格斯指出:"国家是不能没有警察的。"[1] 中国从古到今,形成的主要的国家治理体制,在西周时期是宗法社会、"礼治"国家;秦汉以后,一直到清朝末年,实行"德礼为本、刑法为用""综合为治"的帝制国家治理。在中国古代国家治理中,有履行警察职能的司徒、司马等职务。辽金时代创设"警巡院",专管五京的治安。它们是上京、东京、中京、南京和西京警巡院,其长官为警巡使与警巡例使。但是,这些与以法治为基础的近现代警察制度并不相同。近代以来,在中华法制文明转型为现代化的法治国家的过程中,产生了现代意义上的警察制度和中国特色的公安制度。

在近代法治发展和警察制度建立过程中,出现了一种国家治理形态,叫作"警察国家"。"警察国家"这一术语首次使用于1865年,指在奥地利为了维持秩序而对国家警察部队的使用。美国首次使用国家警察部队也在同一年——1865年,一支警察队伍在马萨诸塞州建立起来。19世纪中期以前,"警察国家"一词并没有贬义,是指运用职业警察来管理社会公共安全事务的活动,甚至还具有褒义。恩格斯在《家庭、私有制和国家的起源》中说过,"18世纪的质朴的法国人不讲文明国家而讲警察国家"[2],或者"警察民族",实际上是对于创建近代警察制度的法国人的一种褒奖和赞赏。但是,19世纪末和20世纪初,"警察国家"一词则更多地用来专门指警察力量被"过于猛烈"地以"僵化和镇压性"的方式使用,如法西斯主义。纳粹德国实际上是一个集权专制政体,但是,至少在开始时,却是以名义上的民主制引入,对其人民实行了镇压控制。南非种族隔离制度时期,虽然名义上已经成为民主制,但由于把土著的黑人多数人口排除于民主之外,所以被普遍视为已经成为警察国家。

从理论上讲,"警察国家"(Police State)是一个政治性术语,是指国家或者政府认为自己是人民的监护者,有权力在缺乏法定职权和程序

---

[1] 《马克思恩格斯选集》(第四卷),人民出版社1972年版,第114页。
[2] 《马克思恩格斯选集》(第四卷),人民出版社1972年版,第114页。

的前提下，直接以行政力量特别是具有武装性质的警察力量控制社会，指导人民如何生活。一个警察国家通常典型地表露出集权主义和强力控制的特征，对人民的社会、经济和政治生活实行严密监督和镇压性的控制，它不是对于表达或沟通政治观点进行严格限制，政治控制可以由在民主国家或者宪政国家一般强制的边界之外运作的秘密警察部队来加以执行。

与"警察国家"或者"警察国"相联系的另一个概念是"行政国"，这是一个社会科学名词，用以描述在立法、行政、司法等权力分立和相互制约的制度设计下，一个国家的政府行政权力和行政职能大幅扩张，使得人民逐渐依赖政府，甚至受政府行政部门不当压迫的现象。在"行政国"，行政部门占有重要的地位，虽然立法、司法权尚能发挥其职能，但行政组织与运作变得特别重要，可以说是"一权独大"。如果无法适时运用其他权力制衡行政权的权限与裁量的话（如国会调查权、预算审查权），该国政府与掌控行政职权者（如国家元首或政府首脑）极有可能转变成极权政府与独裁者，而走向警察国家，成为压迫人民的政府。

与"警察国家"或者"警察国"相对立的是"法治国"或者"法治国家"。法治国家或法治国（德语为 Rechtsstaat）是德语中最先使用的一个概念。早期的法治国是指中世纪欧洲的某种国家形式，尤其是德意志帝国，当时被认为是"和平与法律秩序的守卫者"。现代意义上的法治国家，是德国资产阶级宪政运动的产物，其基本含义是国家权力特别是行政权力必须依照法律行使，所以，法治国家又称为法治政府。

法治国家的基本条件是，通过法律保障人权，限制公共权力的滥用；良法的治理；通过宪法确立分权与权力制约的国家权力关系；赋予广泛的公民权利；确立普遍的司法原则，司法独立等。其形式标志包括：（1）完备统一的法律体系；（2）普遍有效的法律规则；（3）严格公正的执法制度；（4）专门化的法律职业。实质标志包括：（1）法律与政治关系的理性化制度；（2）权力与责任关系的理性化制度；（3）权力与权利关系的理性化制度；（4）权利与义务关系的理性化制度。总之，法治国家就是国家权力与公民权利依照自由和正义等法治原则配置和行使的国家形态。

有国家存在，有秩序的需求，就离不开警察；有保障人权和追求正义的需求，就离不开法治。人类历史上警察与法治关系的发展经过了三个发展阶段：第一阶段可以称为"警察在法律之上"的阶段，典型形态就是"警察国家"，基本特征是为了所谓国家利益，警察权力可以在没有法律依据的情况下，或者突破法律，限制公民权利和自由。第二阶段可以称为"警察在法律之中"的阶段，典型形态是"行政国家"，基本特征是警察依法管制公民，警察权力比较大，警察管理社会的法律关系是命令与服从的管理关系，公民缺乏权利救济途径。第三阶段可以称为"警察在法律之下"的阶段，典型形态是"法治国家"，基本特征是警察权力与人权保障处于合理合法的平衡状态，警察依法行政的职权有权威性，警察的非法行为有司法审查予以监督，公民的权利救济有法治保障。近代以来国家治理的发展趋势和规律就是从警察国家走向法治国家。警察国家，有法律，但法不治警，法在警察手中。法治国家，有警察，但法在警上，警在法下，警察是法治下的警察。衡量国家治理现代化程度的一个重要标准是警察行为法治化的程度。

（三）中国警察制度现代化的核心是处理好警察与法治的关系

中国古代不存在近代、现代意义上的警察制度。在清末，中国社会性质转变为半殖民地半封建社会，社会主要矛盾是中华民族与帝国主义、封建主义与人民大众的矛盾，解决这些矛盾必须通过社会革命，而中国国情决定了中国的民主革命经过旧民主主义革命、新民主主义革命、社会主义革命三个阶段，在革命进程中，军警逐渐分离的近代意义的警察制度也逐渐建立起来，并且形成了独具特色的警察制度与公安制度并行不悖的制度体系的特征。

西方的法治理论，不论是三权分立还是两权分立，都不直接涉及警察权力问题，但是，中国的警察制度有其特殊性。一方面，中国的警察体系从新中国成立初期的公安机关统一领导人民警察，发展成为包括公安机关、国家安全机关、监狱的警察和法院、检察院的司法警察在内的警察体系，如果从法律部门角度来看，可以分为民事警察、行政警察、刑事警察等，从行业角度可以分为铁路警察、森林警察、民航警察等，此外，我国还有人民武装警察体系。中国的警察权力与法律制度体系联系广泛。另一方面，在中国的国家政权建设和打击刑事犯罪问题上，作为主要警察机关的公安机关与法院、检察院的关系，不仅构成中国刑事诉讼的制度框架，甚至是整个司法制度乃至国家制度的框架。中国的公安机关是一个与政治权力、行政权力、武装力量权力、司法权力的运行密切相关的特殊机关。警察权的合理定位，警察以及公安机关权力行使的法治化是中国法治建设的特有问题。

随着改革开放和现代化建设的深入进行，特别是公民法治意识和人权观念的增强，警察执法及其警务活动的合法性、合理性问题，越来越成为社会舆论的热点问题。2015年5月15日，黑龙江省庆安火车站警察开枪处置暴力犯罪，引起网络热议，警察开枪是否合法、必要？这一问题成为了舆论焦点。2016年5月7日，北京市发生雷洋涉嫖死亡案，网民和"公知"又一次对警察执法的合法性提出质疑。警察与法治，将是当代社会最容易引起争论的热点话题、理论难题、实践困惑之一。甚至可以说，现代警务机制的核心问题是合法合理地使用暴力的问题。从法治思维和法治方式来说，非法使用暴力就是违法犯罪。因此，建立和完善与国家治理体系和治理能力现代化相适应、与建设中国特色社会主义法治体系相适应，以法治公安为导向的现代化法治警察体制机制，是中国警察制度改革发展的关键。

在中国，作为专门研究警察法律制度的警察法学，其学科体系的基本问题就是警察与法治的关系问题。在现代社会，警察法的理念就是依法保障人权。如果不是为了保证人权，不是为了规范警察行为，就没有必要制定警察法。因此，我们说警察法不仅仅是警察保护人民的法律依据，也应该是警察自身管理和治理的依据，更应该是运用法治机制平衡警察权力与司法权力、警察权力与公民权利的基准。警察法学研究的出发点和归宿点是平衡警察与法治的关系。一部警察法学历史，就是警察法治化的历史，也是职业警察走向法治警察的历史。

三、党中央治国理政新思想要求树立"法治警察"新理念

马克思主义认为,警察和国家政权,属于政治上层建筑的组成部分,其性质最终取决于社会物质生活条件。随着我国市场经济改革的深入,民主法治建设不断加强,中国特色社会主义法律体系已经形成,法治政府建设稳步推进,司法体制不断完善,全社会法治观念明显增强。在新形势下,如何解决好警察与法治这个中国警察制度现代化的难题,党的十八大以来,以习近平同志为核心的党中央,提出了关于治国理政的一系列重要新思想新观点新理论,提出了解决这个问题的战略举措。党的十八届四中全会作出的《中共中央关于全面推进依法治国若干重大问题的决定》(以下简称《决定》),历史性地提出把加强法治工作队伍建设作为建设中国特色社会主义法治体系的重要保障,明确人民警察与法官、检察官一起,列入"法治专门队伍"之中。实质上也就是提出了"作为法治专门队伍的警察"的性质定位和建设方向,换言之,全面推进依法治国要求的警察是作为法治专门队伍的"法治警察",这是在全面推进法治中国建设新形势下对于人民警察制度改革和性质认识的重大创新,是人民警察队伍建设的新理念。

树立法治警察理念,是十八大以来党中央治国理政新思想特别是"四个全面"战略布局的必然要求。

(一)全面建成小康社会要求建设"法治警察"

全面建成小康社会的标志之一是市场经济体制不断完善,而市场经济是法治经济,要求依法经营,依法治理,依法保护。标志之二是人民民主不断扩大,民主制度更加完善,民主形式更加丰富,而民主发展与法治建设密不可分,没有民主的法治是秦始皇的法治,没有法治的民主是"文化大革命"的民主,社会主义民主与法治是有机统一的。标志之三是依法治国基本方略全面落实,法治政府基本建成,司法公信力不断提高,人权得到切实尊重和保障。而公安机关、安全机关、司法行政机关是政府组成部分。法治政府的人民警察作为治安管理的行政执法力量

和刑事司法力量，也应当是法治警察。法治警察的建设程度和水平是评估法治政府建设的重要内容和指标。标志之四是社会主义核心价值深入人心，公民文明素质和社会文明程度明显提高。民主、法治、自由、公正是社会主义核心价值的重要内容，国家和社会，必然要运用这些价值标准去要求和衡量作为维护社会和谐稳定重要力量的人民警察的行为。全面建成小康社会是实现现代化的关键一步，警察制度现代化是其中不可或缺的内容，世界上发达国家和地区的警察都是把严格依法行政、接受司法审查作为警察履职的基本要求，作为完善警察制度的基本理念。

（二）全面依法治国要求建设良法善治的"法治警察"

党的十八届四中全会提出，全面推进依法治国的总目标是建设中国特色社会主义法治体系，建设社会主义法治国家。具体要求形成包括警察法律法规体系在内的"完备的法律规范体系"，包括警察行政执法和刑事司法在内的"高效的法治实施体系"，包括警务督察在内的"严密的法治监督体系"，包括警察教育培训和队伍建设在内的"有力的法治保障体系"。坚持依法治国、依法执政、依法行政共同推进，坚持法治国家、法治政府、法治社会一体建设，实现科学立法、严格执法、公正司法、全民守法。依法治国包括依法治警、从严治警。法治国家不是警察国家，而是以法治警察为理念之一的富强、民主、文明、和谐、自由、公正的现代化国家。科学立法意味着要立符合规律、符合人民利益、符合宪法原则、符合社会公共道德的良法；建设职能科学、权责法定、执法严明、公开公正、廉洁高效、守法诚信的法治政府；坚持严格规范公正文明执法；尊重司法权威。这一切，都要求内树法治警察理念，外树法治警察形象。使法治警察成为法治中国的重要建设者和维护者。

（三）全面深化改革要求建设"法治警察"

党的十八届三中全会指出，"全面深化改革的总目标是完善中国特色社会主义制度，推进国家治理体系和治理能力现代化"。人民警察制度是中国特色社会主义制度必不可少的组成部分。完善警察制度，需要提升警察理念，从过去的专政警察、暴力警察、统治警察、管制警察，发展为法治警察。同时，在过去专政警察、统治警察、管制警察的理念下，过分强调警察的武装力量性质，忽视或者淡化了执法职能和司法职能，注重工具属性，忽视目的属性。实际上，人民警察的武装力量性质是"工具性质"，实现执法司法的目标、打击违法犯罪、维护社会稳定、保障人民利益才是"目的性质"，不能为了工具而破坏目的。当然，没有工具或者工具达不到要求，目的有可能难以实现。全面深化改革和全面依法治国的共同目标是推进国家治理体系和治理能力现代化。警察机关和警察队伍，是国家治理体系的重要且特殊的组成部分，具有一般行政机关没有的特殊性质和特殊职能，"治理"与"管理"二者的权威主体、权威性质、权威来源、权力运行向度、作用范围、作用目的等是有原则性区别的，治理体系的理念与管理体系也不同。推进国家治理现代化必然要求警察体系改革，警察管理体制要适应全面依法治国的要求，警察能力要提升，特别是要提高运用法治思维和法治方式深化改革、推动发展、化解矛盾、维护稳定的能力。建立健全符合国家治理体系现代化要求的法治警察治理体系和治理能力，是警察制度改革和公安改革的重要内容。

经中央全面深化改革领导小组会议、中央政治局常委会议审议通过的《关于全面深化公安改革若干重大问题的框架意见》明确提出："全面深化公安改革的总体目标是完善与推进国家治理体系和治理能力现代化，建设与中国特色社会主义法治体系相适应的现代警务运行机制和执法权力运行机制，建立符合公安机关性质任务的公安机关管理体制，建立体现人民警察职业特点、有别于其他公务员的人民警察管理制度。到2020年，基本形成系统完备、科学规范、运行有效的公安工作和公安队伍管理制度体系，实现基础信息化、警务实战化、执法规范化、队伍正规化，进一步提升人民群众的安全感、满意度和公安机关的执法公信力。"全面深化公安改革共有七个方面的主要任务、100多项改革措施。一是健全维护国家安全工作机制，二是创新社会治安治理机制，三是深化公安行政管理改革，四是完善执法权力运行机制，五是完善公安机关管理体制，六是健全人民警察管理制度，七是规范警务辅助人员管理。其中，在完善执法权力运行机制方面，这次改革从完善执法办案制度、执法司法衔接机制、执法责任制、人权保障制度等方面，提出了规范执法权力运行、促进社会公平正义的一系列改革举措。探索实行受案立案分离和立案归口管理制度。健全行政裁量基准制度，细化量化裁量标准。深化执法公开，落实执法告知制度。围绕推进以审判为中心的诉讼制度改革，完善适应证据裁判规则要求的证据收集工作机制，完善严格实行非法证据排除规则和严禁刑讯逼供、体罚虐待违法犯罪嫌疑人的工作机制，建立健全讯问犯罪嫌疑人录音录像制度和对违法犯罪嫌疑人辩解、申诉、控告认真审查、及时处理机制，完善侦查阶段听取辩护律师意见的工作制度。规范查封、扣押、冻结、处理涉案财物程序，实行涉案财物集中管理。完善执法责任制，健全执法过错纠正和责任追究制度，建立冤假错案责任终身追究制。探索建立主办侦查员制度，落实办案质量终身负责制，等等。

全面深化公安改革坚持以问题为导向，将改革的指向聚焦在三个方面：一是着力完善现代警务运行机制，提高社会治安防控水平和治安治理能力，提高人民群众的安全感。二是着力推进公安行政管理改革，提高管理效能和服务水平，从政策上、制度上推出更多惠民利民便民新举措，提高人民群众的满意度。三是着力建设法治公安，确保严格规范公正文明执法，提高公安机关执法水平和执法公信力，努力让人民群众在每一项执法活动、每一起案件办理中都能感受到社会公平正义。由此可见，公安改革的重要理念是树立"法治警察"新理念，打造"法治警察"新形象。可以说，推进法治型警察体制机制建设是全面深化公安改革的重中之重，"法治公安"的核心是"法治警察"。

（四）全面从严治党要求"法治警察"

从严治党要求严格执行党章、党规，严格依法执政。全面从严治党要求严格新形势下党内政治生活，完善党内政治生活准则，严格政治纪律，任何人特别是高级领导干部都不能动用警察等力量谋取私利，要严格用警、依法用警。人民警察要忠诚于党、忠诚于人民、忠诚于国家、忠诚于法律，要铸牢"忠诚"警魂。党的十八届四中全会《决定》提出，"社会主义法治建设必须坚持党的领导，党的领导必须依靠社会主义法治",党对于法治建设的领导主要要求是"领导立法、保证执法、支持司法、带头守法",法治警察是依法执政和从严治党对于警察队伍建设的基本要求。

(五)树立法治警察新理念是公安改革的观念的革命性变革

法治警察新理念是党中央治国理政新思想的重要体现,是与时俱进的新时代警察理念,符合共产党执政规律,符合法治体系建设规律,符合世界警察法治化发展趋势。为此,在完善中国特色社会主义法律体系的过程中,要注重完善警察法律体系,用法治中国思想指导警察立法工作,运用社会主义核心价值观指导警察法律规范的完善,特别是加强公安法律体系完善。使警察法律体系符合宪法、符合人民利益、符合社会治理规律,合理确定警察与公民、法人的职权职责、权利与义务,修改好《人民警察法》,在总结改革成果的基础上,提高《公安机关组织管理条例》《人民警察使用警械和武器条例》等法规的立法位阶,全面提高警察立法质量,保证体系协调;按照法治政府中的警察机构的性质,改革管理体制,依法行政,依法治警,理顺法治政府与法治警察的关系;认真地对待警察权的司法审查。推进以审判为中心的诉讼制度改革对警察刑事侦查权的制约,完善行政诉讼对警察权的制约,规范国家赔偿责任对警察权的制约。建立"公正警察"形象。法治警察的核心是处理好警察与人权保障的关系。国家尊重和保障人权,是宪法的基本原则,是法治警察建设的根本原则。要完善制度,正确规范警察合法使用暴力与人权保障问题,平衡好维护国家安全与尊重和保障人权的关系。同时,也要根据人民警察的性质特点,建立有别于其他公务员的人民警察管理制度和职业保障机制。按照职位类别和职务序列,对人民警察实行分类管理。适应正规化、专业化、职业化建设要求,建立健全人民警察招录培养机制。贯彻落实人民警察生活待遇"高于地方、略低于军队"的原则,建立符合人民警察职业特点的工资待遇保障体系。完善人民警察抚恤优待制度,建立健全人身意外伤害保险等职业风险保障制度。依法维护人民警察执法权威。规范警务辅助人员管理,要全面有效解决好警察职业保障问题。

四、《人民警察法》的修改应该体现"法治警察"新理念

公安部网站于 2016 年 12 月 1 日公布"修订草案稿",面向全社会征求意见。笔者认为,从全面依法治国总目标的要求出发,从全面深化公安改革的要求和导向出发,"修订草案稿"存在许多值得深入探讨和研究的地方。特别是,其没有充分体现建设"法治警察"的新理念新战略。

(一)"修订草案稿"没有充分体现人民警察作为"法治专门队伍"的战略定位

1957 年 6 月 25 日,第一届全国人民代表大会常务委员会第七十六次会议通过的《中华人民共和国人民警察条例》(以下简称《警察条例》)是新中国第一部"警察法",该法律文件第一条开宗明义提出:"中华人民共和国人民警察属于人民,是人民民主专政的重要工具之一,是武装性质的国家治安行政力量。"第二条规定:"人民警察的任务是依照法律惩治反革命分子,预防、制止其他犯罪分子的破坏活动,维护公共秩序和社会治安,保护公共财产,保护公民的权利和合法利益,保卫人民民主制度,保障国家的社会主义建设顺利进行。"从新中国成立初期社会发展的主要矛盾,以及国家对于人民警察的性质定位出发,《警察条例》关于人民警察的职责规定,与其他国家的警察法关于警察的一般的共同职责相比较,新中国第一部"警察法"体现的人民警察的理念中有明显的作为"人民民主专政工具之一的""专政警察"的时代特征。

1995 年 2 月 28 日,第八届全国人民代表大会常务委员会第十二次会议通过的《人民警察法》是我国第二部"警察法"。这部"警察法"是在改革开放十多年后制定的,面对市场经济改革和社会矛盾的日益复杂化,这部警察法把"维护国家安全,维护社会治安秩序,保护公民的人身安全、人身自由和合法财产,保护公共财产,预防、制止和惩治违法犯罪活动"作为人民警察的任务(第二条),全面规定了公安机关人民警察的职权(第二章)。其职权范围比《警察条例》第五条的规定更为广泛,且注重依法管理的要求。因此可以说,第二部"警察法"在立法理

念上体现了"依法管理"的"管理警察"的理念。

已经启动的《人民警察法》的修订工作,必将产生第三部"警察法"。这部警察法的修订是在十八大以来提出的治国理政新理念新思想新战略的指导下,特别是协调推进"四个全面"战略布局的指导下进行的,自然要体现时代要求。党的十八大提出,2020年要全面建成小康社会,而小康社会的一个重要标志就是"法治政府基本建成",公安机关及其人民警察作为人民政府的重要组成部分,理所当然要成为"法治公安""法治警察";党的十八届四中全会通过的《关于全面推进依法治国若干重大问题决定》,首次把"人民警察"与法官、检察官一起,列入"法治专门队伍"的范畴,提出推进法治专门队伍正规化、专业化、职业化建设的战略要求。作为"法治专门队伍"的人民警察如果不恪守"法治警察"的理念,何以胜任"法治专门队伍"的使命?全面深化公安改革要求建立适应国家治理体系治理能力现代化和法治体系建设要求的人民警察管理制度,实现执法规范化、队伍正规化,推进"法治公安建设",法治警察是法治公安的题中应有之义。因此,第三部"警察法"应当树立"法治警察"的新理念、新形象,并以此推动人民警察制度改革以及公安改革的深化。

基于此,建议"修订草案稿"应该以"法治警察"立法理念为指导,坚持法治原则,民主立法、科学立法,从实际出发,适应经济社会发展和全面深化改革的要求,科学合理地规定人民、法人和其他组织的权利与义务、国家机关的权力与责任。

(二)《人民警察法》的修改应该体现全面深化公安改革的精神,应该是公安改革促进法

2014年10月召开的党的十八届四中全会通过的《关于全面推进依法治国若干重大问题的决定》提出:"实现立法和改革决定相衔接,做到重大改革于法有据、立法主动适应改革和经济社会发展需要。实践证明行之有效的,要及时上升为法律。实践条件还不成熟的、需要先行先试的,要按照法定程序作出授权。对不适应改革要求的法律法规,要及时修改和废止。"2015年2月,中共中央通过了《关于全面深化公安改革若干重

大问题的框架意见》及相关改革方案,提出了全面深化公安改革的总目标、主要任务以及主要举措,全面深化公安改革稳步推进。在这样的背景下,启动了《人民警察法》的修改工作和"修订草案稿"的起草论证。从党的十八届四中全会的要求来看,《人民警察法》及相关公安法律法规的修改,要适应全面深化公安改革的要求,要正确处理好立法与改革的关系。从"修订草案稿"的现有内容看,还没有很好地体现出通过修法促进全面深化公安改革的要求。主要理由是:

一方面,立法目的中没有体现推进公安改革的要求。"修订草案稿"第一条是关于立法目的的拟定:"为了规范和保障公安机关及其人民警察依法履行职责,行使权力,加强对人民警察的监督,建设高素质的人民警察队伍,根据宪法,制定本法。"很显然,"修订草案稿"把"规范和保障行使权力,加强监督,建设队伍",作为修订《人民警察法》的立法目的,在这里,我们可以将其与现行的《人民警察法》第一条关于立法目的规定比较一下,现行规定是"为了维护国家安全和社会治安秩序,保护公民的合法权益,加强人民警察的队伍建设,从严治警,提高人民警察的素质,保障人民警察依法行使职权,保障改革开放和社会主义现代化建设顺利进行,根据宪法,制定本法"。两个关于立法目的的条文相比较,"修订草案稿"强调了"规范"权力、"加强……监督",但其他的社会目的性内容没有了。尤其重要的是没有把全面深化公安改革关于"完善与国家治理体系和治理能力现代化、建设中国特色社会主义法治体系相适应的现代警务运行机制和执法权力运行机制"的总目标的相关要求作为立法目的。需要强调的是,2015年修改的《立法法》中有"健全国家立法制度""完善中国特色社会主义法治体系"的立法目的,在立法原则的表述中,明确提出"立法应当从实际出发,适应经济社会发展和全面深化改革的要求"(第六条);而"修订草案"却对于公安改革只字未提。建议应该明确加入"适应全面深化公安改革要求""完善人民警察管理制度""推进现代警务运行机制和执法权力运行机制的建立""推进执法规范化、队伍正规化"等内容,从立法目的上,发挥通过修改《人民警察法》对于促进公安改革的立法的引领和推动作用。

另一方面,"修订草案稿"的新增内容,多是来源于现行的《公安机关组织管理条例》等公安法律法规规章的内容,全面深化公安改革方案中的一些主要举措,大多数还在试点探索阶段。比如,关于公安机关的领导体制,目前地方公安机关"以块为主"的领导体制,存在着滥用警力的风险,如何进一步改革完善,还不具备总结提炼上升为法律内容的条件,有些改革举措还未出台。因此,"修订草案稿"按照《立法法》的要求,实现促进公安改革、面向改革、面向未来的立法使命恐怕也是难以完成,其真正的对于公安改革的引领和推动作用也难以有效发挥。

(三)"修订草案稿"应当把"依法治警"作为队伍建设的原则

"修订草案稿"第五条关于"人民警察队伍建设基本原则"的条文设计,第一款内容是"人民警察队伍建设应当坚持政治建警、素质强警、从严治警、从优待警",第二款内容是"人民警察必须忠于中国共产党、忠于国家、忠于人民、忠于宪法和法律"。应当增加"依法治警"的内容。

理由之一,"依法治警"是党中央长期以来关于公安执法工作和队伍建设的基本原则和要求,自党的十五大提出实行依法治国、建设社会主义法治国家的重大方略后,公安机关把坚持"依法治警""从严治警"作为贯彻落实党的十五大精神,加强公安工作及队伍建设的具体要求,体现在一系列决策文件和工作实践中。党的十八大以来,在"四个全面"战略布局指导下,依法治警、从严治警的要求更加突出。党的十八届四中全会通过的《关于全面推进依法治国若干重大问题的决定》,不仅进一步明确了依法治警、从严治警的要求,而且首次把人民警察与法官、检察官一起,列入"法治专门队伍",作为需要推进队伍正规化、专业化、职业化的范畴。因此,坚持依法治警是全面依法治国、全面深化公安改革的必然要求,是素质强警的应有内涵,是从严治警的前提条件。

理由之二,建设"法治政府""法治公安"必然要求"依法治警","建设法治警察"。党的十八大提出 2020 年实现"全面建成小康社会的目标",而小康社会的基本标志之一是"法治政府基本建成",公安机关作为"县级以上人民政府主管公安工作及其人民警察的行政机关"（"修订草案稿"第二条），是政府的重要组成部分，法治政府必然要求法治公安和法治警察。中央关于全面深化公安改革的框架意见提出，全面深化公安改革的总目标是完善与推进国家治理体系和治理能力现代化、建设与中国特色社会主义法治体系相适应的现代警务运行机制和执法权力运行机制。公安改革坚持以问题为导向，着力建设法治公安，确保公安机关和人民警察严格规范公正文明执法，提高公安机关执法水平和执法公信力，努力让人民群众在每一项执法活动、每一起案件办理中都能感受到社会公平正义。因此，把依法治警、建设法治警察作为公安机关人民警察队伍建设的基本原则不仅是必要的，也是切实可行的。

理由之三，如果在人民警察队伍建设的基本原则中没有"依法治警""建设法治警察"的内容，修改《人民警察法》的法治依据何在？难道这不是依法治警的表现吗？同时，"修订草案稿"第七条规定的"人民警察必须以宪法法律为行为准则，尊重和保障人权，严禁滥用、超越权力。人民警察实施限制人身自由的强制措施和处罚，应当严格遵守法律规定的条件和程序"，体现的正是依法治警、从严治警、建设法治警察的要求。

（四）"修订草案稿"应当准确把握宪法关于公安制度规定的精神

"修订草案稿"第一条保留了现行警察法"根据宪法，制定本法"的规定，但是，从立法逻辑关系看，"修订草案稿"对于宪法关于公安制度的相关规定精神的把握，还存在值得探讨的地方。

从立法制度和立法理论上讲，"根据宪法"一词具有三层含义：一是根据宪法规定的基本原则；二是根据宪法规定的职权职责和程序；三是根据宪法规定的某一领域制度要求。

《立法法》第三条规定："立法应当遵循宪法的基本原则。"宪法的基本原则既包括"一个中心，两个基本点"的政治性原则，也包括"实行依法治国、建设社会主义法治国家""国家维护社会主义法制的统一和尊严""国家尊重和保障人权"等法治原则。这些宪法原则，在修订《人民警察法》时必须遵循。

根据宪法规定的职权职责、权限和程序，《人民警察法》的修订要把握好宪法关于全国人大及其常委会制定基本法律和基本法律以外的其他法律的专有立法权的内涵，对于应当由全国人大及其常委会通过法律来规范的事项，比如人民警察使用武器的权力与职责，只能由法律来设定制度，而不能出现立法错位。

根据宪法规定的某一领域制度要求来立法，对于《人民警察法》的修订极为关键和重要。在我国，从《陕甘宁边区宪法原则》开始，就形成了在宪法和宪法性法律中规定公安制度基本要求的传统，《中国人民政治协商会议共同纲领》、"五四宪法""七五宪法""七八宪法"都有专门关于"公安机关"或"公安工作"的内容。现行《宪法》至少有7个条文直接规定"公安机关"或"公安工作"。其中，《宪法》第二十八条规定："国家维护社会秩序，镇压叛国和其他危害国家安全的犯罪活动，制裁危害社会治安、破坏社会主义经济和其他犯罪的活动，惩办和改造犯罪分子。"这是对于公安机关和人民警察的任务职能的原则性规定。第三十七条规定："中华人民共和国公民的人身自由不受侵犯。任何公民，非经人民检察院批准或者决定或者人民法院决定，并由公安机关执行，不受逮捕。"第四十条规定："中华人民共和国公民的通信自由和通信秘密受法律的保护。除因国家安全或者追查刑事犯罪的需要，由公安机关或者检察机关依照法律规定的程序对通信进行检查外，任何组织或者个人不得以任何理由侵犯公民的通信自由和通信秘密。"这两条是关于公安机关执行公务与保障人权的关系的原则规定。第八十九条规定，国务院"领导和管理民政、公安、司法行政等工作"。第一百零七条规定："县级以上地方各级人民政府依照法律规定的权限，管理本行政区域内的经济、教育……公安……等行政工作……"这是宪法关于公安工作的领导和管理体制的原则规定。第一百一十一条规定："居民委员会、村民委员会设人民调解、治安保卫、公共卫生等委员会……调解民间纠纷，协助维护社会治安……"这是关于社会治安综合治理的规定。第一百二十条规定："民族自治地方的自治机关依照国家的军事制度和当地的实际需要，经国务院批准，可以组织本地方维护社会治安的公安部队。"这是关于民族自治地方组织公安部队的原则规定。第一百四十条规定："人民法院、人民检察院和公安机关办理刑事案件，应当分工负责，互相配合，互相制约，以保证准确有效地执行法律。"这是关于刑事司法制度中的公检法三机关地位关系的宪法规定。

《宪法》关于公安制度的以上规定，涉及公安机关任务职能，公安机关与法院、检察院的关系，公安机关保障人权的职责，公安工作领导体制和管理体制，民族自治地方的公安力量配置，社会治安综合治理等多个方面。可以说，在我国，再没有其他行政机关，具有《宪法》上如此重要的地位。《宪法》关于公安制度的这些规定虽然比较原则，但它是立法的根据，尤其是制定和修改包括《人民警察法》在内的公安法律法规的最高法律依据。"修订草案稿"虽然写到"根据宪法"，但是并没有全面遵循和体现宪法关于公安制度的上述规定精神。

目前，我国关于公安工作的立法体系中，尚未制定作为公安机关组织管理、公安工作基本原则、公安队伍建设基本要求的"公安法"基本法，《人民警察法》在一定意义上充当了公安基本法，因此，推动《人民警察法》的修改完善，必须以宪法关于公安制度的规定精神为依据。

（五）"修订草案稿"要强化"开枪法定"的法治原则

"修订草案稿"对于人民警察执行公务使用武器作出了规定。相比之下，现行《人民警察法》第十条原则规定："遇有拒捕、暴乱、越狱、抢夺枪支或者其他暴力行为的紧急情况，公安机关的人民警察依照国家有关规定可以使用武器。"第十一条规定："为制止严重违法犯罪活动的需要，公安机关的人民警察依照国家有关规定可以使用警械。"这两条规定比较笼统。国务院根据《人民警察法》的有关规定，于1996年1月16日制定了《中华人民共和国人民警察使用警械和武器条例》，该行政法规有五章十七条，在第九条明确规定了人民警察判明有列举的15种具体情况的暴力犯罪行为的紧急情形之一，经警告无效的，可以使用武器。从法规的功能上讲，这个条例实际上就是我国《人民警察法》的"开枪法"。虽然有了这个行政法规，但是实践中仍然存在着对于警察执法过程中开枪的必要性、合法性、合理性的争论。

这次公布的"修订草案稿",在第二章"职责和权力"中,从第三十条到三十六条,用7条内容规定了人民警察警械使用和武器使用的问题。相比现行《人民警察法》来说有进步,特别是第三十一条拟定的可以使用武器的五种情形,以及可以直接使用武器的其他三种情况,在一定程度上体现了"开枪法定"的原则。

按照《立法法》的规定,"对公民的政治权利的剥夺,限制人身自由的强制措施和处罚"的立法事项只能由法律规定。人民警察使用武器去制服、击伤、击毙暴力犯罪的公民的行为,是比"限制人身自由的强制性措施和处罚"更为严厉的行政强制措施,因此,从《立法法》关于全国人大及其常委会专有立法权这一规定的立法精神来看,"开枪法定"应该是《立法法》关于保障人权和职权法定的法治原则精神的要求。因此,"修订草案稿"比现行《人民警察法》在武器使用的内容上更为全面、广泛、严格,体现了法治原则。但是,从现有的内容设定来看,与现行的《人民警察使用警械和武器条例》内容相比,"修订草案稿"仍然太过原则,其可能的立法意图是,等待"修订草案稿"通过立法程序正式颁布后,再修订《人民警察使用警械和武器条例》,然而,这样的立法思路也尽科学合理。因为,现行的《人民警察法》与《人民警察使用警械和武器条例》的立法位阶格局,是在2000年《立法法》颁布以前形成的,《立法法》颁布后,关于"专有立法权"的规定,以及《宪法修正案》确立"实行依法治国、建设社会主义法治国家""国家尊重和保障人权"的内容,使得目前修改《人民警察法》的立法制度基础和法治文化背景发生了重大变化,"开枪法定"原则必须得到维护。因此,"修订草案稿"应当设专节,全面规定人民警察使用警械和武器的职责和权力,并且要有合法性、合理性、可操作性。建议第二章"职责和权力"分为两节,第一节为"一般规定";第二节为"使用警械和武器的职责和权力"。同时,无须再制定一个行政法规重复规定本法关于警械和武器使用的规定。

(六)"修订草案稿"未提及人民警察的"武装性质",似有不妥

"修订草案稿"第二条第二款拟定:"本法所称人民警察,是指公安

机关中依法履行治安行政执法和刑事司法职能且被授予人民警察警衔的工作人员。"这一规定与现行法律法规关于人民警察性质定位的规定相比较，缺少了关于"武装性质"的表述，不甚妥当。

理由之一，"武装性质"是警察的本质属性。从历史上看，警察脱胎于军队，保留其武装性质，但强化其纪律部队和执法力量的性质。警察的武装性质突出表现为警察是可以直接使用警械和武器的执法人员。

理由之二，现行公安法律法规关于人民警察具有武装性质的规定并没有过时。2006年11月13日，国务院根据《公务员法》《人民警察法》制定的《公安机关组织管理条例》第二条规定："公安机关是人民民主专政的重要工具，人民警察是武装性质的国家治安行政力量和刑事司法力量，承担依法预防、制止和惩治违法犯罪活动，保护人民，服务经济社会发展，维护国家安全，维护社会治安秩序的职责。"这一规定，逻辑层次清楚，立法技术应用妥当。先规定公安机关是"人民民主专政的重要工具"，从而推导出公安机关人民警察作为保护民主、实行专政的重要力量，具有武装性质，然后具体规定人民警察在保护人民民主、打击违法犯罪、实现对敌专政方面的具体职责，让人们很清楚地了解公安机关和人民警察的性质与职责。这一规定，已经被公安学、警察法学普遍接受和认同，成为我国公安学、警察学理论的共识。

理由之三，"修订草案稿"如果不提人民警察的"武装性质"，那么，"修订草案稿"第二章中关于公安机关及其人民警察的"职责和权力"的设定，就没有了履职前提，特别是"修订草案稿"第三十条关于人民警察使用警械、第三十一条、三十二条、三十五条、三十六条关于人民警察使用武器的一系列规定，也就缺乏逻辑前提。

因此，"修订草案稿"应当在第二条关于人民警察的概念界定中，明确规定人民警察是具有"武装性质"的。

（七）"修订草案稿"应当明确公安机关的领导体制

"修订草案稿"与现行的《人民警察法》在调整对象上存在的明显不同是，前者把国务院制定的《公安机关组织管理条例》等公安管理法规规章的内容纳入其中，不仅调整人民警察（实质上主要是公安机关人民警察）队伍建设关系，而且也调整公安机关组织管理关系，这就使"修订草案稿"在立法内容上，走向了公安机关组织法的立法方向。这是符合公安改革需要的，也是符合立法规律的，应当给予充分肯定。

但是，公布的"修订草案稿"中，关于公安机关组织领导和管理关系的条款中，忽略了或者说回避了一个重要问题，就是公安机关的政治领导体制。"修订草案稿"第四十一条拟定的内容是："国务院公安部门主管全国的公安工作，是全国公安工作的领导、指挥机关和中央公安事权的执行机关。县级以上地方人民政府公安机关在上级公安机关和本级人民政府领导下，负责本行政区域的公安工作，是本行政区域公安工作的领导、指挥、执行机关。"这一规定，基本上明确了公安机关实行双重领导的行政领导体制。

"修订草案稿"第二条拟定："本法所称公安机关是指县级以上人民政府主管公安工作及其人民警察的行政机关。"在我国，行政机关通行的领导体制是"首长负责制"，《公安机关组织管理条例》第四条也规定"公安机关实行行政首长负责制"。但是，我国公安机关作为人民民主专政重要工具的特殊性质，决定了它必须接受党的领导。在我国，根据《中国共产党党组工作条例》这一党内法规的规定，党组是党在中央和地方国家机关、人民团体、经济组织、文化组织、社会组织和其他组织领导机关中设立的领导机构，在本单位发挥领导核心作用。我国的公安机关一般不设立党组，却是成立党委，这更加有利于加强党的领导。我国的公安机关内部实际上实行"党委领导下的行政首长负责制"。如果不明确规定这个领导体制，那么在实际工作中，仍然可能发生利用职权或政治权力，非法用警，滥用警力，去实现个人非法利益的事情。

因此，"修订草案稿"应该明确公安机关的领导体制，公安部在党中央和国务院的统一领导下，实行党委领导下的部长负责制，地方公安机关在双重领导体制下，应该实行党委领导下的行政首长负责制。有了这样的明确规定，才能把公安机关的管理体制和领导体制相结合，才能在领导体制上避免非法用警、滥用警力的问题。

(八)"修订草案稿"拟定"人民警察日"的理由不完全充分

"修订草案稿"第一百零七条拟定:"每年7月6日定为人民警察日。"这是对现行《人民警察法》的重大修订思路。条文放置在第七章"附则"之中,看上去属于技术性问题,但实际上这是一个重大政治决策问题。其中有实体性和技术性两个问题值得认真深入思考。技术性问题是确定什么时间作为人民警察日,这不是本文讨论的对象,本文要讨论的是设立人民警察日的条件和理由是否充分?

在我国,第九届全国人民代表大会常务委员会第二十三次会议于2001年8月31日决定设立全民国防教育日,确定每年9月的第三个星期六为全民国防教育日。这是我国第一个以法律形式确立的国防教育主题节日。目前,通过法律设定的主题日主要有"国家宪法日"(12月4日)、"全民国家安全宣传日"(4月15日)等,法学上称之为"法定主题日",即由国家以法律形式确立某一个日期,作为某一具有重要政治法律意义和社会价值的日期,开展纪念和宣传,弘扬某种精神,强化全民意识。法定主题日主要面向公众,除了一些非政府组织如国际消费者联盟确定的"3·15"国际消费者权益日等之外,国家仅确立9月10日为教师节,还没有针对其他职业尤其是作为国家公职人员的某种职业的主题日。可见,我国对于法定主题日和节庆日的确立是非常审慎和严肃的。

警察作为具有武器性质的依法履行治安行政执法和刑事司法职能且被授予人民警察警衔的工作人员,承担着维护国家安全和公共安全,维护社会治安秩序和社会稳定,保护公民、法人和其他组织的合法权益,保护公共财产,预防、制止、查处和惩治违法犯罪活动的重要职能。周恩来总理曾经说过,"和平时期国家安全,公安系于一半"。因此,人民警察职能重要,使命崇高,责任重大。政治建警、依法治警、从严治警、从优待警是我国人民警察队伍建设的基本原则。但是,从从严治警和从优待警的原则,目前还无法推导出应该设立法定的"人民警察日"的理由。从工作的危险性来讲,人民警察工作的危险性是其他行政机关公务员无法比拟的,但是,与人民军队的使命职能相比,又是不能等同的,国家尚未设立"军人日"或"人民解放军日"(目前只有建军节);从执法司法工作角度看，法官、检察官在执法司法中的作用、地位并不逊于人民警察，国家也没有设立"法官日""检察官日"，设立"人民警察日"的理由又是什么？况且，按照党的十八届四中全会的决定，我国的人民警察队伍正在朝着正规化、专业化、职业化的方向加强建设，公安改革的目标也是建立新的人民警察制度，在人民警察新型制度尚未定型、人民群众对于公安工作和人民警察工作的满意度和认可度还有待提升之时，提出设立"人民警察日"的主观条件和客观条件似乎都不成熟，理由不充分。因此，建议取消"修订草案稿"中第一百零六条的内容设计。

（九）"修订草案稿"关于人民警察录用条件文化程度的规定不适应"正规化、专业化、职业化"建设要求

"修订草案稿"第五十一条拟定："录用为人民警察应当具备下列条件：（一）年满十八周岁的公民；（二）拥护中华人民共和国宪法；（三）具有良好的政治、业务素质和道德品质；（四）具有履行职责的心理素质和身体条件；（五）具有高中毕业以上文化程度……"

笔者认为，"高中毕业以上文化程度"的条件要求太低。

理由一：录警的文化程度要求与社会发展水平不相符合。1957年6月25日第一届全国人大常委会第七十六次会议通过的《中华人民共和国人民警察条例》是新中国第一部"警察法"，该条例第七条规定："中华人民共和国公民身体健康、具备一定的文化程度、自愿充任人民警察的，经县、市以上公安机关审查合格后，可以充任人民警察，但是被剥夺政治权利的除外。"当时，我国的文盲率大约是80%。新中国成立后，高度重视教育，但在当时，充任警察只要"有一定文化程度"即可，是符合当时国情的。

1995年2月28日，第八届全国人大常委会通过的《人民警察法》第二十五条规定："担任人民警察应当具备下列条件：（一）年满十八岁的公民……（五）具有高中毕业以上文化程度。"当时，我国的高等教育处于"精英教育"阶段。［高等教育学认为，高等教育毛入学率是指高等教育在学人数与适龄人口（18—22岁）之比。国际上通常认为，高等教育毛入学率在15%以下属于精英教育阶段，15%—50%为大众化阶段；

50%以上为普及化阶段。］根据《1995年全国教育事业发展统计公报》公布数据，高中阶段教育毛入学率达33.6%；1978年高等教育毛入学率只有1.55%，1988年达到3.7%，1998年达到9.76%。因此，在这一时期，规定"高中毕业以上文化程度"也是比较符合当时社会发展和人们受教育程度的实际的。

但是，从1999年开始大学扩招，高等教育毛入学率快速上升，2002年达到15%，2015年达到36%，2020年计划达到40%，高等教育现在已进入"大众化"阶段。处于高等教育大众化中后期的时代背景下，面向未来，规定人民警察录取条件仍然保持1995年规定的"高中毕业以上文化程度"（法律用语中以上、以下、以内包括本数在内），明显不符合社会发展特别是高等教育发展的水平。

理由二：这一文化程度条件与公安改革要求的人民警察队伍专业化、职业化、正规化的目标不相符。高等教育才开始实施专业教育，《高等教育法》明确规定："高等教育是指在完成高中阶段教育后实施的专业教育。"要求录入人民警察的人员有"良好的政治、业务素质和道德品质"，业务素质主要指专业能力和水平，高中毕业生谈不上专业能力，谈不上业务能力，因此。把文化程度下限放在"高中毕业"过低。

理由三：《公务员法》规定，公务员招警考试报名，必须具有"符合职位要求的文化程度和工作能力"，而招录警察公务员考试，目前实际上已无满足高中文化程度条件即可的岗位。

理由四：这一文化程度条件与全面依法治国要求的"加强法治专门队伍建设"的目标定位不符。党的十八届四中全会通过的《中共中央关于全面推进依法治国若干重大问题的决定》，首次把人民警察与法官、检察官一起，作为法治专门队伍，提出了"推进法治专门队伍正规化、专业化、职业化，提高职业素质和专业水平"的要求，而目前，法官、检察官的入职考试最低文化程度是大学本科，且要求第一学历为法律专业。把"高中毕业"作为人民警察录取的文化程度底限，不符合"法治专门队伍"专业化的要求。

综上所述，建议把人民警察录用条件改为"具有大学专科毕业以上文化程度和公安、法学等相关专业学历"。

(十)"修订草案稿"应该将《人民警察法》更名为"公安机关人民警察法"

"修订草案稿"名称与实际内容不相符。

理由一:"修订草案稿"第一条拟定,"为了规范和保障公安机关及其人民警察依法履行职责、行使权力,加强对人民警察的监督,建设高素质的人民警察队伍,根据宪法,制定本法"。很明显,该立法规范和调整的对象是"公安机关及其人民警察",但是法律名称却没有体现公安机关。

理由二:从"修订草案稿"的内容的来源看,主要内容来源有三。一是1995年2月28日八届全国人大常委会第十二次会议通过的《人民警察法》,该法经过2012年10月26日十一届全国人大常委会第二十九次会议修正,有总则、职权、义务和纪律、组织管理、警务保障、执法监督、法律责任等7章52条;二是国务院于2006年11月1日通过的《公安机关组织管理条例》,有总则、公安机关的设置、公安机关人民警察职务、公安机关的编制和经费、公安机关人民警察管理、公安机关人民警察待遇、附则共7章42条;三是中共中央《关于全面深化公安改革若干重大问题的框架意见》及相关方案的内容。"修订草案稿"虽然仍设总则、职责和权力、组织管理、保障、执法和监督、法律责任、附则七章,但篇幅增至109条,新增内容主要来源于《公安机关组织管理条例》和《公安改革框架意见》,因此,"修订草案稿"的内容主体是公安机关及其公安工作的组织管理体制及权力运行,而"修订草案稿"的名称没有体现新增内容的性质,名实不符。

理由三:从"修订草案稿"的逻辑结构看,新增内容是以公安机关及其公安工作为核心。现行《人民警察法》第一章总则共有5条内容,只有1条涉及公安机关,"修订草案稿"总则设定11条,3条涉及公安机关及其人民警察,3条专门规定公安机关,4条规定人民警察,从总则看,本法是规范"公安机关及其人民警察"的法律文件。第二章是职责和权力。现行《人民警察法》第二章"职权"从第六条到第十九条主要是规定"公安机关人民警察的职责","修订草案稿"将其修改为"公安机关依法履行下列职责"。所以，本立法的逻辑应该是调整"公安机关及其人民警察"的活动。

理由四：从立法历史看，新中国第一部"警察法"是1957年6月25日第一届全国人大常务委员会第七十六次会议通过的《中华人民共和国人民警察条例》，共11条，奠定了我国公安机关人民警察法律制度的雏形。该条例第四条明确规定："人民警察受中华人民共和国公安部和地方各级公安机关的领导。"换句话说，当时的警察就是公安机关警察。后来，随着国家安全机关的设立、司法行政体制改革等，产生了国家安全机关警察、监狱警察、司法警察等警察类别，1995年制定的《人民警察法》虽然在第二条规定"人民警察包括公安机关、国家安全机关、监狱、劳动教养管理机关的人民警察和人民法院、人民检察院的司法警察"，但是，该法的内容基本上只规定了公安机关人民警察的职责和行为规范，实际上是一部"公安机关人民警察法"。此法颁布后，国务院"为了规范公安机关组织管理，保障公安机关及其人民警察依法履行职责"，根据《公务员法》和《人民警察法》制定了《公安机关组织管理条例》。这次"修订草案稿"，应该从历史的角度，正本清源，称之为"公安机关人民警察法"。

综上，从"修订草案稿"的立法目的、立法内容、立法逻辑、立法历史的角度看，应当将本法名称修改为"中华人民共和国公安机关人民警察法"。

第五部分
国家安全法治人才的培养

培养服务西北地区国家安全法治人才
公安人才培养应当遵循三个方面基本规律
适应公安改革需要　培养现代警务人才

培养服务西北地区国家安全法治人才

根据国务院学位委员会第二十八次会议审议通过的《关于开展"服务国家特殊需求人才培养项目"试点工作的意见》精神，2012年，西北政法大学积极申报，并且通过中央司法体制改革领导小组办公室主持论证，最高人民法院、最高人民检察院、司法部、陕西省人民政府及西北五省（自治区）党委政法委为项目支持单位。国务院学位委员会批准西北政法大学实施"西北地区稳定发展与国家安全高级法律人才培养项目"，本项目是全国唯一的服务国家特殊需求法学博士人才培养项目。西北政法大学经过6年多的实施，在培养服务西北地区国家安全法治人才方面，作出了积极探索，取得了良好的成效。

一、培养服务西北地区稳定发展与国家安全法治人才是贯彻习近平总书记总体国家安全观的需要

2014年4月15日，习近平总书记在中央国家安全委员会第一次全体会议上首次提出国家安全法治的重大战略思想，强调必须坚持总体国家安全观，以人民安全为宗旨，以政治安全为根本，以经济安全为基础，以军事、文化、社会安全为保障，以促进国际安全为依托，走出一条中国特色国家安全道路。习近平新时代国家安全观的两个核心点是安全和法

本文发表于《人民法治》2018年第16期，收入本书时有所修改。

治，法治是维护安全的重要手段，安全也是法治追寻的目的，在习近平国家安全法治思想的载体中，安全和法治得到了最佳的统一。

(一) 全面准确认识严峻的国内外安全环境

国际安全环境方面：

首先，大国博弈加剧。由于俄美等大国间的博弈持续加剧，国际安全形势呈现日益恶化的趋势，国际局势持续动荡，国际规则被破坏，联合国的作用不能充分发挥。在叙利亚，以反恐为名，发生"代理人"战争。英美法绕开联合国，以莫须有的罪名对叙利亚发动武力打击，整个世界有被重新拖入"冷战"的危险。同时，国际范围内极端民族主义、民粹主义、新保守主义等逆全球化思想大行其道。不安定的国际环境对我国的国际安全产生了极其不利的影响，我们需要拿出新的安全战略积极应对。

其次，国际恐怖主义"弥散化"发展。随着国际社会对"基地""伊斯兰国"的打击力度加大，"基地"和"伊斯兰国"这两个世界上最主要的恐怖组织在整体上被击败。但是国际恐怖主义势力并没有完全消失，它们暂时化整为零，分散到世界各地，以"弥散"状态继续危害公共安全，可能经历一个潜伏蛰伏期后，会改头换面，卷土重来，而且紧张的世界局势特别是中东的乱局会给国际恐怖主义势力提供在夹缝中生存的空间。

国内安全环境方面：

首先，在大的国际安全环境的影响下，我国国内的安全环境也不容乐观。受国际恐怖势力蛊惑的影响，我国境内外的"东突"恐怖势力可能会反扑，特别是在"世维会"选举多力坤·艾沙为新头目后，其与国际反华势力联动密切，各种鼓吹分裂、煽动暴力的活动频繁进行，肆意挑衅，发动新一轮的恐怖袭击威胁危险增大，这些因素会破坏我国来之不易的社会稳定局面。

其次，在经济安全方面，出于经济霸权和贸易保护主义的考虑，美国在没有任何正当理由的情况下，发动针对我国的贸易战，危害我国的经济安全。

再次，在军事安全方面，美国加大在南海地区对我国领土主权的挑衅，而且我国和日本、越南、印度等国也存在陆上和海上领土争议，加之蔡英文"上台"后严峻的台海局势，这些都对我国维护领土、军事安全的能力提出挑战。

最后，在意识形态安全方面，由于改革进入攻坚期和深水期，各种利益集团博弈力度加大，国外反华势力在意识形态方面加大对我国渗透，这对党和政府的执政能力建设都提出了更高的要求。

（二）科学理解习近平总书记的总体国家安全观

总体国家安全观内涵丰富、思想深刻、意蕴深远，是一个博大精深、系统完整的科学体系，涵盖国家安全的各个领域和全部层级，贯通国家安全工作的所有方面。在内外安全形势严峻的情势下，我们必须深刻把握习近平总书记适应新形势、面对新问题提出的总体国家安全观。

坚持把握国家安全的重要地位。国家安全是安邦定国的重要基石，维护国家安全是全国各族人民的根本利益所在。当前，我国国家安全的内涵和外延比历史上任何时候都要丰富，时空领域比历史上任何时候都要宽广，内外因素比历史上任何时候都要复杂，维护国家安全的任务更加繁重艰巨，必须坚持总体国家安全观，走出一条中国特色国家安全道路。

深刻理解国家安全战略。认清国家安全形势，维护国家安全，要立足国际秩序大变局来把握规律，立足防范风险的大前提来统筹，立足我国发展重要战略机遇期大背景来谋划。不论国际形势如何变幻，我们要保持战略定力、战略自信、战略耐心，坚持以全球思维谋篇布局，坚持统筹发展和安全，坚持底线思维，坚持原则性和策略性相统一，把维护国家安全的战略主动权牢牢掌握在自己手中。

全面认识国家安全体系。以人民安全为宗旨，以政治安全为根本，以经济安全为基础，以军事、文化、社会安全为保障，以促进国际安全为依托，构建集政治安全、国土安全、军事安全、经济安全、文化安全、社会安全、科技安全、信息安全、生态安全、资源安全、核安全等于一体的国家安全体系。

积极统筹各种安全关系。必须坚持国家利益至上,既重视外部安全,又重视内部安全;既重视国土安全,又重视国民安全;既重视传统安全,又重视非传统安全;既重视发展问题,又重视安全问题;既重视自身安全,又重视共同安全。

切实统筹推进各项安全工作。坚持党对国家安全工作的领导,是做好国家安全工作的根本原则。要遵循集中统一、科学谋划、统分结合、协调行动、精干高效的原则,聚焦重点,抓纲带目,紧紧围绕国家安全工作的统一部署狠抓落实。要突出抓好政治安全、经济安全、国土安全、社会安全、网络安全等各方面安全工作。

大力增强国家安全意识。增强忧患意识,做到居安思危,是我们治党治国必须始终坚持的一个重大原则。全面实施国家安全法,深入开展国家安全教育,切实增强全党全国人民国家安全意识,推动全社会形成维护国家安全的强大合力。

强化国家安全能力建设。要加大对维护国家安全所需的物质、技术、装备、人才、法律、机制等保障方面的能力建设。统筹推进传统安全领域和新型安全领域军事斗争准备,提高基于网络信息体系的联合作战能力、全域作战能力,有效塑造态势、管控危机、遏制战争、打赢战争。

(三)深刻认识新时代国家安全新形势、新任务、新要求

当前,中国特色社会主义已经进入新时代,社会主要矛盾发生了深刻变化,人民群众对民主、法治、公平、正义、安全、环境等方面的要求比以往更加迫切。面对波谲云诡的国际形势、复杂敏感的周边环境、艰巨繁重的改革发展稳定任务和向第二个百年进军的目标要求,必须深刻认识我国社会主要矛盾变化是关系全局的历史性变化,把住人民日益增长安全需要的基本面,瞄准不平衡不充分的聚焦点,认清国家安全新形势新任务新要求,立足国际秩序大变局来把握规律,立足防范风险的大前提来统筹,立足我国发展重要战略机遇期大背景来谋划,牢牢掌握维护国家安全的战略主动权,有效应对重大挑战、抵御重大风险、克服重大阻力、解决重大矛盾,进行具有新的历史特点的伟大斗争,交上人

民满意的新答卷，书写中国特色社会主义的新篇章。

（四）全面把握总体国家安全观与国家安全法治化的关系

理念决定行动。总体国家安全观既体现了新时代的宏观安全思路，也反映出强烈的忧患意识、清醒的底线思维、勇毅的担当精神。我们必须进一步解放思想、更新观念，打破传统思维定式，以思想认识新飞跃推动国家安全工作取得新业绩。要切实增强维护国家安全的责任感使命感，把维护国家安全各项任务抓在手中、扛在肩上、落到实处。树立全局观念，加强国家安全各领域工作的关联性、系统性、可行性研究谋划，整体推进各领域国家安全工作良性互动。立足当前、着眼长远，不断提高工作的预见性和主动性，既注重解决当前突出的安全问题，又积极应对各类潜在的安全威胁，做到未雨绸缪，"下好先手棋、打好主动仗"。

党的十九大报告对新时代维护国家安全工作作了明确部署，包括完善国家安全战略和国家安全政策，坚决维护国家政治安全，统筹推进各项安全工作；健全国家安全体系，加强国家安全法治保障，提高防范和抵御安全风险能力；严密防范和坚决打击各种渗透颠覆破坏活动、暴力恐怖活动、民族分裂活动、宗教极端活动；加强国家安全教育，增强全党全国人民国家安全意识，推动全社会形成维护国家安全的强大合力，等等。我们必须把这些部署要求与本地区、本部门维护国家安全的具体情况相结合，创造性开展各领域的安全工作，采取有力措施防范各类风险，圆满完成维护国家安全的各项任务。

总体国家安全观是马克思主义中国化、时代化在安全领域的最新体现，标志着我们党对国家安全问题的理论认识提升到了新的高度，为做好新时代国家安全工作提供了行之有效的新方法。我们要全面把握国家安全工作的内涵和外延，坚持通盘考虑、多管齐下、综合施策，既要重视硬手段，也要重视软手段，最大限度整合多方力量，应对不同形式的安全威胁。要善于运用法治思维、法治方式维护国家安全。加强安全与科技的融合发展，推动国家安全领域科技创新，充分发挥科技在安全工作中的重要作用。

二、培养服务西北地区稳定发展与国家安全法治人才项目内容

（一）人才培养项目简介

西北地区社会总体安定，但是，受国际政治、经济和文化等因素影响，西北地区暴力恐怖势力、民族分裂势力、宗教极端势力"三股势力"活动猖獗，生态环境破坏严重，经济和社会发展相对滞后，严重干扰和破坏了西北地区的发展与进步。特别是新疆"7·5"事件等给社会稳定、民族团结和国家安全造成了严重威胁。国家急需培养服务西北地区稳定发展与国家安全的高级法律人才。

2012年，中央司法体制改革领导小组办公室作为项目主持论证单位，最高人民法院、最高人民检察院、司法部、陕西省人民政府及西北五省（区）政法委作为项目支持单位，西北政法大学获国务院学位委员会批准实施"西北地区稳定发展与国家安全高级法律人才培养项目"，本项目是全国法学学科唯一的服务国家特殊需求博士人才培养项目。

本项目设立"西北地区反恐怖主义法律问题研究""西北地区民族宗教法律问题研究""西北地区环境、资源与经济社会发展法律问题研究""西北地区对外开放法律问题研究""文化安全研究"5个特色鲜明的博士人才培养方向。至今已招收6届74名博士研究生（其中近3届招收54名），已有7人获得博士学位。培养了政治立场坚定、法学功底扎实、熟悉西北地区区情的高层次法律人才，为服务西北地区稳定发展与国家安全发挥了重要作用。

（二）人才培养目标

项目旨在培养具有坚定的政治立场，坚持中国特色社会主义理论及社会主义法治理念，具有坚实的法学理论基础和系统深入的专门知识，能有效运用科学方法独立从事研究和解决西北地区反恐怖、民族与宗教、环境资源与经济社会发展、对外开放和文化安全等方面重大复杂法律问题，创造性地在相关领域开展工作的应用型高级法律人才。

项目以习近平新时代中国特色社会主义思想为指导，秉承"老延大"

优良传统，利用陕甘宁边区高等法院等特有的红色文化资源，基于人才培养的特殊要求，实施全过程、全方位、全员化的政治思想教育。与最高人民法院第六巡回法庭、延安市中级人民法院等实务部门合作，开展"优良司法传统进校园"等现场教学、情景体验活动，提升政治思想教育的实效性和针对性。

（三）人才培养的模式与特色

1. 建立与实务部门相结合的联合培养机制

在中央政法委的协调下，在最高人民法院和西北五省（区）政法部门建立了12个博士生联合培养基地，通过挂职、合作调研和开展课题研究，强化培养博士生的实践能力。

2. 建设专兼结合与跨学科的导师队伍

项目实行"双导师"制，专职导师从法学、哲学、政治学等学科的专任教师中选聘，兼职导师从中央和地方实务部门理论造诣深、实践经验丰富的实务人员中选聘。兼职导师参与实践调研、为博士生授课、指导学位论文等工作，提升了应用型法学博士人才培养的质量。

3. 开设了面向国家特殊需求的特色课程

设置了"西北地区区情专题""国家安全与反恐怖主义法律专题""民族宗教政策与法律问题研究""西北环境资源与生态保护法律问题研究"等特色课程，以国家特殊需求为导向，面向西北地区特殊问题，提升了博士生解决特定法律问题的能力。

（四）课程体系设置

1. 开设科学合理的共同课和方向课

遵循学科发展规律，紧贴西北地区的实际需求和人才培养目标，设立了共同课和方向课构成的课程体系。共同课除政治、外语以外，还包括法学前沿、西北地区区情专题、国家安全法治、人文社会科学前沿，共6门20学分；五个培养方向分别设置2门特色方向课7个学分，为博士生建立了系统扎实、内容前沿、符合需要的知识体系。

2. 设置多元化的实践教学课程

根据培养方案的需要，强化实践能力培养，设置了12学分的调研和实践课程。要求博士生必须完成10个月的实践调研和不少于5万字的调研报告。为增强博士生的问题意识和发现问题、解决问题的能力提供了保障。

3. 开展内容丰富的第二课堂

要求博士生参加相关学术活动，并做两次公开报告，未完成者不能通过博士生中期考核。定期组织博士生围绕国家和区域性前沿热点问题开展"明德法学博士论坛""明德学术大讲堂"等学术活动，着力提高博士生的创新能力和综合素质。

（五）建设规范的实践基地，搭建高水平教学科研平台

为提升博士生的问题意识和实务能力，在最高人民法院、新疆维吾尔自治区政法委、宁夏回族自治区公安厅等实务部门设立实践训练基地12个，搭建司法文明协同创新中心西北基地、法治陕西建设协同创新中心、卓越法律人才教育培养基地、民族宗教研究院、反恐怖主义法学院等15个教学科研平台。反恐怖主义研究院和民族宗教研究院分别被中共中央对外联络部"一带一路"智库合作联盟理事会确定为理事单位，被中国法学会设立为重点研究基地，被授予中国"一带一路"沿线国家研究智库合作联盟发起单位。这些教学科研平台为博士生培养和项目实施提供了良好的平台支撑。

三、培养服务西北地区稳定发展与国家安全法治人才项目实施效果

（一）项目实施与服务国家特殊需求高度契合

1. 人才培养与服务国家特殊需求高度契合

充分发挥"双导师"制的优势，利用兼职导师分别来自中央和地方政法机关的特点，在调研、学位论文撰写等方面对博士生进行集体指导与合作培养。培养环节紧紧围绕服务国家特殊需求开设特色课程、强调实践训练、确定论文选题，为提升博士生科学研究和实务工作能力奠定了坚实的基础。

2. 科学研究与服务国家特殊需求高度契合

坚持问题导向，聚焦西北地区稳定发展与国家安全相关问题开展科学研究。深入西北民族地区，针对反恐、民族宗教和经济社会发展中的问题开展实践调研。在反恐怖主义法律问题、"一带一路"建设的法治保障、西北民族地区法治文化建设等方面产出了一大批与服务国家特殊需求高度契合的高水平学术成果，获得多项奖励。

（二）对应行业部门大力支持，积极参与项目实施

中央政法委、最高人民法院、最高人民检察院、司法部、西北五省（区）政法委等相关行业部门对项目给予了大力支持，接受我校选派的博士生和导师挂职锻炼，合作开展横向课题研究，设立实践基地，选派实践经验丰富的专家担任我校博士生兼职导师。选派的兼职导师为博士生授课，指导博士生实践调研和学位论文撰写，开设专题讲座，极大地提升了项目实施的效果。

（三）博士生就业去向与需求高度吻合

本项目已有7人毕业并获得博士学位，分别在中央政法委、中央纪律检查委员会、公安部、宁夏回族自治区人民政府、宁夏回族自治区公安厅、中国社会科学院法学研究所、福建警察学院工作，均从事与反恐维稳等服务国家特殊需求相关的实务与教学科研工作。毕业博士生均已成为单位骨干，其中1名任宁夏回族自治区副主席兼公安厅厅长，1名任中央政法委队伍建设指导室综合指导处处长，1名任中央纪律检查委员会第十二审查调查室副局级调查员。根据追踪调查，用人单位对我校毕业生综合素质和实践能力的满意度极高。

（四）服务国家特殊需求的不可替代性和作用

1. 培养了服务西北地区稳定发展与国家安全急需的应用型高级法律人才

通过实行学校与实务部门联合培养，开展理论训练与实务挂职相结合的人才培养方式，学生既有系统的法学专业知识和民族学、宗教学、政治学、社会学、国际关系等方面的跨学科知识，又有运用法治思维和综合知识解决实际问题的能力,在推进区域法治建设和西北边疆治理中发挥了重要作用。

2. 发挥了服务西北地区稳定发展与国家安全的智库作用

借助师生熟悉西北地区区情、民情、社情的优势,围绕国家和区域现实需要,深入民族地区、边疆地区一线开展调研,取得了反恐维稳、边疆治理、兵团建设、基层治理等方面73万字的一手资料,撰写了34篇高质量的调研报告和咨政建议,其中《打击"三股势力"的法律依据亟待完善》得到了习近平总书记的批示并采纳,14篇被中央和地方有关部门领导批示并采纳,提出了39份相关法律制订的立法建议,为各级党政机关进行《反恐怖主义法》解读等法治讲座,在社会服务方面发挥了积极作用。

3. 取得了一批国家需要的有特色的高水平理论成果

围绕地区反恐、民族宗教、生态安全、社会治理、"一带一路"建设、文化安全等独特问题开展研究,出版系列专著15部,发表高水平论文135篇,获得国家社科基金及其他项目137项,获省部级以上科研奖励28项,推动了西北地区稳定发展与国家安全的理论研究,在科学研究方面发挥了独特作用。

(五) 标志性成果

1. 围绕项目出版和发表了一批高水平的专著和论文

共出版《西北地区稳定发展与国家安全研究系列丛书》《"一带一路"实践创新与人类命运共同体建构的法律与实践》等与项目直接相关的专著15部;在《法学研究》《中国法学》《法律科学》等权威和核心期刊发表《恐怖主义的概念分析》等相关学术论文135篇。

2. 紧贴西北地区稳定发展和国家安全产出了一批重要的咨政建议和调研报告

编辑《反恐维安研究要报》26期,文章172篇,其中1篇被党和国家领导人批示并采纳,6篇被中央政法委领导批示并采纳,3篇被陕西省委政法委领导批示并采纳。1篇调研报告得到了习近平总书记的批示,2篇调研报告被外交部采纳,服务于维护我国南海主权等重大外交决策。

3. 在服务国家特殊需求领域取得了多项奖励和课题

《西藏民主改革：现代政治秩序构建及法理解释》等学术成果先后获得陕西省哲学社会科学优秀成果奖、中国法学会第四届中国法学优秀成果奖等奖励 28 项；"融贯知识、能力和职业伦理的法科研究生实践教学改革"等教学成果获得陕西省高等教育教学成果奖 13 项；获批与项目相关的国家社科基金项目"个人极端暴力犯罪的防控与治理研究"等 36 项，其他各类相关项目 101 项。

4. 博士生围绕项目培养目标和要求取得了一批高水平科研成果

博士生在 CSSCI 核心期刊发表了《恐怖活动组织与人员认定标准研究》等学术论文 26 篇；在《人民日报（理论版）》《光明日报》发表《培育社会土壤，厚植思想根基，扎实推进社会主义法治文化建设》等论文；论文《基于脆弱性指标（SOVI）构建西部地区地铁暴恐防范》等成果获得中国法学会西部法治论坛一等奖 1 项，陕西省研究生创新成果奖 5 项。

由于西北政法大学实施服务国家特殊需求博士人才培养项目——"西北地区稳定发展与国家安全高级法律人才培养项目"，实施方案科学，建设举措有力，管理制度健全，质量保证完善，国务院学位委员会已经于 2018 年通过了第一期项目实施验收，并且同意继续实施该项目。

公安人才培养应当遵循三个方面基本规律

教育是有目的的培养人的社会活动，高等教育是培养高级专门人才的社会活动，而人才培养面临的永恒问题就是为谁培养人？培养什么人？怎样培养人？

作为高等教育的一个重要组成部分，公安高等教育是按照人的社会化和公安工作的要求，培养公安警察后备人才的社会活动。[1]对于公安高等教育的这个认识，包含了以下含义：其一，公安高等教育是培养具有高中以上文化程度的人的活动，具有一定文化程度的人是公安高等教育的对象，通过公安高等教育促进人的成长和发展；其二，公安高等教育是在一定的社会环境和条件中进行的，社会为公安高等教育活动提供必要条件；其三，公安高等教育培养人的过程，是将公安活动和公安工作的知识、理念、价值标准、行为规范、职业技能、伦理道德等内化于教育对象，使个体社会化，使行为模式警务化的过程；其四，公安高等教育通过把一个自然人（民法意义上的自然人）培养成为一个社会化、职业化的公安专门人才（公安警察后备人才），来为社会服务，促进社会

本文发表于宋觉主编：《西北高教评论》（第二卷），中国社会科学出版社2016年版，收入本书时有所修改。

[1] 按照《中华人民共和国高等教育法》第二条、第十五条、第十六条的规定，本文所说的公安高等教育是指完成高级中学教育基础上实施的专科教育、本科教育和研究生教育等公安学历教育和非学历教育。其中，学历教育包括治安管理、交通管理、刑事侦查等公安类专科教育，治安学、公安技术等学科专业的本科教育和研究生教育。

发展。①

　　人的发展、社会发展与教育的关系，是教育学的基本问题，也是高等教育学的理论基础。② 同理，促进人的发展、促进经济社会发展和公安事业的发展是公安高等教育的基本问题，是我们思考公安警务人才培养问题的理论基础。正是基于这一认识，本文认为，公安警务人才的培养，应当遵循高等教育的基本规律、公安工作的基本规律和办学治校的基本规定等三个方面的基本规律。

　　列宁讲过："规律是本质的关系或本质之间的关系。"③ 在我国意识形态语境下，本质与规律属于同一层次的马克思主义哲学范畴。规律是指事物发展的过程中，诸因素之间内在的、不依人的意志为转移的必然发展趋势。规律具有客观性、隐蔽性、恒久性，它是事物运动发展变化的内在根据和必然性，是人们认识世界、把握世界、改造世界的客观依据。人的认识如果符合客观规律，这种认识就是理性认识、科学认识，就可能达到真理性认识的境界，在这种认识指导下的行为才可能实现预定的目标；如果认识不符合客观规律，违背规律，那么，不但认识是谬误性的，是片面或者不科学的，而且在这种认识指导下的行动可能失败甚至对社会发展造成严重破坏，必然会受到客观规律的惩罚。因此，我们从事公安教育，办好公安院校，培养合格的公安人才，必须树立正确的世界观、教育观，必须从历史唯物主义出发思考问题，遵循客观规律。

一、公安人才培养应当遵循高等教育的基本规律

　　从教育与人的发展、社会发展的基本关系出发，高等教育有两条最基本的规律：一是关于高等教育与社会发展的相互关系的规律；二是高等教育与教育对象成长的相互关系的规律。有的研究者将此概括为：一

---

　　① 也可以说，高等教育是把一个自然人从"人材""加工"成为社会化、专业化的"人才"，并进而为社会创造物质财富和精神财富的"人财"的社会活动。
　　② 潘懋元、王伟廉主编：《高等教育学》，福建教育出版社1995年版，第31页。
　　③ 《列宁全集》（第三十八卷），人民出版社1986年版，第161页。

是高等教育必须适应和促进社会发展，二是高等教育必须适应和促进大学生德智体全面发展。① 也有学者将此概括为高等教育的外部关系规律和内部关系规律，把高等教育与人的发展和高等教育与社会的发展二者之间的矛盾视为高等教育的两个基本矛盾。他们认为：高等教育与经济、政治、文化等的关系，属于高等教育的外部关系；高等教育促进人的发展的功能，包括智力与体力、思想与道德，以及审美情趣等，也就是德、智、体、美诸因素的关系，属于高等教育的内部关系。教育在其发展过程中，内部诸因素存在本质的关系，存在着不依人的主观意志为转移的必然联系，就是高等教育的内部关系规律（简称"高等教育内部规律"）；高等教育与其他社会系统存在本质之间的关系，就是高等教育的外部关系规律（简称"高等教育外部规律"）。② 内部关系规律制约着人的自身发展的教育功能，决定着教育的本质属性；外部关系规律制约着高等教育的社会功能和社会属性。两者都是教育活动的客观规律，为任何教育活动所必须遵循的基本规律。③

从高等教育的外部规律作用原理出发，公安高等教育一方面要受社会发展制约，另一方面必须为社会发展服务。对于高等教育来说，最主要的外部制约因素是生产力与科技发展水平。而制约公安人才培养的最重要的生产力因素和社会因素是世界正处在全球化背景下的信息时代，处于第二次现代化的进程之中，④ 我国处于社会主义初级阶段的国情，以及中共中央协调推进全面建成小康社会、全面深化改革、全面依法治国、全面从严治党的"四个全面"战略布局的重要历史阶段。以互联网和信息化为代表的新技术革命是当代世界最深刻的生产力发展因素，它对国家安全提出了新的挑战，对公安工作具有革命性影响，不仅改变了公安工作的思维方式和行为方式，扩展了公安工作的领域，改变了公安战斗力的构成要素，也提高了现代公安警务运行机制的效能，因此，现代化

---

① 参见薛国仁、代蕊华：《高等教育基本规律论》，《上海高教研究》1997年第7期。
② 参见潘懋元：《教育外部关系规律辩析》，《厦门大学学报》1990年第2期。
③ 潘懋元、王伟廉主编：《高等教育学》，福建教育出版社1995年版，第35页。
④ 现代化理论一般认为，从农耕文明发展到工商文明是第一次现代化，从工商文明进入以信息技术为特色的知识经济文明时代是第二次现代化。

背景下的公安高等教育，必须是也必然是适应信息化时代要求的公安高等教育，可以说，没有信息化就没有现代化，就没有现代公安人才的培养。2011年，教育部在严格控制新增一级学科数量的背景下，在《学位授予和人才培养学科专业目录》中增设了"公安学"和"公安技术"两个一级学科，并且批准中国人民公安大学设立公安学和公安技术两个一级学科博士和硕士学位授权点，被认为是公安高等教育发展的新起点。[①]社会主义初级阶段的国情以及"四个全面"战略布局表明，面对全面建成小康社会，建设法治体系、法治国家和法治中国的社会要求，公安高等教育要突出维护国家和社会的安全稳定秩序，为民主法治建设培养合格的法治专门人才的社会职能。因此，当代中国的公安高等教育、公安人才的培养，首先要有面向世界、面向未来、面向现代化的战略眼光，积极适应中共中央提出的"两个一百年"的奋斗目标和"四个全面"战略布局的需求，站在历史发展的战略高度，思考中国公安高等教育、公安人才培养的社会历史使命，把人才培养、办学治校放置于社会文明进步与实现中华民族伟大复兴的宏大趋势之下来谋划和思考。

高等教育的外部关系规律决定着教育的宏观性战略性需求，是国家进行包括公安高等教育在内的整个高等教育发展顶层设计的重要依据，是制定宏观教育政策的决定性因素，它决定教育方针的内涵，决定教育改革的方向，决定教育质量观的权重因素，决定教育教学评估的重点指标的设计。正是基于全球化、信息化的世界潮流，我国教育界把高等教育现代化的目标设定为大众化、国际化、信息化。为了使高等教育适应信息技术发展的要求，教育部在制定《国家中长期教育改革和发展规划纲要（2010—2020年）》的基础上，于2012年3月专门发布了《教育信

[①] 《站在公安高等教育发展的新起点》，《人民公安报》2012年12月6日。

息化十年发展规划（2011—2020 年）》。① 该规划明确提出到 2020 年发展目标之一是"信息技术与教育融合发展的水平显著提高"，这是高等教育发展的重要方向性指标，公安高等教育自然也应适应这一目标要求。至于全面依法治国对于高等教育的影响，2012 年 11 月 22 日教育部发布的《全面推进依法治校实施纲要》等政策文件就是例证。当然，社会主义制度、国家基本教育制度的性质以及公办教育公益性价值追求，决定着公安高等教育的社会主义办学方向，这是高等教育外部关系规律的核心。

高等教育的外部关系规律，决定着高等教育的社会性质及社会功能，是国家、社会对教育者的要求和"塑造"被教育者的期望，是国家、社会、学校制定教育政策和规划的重要依据，它对于公安人才培养具有引领社会服务战略方向的功能，是公安院校确立办学定位和服务面向定位的客观依据。

从高等教育内部关系规律作用原理出发，公安人才的培养，必须坚持教育要适应和服务于人的全面发展的规律要求，端正教育目的，坚持教育方针，使受教育者在德育、智育、体育、美育等诸方面全面发展。在实践中，公安人才培养遵循高等教育内部关系规律，关键是要正确认识和处理好公安高等教育是"通识教育"还是"专业教育"？公安高等教育在人才类型定位上，是培养技能型人才还是培养应用型人才？

关于公安高等教育的性质是通识教育还是专业教育的问题，涉及公安高等教育的价值观。高等教育的价值观主要有两种观点：以个人为中心的价值观和以社会为中心的价值观。以个人为中心的价值观强调，高等教育的目的在于促进作为个人的学生在人性或理性方面的发展，即培养"和谐发展""全面发展""自由发展"的个人；以社会为中心的价值

---

① 该规划提出："人类进入二十一世纪，信息技术已渗透到经济发展和社会发展的各个方面，人们的生产方式、生活方式以及学习方式正在发生深刻的变化，全民教育、优质教育、个性化学习和终身学习已成为信息时代教育发展的重要特征。"该规划提出的发展目标是，到 2020 年，基本建成人人可享受优质教育资源的信息化学习环境，基本形成学习型社会的信息化支撑服务体系，基本形成所有地区各类学校宽带网络全面覆盖，教育管理信息化水平普遍提高，信息技术与教育融合发展的水平显著提高。

观强调，高等教育的目的在于培养为社会或国家服务的人才，[①] 这两种价值观实际上是高等教育促进人的发展和促进社会发展的两种功能观的表现。受两种不同价值观、功能观的影响，形成了两种不同的人才观和教育目的观。一般来说，坚持以个人为中心的价值观要求高等教育培养通才，坚持以社会为中心的价值观往往要求高等教育培养专门人才。通才教育即培养具有多个方面的知识、能力，各方面都得到发展的人。古希腊的"自由人"，即身心既美且善的人，文艺复兴时期的"和谐发展的人"，近代西方所称"百科全书式的人"，现代人文主义"完人"的教育目标，均属于通才教育。中国古代儒家经典《大学》中"大学之道，在明明德、在亲民、在止于至善"，体现的也是通才教育的思想。所谓专才，即在某一方面具有专长的人或某一领域里的专家。与两种人才观一致，存在着强调高等教育要对学生进行文理等多方面基本知识和技能教育，培养具有完整而健全的人格的通才教育模式，以及强调高等教育要重视对学生进行某一学科、某一专业的专门知识与技能培养的专才教育模式。两种教育模式各有优缺点，在近代初期，分歧较大，但是，现代高等教育大规模发展，受投入与产出关系的制约，一般认为高等教育走"通才教育"之路是理想目标，而"专才教育"是现实选择。这样的结果，与个人需要和社会发展需求之间的矛盾的辩证统一关系有关。

我国《高等教育法》第四条规定："高等教育必须贯彻国家的教育方针，为社会主义现代化建设服务、为人民服务，与生产劳动和社会实践相结合，使受教育者成为德、智、体、美等方面全面发展的社会主义事业的建设者和接班人。"第五条规定："高等教育的任务是培养具有社会责任感、创新精神和实践能力的高级专门人才，发展科学技术文化，促进社会主义现代化建设。"《高等教育法》的这两条规定，表明我国高等教育坚持的是以人的全面发展的通才教育为基础的专才教育的思路，它既不是百科全书式的不分专业的一般通识教育，也不是工匠式技能式的狭隘的专才教育，是以提高人的综合素质为前提的专业能力（尤其是创

[①] 潘懋元、王伟廉主编：《高等教育学》，福建教育出版社1995年版，第111页。

新能力和实践能力）教育。这一基本定位同样适用于公安高等教育，换言之，当代中国的公安高等教育应该是受教育者德、智、体、美全面发展基础上的公安专业教育和职业能力教育。也就是说，所有的公安院校或公安类专业的人才培养，首先要坚持素质教育，坚持人的全面发展的思想，注重学生德育、智育、体育、美育等各方面素质的培养，在此基础上，以专业知识和专业能力教育为主体。[1]

人的素质就是人的身心要素及其品质的综合。有的学者把人的素质划分为德、智、体、美、技等要素，[2] 有的学者认为人的素质有身体的、思想的、道德的、专业的和心理的等方面。[3] 有的学者认为人的素质首先可以分为身与心两个最基本的要素，即身体素质和心理素质，或者称为生理素质和精神素质。前者可再分为身体形态（器官、肌肉、生理系统的发育等）和身体机能（力量、速度、灵敏性、健康等）两个方面。后者亦可再分为品德与才智两大端，其中，品德包括社会思想品德（政治态度、世界观、公共道德、职业道德等）和个性品质（情感、情操、意志、性格等）两大类，才智包括知识（日常知识、科学文化知识等）、智力（观察力、思维力、记忆力、想象力等）、能力（机械能力、心智能力、社会能力）等类别。[4] 从教育的角度来看，人的全面发展首先是人的素质的各要素的普遍发展，是各要素的品质的普遍提高。因此，公安高等教育对于公安人才的培养，必须以素质教育为基础，必须培养身心健全、身体健康、人格完善的公安专门人才。

坚持公安高等教育应当遵循高等教育的内部关系规律，可以使我们对公安高等教育的本质属性有正确的认识，对公安人才的素质有基本的规范和要求，从而增强公安高等教育推进公安事业发展和社会文明进步的自觉性，增强公安教育的科学性。

---

[1] 关于公安高等教育的性质问题，可参阅曾宪义、张文显主编：《中国法学专业教育教学改革与发展战略研究》，高等教育出版社 2002 年版。
[2] 南京师范大学教育系编：《教育学》，人民教育出版社 1984 年版，第 180 页。
[3] 参见燕国才：《关于素质教育的几个问题》，《教育科学研究》1990 年第 2 期。
[4] 胡建华、周川、陈列等：《高等教育学新论》，江苏教育出版社 1999 年版，第 223 页。

二、公安人才培养应当遵循公安工作的基本规律

公安人才培养是为公安工作提供人力资源和智力支持的基础性工作。高等教育培养高级专门人才的特征，决定了人才培养的专业与社会分工的职业、社会文明进步的事业之间，存在一定的因果关系。公安警务人才在政治类、法律类、公安类学科专业群体中进行培养，是面向公安工作和适应公安警察职业发展需要来培养的，是以服务于人民公安事业为目的进行培养的，因此，从遵循高等教育的外部关系规律和内部关系规律出发，结合公安警务人才培养的实际，笔者认为，公安高等教育促进公安事业发展，公安警务人才培养要符合公安警察职业道德、职业知识、职业技能的要求，是高等教育基本规律在公安高等教育中的具体体现，而这两个方面的规律都与公安工作的基本规律密切相关。进一步说，公安警务人才的培养要遵循高等教育的外部规律，就必须以促进公安事业发展为其社会功能，否则，公安高等教育就失去了存在的社会价值。同时，公安高等教育的专业性要求公安警务人才培养必须以公安学科、公安工作、公安警察职业的发展规律为根据来设计培养内容和培养方式，所以，遵循公安工作基本规律是培养合格的公安警务人才的必然要求。

公安工作是我国人民民主专政政权工作的重要组成部分，是依据党和国家的政策、法律及公安法规保卫国家安全与社会治安秩序的专门工作。公安工作是由多种分工、多个层次联结而成的一个工作系统，主要包括公安领导工作、公安秘书工作、公安指挥工作、公安政治工作、公安专业工作、公安法制工作、公安教育科技工作、公安后勤保障工作等方面。其中，公安专业工作又包括刑事执法工作（包括国内安全保卫工作、刑事侦查工作、刑事强制工作、羁押工作、执行刑罚工作），治安行政管理工作（包括户籍管理工作、公共秩序管理工作、特种行业管理工作、民用危险物品管理工作、交通安全管理工作、消防工作、边防工作、外国人管理和中国公民出入境管理工作），保卫工作（包括机关团体保卫工作、企业单位保卫工作、事业单位保卫工作、部门系统保卫工作、监

督管理计算机信息系统的安全维护工作），警卫工作，等等。①

公安工作具有较强的综合性，具有阶级性与社会性相结合、隐蔽性与公开性相结合、打击与保护相结合、强制性与教育性相结合、集中性与分散性相结合、政策性与法律性相结合、行政性与司法性相结合、管理性与服务性相结合的整体特点。同时，公安专业工作还有复杂性、艰苦性、危险性、风险性的特点。②

在公安学理论研究中，"公安工作基本规律"是一个重要的基本范畴，但也是一个被长期忽视、没有得到深入研究的问题。学界和实务界专门研究公安工作基本规律的论著少之又少。③ 究其原因，可能主要有以下几个方面：其一，公安学研究形成了重实务、重操作、重工作研究，轻学术、轻理论、轻哲学提升的惯性态势；其二，公安工作领域范围广泛，且神秘而复杂，对"规律"性内容的概括难度较大，仁者见仁、智者见智；其三，规律的总结往往需要站位高、掌握信息量大，非基层或地方公安工作者所能胜任，有人以1958年罗瑞卿担任公安部部长时提出"肃反斗争的规律"为例，认为只有中央领导才有可能提出或者总结出公安工作的基本规律。

在很有限的关于公安工作基本规律的研究成果中，有学者提出："自从中国共产党领导下的人民公安工作诞生以来，一条稳定的公安工作基本规律，一直在发挥着普遍的支配作用，它就是：在党和政府领导下，公安部门与广大群众结合起来，依靠科学、法律、道德维护社会治安秩序，同违法犯罪行为、治安事件作斗争，维护社会治安稳定，最大限度

---

① 公安工作的主要内容包括：公安领导工作，公安政治工作与公安队伍建设，公安指挥工作，公安专业工作（包括刑事司法工作、治安行政管理工作、保卫工作、警卫工作），公安机关事务综合管理工作，警务保障工作，公安法制工作，公安教育与科研工作。（公安部政治部编：《公安基础知识》，中国人民公安大学出版社2013年版，第45—51页。）公安工作体系包括：公安领导工作，公安行政与公安舆情工作，公安政治工作，公安专业工作，公安指挥工作，公安法制工作，公安警务保障工作，处突反恐维稳工作，公安教育培训与科研工作。（贺电、蔡炎斌主编：《公安学基础理论》，中国人民公安大学出版社2014年版，第153—156页。）
② 公安部政治部编：《公安基础知识》，中国人民公安大学出版社2013年版，第51—56页。
③ 输入"公安工作基本规律"词语，通过中国知网搜索到的论文非常少。由宋占生、王智民、宋万年、张文清、宋永志、刘艺林主编的《中国公安大百科全书》（吉林人民出版社2000年版）也没有关于公安工作基本规律的词条和内容。

地满足国家、社会和人民不断发展和提高的治安需要。这条规律，属于国家与社会行为的规律。"[1] 还有学者从公安学的角度概括公安工作的基本规律和基本原理，认为"正确处理改革、发展与稳定的关系，打击与预防犯罪相结合，专门机关与广大群众相结合，社会治安综合治理"等几个方面的基本原理是当代中国公安工作的基本规律。[2]

公安工作广泛而复杂，蕴含在公安工作中不依"长官意志"为转移的客观规律也广泛而复杂。从工作内容看，有公安工作与政治、经济、文化发展相互关系的规律，有公安机关职能活动的规律，有公安队伍建设的规律，也有公安政务、警务、勤务工作的具体规律，还有作为公安工作对象的治安形势变化的规律和违法犯罪行为产生发展的规律，等等。从层次性或作用范围大小来看，有总体性、宏观性的基本规律，也有某一领域、某一方面的专门规律和具体规律。

需要说明的是，公安工作的基本规律与公安机关的基本工作规律二者有一定的联系但并不等同。前者是从公安制度、公安工作本体论上认识公安工作是什么、为什么，后者是从方法论上讲做什么、怎么做。前者是本，后者是用；前者是目标方向，后者是方法手段。我们研究公安工作的基本规律是从前者意义上讲的。

从本体论意义上讲，公安是中国国家制度的组成部分，是以公安机关为主体、以社会治安秩序和违法犯罪行为为客体，以公安警察这种具有武装性质的行政执法和刑事司法力量为依托，以保障国家和人民的安全秩序为目的的公共安全治理制度。"从本质入手，'公安'实质上是一种国家特有的政治制度，是一种国家的公共行为，即与警察行政相联系的国家行为。"[3] 本体论意义上的公安工作基本规律，就是公安制度与国

---

[1] 参见康大民：《中国公安工作基本规律刍论》，《公安大学学报》2002年第4期。
[2] 程琳主编：《公安学通论》，中国人民公安大学出版社2014年版，第158—169页。
[3] 程琳主编的《公安学通论》把公安的含义描述为：广义的公安，是指公共安全。狭义的公安，是指我国人民民主专政基础上设置的，维护国家安全和社会治安秩序，维护公民人身、财产安全和公共财产安全，预防、制止、惩治违法犯罪活动及提供安全服务的人民警察制度。（程琳主编：《公安学通论》，中国人民公安大学出版社2014年版，第32页。）该观点把公安等同于人民警察制度，与警察法的含义不一致。

家制度的内在联系规律，包括公安制度与国体、政体、党体、治体的内在关系。从这些方面讲，公安人才培养应当遵循的公安工作本体论意义上的基本规律至少有四个层面的内容。第一，从公安制度与国家性质即国体的关系上看，人民民主专政的国体决定了"人民公安"既是我国公安工作的理论基石，也是公安工作的本质性规律，它规定着公安工作的根本出发点、归宿点、价值标准和依据。包含着人民权力与公安机关职权之间的本源关系等宪法性法律关系，内容丰富。第二，从公安与政体、政权组织形式及国家机构的关系规律来看，公安工作属于中国共产党领导下的政法工作的重要组成部分，具有政治性和法律性双重属性：既要坚持党的领导，又要走群众路线；既有保障政治安全的使命，又有行政执法、刑事执法职能。公安机关和公安警察既有武装性质，又有法律性质。因此，公安工作也适应政法工作的基本规律。公安工作是政法工作中重要而特殊的环节和方面。第三，从公安工作与治理体制的关系看，公安系统是国家治理体系和社会治理体系的共同组成部分，公安权是国家权力，公安制度是国家制度，但公安工作的对象和目标是公共安全，依赖于社会组织的协同参与，社会治安综合治理规律既是社会问题的原因规律，也是公安工作的基本规律。第四，从公安与执法、司法工作的关系来看，公安机关与检察机关、审判机关都属于保证国家法律实施的"暴力"机关，但也都是行使法定职权的专门机关。它们之间有特殊的关系，公、检、法、司是中国特色政法机关不可缺少的组成部分，但它们之间又有区别。公安机关的人民警察是具有武装性质的行政执法力量和刑事司法力量，是法治队伍的成员，但是与人民法院、人民检察院的法官、检察官等法律职业群体在职业准入条件、职业资格获取方式、专门人才培养方式等方面并不相同。[1]

公安工作本体论上的这四个方面的规律，是公安工作人民性、政法

---

[1] 关于警察是否属于法律职业，学界有不同认识，从国家司法考试制度关于颁发法律职业资格证书的规定看，入警无须参加司法考试，现行的《人民警察法》对于警察的文化程度和专业学历仅仅要求具有高中以上文化程度，招警公务员考试资格规定大专以上学历，并没有学科专业的特别限制。因此，警察的职业化、专业化程度不同于法官、检察官、律师等法律职业者。

性、专业性、综合性、武装性的本质特征的展现。遵循公安工作的这些基本规律，在公安人才培养中，可以使我们对于公安人才的人才类别、培养模式、培养方式有更加科学的制度安排。公安人才的培养必须强调政治合格，政治上要忠诚，忠于党，忠于人民，忠于法律，忠于国家，要铸牢忠诚警魂。[1] 人民警察的职业属性是人民公安工作的规律决定的，公安工作是社会治理工作，是同违法犯罪作斗争的工作。公安人才是政法人才，既要有良好的政治素质，也要有完备的法律素质，还要有公安专业素质。因此，公安人才的培养不仅要求他们有良好的社会认知能力，也要有与违法犯罪作斗争的有效的战斗力；公安工作的特殊性，以及公安民警作为纪律部队的属性，要求对公安人才的培养必须重视公安警察职业的心理素质，以及体能、技能的培养。从公安工作基本规律的要求出发，公安人才应属于应用型人才，是应用法律等方式手段治理社会的专门人才，不是学术型人才，但绝不能仅仅是技能型工匠型人才，公安高等教育要建立高等院校与公安机关联合培养合作育人的机制和办学体制，[2] 坚持"教、学、练、战"一体化的职业素质培养模式，强化实践实训实践教学。

公安工作基本规律，是公安高等教育教学内容、教学方式、人才培养机制和模式的客观基础。

三、公安人才培养应当遵循办学治校的基本规律

公安人才培养的主要渠道是高等院校的学历教育和培训教育。承担公安警务人才培养职能的公安高等院校，如何办学治校，也是制约和影响公安人才培养质量的重要因素。不同的大学、不同的高等院校、不同的管理

---

[1] 时任国务委员、公安部部长郭声琨在中国人民公安大学 2015 年秋季开学典礼上的讲话中提出，要加强思想政治教育，切实铸牢忠诚警魂，始终把立德树人置于教书育人的第一位。公安后备人才要坚定理想信念，严守政治纪律，确保绝对忠诚、绝对纯洁、绝对可靠。要按照纪律部队的标准，严格教育、严格训练、严格要求、严格管理。

[2] 在我国，由公安机关主管的公安高等院校，重视公安业务教育教学环节的设计，重能力、重实践，但法律思维方式和文化素质培养教育环节尚未受到应有重视；政法院校中的公安高等教育则重文化素质，重理论思维，而警务技能教育比较薄弱。二者各有利弊，在公安人才培养和队伍建设中，应该共同发展，优势互补。

体制和治理结构，培养的人才各有特色。为了保证公安警务人才培养的基本规格和质量，公安警务人才的培养也应当遵循办学治校的基本规律。

办学治校的规律有很多，但基本规律至少包括三个层面：一是大学本位规律；二是办学定位规律；三是现代大学治理规律。

清华大学前校长梅怡琦曾经讲过一句关于大学本位的名言："大学者，非谓有大楼之谓也，有大师之谓也。"蔡元培于1917年1月9日就任北京大学校长时的演说中也有这么一句话："大学者，研究高深学问者也。"二位教育大师的至理名言，共同揭示了一条真理："学术是大学的本质和本位。"

大学是一个学术实体。学即学问、思想，术即方法、专业领域。大学因学术而生，因学术而发达。学术本位是大学区别于其他任何机构、组织和团体的本质特征。正是因为大学以学术为本位，坚守学术尊严和学术自由，才形成了"风可进、雨可进，皇帝不能进"的学术独立精神，有了不随政权更替而久久生存的百年大学、千年大学。亚里士多德的名言"吾爱吾师，吾更爱真理"，是对大学精神温情而又理性的描述，这句名言成为著名的哈佛大学的校训。大学的学术本位在现实中表现为大学是由不同的多个学科组成的，大学培养人才根据学术水平的性质和程度分为专科、本科、研究生，而表现其学术水平的学位等级又分为学士、硕士、博士等，博士学位是最高学位。[①] 大学学术本位规律的另一个现实表现就是学术创新和教学科研活动。可以说，没有学术活动的所谓大学就不是真正意义上的大学。我国《普通高等学校设置暂行条例》中关于大学的设置条件和标准，具有明显的学术本位的要求。[②] 不同的是，只有少数大学是以重大学术创新为办学定位，大多数是以某一方面的、某一学科专业的现实问题或人才培养中的学术问题作为其学术性的特征。在当下中国，大学的学术本位规律还有一个非常重要的体制性要求，就是

---

① 学位（Degrees，Academic Degrees）即标志学术水平的称号和制度，表示其受教育的程度以及在某一学科专业领域里已经达到的学术水平。《中华人民共和国学位条例》规定我国实行学士、硕士、博士三级学位制度。

② 该条例规定了大学必须具备的学科专业数量、教学科研水平等条件。例如，关于学科门类的数量，每一学科门类下专业数的要求；高级职称的教师队伍、高水平的学术研究项目和成果的要求；图书资料和实验仪器设备值的要求，均以教学科研水平为基准。

坚持学者治学（专家教授治学），防止大学管理的行政化，防止行政权力干涉学术研究和学术事务。无论怎样，只要公安警务人才在"大学"里培养，公安高等教育还属于高等教育的组成部分，那么，学术本位的规律必须体现在公安警务人才培养过程之中。公安工作的创新性、公安人才勇敢忠诚品质的养成，如果没有以学术创新、教学创新、实践创新、管理创新的本位为基础，没有对于忠诚理念的学术挖掘，恐难以形成应有的育人内容和有效的育人模式。

关于大学定位规律，总体上就是要坚持需求导向、科学定位、特色发展。大学的发展方向定位和发展目标定位、学科专业结构定位、培养人才规格定位、服务面向定位、规模定位、学校类型定位，都有客观规律可遵循。总体上要适应满足社会发展对专业人才的需求这样一个基本"供求规律"，以需要为导向，大学培养的人才"产品"、科研成果"产品"、社会服务"产品"等，能够有效满足社会需要，适应社会发展。例如，公安工作的政法规律要求公安人才必须具有政治立场坚定、忠诚可靠的品质，必须具有法治思维和法治信仰，因此公安警务人才培养目标定位中应当有政治上可靠、有法治信仰的培养要求。又如，公安工作实践性很强，且主要以社会管理工作为主，公安干警不仅要有必要的群众工作经验，也要有法律应用能力，因此公安警务人才培养模式定位中应该强化实践教学。再如，从学科专业之间的相互关系看，公安学是新兴的一级学科，其中本科层次的治安学专业和专科层次的治安管理专业，渊源于行政管理和行政法，侦查学专业与刑事诉讼法具有渊源关系。因此，公安警务人才培养必须要有行政管理学、法学等学科专业为支撑，必须开设管理学、法学的平台课程。科学定位，特色发展，可以避免"百校一面""千人一面"，既保证人才基本规格，又使人才适应公安工作多样化的需求。遵循大学定位规律的基本要求是办学育人必须遵循人才成长规律，学术发展规律，既不可拔苗助长，也不可把大学教育"矮化"为技能培训和"高四、高五"的高中教育。

遵循大学治理规律，主要是按照现代大学治理结构、治理体系的要求，从体制机制上保证"党委领导、校长负责、专家治学、民主管理、社会参与、依法治校"的基本原则,科学合理地配置政治权力、行政权力、学术权力、教职工民主权利、社会参与权利,建立职能科学、结构合理、制度健全、运行高效的治理机制。就公安人才的培养而言,遵循大学治理规律至少有三个要义。其一,培养公安警务人才的高等院校的思想政治教育水平和方式,学生警务化管理的水平和程度,以及整个学校管理规范化程度,对于公安人才养成依法办事、遵规守矩的行为习惯和思维方式具有直接作用。大学里的教育者和管理者的一言一行,是学生效仿的对象和参照的标准,在一个不讲规矩、不守法度的学院,很难想象能养成学生依法行事的行为习惯!其二,公安警务人才培养应遵循公安工作的基本规律,建立公安机关与高等院校联合培养机制,共同制定人才培养方案,共同组建师资队伍,共同授课,共同指导实践训练。联合培养必然要求建立由公安、司法行政等职能部门参与的学院理事会,[①]作为公安人才培养的决策咨询机构。没有公安部门等联合办学合作培养公安人才,其人才质量是难以保证的。其三,大学自治和自我管理应该是大学治理的应有内容,公安人才将来要管理社会,在大学阶段学会自我管理是必修课。所谓"一屋不扫,何以扫天下",自我管理都做不了,何以能够管理社会?况且,人类历史上最早的大学意大利波仑亚大学恰恰源于学生的自我管理和自我服务,是学生自治的大学。[②]

公安人才培养应当遵循办学治校规律,核心的任务是做好公安院校大学章程、大学基本制度及人才培养方案的顶层设计。

[①] 2014年7月16日,教育部公布了《普通高等学校理事会规程(试行)》,从当年9月1日起施行。规定"为了增强高等学校与社会的联系与合作"制定本规程。理事会是"由办学有关方面代表参加,支持学校发展的咨询、协商、审议与监督机构,是高等学校实现科学决策、民主监督、社会参与的重要组织形式和制度平台"。

[②] 杨宗科:《法学导论》,法律出版社2005年版,第172—174页。

适应公安改革需要　培养现代警务人才

《关于全面深化公安改革若干重大问题的框架意见》经中央全面深化改革领导小组会议、中央政治局常委会议审议通过，于2015年2月颁布实施。这是以习近平同志为核心的党中央治国理政新思想和"四个全面"战略布局在公安改革中的集中体现，对于公安工作、公安机关管理体制、现代警务运行机制、公安机关人民警察队伍建设、公安高等教育和人民警察培训教育改革具有重要的现实指导意义和深远的历史意义。新形势下的公安高等教育，只有按照党中央关于全面深化公安改革精神，全面深化教育教学改革，把培养现代警务人才作为根本任务，才能适应全面深化公安改革的需要。

一、为什么要培养现代警务人才

教育是有目的地培养人的社会活动，高等教育是培养高级专门人才的社会活动。从教育与人的发展、社会发展的基本关系出发，高等教育有两条最基本的规律：一是关于高等教育与社会发展的相互关系的规律；二是高等教育与教育对象的成长的相互关系的规律。有的研究者将此概括为：一是高等教育必须适应和促进社会发展，二是高等教育必须适应和

本文是作者主持的陕西省高等教育管理重大问题研究重点课题"陕西公安司法高等职业教育服务陕西社会公共安全稳定发展研究"（2016ZH19）的阶段性成果，发表于《陕西警官职业学院学报》2016年第2期，收入本书时有所修改。

促进大学生德智体全面发展。① 也有学者将此概括为高等教育的外部关系规律和内部关系规律，把高等教育与人的发展和高等教育与社会的发展二者之间的矛盾视为高等教育的两个基本矛盾。他们认为：高等教育与经济、政治、文化等的关系，属于高等教育的外部关系；高等教育促进人的发展的功能，包括智力与体力、思想与道德以及审美情趣等，也就是德、智、体、美诸因素的关系，是高等教育的内部关系。教育在其发展过程中，内部诸因素存在着本质的关系，存在着不依人的主观意志为转移的必然联系，这就是高等教育的内部关系规律（简称"高等教育内部规律"）；高等教育与其他社会系统存在本质之间的关系，就是高等教育的外部关系规律（简称"高等教育外部规律"）。② 内部关系规律制约着人的自身发展的教育功能，决定教育的本质属性；外部关系规律制约着高等教育的社会功能和社会属性。两者都是教育活动的客观规律，为任何教育活动所必须遵循的基本规律。③ 如果从高等教育基本规律决定的高等教育政策制度走向看，外部规律往往决定为谁培养人和培养什么人的问题，内部规律主要决定培养什么人和怎样培养人的问题。

公安高等教育是我国高等教育重要而且特殊的组成部分。从高等教育的外部规律作用原理出发，公安高等教育一方面要受社会发展制约，另一方面必须为社会发展服务。公安警察院校警察后备人才的培养，如何受社会发展制约，如何适应社会发展，如何为社会发展服务，必须从公安与社会发展的内在联系的规律出发。其中，根本问题就是，公安高等教育必须培养适应现代化建设改革发展的需要、适应全面深化公安改革的需要的现代警务人才。这不仅是公安高等教育外部规律的客观需要，也是党和国家宪法法律政策的制度要求。

2015年12月27日第十二届全国人民代表大会常务委员会第十八次会议通过的《关于修改〈中华人民共和国教育法〉的决定》将《教育法》第五条修改为："教育必须为社会主义现代化建设服务、为人民服

---

① 参见薛国仁、代蕊华：《高等教育基本规律论》，《上海高教研究》1997年第7期。
② 参见潘懋元：《教育外部关系规律辨析》，《厦门大学学报》1990年第2期。
③ 潘懋元、王伟廉主编：《高等教育学》，福建教育出版社1995年版，第35页。

务，必须与生产劳动和社会实践相结合，培养德、智、体、美等方面全面发展的社会主义建设者和接班人。"这说明，包括公安高等教育在内的各种类型的教育，必须为社会主义现代化建设服务，为现代化建设培养人才，这是法定的使命和责任。这个法定责任来源于《宪法》的规定。《宪法》在"序言"部分规定，"国家的根本任务是，沿着中国特色社会主义道路，集中力量进行社会主义现代化建设。中国各族人民将继续在中国共产党领导下，在马克思列宁主义、毛泽东思想、邓小平理论和'三个代表'重要思想、科学发展观、习近平新时代中国特色社会主义思想指引下，坚持人民民主专政，坚持社会主义道路，坚持改革开放，不断完善社会主义的各项制度，发展社会主义市场经济，发展社会主义民主，健全社会主义法治，贯彻新发展理念，自力更生，艰苦奋斗，逐步实现工业、农业、国防和科学技术的现代化，推动物质文明、政治文明、精神文明、社会文明、生态文明协调发展，把我国建设成为富强民主文明和谐美丽的社会主义现代化强国，实现中华民族伟大复兴。""本宪法以法律的形式确认了中国各族人民奋斗的成果，规定了国家的根本制度和根本任务，是国家的根本法，具有最高的法律效力。全国各族人民、一切国家机关和武装力量、各政党和各社会团体、各企业事业组织，都必须以宪法为根本的活动准则，并且负有维护宪法尊严、保证宪法实施的职责。"从一定意义上讲，公安高等教育培养为社会主义现代化建设服务的现代警务人才，是宪法和高等教育法规定的法律义务和责任。

培养现代警务人才，是党中央关于全面深化改革的要求。党的十八届三中全会通过的《中共中央关于全面深化改革若干重大问题的决定》指出，"全面深化改革的总目标是完善中国特色社会主义制度，推进国家治理体系和治理能力现代化"。公安机关是国家治理体系不可或缺的组成部分，公安警察是国家治理特别是社会公共安全治理的专门力量，面向公安工作培养人才，如果不是面向国家治理现代化培养现代警务人才，如果培养的警务人才缺乏治理现代化的素质，我们的公安高等教育就是违背教育规律的，就会出现方向性的错误，人才培养质量根本无法保证。

培养现代警务人才，是全面依法治国的重要保障。党的十八届四中全会通过的《中共中央关于全面推进依法治国若干重大问题的决定》提出:"全面推进依法治国,总目标是建设中国特色社会主义法治体系,建设社会主义法治国家。这就是在中国共产党领导下,坚持中国特色社会主义制度,贯彻中国特色社会主义法治理论,形成完备的法律规范体系、高效的法治实施体系、严密的法治监督体系、有力的法治保障体系,形成完善的党内法规体系,坚持依法治国、依法执政、依法行政共同推进,坚持法治国家、法治政府、法治社会一体建设,实现科学立法、严格执法、公正司法、全民守法,促进国家治理体系和治理能力现代化。"党的十八届四中全会首次把人民警察与法官、检察官一起,共同列入"法治专门队伍"系列,作为全面依法治国的保障力量。提出"全面推进依法治国,必须大力提高法治工作队伍思想政治素质、业务工作能力、职业道德水准,着力建设一支忠于党、忠于国家、忠于人民、忠于法律的社会主义法治工作队伍,为加快建设社会主义法治国家提供强有力的组织和人才保障",要求"推进法治专门队伍正规化、专业化、职业化",创新法治人才培养机制。坚持立德树人、德育为先导向,推动中国特色社会主义法治理论进教材进课堂进头脑,培养造就熟悉和坚持中国特色社会主义法治体系的法治人才及后备力量。全面依法治国的落脚点是实现科学立法、严格执法、公正司法、全民守法,促进国家治理体系和治理能力现代化。警察是具有武装性质的重要执法司法力量,全面依法治国需要的是适应法治体系和法治国家要求的法治警察,这是警察的现代性,我们培养的警务人才如果偏离中国特色社会主义法治体系的要求,偏离推进法治现代化的要求,人才培养质量也是没有保证的。

培养与现代警务运行机制要求相适应的现代警务人才,是全面深化公安改革的题中应有之义。经中央全面深化改革领导小组会议、中央政治局常委会议审议通过的《关于全面深化公安改革若干重大问题的框架意见》明确提出:"全面深化公安改革的总体目标是:完善与推进国家治理体系和治理能力现代化、建设中国特色社会主义法治体系相适应的现代警务运行机制和执法权力运行机制,建立符合公安机关性质任务的公安机关管理体制,建立体现人民警察职业特点、有别于其他公务员的人民警察管理制度。到 2020 年，基本形成系统完备、科学规范、运行有效的公安工作和公安队伍管理制度体系，实现基础信息化、警务实战化、执法规范化、队伍正规化，进一步提升人民群众的安全感、满意度和公安机关的执法公信力。"全面深化公安改革共有 7 个方面的主要任务、100 多项改革措施，着力建设法治公安是全面深化公安改革的重要指向之一。建设法治公安的目的是确保严格规范公正文明执法，提高公安机关执法水平和执法公信力，努力让人民群众在每一项执法活动、每一起案件办理中都能感受到社会公平正义。由此可见，公安改革包括公安队伍建设的改革必须面向公安工作，面向建立和完善现代警务运行机制和执法权力运行机制。因此，我们可以说，培养与公安改革要求相适应、与现代警务运行机制要求相适应的人才，必须是也必然是现代警务人才！

培养现代警务人才，是公安高等教育现代化的必然选择。《高等教育法》要求"高等教育必须贯彻国家的教育方针，为社会主义现代化建设服务"，"高等教育的任务是培养具有社会责任感、创新精神和实践能力的高级专门人才，发展科学技术文化，促进社会主义现代化建设"。党的十八大报告明确要求，基本实现教育现代化，是 2020 年全面建成小康社会的重要内容。教育是民生之首，如果教育不能按时基本实现现代化的目标，就会直接影响小康社会的全面建成。在国家现代化建设战略布局中，教育现代化之所以要走在前面，是因为教育具有基础性、先导性、全局性作用。如果教育不能率先实现现代化，就会影响国家社会主义现代化的进程。教育现代化，就是用现代先进教育思想和科学技术武装人们，使教育思想观念、教育内容、方法与手段以及校舍与设备，逐步提高到世界先进水平，培养出适应参与国际经济竞争和综合国力竞争的新型劳动者和高素质人才的过程。[①] 教育现代化的核心是人的现代化，公安高等教育现代化必然包括公安高等教育观念现代化、教育内容现代化、

---

① 关于教育现代化的基本特征，一般认为主要是：教育现代化是一个国家教育发展的较高水平状态；教育现代化是对传统教育的超越，是传统教育在现代社会的转化；教育现代化是一种教育整体转换运动；教育现代化的核心是实现人的现代化。主要表现是：教育全民化；教育终身化；教育开放化；教育与生产劳动相结合；教育必须塑造人的现代素质；教育科学化；教育法制化；教育多样化。

教育装备现代化、师资队伍现代化、教育管理现代化等方面，培养现代警务人才体现了人的现代化的必然选择。

实现公安高等教育现代化要求必须更新旧的教育思想、教育观念，改革旧的教学内容、课程体系、教育手段方法、教学模式、教育评价体系和教育管理体制，以适应社会现代化建设的需要。

规律决定方向，需求决定目标，作为公安高等院校，要履行好为社会主义现代化建设服务的职能，必须面向国家治理体系和治理能力现代化、面向中国特色社会主义法治体系建设、面向公安改革、面向建立和完善现代警务运行机制、面向未来、面向实践需要，培养适应现代化建设需要的高级专门人才——现代警务人才。

现代警务人才概念是与党的十八届三中全会提出的推进国家治理体系和治理能力现代化、公安改革提出的现代警务运行机制等理论相适应的一个公安高等教育概念，是与传统警务人才相对应的。传统的计划经济、行政管控、军警融合时期，警务人才的培养目标、培养规格、培养模式与面向现代市场经济、民主政治、法治国家、现代文化、现代警务运行机制的警务人才培养具有原则性区别。

二、什么是现代警务人才

《高等教育法》规定，高等教育的任务是培养具有社会责任感、创新精神和实践能力的高级专门人才，发展科学技术文化，促进社会主义现代化建设。高等教育必须贯彻国家的教育方针，为社会主义现代化建设服务、为人民服务，与生产劳动和社会实践相结合，使受教育者成为德、智、体、美等方面全面发展的社会主义建设者和接班人。换句话说，培养具有社会责任感、创新精神和实践能力的高级专门人才，使受教育者成为德、智、体、美等方面全面发展的社会主义建设者和接班人，是高等教育的一般任务。那么，结合公安工作规律，体现在公安高等教育的特殊性方面，就必须把一般要求与公安工作的特殊要求结合起来，形成公安高等教育中的特殊实现方式，这也就是现代警务人才的基本特征。

现代警务人才是掌握现代警务运行机制专门知识的人才。现代警务人才首先必须是接受高等教育、具有大学文化程度的高级专门人才。高等教育，是指在完成高级中等教育基础上实施的教育。进入公安高等院校作为警务人才培养对象，必须是完成了完全的高中阶段教育的受教育者，缺少完整的高中阶段的文化科学教育，就缺乏作为现代警务人才培养对象的基础素质。在我国，高等教育包括学历教育和非学历教育。同时，高等教育采用全日制和非全日制教育形式。其中，高等学历教育分为专科教育、本科教育和研究生教育等层次。从理想角度，为了保证专业知识体系的完整性，实施警务化管理和养成教育，现代警务人才培养应当采用全日制学历教育，而且在学历层次上，应当"以本为本"，即以本科教育为基本规格，以研究生教育为特殊规格，以专科教育为补充。在这里，需要特别提出的是，现行《人民警察法》第二十六条规定："担任人民警察应当具备下列条件：（一）年满十八岁的公民；（二）拥护中华人民共和国宪法； （三）有良好的政治、业务素质和良好的品行；（四）身体健康；（五）具有高中毕业以上文化程度。"[1] 应当说，在当时规定担任警察的文化程度的底线是高中毕业，除了当时高等教育仍然处于"精英教育"阶段，上大学的人数比较少等客观原因以外，另一个可能的主观原因是，认为警察主要看政治思想和身体素质，专业知识掌握程度并不是主要因素。社会发展到了当代，警察的职权职责要求警察应当具有高等教育学历。应当以本科教育学历作为主体，只有这样，才符合党的十八届三中全会对警察、法官、检察官作为法治专门队伍的定位精神。

高等教育是分学科专业的教育。在我国现行高等教育学科专业体系中，直接研究和传授与人民警察工作相关的学科专业，在专科教育层次，

---

[1] 《中华人民共和国人民警察法》1995年2月28日由第八届全国人民代表大会常务委员会第十二次会议通过，1995年2月28日中华人民共和国主席令第40号公布。根据2012年10月26日第十一届全国人民代表大会常务委员会第二十九次会议通过、2012年10月26日中华人民共和国主席令第69号公布、自2013年1月1日起施行的《全国人民代表大会常务委员会关于修改〈中华人民共和国人民警察法〉的决定》修正。

主要是公安司法大类,① 在本科教育层次,主要是法学门类下的公安学和工学门类下的公安技术学科下的治安学、侦查学、交通管理工程、刑事科学技术等专业。《普通高等学校高等职业教育(专科)专业目录及专业简介》规定了公安司法大类各专业实施人才培养的培养目标、就业面向、主要职业能力、核心课程与实训实习等培养要求。② 现代警务人才的培养必须是使学生掌握公安司法大类一个以上的专业必备的基础理论、专门知识,具有从事本专业实际工作的基本技能和初步能力;或者应当是使学生比较系统地掌握公安学、公安技术学本学科、专业必需的基础理论、基本知识,掌握本专业必要的基本技能、方法和相关知识,具有从事本专业实际工作和研究工作的初步能力。也就是说,必须具备系统的公安司法等学科专业专门知识。同时,作为警察后备人才,还必须具备警察职业知识和警务知识,了解警察的职权、职责、纪律要求,了解警察制度和警察法的规定,培养警察职业道德。

需要特别强调的是,现代警务人才在专业知识和素质上,必须学习现代警务知识,掌握现代警务理论,培养现代警务思维。"从现代意义上说,公安警务活动是警务活动的重要组成部分,是指国家专门机构及其人员(主要是指公安机关及其人民警察)依法履行职责,达到保障国家安全,维护社会治安秩序,保护公民人身安全、人身自由和合法财产,保护公共财产,预防、制止和惩治违法犯罪等各种活动的总称。"③ 现代警务知识是关于治理现代化、法治现代化、现代警务运行机制的知识,是与传统的计划经济时期封闭方式以户口为基础的管理和人治思维完全不同的警务知识,现代警务形态包括公安常态警务、应急警务、服务警务、网络警务、公安机关指导下的大众警务等多种形态。④ 每一种警务形

---

① 根据2015年新修订的普通高等学校高等职业教育(专科)专业目录,公安司法大类包括公安管理类、公安指挥类、公安技术类、侦查类、法律实务类、法律执行类、司法技术类等7类42个专业。
② 中华人民共和国教育部编:《普通高等学校高等职业教育(专科)专业目录及专业简介(2015)》,中央广播电视大学出版社2016年版,第868—902页。
③ 程琳主编:《公安学通论》,中国人民公安大学出版社2014年版,第40页。
④ 程琳主编:《公安学通论》,中国人民公安大学出版社2014年版,第339—388页。

态都包含不同的思想观念、价值标准、目标功能、组织形式、体制机制、行为方式、工作方法、技术手段的构成样式,需要以现代警务思维方式去认知、去运用,实现警务理论创新、警务体制创新、警务机制创新、警务手段创新。

现代警务人才是掌握社会公共安全治理能力的人才。公安工作、警务活动,从本质上讲是社会治理活动。如果我们把违法犯罪活动看作是对社会肌体的"病毒侵害"的话,那么,警务活动就是预防和排除对社会肌体"病毒侵害"的活动,社会治安综合治理活动就是"治病""健身"活动。不了解社会运行规律的警务人才,在对付违法犯罪行为时,有可能出现"盲人摸象"。因此,现代警务人才必须要掌握基本的社会知识、社会管理知识和群众工作能力,具备基本的公共安全治理能力。社会公共安全治理能力的核心是合法、合理、合情、及时、有效、稳妥地解决治安问题的能力。社会公共安全治理能力的基础是社会认知能力、安全防范能力、群众工作能力、依法防控能力。培养社会认知能力,必须通过社会理论、社会工作、社会问题及其治理的知识学习,在一定意义上讲,地方知识、民俗知识、民族学知识、宗教学知识等,都是社会认知的对象和范围。如果说现代警务运行机制是运用管理机制来解决预防、制止、惩治违法犯罪行为,维护社会治安的话,那么,社会公共安全治理能力,顾名思义就是运用治理机制解决治安问题。"治理"与"管理"二者的权威主体、权威性质、权威来源、权力运行向度、作用范围、作用目的等是有原则性区别的,治理体系的理念与管理体系也不同。管理能力与治理能力二者既有联系也有区别。在全面深化公安改革背景下,管理能力是基础,是"病理性"能力,是治标的能力;治理能力是"生理性"能力,是高级能力,是治本的能力。现代警务人才是既会治标也会治本的警务人才。

现代警务人才是掌握现代信息技术开展警务活动的人才。现代化的技术表现为工业化、城市化、信息化、智能化。现代社会生活已经进入网络化、信息化、虚拟化时代。不掌握现代科技的人才,就不是现代人才。现代警务人才也必须是掌握现代信息技术,能够运用现代信息技术去开展警务活动的人才。公安改革的一个重要目标是实现"基础信息化",建立完善联通共享、高效集成的社会基础信息平台,打造"智能警务"。没有较强的信息化应用能力,就无法适应信息时代警务活动。因此,现代警务人才必须是掌握现代科技知识运用能力特别是警务科技运用能力、具有警务工作创新能力、具有较强战斗力的警务人才。

现代警务人才是具有法治思维,运用法治方式从事警务活动的人才。从历史上看,自现代警察制度诞生以来,警察职业和警务活动的发展与现代法治就具有内在联系。西方近代现代警务改革先后经历了依法设置职业警察实现军警分离、警察专业化、警察现代化以及社区警务等多个发展阶段,但是,警务法治化一直贯穿始终。可以说,现代警务的时代特征是警务法治化。警察发展史表明,法治警察是警察制度现代化的普遍规律和重要标志。党的十八大以来,党中央治国理政新思想要求树立"法治警察"新理念。全面深化改革和全面依法治国的共同目标是推进国家治理体系和治理能力现代化。警察机关和警察队伍,是国家治理体系重要而且特殊的组成部分,具有一般行政机关所没有的特殊性质和特殊职能,人民警察制度是中国特色社会主义制度必不可少的组成部分。推进国家治理现代化必然要求警察体系改革,警察管理体制要适应全面依法治国的要求,警察能力要提升,特别是要提高运用法治思维和法治方式深化改革、推动发展、化解矛盾、维护稳定的能力。建立健全符合国家治理体系现代化要求的法治警察治理体系和治理能力,是警察制度改革和公安改革的重要内容。深化改革,完善中国特色社会主义制度,包括完善警察制度,提升警察理念,从过去的专政警察、暴力警察、统治警察、管制警察,发展为法治警察。根据《人民警察法》制定的《公安机关组织管理条例》明确规定:"人民警察是武装性质的国家治安行政力量和刑事司法力量。"武装性和法律性是人民警察的两个基本特征,前者要求人民警察必须具备体现武装性质力量的战斗力,后者要求警察必须作到履职行为实体合法和程序合法。武装性是警察的"生理"属性,法律性是警察的社会属性。但是,这两个属性只是警察本质属性中的工具属性,其价值属性和目的属性是维护人民利益和国家利益的民主性和正当性,这也是警察本质属性的现代性。

党的十八届三中全会提出全面深化改革的总目标是完善和发展中国特色社会主义制度,推进国家治理体系和治理能力现代化。其中,社会治理改革要求依法治理,要求改革人民警察招录培养制度,同时把运用法治思维和法治方式治理公共安全、化解矛盾、维护稳定、推动改革,作为对于包括政法干警在内的执法司法人员的基本要求。党的十八届四中全会《关于全面推进依法治国若干重大问题的决定》提出的中国特色社会主义法治体系包括完备的法律规范体系、高效的法治实施体系、严密的法治监督体系、有力的法治保障体系等方面。其中,有力的法治保障体系主要包括两个方面:一是通过加强法治工作队伍建设,提供强有力的组织和人才保障;二是通过加强和改进党对全面依法治国的领导,提供强有力的政治保障。党的十八届四中全会首次把人民警察与法官、检察官一起,共同列入"法治专门队伍"系列,作为全面依法治国的保障力量。党的十八届四中全会《决定》要求创新法治人才培养机制,"推动中国特色社会主义法治理论进教材进课堂进头脑,培养造就熟悉和坚持中国特色社会主义法治体系的法治人才及后备力量"。由此看来,作为法治工作专门人才的人民警察和警务人才必须也是法治人才,必须通晓法治体系。《关于全面深化公安改革若干重大问题的框架意见》提出,到2020年基本形成高效完备、科学规范、运行有效的公安工作和公安队伍管理制度体系,实现基础信息化、警务实战化、执法规范化、队伍正规化。从这个规定也可以看出,正规化的警务人才队伍一定是具有警务实战能力和规范执法能力的人才,一定是熟悉现代警务运行机制和执法权力运行机制的人才。因此,走警法结合的培养之路,是全面深化公安改革对于警务人才培养和公安院校改革的基本要求。并且,现代警务人才培养过程中,如果仅仅重视警务知识学习,忽视法治思维的培养和法律知识的学习,就难以培养出适应全面深化改革要求的合格的警务人才。

现代警务人才是具有良好警德警魂的人才。立德树人是国家和社会对高等院校的普遍要求。2015年修改后的《高等教育法》第六条规定:"高等教育应当坚持立德树人,对受教育者加强社会主义核心价值观教育，增强受教育者的社会责任感、创新精神和实践能力。"对于培养作为人民民主专政重要力量的人民警察的后备人才的公安院校来说，现代警务人才的培养，思想政治教育和警察职业道德教育的要求更高、更严格。党的十八届四中全会提出，"建设高素质法治专门队伍。把思想政治建设摆在首位，加强理想信念教育，深入开展社会主义核心价值观和社会主义法治理念教育，坚持党的事业、人民利益、宪法法律至上。"现代警务人才必须政治上可靠，必须忠于中国共产党，忠于祖国，忠于人民，忠于法律；现代警务人才必须恪守人民警察忠诚可靠、竭诚为民、秉公执法、清正廉洁、勇于担当、甘于奉献、不畏艰险、团结协作的职业道德；现代警务人才必须信奉和践行人民警察"忠诚、为民、公正、廉洁"的核心价值观，现代警务人才的培养要突出忠诚警魂培育，铸牢"忠诚"警魂，能够在警德、警智、警体、警技、警能的展现中，迸发出警魂之警美！

现代警务人才的以上基本品质特征，是高等教育培养德智体美全面发展的社会主义建设者和接班人的要求在公安教育和公安院校的落实。这些基本品质特征，是现代警务人才必须具有的基本素质，警德警魂犹如警务人才的头部，现代警务运行机制专业知识犹如警务人才的躯体，现代信息技术犹如手臂，法治思维和能力犹如腿部，社会公共安全治理能力犹如脚足，现代警务人才的综合素质品质如何，就看这些肢体的构成和协调程度如何。

三、如何培养现代警务人才

现代警务运行与法治的密切结合是培养现代警务人才的基础条件。现代警务人才是警法结合的法治人才，这是世界各国警务发展的普遍规律对于人才培养的要求。警法结合是现代警务人才培养目标和培养方式的总称，是总结过去警务人才培养的经验以及警法分离、有警无法、重警轻法的教训，适应现代化建设特别是法治建设的需要提出的新的警务人才培养理念。在我国，人民警察包括公安机关警察、国家安全机关警察、监狱的人民警察和人民法院、人民检察院的司法警察。警法结合的"警"是指与警察职业直接相关的专业。我国的高等院校培养人民警察专门人才的学科专业,在高等职业教育和专科教育中,主要是公安司法大类中的国家控制设立的专业,包括公安管理类、公安指挥类、公安技术类、侦查类专业,以及法律执行类、司法技术类专业。在本科院校中,主要包括治安学、侦查学等专业在内的公安学学科专业,以及刑事科学技术等专业在内的公安技术学学科专业。① 警法结合的"法"就是指法学专业。我们应当清醒地认识到,近年来社会舆论关注的热点事件和案件包括冤假错案,焦点问题往往集中在警察是否依法办案,是否存在刑讯逼供,是否程序公正上。黑龙江庆安火车站警察执法时使用枪支,被媒体盯住的是开枪是否合法、是否合理?北京雷洋一案,媒体和社会大众关注的焦点仍然是派出所办案程序是否合法等处警的合法性问题和严格执法问题。因此,警务人才的警法素质和能力是社会评价警务活动的关注点,也是警务人才培养教育的素质重点。警法结合的现代警务人才培养,首先要坚持警务专业知识与法学专业知识的有机结合,既要培养学生的警察专业知识和业务能力,也要培养学生的法律专业知识和法律理解能力、法律推理能力、法律应用能力等法律业务能力;不仅包括警法知识复合和能力融合,还包括思维方式、价值观念、道德品性、文化修养上的警法结合;既包括知识、能力、素质的警法结合,也包括培养条件、培养过程、培养方式上的警法结合。

警法结合是警务执法职位的能力要求。具体体现在以下三个方面:第一,面向公安院校执法勤务职位人民警察招录的要求。2015年12月,中央机构编制委员会办公室、人力资源和社会保障部、公安部、教育部等六部委发布了《关于公安院校公安专业人才招录培养制度改革的意见》,对于今后公安机关招录警察与公安院校人才培养之间的相互对接关系作出了明确规定,对于高层次警务人才(研究生层次)、高素质应用型

---

① 参见2015年12月,人力资源和社会保障部等六部门发布《关于公安院校公安专业人才招录培养制度改革的意见》,明确了公安专业2个一级学科研究生、18个本科专业、13个专科专业的范围。

警务人才（本科层次）、实战型警务人才（专科层次）不同类型和层次的人才规格提出了原则和标准要求。根据这一意见制定的《2016年度公安机关执法勤务职位面向公安院校公安专业毕业生招录人民警察专业科目考试大纲》，公布的考试内容笔试范围包括专业知识、业务能力和警务技能三个方面。其中专业知识包括：法律基础知识、主要执法依据、公安基础知识；业务能力包括：治安行政管理能力、刑事执法办案能力、应急处突能力、接处警能力；警务技能包括：警务实战技能、警务战术运用等。《2016年度公安机关执法勤务职位面向社会招录人民警察专业科目考试大纲》则在考试内容笔试部分测查报考人员的职业素质，包括政治素质、职业道德、基础知识、基本能力，其中后两者与面向公安院校公安专业毕业生的招录考试要求基本相同。由此可见，招录执法勤务职位人民警察，既要求必须具备警察专业知识和能力，也要求具备法律知识和业务能力，一旦招录后，将来能否具备执法权力能力和行为能力，仍然要进行执法能力资格考试。因此，公安院校或者警察院校只有坚持走警法结合的现代警务人才培养之路，相关专业的毕业生其专业知识结构和职业能力才有可能符合人民警察招录的要求。第二，全国公安高等职业教育创新发展的要求。由全国公安职业教育教学指导委员会报送教育部的《全国公安高等职业教育创新发展行动实施方案（2015—2018）》提出，未来几年，要以立德树人、培养高素质实战型公安专门人才为根本任务，以公安院校公安专业人才招录培养制度改革为契机，以公安高等职业院校转型发展为抓手，坚持政治建校这一根本，围绕质量提升这一核心，贯穿内涵建设这一主线，强化公安特色这一关键，遵循高等职业教育基本规律，深化公安高等职业教育综合改革，不断提升服务公安工作和公安队伍建设的能力和水平，为公安基础信息化、警务实战化、执法规范化、队伍正规化建设贡献力量。《方案》要求围绕提高公安人才培养质量，必须加强公安学、公安技术学、法学等学科专业建设，在教育过程和教学内容中强调警务专业知识、能力、技能与法律知识和能力的有机结合。第三，适应公安改革和司法改革的要求。我国《宪法》规定，人民法院、人民检察院和公安机关办理刑事案件，应当分工负责、互相配合、互相制约，以保证准确有效地执行法律。公安机关行使大部分刑事案件立案、侦查的职权与职责。过去，我国的刑事诉讼形成了以公安机关刑事侦查权为核心的诉讼活动结构。党的十八届四中全会《决定》明确提出，推进以审判为中心的诉讼制度改革，强化审判机关的审判活动在公正司法中的地位和作用。中央把推进司法责任制改革、实行办案终身负责制作为司法改革的突破口。公安机关人民警察行使治安管理处罚权、刑事案件侦查权，必须做到严格规范公正文明执法，努力让人民群众在每一项执法活动、每一起案件办理中都能感受到社会公平正义。这也是公安改革中强调建设法治公安的意义。公安高等教育坚持走警法结合的警务人才培养之路，提高学生的警务法治素质和能力，是适应司法改革的必然要求。

警法结合是现代警务人才基本的普遍的专业素质要求，但是，对于不同层次的人才具体要求规格不尽相同。大专层次的实战型警务人才应当使受教育者掌握公安专业基本理论和专门知识，以及法学基本理论和基本知识，具有从事公安司法警务实际工作的基本技能和初步能力；本科层次（单学士学位）的应用型警务人才应当使受教育者比较系统地掌握公安司法等学科专业必要的基础理论、基本知识，以及法学基础理论和基本法律知识，掌握现代警务运行机制和执法司法权力运行机制必要的基本技能、方法和相关知识，具有从事警务执法、勤务和专业技术工作的基本能力；双学士学位及硕士研究生，特别是警务硕士，应当具备公安等警务专业和法学专业的复合型知识结构，成为复合型、应用型高级警务人才。

现代警务人才不可能自发成长成才，必须通过严格的高等教育制度进行教育培养。首先，现代警务人才可以通过公安类普通高等院校的公安司法专业学历教育与其他普通高等院校的法学、公安学等学科专业教育两种体制进行教育培养。[1] 公安高等院校往往由公安机关主管，教职员

---

[1] 2015 年 12 月，人力资源和社会保障部等六部门发布《关于公安院校公安专业人才招录培养制度改革的意见》，公布了中国人民公安大学等 32 所公安类普通高等院校的名单，以及公安专业 2 个一级学科研究生、18 个本科专业、13 个专科专业的范围。此外，设有公安类学科专业的其他普通高等院校主要是指西南政法大学、西北政法大学、华东政法大学、中国政法大学、中南财经政法大学、甘肃政法学院等具有较长办学历史的政法类院校的公安学专业。

属于人民警察序列，公安高等院校的招生制度、培养制度、定向招录警察制度有专门规定。① 学生实行严格的警务化管理和警察职业养成教育。从教育培养体制机制与职业岗位适应性角度看，公安高等院校应当作为现代警务人才教育培养的主渠道。其次，现代警务人才的教育培养应当通过院校与公安机关"校厅合作"，合作培养或者联合培养。公安工作实践性、实战性非常强，警务人才培养过程应当面向实战、面向实践、面向实际。应当在院校与公安机关之间，建立类似于卓越法律人才教育培养计划中的院校与政法实务部门互相聘任的"双千计划"的制度，建立公安专业学生"预备警察"制度。从现代警务人才的培养目标、培养面向、培养条件、培养方案、培养过程、培养质量监控、培养效果检验评价等方面，建立校厅（局）合作的培养机制。最后，要创新现代警务人才教育培养的类型规格、教学内容以及教学练战一体化的培养模式。全面深化公安改革的一个重要目标是实现"警务实战化"，因此，面向公安改革的现代警务人才培养的类型，应当定位实战型警务人才，以区别于基于特殊需要培养的理论型警务人才。应用型与实战型并无实质性差别，只是在其他普通高等院校，使用研究型、学术型与应用型的概念来区分人才类型，在公安类院校，再区分应用型与实战型人才意义不大，如果需要区分，可以从学历教育层级入手，本科及其专科层次作为专业性实战型警务人才，双学位和研究生作为复合型实战型警务人才。

实现警法结合的人才培养思路，还需要形成良好的五个方面的条件。一是以先进的教育理念为引领。公安院校与公安司法实务部门，要对警法结合的现代警务人才培养规律形成共识，要树立面向未来、面向实战、面向法治、面向治理现代化发展需要的先进的现代警务人才培养理念。许多公安院校提出的"公安法学教育"理念，对于公安人才培养坚持公安业务与法学知识结合进行了有益的探索。二是以合理的课程体系为核心。按照警法结合的要求，专科、本科层次的警务人才，公安等警务专

---

① 人力资源和社会保障部等六部门发布《关于公安院校公安专业人才招录培养制度改革的意见》，明确了公安院校人才培养的定位，规范了公安专业招生、培养、学生管理、警察职业道德教育、毕业生招录工作等问题。

业必修课与法律必修课的学分比例应当保持在6∶4左右。三是建立"教学练战一体化"的培养机制，以有效的实践教学为重点。警务专业知识和法律专业知识都是实践性很强的知识，警务人才是实战型、应用型人才，必须以实验、实训、实习、实战等校内校外实践教学作为人才培养的重点。2008年6月23日，中央政法委等11个部委联合下发《政法院校招录培养体制改革试点工作实施方案》，提出了政法干警"教学练战一体化"人才培养思路，经过多年的实践，它已成为公安院校人才培养模式的普遍要求。"教、学、练、战"一体化模式中的教、学、练、战四个环节必须紧紧围绕警法结合的人才的素质、能力培养展开。"教"，就是通过教学活动培养学生的警务知识和法律知识，培养和提高学生警法结合的素质和能力；"学"，就是要调动学生学习的积极性、主动性，强化警务化管理和养成教育的有效结合；"练"，就是要强调理论和实战相结合，通过"练"让学生熟悉掌握相关警法业务工作全过程，提高学生的实战能力；"战"，就是学生在实训实习的基础上，"跟班"参与到具体的警务执法勤务活动中，解决社会治安问题，处理案件，确保学生"来之能战，战之能胜"。通过从专业纵向上和专业横向上实现教、学、练、战一体化的培养，全面提升人才培养质量。值得强调的是，培养现代警务人才，必须进行科研创新和教学内容创新，核心是根据全面深化公安改革的部署、实践、法律法规，进行理论概括和提升，形成现代警务运行机制的新理论、新知识、新思维，并且使这些新成果通过公安专业课程体系的改革和教学内容的改革，进入公安类高等院校的课堂，进入教师和学生的头脑。目前的公安专业教学内容普遍落后于公安改革的实践，更不要说具有理论的超前性。因此，建立和完善现代警务专业知识体系，是培养现代警务人才的基础。四是以"双师型"教师队伍为保障。不仅要有高素质的课堂教学教师和实验实训教师，而且要有驻校警官作为教师，教师不仅要有公安等学科专业教育背景，也要有法律专业知识背景，专职教师必须具有公安实务部门实践锻炼经历。五是以警法结合的校园文化为支撑。包括校园的建筑文化、视听文化、制度文化、行为文化、网络文化等，为警法结合的现代警务人才的培养营造良好环境氛围。

最后需要说明的是，2012年5月26日，由中共中央政法委员会、教育部联合举办的卓越法律人才教育培养计划工作会议召开。会上，成立了由公检法司等多部门和高等学校负责人组成的卓越法律人才教育培养计划指导委员会、专家委员会，并且启动培养基地的建设工作。几年来，这项工作在政法院校和其他普通高等学校法律院系积极推动，但是，在公安类普通高等学校基本没有开展。其中一个重要原因是，卓越法律人才教育培养计划考虑满足司法需要比较多，考虑公安工作需要少一些，或者说没有很好地结合公安工作的实际需要。实际上，从公安工作和公安改革的需要出发，不妨把培养现代警务人才作为公安类普通高等学校院校落实"卓越法律人才教育培养计划"的特有途径和模式。

总而言之，党的十八届四中全会通过的《决定》关于加强法治工作队伍建设的重大决策部署，及其指导下的《关于全面深化公安改革若干重大问题的框架意见》《关于深化公安执法规范化建设的意见》《关于公安院校公安专业人才招录培养制度改革的意见》等重要决策，给公安高等教育和警务人才的培养提出了新的更高的期望，要求我们必须走警法结合的现代警务人才培养之路，为建设法治中国、实现两个一百年奋斗目标、实现中华民族伟大复兴中国梦培养合格的乃至卓越的现代警务人才。党的十八大提出到2020年全面建成小康社会。小康社会的重要指标包括依法治国方略全面落实，法治政府基本建成，司法公信力不断提高，人权得到切实保障。这些指标体现在警务关系和警务改革中，必然要求依法治国在警务活动中全面落实，人民警察成为法治队伍，依法治警提升警察执法公信力，保障人权警务机制和执法司法权力运行机制更加健全。因此，与全面建成小康社会需要相适应的警务人才，必须是同时具备警务能力和法治能力的高素质人才。在新形势下，坚持走警法结合的现代警务人才培养之路，是我们协调推进四个全面战略部署、深化公安改革、适应法治中国建设需要的必然选择。

后　　记

在书稿即将交付出版社之际，心情久久不能平静。回想多年来对于国家安全法治保障问题探索思考的历程，以及断断续续进行的这些写作，我深深感到，如果没有有关领导和大家的信任、鼓励、支持、指导和帮助，不可能完成这些研究成果。

非常感谢时任第十二届全国政协副主席、中国民主促进会中央委员会常务副主席罗富和，时任中国民主促进会中央委员会副主席蔡达峰（现任第十三届全国人大常委会副委员长、中国民主促进会中央委员会主席）等民进中央领导对于我研究公安法治问题的支持、鼓励和指导。中国民主促进会中央领导高屋建瓴的指导，为我研究公安法治、国家安全法治保障问题指明了方向，使我坚定了信心。

感谢中共陕西省委、陕西省人民政府对于我的信任，给予我在西北政法大学这所全国著名政法大学和陕西警官职业学院这所警察院校管理岗位上服务法治人才培养的机会。选任一个民主党派成员担任政法大学和警察院校的校长，在全国并不多见，体现了中共陕西省委的政治开明和宽广胸襟，我深感荣幸。

感谢陕西省公安厅、国家安全厅的有关领导给我提供了难得的学习实践机会。早在1996年，陕西省公安厅刑事侦查局的领导就邀请我为公安干警讲授公安工作与保障人权的问题，推荐我参与公安部刑事侦查局"打拐办"在全国多地的讲课，讲授依法打击拐卖妇女儿童犯罪与保障人权问题，让我有机会从那个时候就开始关注和思考公安法治问题。多年来，与地方公安机关和全国铁路公安系统一些干警的交流互动，对于公共安全领域若干典型案件的观察思考，促使我能够从理论与实践相结合的角度广泛探讨国家安全法治问题。

衷心感谢中国警察法学研究会会长、中国人民公安大学原校长程琳教授，北京警察学院政委李汝川教授，吉林警察学院院长张兆端教授等警察法学研究和警察教育的著名专家，他们给予我便利的学习机会，在多次学术会议上的交流和指导，使我不断深化对于公安法治问题的理论思考。

感谢在我研究思考国家安全法治保障问题过程中直接给予帮助的陕西警官职业学院党委书记乔晓陆同志，西北政法大学穆兴天教授、舒洪水教授、程军伟教授、冯伟国教授、褚宸舸教授等，你们的无私帮助，激励着我努力向前。

感谢《法律科学》编辑部的韩松教授、杨建军教授、何柏生教授，《现代法学》编辑部的赵万一教授，《比较法研究》编辑部的丁洁琳教授，法律出版社法律教育出版分社丁小宣社长、陈慧编辑，陕西人民出版社潘利华编审。正是有了他（她）们的大力支持，我们的研究成果才得以面世。

我指导的博士研究生张永林、陶泽飞，以及硕士研究生王阳、罗晓云、樊姝婧等同学，参与了部分问题的研究与写作，对于本书的出版作出了不可或缺的贡献，感谢他（她）们的辛勤劳动。

西北政法大学优秀校友、知识产权出版社庞从容副编审，从本书的出版策划、主题确定、内容筛选、版式设计、文字校对等，给予了全方位的帮助和指导，使得本书得以顺利出版，在此特别致谢。

本书的出版得到了国家社科基金重大研究专项"中华优秀传统文化传承发展的立法对策研究"项目经费的资助，在此作一说明。

我的家人对于我的研究工作给予了充分理解和大力支持，我向她们表示感谢！

杨宗科
2019年9月于西安